中国喜 囍 传天下

名家话收藏

刘红兵　李根基　主编

羊城晚报出版社
·广州·

图书在版编目（CIP）数据

名家话收藏/刘红兵，李根基主编. —广州：羊城晚报出版社，2013.8

ISBN 978-7-5543-0054-1

Ⅰ.①名… Ⅱ.①刘… ②李… Ⅲ.①收藏—基本知识 Ⅳ.①G894

中国版本图书馆CIP数据核字（2013）第185265号

名家话收藏
Mingjia Hua Shoucang

封面题字	杨之光
特邀编辑	孙茂勇　张　琳　许　悦
责任编辑	黄初镇
责任技编	张广生
装帧设计	友间文化
责任校对	刘小芬　麦丽芬　杨映瑜　何琳玲
出版发行	羊城晚报出版社（广州市东风东路733号　邮编：510085）
	网址　www.ycwb-press.com
	发行部电话：（020）87133824
出 版 人	吴　江
经　　销	广东新华发行集团股份有限公司
印　　刷	广州市岭美彩印有限公司
	（广州市荔湾区花地大道南海南工商贸易区A幢　邮政编码：510385）
规　　格	787毫米×1092毫米　1/16　印张27.25　字数580千
版　　次	2013年8月第1版　2013年8月第1次印刷
书　　号	ISBN 978-7-5543-0054-1 / G · 351
定　　价	88.00元（平）　98.00元（精）

版权所有　违者必究（如发现因印装质量问题而影响阅读，请与印刷厂联系调换）

编委会

主　任　刘红兵　李根基　刘海陵

副主任　陈心宇　区广安

编　委　汪令来　苏章耀　孙茂勇　赵利平
　　　　　吴　江　张　琳　许　悦　郑泽敏

序

  中华文化,浩瀚如海,今日之中国,文化艺术收藏已步入寻常百姓家,不再是有钱人的专宠。这些年股市、楼市等投资渠道不景,通货膨胀压力递增,令更多的中国人将手中的资金投向艺术品投资领域,全民收藏热浪奔涌,裹挟着越来越多的人投身其中。

  然而,收藏并非一道简单的数学运算、收益的加减,而对于历史文化的精粹、独特的艺术风骨是需要下一番工夫才能领悟到的。收藏热潮之中,真假混杂、良莠不齐、奇事逸闻、层出不穷……

  也正因为如此,收藏才更具挑战性及趣味性,收藏也更需识其真味,辨其真伪,去其糟粕。而讨论艺术内涵,提高大众艺术爱好与艺术素养,向大众传播收藏信息、收藏知识就显得非常有必要也非常有价值了。

  值得称道的是,《羊城晚报》正在做这件事。

  作为国内著名的主流媒体,《羊城晚报》在每周六的财富周刊上开辟了《名家话收藏》栏目,至今已刊出70期了,在收藏界、艺术界中口碑不俗,同时也得到普通读者的广泛好评。它涉猎了艺术品投资收藏的各个品类,就当今投资收藏领域的现象及问题进行权威、深度解读,既谈市场,也讲文化,更普及知识。

  我有幸作为《名家话收藏》的首期特邀嘉宾,就岭南画派的艺术特色及其在当今市场的地位等谈了一些看法。这对于我来说既是一种思考,也是一种艺术传播的新尝试。此外,我还前后多次就艺术品类与艺术收藏等热门话题参与本栏目讨论,栏目嘉宾中有不少是我的同行,也有其他领域的专家学者,大家思维碰撞、观点交锋，形成一个良好的对话氛围，这种形式活泼生动、深入浅出，是一种不错的探索。特别值得一提的是，《名家话收藏》引入专业人士、开门办报，更能把握当下艺术与收藏市场的脉动，了解收藏大众的所好与所感，突显栏目的针对性与实效性，让彼此的交流无缝链接，也让栏目的解读更有权威的高度与知识的深度。其中，在通俗生动的文字中配以精美的图案与精心的版面编排，又提高了一种文本的个性与可读性，是时下媒介信息泛滥中难得一见的好栏目。

　　走过一年多的历程，在这个夏天，《名家话收藏》精选50篇见报文章，集结成书，可喜可贺。在此，祝愿《名家话收藏》路子越走越宽广，为大众奉献更多精品文章，贡献更多真知灼见。

（中国美术家协会副主席、广东画院院长、广东省美术家协会主席）

2013年7月

目 录

1 第一章
书画艺术与市场

第一节　中国画派市场竞争格局初现，岭南画派崛起趋势明显 /2

第二节　岭南画派"为了人生而艺术" /9

第三节　广东国画研究会：辉煌→湮没→崛起 /16

第四节　2012年中国美术馆今年迎来广东年 /22

第五节　北京画坛像森林　广东只是灌木丛？ /30

第六节　书法板块的尴尬：书家书法卖不过画家书法 /39

第七节　什么样的书法作品才有收藏价值 /47

第八节　有时代烙印的传世画作才值得收藏？ /54

第九节　收藏"他"时代渐渐多了"她" /63

第十节　名人书札一封家书抵万金 /74

第十一节　当代"海归"艺术家有待市场关注 /81

第十二节　学者画值不值得收藏？ /89

第十三节　美院学生还没毕业就卖画，这些作品算得上"潜力股"吗？ /95

第十四节　限量版画是复制品，有没有收藏价值？ /104

第二章
油画、雕塑艺术与市场

第一节　当代艺术家已经被"捧杀"！　/116
第二节　艺术品市场几次低谷，救市的都是写实油画　/124
第三节　为什么现在总看不到让人一见难忘的作品？　/130
第四节　架上雕塑估价低，国人不识"最艺术"　/138
第五节　做城雕很赚钱，却伤了艺术家创作元气　/146

第三章
陶瓷艺术与市场

第一节　旧广彩价格一天不起来，新广彩都不会值钱　/154
第二节　景德镇大师瓷器价格是否已到顶？　/163
第三节　古瓷价格没有最高只有更高　/171
第四节　石湾公仔产业规模化影响收藏者信心？　/180
第五节　外销瓷：瓷器收藏最后一块价值洼地？　/189
第六节　同一件瓷器，说是景德镇的卖40万，说是潮州的只值2万？　/197
第七节　潮州手拉朱泥壶VS宜兴紫砂壶，同级别大师壶为何价差10倍？　/206
第八节　当代瓷器茶具收藏价值刚刚被发现　/214

第四章
工艺美术与杂项收藏

第一节　岭南印章正处于投资收藏价值洼地 /226

第二节　端砚8年涨30倍 /233

第三节　宣纸价格连涨三年，陈纸越老越值钱 /240

第四节　一锭清墨价值过万，古墨收藏逐年升温 /248

第五节　佛像市场没有炒作，价格不至于大起大落 /259

第六节　黄龙玉跑水跑色，真的藏家都不收 /267

第七节　玉色玉质都吃亏，古玉卖不过新玉？ /275

第八节　中国古兵器：价格以"不要脸的"速度暴涨 /283

第九节　收藏红木家具，回避"三代同堂" /292

第十节　电脑雕挤压手工艺人生存空间，潮州木雕人才骤减 /301

第十一节　广州牙雕价格年均增长30% /310

第十二节　上品沉香价格半年翻倍，天然沉香才具收藏价值 /319

第十三节　潮绣价格年均涨50%，存绣好过存金 /329

第十四节　几成绝艺，广绣精品越来越金贵 /337

第十五节　什么样的普洱茶才有收藏价值？ /345

第十六节　名表拍卖逆市增长 /353

第十七节　榄雕生于广东而冷于广东 /362

第十八节　古董钟收藏刚起步，国人最爱法国钟 /370

目录

5 第五章
收藏弦外之音

第一节　赝品泛滥，杨之光无奈自己注册商标 /380
第二节　收藏偏信捡漏反倒可能吃大亏 /387
第三节　收藏界最后的赢家永远是藏家 /393
第四节　当艺术品和暴利挂钩，专家一句话就可能断了他人的财路 /401
第五节　画家自己收藏什么画？ /410

索引 /423

后记 /425

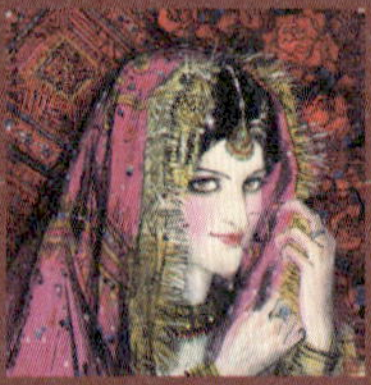

第一章

书画艺术与市场

第一节

中国画派市场竞争格局初现，岭南画派崛起趋势明显

特邀嘉宾

许钦松
中国美术家协会副主席、广东画院院长、广东省美术家协会主席

朱万章
中国国家博物馆研究馆员、广东省美协理论委员会委员

注：第一章第一节至第一章第六节书眉题字杨之光。

　　在高歌猛进了两年后，2011年冬天开始，中国艺术品市场一直急速上扬的曲线，突然掉头向下。数据显示，香港佳士得2011年秋拍业绩为28.5亿港元，比当年春拍时的40亿港元大幅缩水11.5亿港元，下滑幅度高达28.75%。其他"大佬"也无法独善其身，香港苏富比下滑8.3%、中国嘉德下滑28%、北京保利下滑19.7%、北京瀚海下滑13.5%……

　　而市场表现向来比北方滞后的南方艺术品市场，在这次调整中却反成避风港。特别是岭南画派的作品，由于之前价格泡沫较少，在这次的市场调整中不降反涨，成为了最安全的一个板块。在广州的多场拍卖会上，杨之光、许钦松、方楚雄、陈永锵、林墉、周彦生等一众当代岭南名家的作品价格，甚至较以往上了一个台阶。

　　岭南画派何以成为最安全的板块？许钦松和朱万章认为，泡沫较少，市场稳健就是最大的原因。

谈特点 岭南画派最突出的是革新精神

主持人：根据中国艺术品市场研究院副院长西沐2011年底发布的一份《中国画派市场格局分析研究报告》，岭

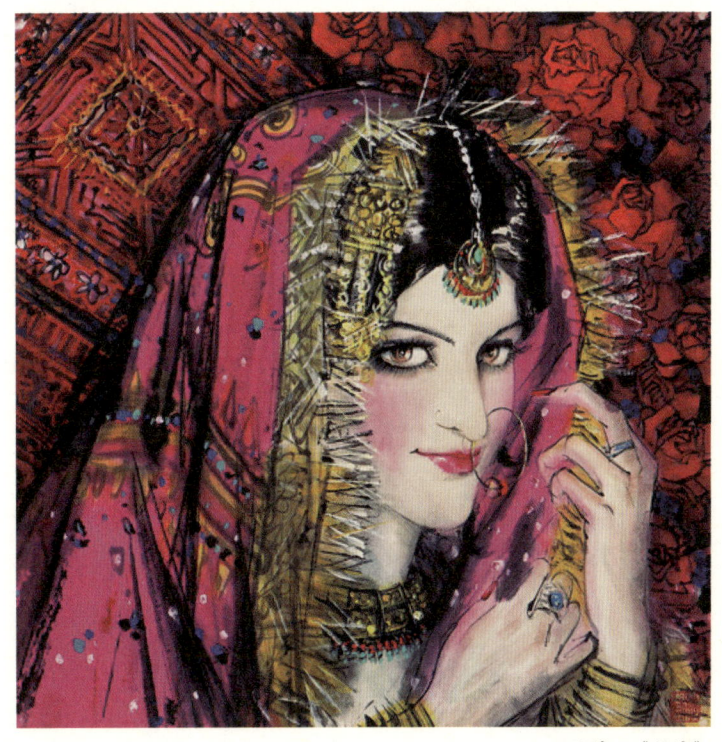

林墉 《新娘》

南画派与京津画派、长安画派、金陵画派、海上画派、浙江画派并列为中国有代表性的六大画派。可见岭南画派在中国艺坛举足轻重的地位，但由于曾经一段时间岭南画风受到一些质疑以及部分岭南艺术家对自身的不自信，以致现在仍然有一些人批评他人的艺术时就说"你是岭南画派的"，潜台词就是你的画不三不四。为此，我们有必要审视一下当下岭南画派的现状与未来，给本土艺术家以及收藏投资者更为客观的资讯。

许钦松： 在清末中国画死气沉沉的时候，当时岭南画派提出的中西融合，在当时的历史条件下，让中国画走出一片天地，这是非常大的一个贡献。后来岭南画派引进的写实主义以及写生手段，甚至成为了全国的共识。以前说岭南画派，很多是以某种风格样式作为它的特征和评判标准。但是在新时期，应该是把精神和思想突显在最重要的地方。岭南的革新精神，是广东美术最突出的地方。

朱万章： 的确如此，新形势下的岭南画派，最突出的就是革新精神，并且出现了多元化的发展，跟上世纪二三十年代那种单一的甚至是受日本画影响的风格不同。现在的岭南画派，有的比较传统、有的比较开放、有的甚至比较前卫。比如说陈金章、梁世雄、许钦松，他们的山水画就代表着当代岭南的不同风貌，但精神上却又是一致的，都是基于传统的改良和革新，有共性，个性又很鲜明。

许钦松： 举个例子，战士杂技团的肩上芭蕾，将杂技和芭蕾舞相结合，看傻了很多外国人，得了很多奖。又好像小提琴协奏曲《梁祝》，最开始演出的时候，很多老师批评说洋不洋，中不中，现在却成了世界名曲。我要说的就是，要鼓励不同品类之间艺术的杂交，我们在艺术创造领域要大力呼唤创造力这个提法。

创新一开始的时候，总是会遇到很多非议，这就留给历史去评判吧。现在回望大师如林风眠，他从法国留学回来后，在国画上运用了很多水彩的颜料，当时很多人不接受，不承认他画的是国画，但现在有谁会否认他是国画大师。有些人拿老祖宗说事批评我们丢了传统，但大胆探索、大胆革新，这才符合岭南画派的精神，在革新这件事情上，岭南画派的走向和步伐，要比其他画派更大胆。这也就是为什么在全国美展上，岭南画派入选、得奖都最多的原因。在展览上走一圈，看到非常新颖的画，一看名字大多都是广东的，这就是广东。

谈现状　岭南画派影响辐射长江以北

主持人： 所以我们有必要梳理出一个清晰的岭南画派的艺术形象。除了革新精神、多元化的绘画风格外，值得关注的还有最近几年岭南画派的市场号召力正在不断地加强。

朱万章： 以前的岭南画派，较多是作为一个地域画派存在的，影响只是局限在华南。而新形势下，岭南画派已经走出岭南地区，在中国主流画坛具有话语权和影响力。杨之光和许钦松这些画家的绘画，不仅在广东美术史上有一定的地位，在整个中国当代美术史上也是不可缺席的。目前许多岭南画家在全国的影响和北方拍卖市场上都成绩显著，岭南画派的影响力已经辐射到了长江以北。

许钦松： 从2010年开始，岭南画派的作品在市场上的上涨势头越来越明显。2011年秋拍的时候，北方市场不是很理想，但岭南画派的表现仍然很稳健。在很多行当中，广东向来比较理性，就像我们的房地产市场，虽然也有泡沫，但没有其他地方那么严重，回调力度也较小。在艺术品市场上，广东也一直小心翼翼，价格泡沫没有其他画派那么大，所以升值的空间比较大。

朱万章： 但岭南画派的走势一直是稳中有升，不像北方的画派那样狂飙。为什么单价不如北方的高，我想要有一个被全国收藏界认可的过程。现在市场走得最好的是北京地区的艺术家，但广东地区是价值洼地，这对画家不一定是好事，但对收藏界是好事，投资空间很大。

许钦松： 其实无论哪个行业，市场化程度最高的都是广东。岭南画派现在的价格，应该说是在理性的范围内运行。那些泡沫太大的，说不定会跌得很惨，现在一些在世画家的作品价格，超过去世的大师作品价格两三倍，这正常吗？

许钦松 《春云带雨》

谈投资 只有买错没有买贵

主持人： 这两年，艺术品价格不断飙升。很多人都说，现在的艺术品市场看不懂，看不懂市场的走势，看不懂价格的定位，看不懂为什么越贵越多人买。所以有人就说，就是看不懂它才值钱，看得懂了还有尺度还可以衡量。

许钦松： 其实收藏或投资者本身就应该是个专家，他必须对这个行当有很深入的了解，包括对中国美术史、对你所收藏的对象要有所研究和了解。但现在很多人购买艺术品都是跟风，就像老人家去市场买菜，撞到证券交易所的人，仅听推荐就糊里糊涂地买了一只股票。这跟整个社会的审美水平有关，市场跑得快，但审美水平却滞后，落差越来越大。所以这里要劝告收藏或投资者，收藏必须建立在理性的分析和判断之上，只有通过研究和读书弄通弄懂才行。要投资某个画家的作品，先要判断这个画家未来所能达到的高度，这很重要，不要为了购买而购买。

主持人： 现在看艺术品市场的走势，还要考虑背后有否游资在炒作，是长期的拥有还是阶段性的喜好等，这些都会影响到市场的起伏。但有一个观点我们需要反复强调，即"只有买错，没有买贵"，只要是好东西，买贵了无所谓，时间、艺术家本身的发展会帮你弥补回来。但如果买假了或买错了，钱就打水漂了。

朱万章： 的确是这样，真假是最重要的。一是买真，二是知识储备，三是不要跟风，三方面都具备了，投资艺术品就不会错到哪里去。很多人问我怎么选择"潜力股"，这很难说，共性是艺术水准高、有个性的画家，长远看其作品肯定会升值。有的人可能名气很大，但艺术水准不高，现在市场走得很好，说不定以后就会跌回去。现在广东也好，全国范围内也好，市场走得好的，大多是艺术水准较高的艺术家。艺术水准平平但市场却走得好的，这种当然也有，但并不多。

主持人： 我自己的经验是，收藏一定要看艺术家长期的市场走势，一个人的作品趋势如果是长期走上的，可以买，一会高一会低的，千万别跟风购买。短期炒作可能会有获利，但也很容易栽跟头。眼界、胸怀，还有积累，这是收藏家的基本素质。

延伸阅读 六大画派与岭南画派

画派，不仅是学术研究的重要课题，而且还是中国艺术品市场的基础，因此认清其发展现状和发展态势，既有利于我们研究中国艺术品市场的走势，又有利于藏家做选择性的收藏。

六大画派占据半壁江山

由中国艺术品市场研究院副院长西沐主笔的《中国画派市场格局分析研究报告》，列出中国有代表性的画派为：京津画派、长安画派、岭南画派、金陵画派、海上画派、浙江画派，这六大画派几乎占到了中国艺术品市场总成交额的半壁江山。

在中国，目前画派拍卖市场规模的发展分成了两个大的阵营。其中，京津画派、海上画派、浙江画派属于第一阵营，其发展的优势地位在画派拍卖市场发展过程中一直处于领先地位；而金陵画派、长安画派、岭南画派在拍卖市场属于第二阵营，其拍卖市场规模相

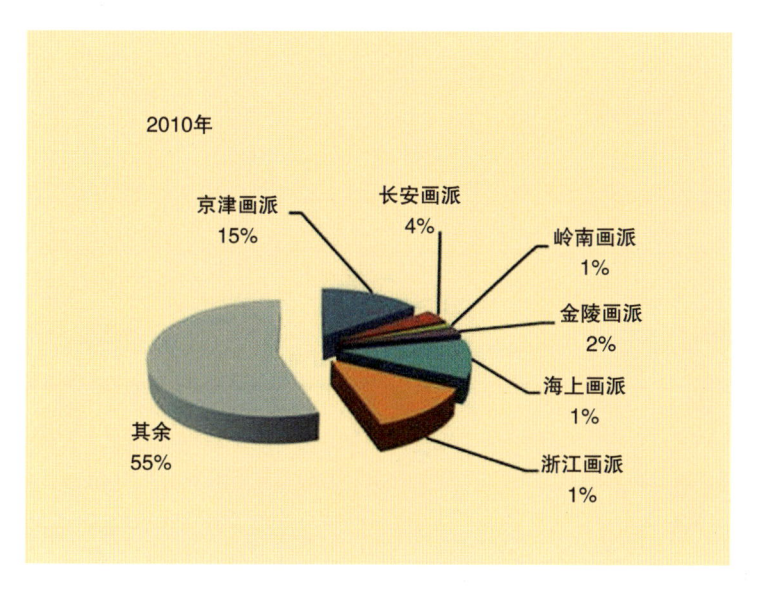

六大画派2010年在中国艺术品市场交易总额中占有的市场份额
（数据来源：《中国画派市场格局分析研究报告》）

对偏小。中国画派的这种表现，也基本上印证了不同画派在社会及中国艺术品拍卖市场上的影响力。

岭南画派成长性值得期待

但是，这种格局似乎已经出现了一些新的变化，画派市场规模的消长正在悄然进行，第二阵营的成长在提速，特别是长安画派的表现最值得关注，岭南画派的变化值得研究。

从2010年开始，岭南画派的表现就比较抢眼，在保持价格及市场规模上升的同时，出现迅速提升的迹象，这一趋势在2011年表现得尤其突出。根据报告：岭南画派2010年下半年及2011年的表现可以说是直逼长安画派与京津画派，这一点最值得我们关注。特别是自2011年以来，市场的拉升发展态势比较明显，市场的板块变化比较明显，除了"关、黎"市场价格及市场需求不断提升以外，杨之光、许钦松、林风俗、方楚雄等其他重要名家，也成为了岭南画派标志性的第二市场板块。

在报告中西沐指出："我们可以预料的是，随着第一板块及标志性的第二板块的价格的提升，岭南画派的市场发展空间会进一步打开。我们在分析，岭南画派是否已经积淀了

杨之光　《恩师徐悲鸿》

相应的市场力量，将会利用快速上涨的办法来迅速缩小与长安画派及京津画派已经拉大的距离。如果这一趋势能够持续的话，岭南画派的市场空间（包括价格及市场规模）的成长性值得期待"。

知多D　追溯岭南画派

岭南画派最初形成于清末民初，当时有"二居"之称的居廉、居巢兄弟，开始了对中国画的研究，其探索与追求对岭南画派的形成起到很大的作用。

但岭南画派的崛起是在上世纪之初，被称为"岭南三杰"的高剑父、陈树人、高奇峰，主张国画应该折中中外、融汇古今，在理论和实践上自成一格，其绘画题材有别于老师居廉的纤细，而多选木棉、奔马、雄鹰、苍松。技法上则追求师法自然，绘画手法既吸取西欧水彩画的光影特色，又追溯东方古画拙朴的神意。

之后以关山月、黎雄才、赵少昂、杨善深等为代表的第二代岭南画家，无论在题材与技法上又都有了新的突破。他们四人被誉为当代岭南画派的四大画家。

第二节

岭南画派 "为了人生而艺术"

特邀嘉宾

陈永锵
岭南画派纪念馆馆长、广州美术学院客座教授、中国美术家协会理事、中国画学会常务理事

罗一平
广东美术馆馆长、广东省美术家协会副主席、中国美协美术理论委员会委员、中山大学教授

　　陈金章、杨之光、梁世雄、尚涛、林丰俗、林墉、周彦生、陈振国、陈永锵、庄小尖、陈新华、方楚雄、许钦松、李伟铭、王璜生、李劲堃，16位在当代中国画坛有着广泛影响力的岭南国画大家，近日难得地因画聚首。透过他们的画，可以看到岭南国画一脉相承的传承脉络。而中国画在他们这一代画家身上产生的变化也非常值得探讨——老一辈艺术家在自身艺术中产生了哪些变化？今天达到何种状态？下一代画家又将呈现出什么样的面貌？各位画家的绘画语言各具何种特性？

　　可以确定的是，他们是中国画在近半个世纪以来现代化进程中的亲历者、参与者以及承接者，他们通过不懈的努力和勇于革新的精神，为当代中国画的发展提供了更多的丰富性和可能性，呈现出多元的艺术面貌。而岭南画派被藏家看重的原因，正是缘于其在美术史上的突出地位。

"两高一陈"时代　为了人生而艺术

　　主持人： 2012年的"当代岭南中国画双年展"，邀请了在当代中国画坛有着广泛影响力的16位国画大家，展出的作品主要是艺术家的代表性作品及近年新作，梳理了当代岭南国画的发展脉络。这16位画家，都是半个多世纪以

方楚雄 《滇西春情》

来岭南中国画发展绕不开的人物,中国画在这一代画家身上产生的变化,是非常值得探讨的。特别是21世纪营造了一个多元化的文化语境,在这个多元的文化形态中,当代的岭南艺术,与之前相比有何不同?

罗一平:岭南艺术走到今天,其实发生了很多变化。岭南画派的开拓者——"两高一陈"(高剑父、高奇峰、陈树人),其贡献在于"开拓",在当时的社会文化环境中,他们带有很强的前卫性质。20世纪前期的中国,当时有三大画派:海上画派、京派和岭南画派。其中,京派的技术最为成熟,他们在中国这本很华美的"词典"里摘章引句,变为一篇非常经典的文章,把中国的经典组合得非常好,但京派的问题在于,在20世纪初社会大变革的潮流下,他们跟时代精神很不吻合,缺乏社会活力;海上画派吸收了京派的语言美、笔墨

第一章　书画艺术与市场

美，将其和人们的喜好结合到一起，实现了艺术的市场化、普及化、大众化，特别是在艺术雅俗共赏方面，海派取得了很大成就。所以海上画派专家喜欢，大众也喜欢，成为了当时影响力最大的一个画派。

而岭南画派的"两高一陈"都是革命者，在特定时期，他们肩负着救国救民的重任，所以他们没有把目光仅仅放在传统上，而是把目光透过薄雾，穿过海洋，看到海的对面，以日本为跳板，把西方文化引进了过来。他们在题材的开拓，语言的开拓，东西方的文化艺术碰撞交融上做了很多的工作，这在当时堪称前卫，甚至时至今日，都很有借鉴作用。兼具开拓性、包容性、强烈的社会视野性，这就是岭南画派的第一代开拓者。作为先锋，他们有些东西的确不是很成熟，特别是在语言上，他们跟京派、海派都有距离，这被后来离开特定

陈永锵　《辉煌》

语境谈当时岭南画派的人所诟病。

但是，三个画派当中，能直接影响20世纪中国文化的发展，甚至一直影响至21世纪的，肯定首推岭南画派。我觉得这是广东的媒体、艺术家所没有认识到的，应该引以为豪的。当时的岭南画派有没有问题？当然有问题，但回到当时的语境来讲，这些都不是问题。

陈永锵： 说到与其他画派最大的不同，岭南画派是"为了人生而艺术"，不只是为了艺术而艺术，更加不是为了艺术而人生。岭南画派当时的出现，不只是为了探索艺术，更多的是为了民族的存亡，所以岭南画派一个非常重要的特点，就是担当。如果单纯从艺术角度研究岭南画派，你会摸不着北，但如果单是凭着这一点，说岭南画派是政治画派，这也是个莫大的误解，在民族危难的时候，谁都应该挺身而出。应该说，岭南画派的出现，出发点是为了改变社会，而不是单纯为了探索艺术。

所以岭南画派远不仅仅只是广东的一张"文化名片"，而是广东的自豪。她是不曾、也不会去考虑"如何突出它的广州特色"那么"小家子气"的。因为岭南画派的出现是应"民主革命"的思潮，要不然高奇峰辞世为什么民国政府要为其"国葬"？岭南画派的"包容与创新"、"现实关怀"等理念所体现的是人类社会进步的一种时代观念，它心怀天下和民族命运，而不是一个狭隘的"地方小团体"利益。岭南画派的价值是时代性的而不是地域性的，她是岭南文化整体中的一个部分，体现了岭南文化的如水本质，水有本性而无定形，水利万物而不争。

"关黎"时代　着意笔墨

主持人： 相比"两高一陈"，现在最受市场追捧的是关山月和黎雄才的作品，"关黎"也普遍被认为是岭南画派最具代表性的人物。

罗一平： 岭南画派发展到建国后"关黎"这一代人，他们已经不是革命者，而是教育家和纯粹的艺术家，他们更关注艺术语言和生活的联系，从留意艺术的社会性、政治性、民生关怀，发展到对艺术语言本体的探索。但是在那个特定的时代，他们艺术语言的探索也是有限的。在当时的大背景下，艺术为社会服务，艺术为政治服务，所以黎雄才和关山月的很多作品，是真实地讴歌社会和大自然，这是他们对所处环境的真切感受。他们在"两高一陈"的基础上,对笔墨有了很大的发展,更讲究笔墨语言表述和生活的关系,更注重笔墨语言本身美的呈现。这使岭南画派在上世纪五六十年代能有一种新的面貌,并且在七八十年代仍能屹立不倒。正是因为有了"关黎",在海派、京派被人遗忘之后,还有岭南画派与浙派、金陵派三足鼎立的局面。

主持人: 虽然在艺术风格上,"关黎"跟"两高一陈"已经有很大的不同,但仍然能够看到岭南画派清晰的传承脉络。

罗一平: 对画派的传承,有的是继承了前人的笔墨,有的是继承了前人的精神。岭南画派准确来说,还是继承了一种精神,这就是我们所说的岭南精神,而不仅仅只是一个画派的精神。后来广东的艺术家,正是继承了她的包容性、试验性、开放性,才使他们能跨越地域的限制。其实广东的艺术家一直在自觉地思考,特别是关山月,他的目光其实一直盯着北方。关山月没有过多继承"两高一陈"的笔墨了,真正继承"两高一陈"笔墨的是后来去了香港的赵少昂等人。在广东的画家,并未在笔墨上继承前辈,他们继承的是开阔的思维。

林丰俗 《飞来禅寺》

当代岭南画家　风格多元化

主持人： 最近16位当代岭南国画大家的作品，的确让人感受到当代岭南厚重的文化积淀。在他们后面，还有一大批年轻的画家正在成长。但与前辈画家不同的是，他们身处一个艺术和市场密切交融的时代，这让他们没法像前辈画家那样尽心追求艺术，在画画的过程中，不可避免地总会与市场发生或多或少的联系，他们当中的一些人，也急于打造自己的名气与市场。所以他们中的很多人，现在正面临着两难的境地，既要兼顾艺术、技法的提升，又要兼顾市场，这对他们的绘画，会产生什么样的影响？

陈永锵： 这是毁灭性的影响，艺术是艺术，市场是市场，如果画家将精力都放在考虑一张画能够卖多少钱，一迎合市场，就成不了艺术家。但我不是说不能卖画，艺术家也是要养家糊口的，齐白石、吴昌硕也靠卖画为生，这并不阻碍他们成为一代宗师。好像我的画，就一直不肯被人包装，我享受我能支配我赠画的自由和由此带来的陶醉。所以在艺术和市场的平衡上，要看你是追求精神多一点，还是追求物质多一点。人生有三种态度，一种是逐利，一种是厌利，这两种都是极端的。最好的态度，应该是郑重人生，名利如风雨，风调雨顺天之赐，暴雨狂风人不与。虽说不想当将军的士兵不会是好士兵，但总想着当大师的画家，肯定不是好画家。

罗一平： 广东年轻一代的画家，其实大多还是非功利性的，他们不像北方画家那么浮躁。我不认为市场是一个坏东西，市场对他们是一个促进剂、调合剂。他们会在市场中思考上一辈的成功点在哪，这使上一代无意识的选择变成后继者有谋略的选择，这看似是市场的选择，其实是一种文化的选择。年轻一代的视角其实已经超越了前辈。当看到一个图式成功，他们就会研究这个图式，但他们也知道，当他再画这个图式的时候，只会是已有图式的复制品，市场是不认复制品的。那么如何在前人的基础上画出我自己的图式，同时获得市场的认同呢？这就是年轻一代会考虑的问题。所以我认为五年、十年后，广东画坛仍会出现一批佼佼者。现在我们就要鼓励他们成功，让他们在尚未成功或即将成功的时候，感觉到成功的喜悦。

办展览 体制外的展览无需权衡张三李四

主持人： 现在很多后起之秀，的确很注意通过办展，提高自己在行业和社会的知名度。回头再看"当代岭南中国画双年展"，我发现它的成功，就在于它的非官方，这让它在选择上更自由，少了平衡性。现在这种能够让人关注的展览，已经不多了。

陈永锵： 说这次展览好，因为它不是体制内的，而是体制外的。体制内要考虑到平衡，要投鼠忌器，要选张三的作品还是李四的作品，想到头都破了，私人机构就不用考虑这种问题。

罗一平： 广东美术馆在办展览的时候，除了提供场地外，还要考虑到展览的水准，这样展览才能办得好。不管是哪种形式，当一个画展进入美术馆时，美术馆的学术意识就会跟着进入。这一次展览，不是美协也不是画院搞的，所以无需权衡张三李四，它有相当的自由度。这种方式，下来我们还会继续探索，不仅跟画院、美协等研究机构合作，我们还会跟公营或私营的艺术团体合作，这是我们一个有效的尝试。

主持人： 当代岭南的作品，仍然能够以创新精神串起一个画派，特别是多元化的绘画风格，让岭南画派跟其他画派相比，总能给人以耳目一新的感觉。

罗一平： 改革开放后，广东进入了多元的时代，北方很多艺术家南下广东，使广东的艺术家无需走出广东，就打开了视野。南北艺术家在对话过程中，也看到了"关黎"所存在的一些问题，他们也思考着西方文化进入和南北文化交融后，我们这代艺术家应该如何成长？应该说，与当代长安画派、金陵画派相比，当代岭南画派的艺术家更加不拘一格。如果说上世纪五六十年代，"关黎"在中国有了一席之地，那么现在，岭南画派在中国画坛成为了一支不可忽视的力量。如果宣传推广得当，它更是有着举足轻重的力量。

我们有领中国风气之先的几位艺术大家，例如林墉，当上世纪80年代初期，所有的艺术内容都还带着政治观念或者说人们要么在歌颂这个时代，要么在尝试用外来的文化解决中国问题的时候，林墉悄然画了一批很唯美的作品，其印度、巴基斯坦写生作品，影响非常大，让大家恍然大悟，原来有些东西可以美得如此让人心醉。后来，杨之光从浙派转到了林墉式的人物写生，把人物从特定历史环境中剥离出来，他们画的人物，已经没有"背景"了。杨之光的成功不仅仅只是笔墨的成功，其实是对人物内在刻画的成功。之后的陈永锵等人，积聚了一种力量，在笔墨或专题上都做出了自己独特的探索。

第三节

广东国画研究会：
辉煌→湮没→崛起

特邀嘉宾

卢延光
广州市政协常委、广东省美协副主席、国家一级美术师、广东画院特聘画家、中国美术家协会会员、原广州文史研究馆副馆长、第四届广州市美术家协会主席

区广安
广州大学艺术硕士研究生导师、中国美术家协会会员、广东省美术家协会理事、广州市美术家协会常务副主席、广州市青年美术家协会副主席，被学术界誉为广东国画研究会的第三代传人

朱万章
中国国家博物馆研究馆员、广东省美协理论委员会委员、美术史论家和书画鉴定家

　　一提到广东画坛，很多人总是一下子就想到岭南画派，在北方更是如此。直到2011年前后，黄君璧的作品价格在全国各地拍卖行一次一次地被追高，加上第三代传人区广安的山水画展开始在各地展出，人们这才惊觉，岭南画派之外，原来广东画坛还有另一条巨流——广东国画研究会。

　　事实上，在近代岭南画史上，一直就存在着两种主流画风，一是折中中西，融合东洋绘画为主要艺术取向的"新国画"，即后来的"岭南画派"，其代表人物为高剑父、高奇峰、陈树人等；另一脉是以弘扬古风、保存国粹为目标的传统一路，即活跃于上世纪二三十年代的"广东国画研究会"，以赵浩公、卢子枢、潘达微等为代表，一度还是广东地区人数最多、影响最大的一个绘画组织，就连国画大师黄宾虹，也是广东国画研究会的成员。两大流派一古一新，一中一洋，一守真一融合，互相包容的竞争让广东画坛傲然崛起，得以与京津画派、海上画派形成三足鼎立之势。

　　但是，在经历半个多世纪的变迁之后，与日益发展壮大的岭南画派相比，曾经辉煌的广东国画研究会却越来越沉默，影响力日渐式微。一度被湮没的广东国画研究会，为何在近几年再度崛起？还有多少被遗忘的艺术大家有待被重新发现？势单力薄的第三代传人，又将如何肩负起广东国画研究会的再发展？这些都是近现代岭南绘画发展中耐人寻味的话题。

看市场 被遗忘的国画大师"浮"出水面

主持人： 就像卢延光老师所说的，一个流派的号召性人物非常关键。现在广东国画研究会在市场上最具号召力的，除了黄宾虹就是黄君璧了，他的作品在拍卖市场上，2000年时只是1万元/平方尺，到了2010年约在7万元/平方尺左右，仅仅过了一年，2011年，在香港一下子就拍卖到了90万港元/平方尺，在河南也拍卖出40万元/平方尺的记录。因为有黄君璧这样的号召性人物，令整个社会更加关注广东国画研究会，也让现在仍在坚守传统的人看到了希望。

朱万章： 黄君璧现在已经由区域性的名家上升为全国性的名家，

区广安 《潇湘烟雨》

这对整个国画研究会的发展应该是起到促进作用的。还有李凤公、赵浩公、邓芬、卢子枢这些名家的精品，这几年的价格也不知道翻了多少倍。现在广东国画研究会作品的市场，一个在广东，一个在香港，追捧程度非常高，在北京、上海、杭州、台北等地都受到很多收藏家的追捧。未来整个书画市场的走势应该还是继续向上的，我相信以后价格还会更高，还有很多的名家，很多的作品有待被发现。

说历史　国画研究会曾占据广东画坛半壁江山

主持人： 在近代岭南画史上，一直就存在着两种主流画风，岭南画派与广东国画研究会，上世纪初，两大流派并驾齐驱。当时的国画研究会星光熠熠，国画大师黄宾虹、黄君璧、卢子枢都是广东国画研究会的成员。这两大流派的不同，除了一古一新，一中一洋之外，岭南画派是一代一代传承下来的，而国画研究会更多的是大家一起研究。正因为有了这两个不同流派的交融、碰撞，才令广东的绘画艺术得以蓬勃发展。但发展到后来，广东国画研究会越来越沉默，导致现在很多人，特别是北方人，都不知道广东国画研究会，这中间经历了什么样的历史变迁？

朱万章： 广东国画研究会是20世纪上半叶以来与岭南画派并驾齐驱的一个重要的绘画团体，尤其是在1950年以前，它在广东画坛的影响非常大，可以说在广东画坛占据了半壁江山。上世纪50年代以后，由于政治环境以及其他绘画因素的影响，国画研究会的地位开始逐渐衰落下来。直到80年代以后，传统文化重新回归，才让我们重新认识到国画研究会在绘画史上的地位。

国画研究会的第一代画家，现在已经全部不在世了，第二代、第三代画家开始崛起，比如说在广东，以区广安为主流的第三代画家，在整个中西结合的绘画潮流下，秉承传统绘画的创作精神，这在当今画坛上比较难得，也代表着当今画坛多元化潮流的发展趋势。

卢延光： 五四运动之后，岭南画派和广东国画研究会发生过一场著名的论战。岭南画派主张革新，国画研究会主张坚守传统，两者互相交锋、碰撞，最终让广东画坛"碰"成了全国第三，得以与北京、上海三足鼎立。因为竞争，促使更多人关心艺术。更重要的是，两个流派的竞争，是互相包容的竞争，而不是互相打倒。双方在争论中自我反省、自我完善，起到了相互促进的积极作用。比如说岭南画派的反省，让高剑父发现了文人画的重要性，所以50年代的时候，他一直倡导新文人画。而国画研究会反省的结果，是让他们觉得坚守传统也应该有所进步，突破古人，后来相应出了一批人，如卢振寰、卢子枢等。有竞争才有发展，这是历史的启示。

朱万章：但到了后来，岭南画派经过百年演绎，由于弟子们的荣耀及其在政治、艺术领域中所发挥的独特的影响力，使其一直绵延至今，影响不减当年。而作为当初和岭南画派并驾齐驱的广东国画研究会，由于没有相应的弟子或画家后人在画坛和政界发挥其影响，画会成员及传人本身也流散各地，其影响力日渐式微。

谈发展　两大画派同样面临成长的烦恼

主持人：在早几年，一提到广东画坛，人们的确第一个想到的就是岭南画派，在北方更是如此。但近几年，由于区老师在国内各地的艺术活动不断深入，令国画研究会的面貌有别于以前，让艺术界重新发现了广东国画研究会。但我们也看到，当今画坛坚守传统的人太少了，是什么吸引您一直坚持走复归传统的道路？

区广安：有人说，学画必须有"三分"：天分、缘分、勤奋。我不清楚自己有没有天分，但我很有缘分。7岁时遇到了一个好老师——袁伟强，他是一个很传奇的人，做过高第街小学的图画老师，在7平方米的房子里住了一辈子，由于出身不好，一生不得志，也没结婚，但在书画上却钻研很深，一生的精力都用在了书画上。我开始学的时候，根本不知道什么是传统，什么是革新，老师说怎么画就怎么画，就是笨笨地跟着学。后来这40多年，我也尝试了很多不同的东西，但随着自己对艺术理解的深入，我还是选择了传统的道路，基于艺术的判断，我认为传统的路子更加深厚而且传统的东西跟我的心境更加相近。传统更多的是写意，比如文人画中的山水，体现的是人与自然的和谐，写心之作，形而上的心情体现。我们都生活在烦嚣的社会中，过于匆忙，很需要寻求一种心灵的平静，回归到农耕年代人与自然和谐的状态，挣脱世俗的束缚。

主持人：但现在说坚守传统，很多人误以为就是回到过去，却没有看到在复归传统过程中的一路蝶变。

朱万章：广东国画研究会是传承古法，但并不泥古，他们守望的是一种传统的文化精神，坚守中国绘画传统的学脉传统。今天，各种文化并存，已经成了文化大家庭里的一种文化共识。广东国画研究会不仅在广东画坛上占有一席之地，在近现代中国美术史上都占据着不可忽略的重要一页。他们的传人也已开始认识到，大家所坚守的文化传统都是相通的，所弘扬的文化传统是没有变的。

区广安： 我现在越来越感觉到，坚守传统，就是往传统的深处走，就是要回到原点。这个原点就是"高古"，就是人类的原发美感。从唐宋开始，经过历朝积淀，中国的文人画在明清达到了巅峰。他们也坚守传统，唐宋元明清一路走来，中国画承传有序，脉络清晰，艺术风格是自然形成的，不是人为或刻意制造出来的。宋朝的画风不会回到唐朝，明朝的也不会回到宋朝。历朝历代都在传统的链条上接上新的一环，这就是传承，就是创新，创新不等于推倒重来。所以有句话说，传统有多深，就能走多远。现在的问题是，我们一整代人面临着东方传统审美的缺失，对中国传统好与不好，没有一个基本判断。幸亏现在有些收藏家的眼光越来越高，对传统绘画越来越关注，这是中国传统绘画生生不息的一大原因。

主持人： 国画研究会肯定是广东艺术发展不能缺失的一块。但广东国画研究会到您这一代，相比岭南画派已经是势单力薄，下来应该如何再发展？

区广安： 从2008年开始，我就在做卢子枢、袁伟强、卢秀宴、区广安的师徒四人展，后来我在北京、杭州等地举行的一些展览，反响也很大。近年来各界举办了很多展览和学术研讨会，拍卖行举办过国画研究会专场，现在我们已经有筹备建立广东国画研究会纪念馆的设想，很希望得到政府的支持，应该有一个平台来弘扬传统的东西。

朱万章： 广东国画研究会这一流派中的每一个画家，都有不同的个性，个个都有自己的风格。共性之中，一定要有自己的个性，这是国画研究会今后发展的一个必由之路。但广东国画研究会相比较岭南画派而言，的确表现出后继无人的势态。区广安先生的师承经历及其表现出的艺术风格，使其当之无愧地成为国画研究会的第三代传人，延续着上个世纪二三十年代以来的画学传统。相信这有可能在一定程度上会改变人们对于这一画会的延续性的认识。

卢延光： 发展关系到画派的生命力。岭南画派现在在此问题上也是很有危机感的。有没有人接班，有没有重要人物出现，在全国的分量怎样，这对两个画派都是挑战。岭南画派从国外取经，国画研究会从古典取经，广东这两条路都很好走。因为我们亲近海洋文化，还有海上丝绸之路的原因。我感觉广东比较能把古典、新派、传统、外洋统统转换成新的东西。但能不能把两派的生命力延长下去，这就要看我们以后出现的人物了。

知多D　广东国画研究会

广东国画研究会成立于1925年，前身为1923年创建的"癸亥合作画社"，其固定活动于1937年终止。该画会前后经历近15年时间，参与的画家达数百人，成为这一时期广东地区人数最多、影响最大的一个美术社团。其主要活动区域在广州，并在香港、东莞创立分会，代表画家有潘至中、潘达微、姚粟若、李瑶屏、赵浩公、卢振寰、卢观海、温其球、黄少梅、李凤廷、黄君璧、黄般若、邓诵先、卢子枢、李研山、容仲生、张谷雏、冯缃碧、罗仲彭、蔡哲夫等，国画大师黄宾虹也是其成员。

区广安　《空山明似镜》

第四节

2012年
中国美术馆今年迎来广东年

特邀嘉宾

许钦松
中国美术家协会副主席、广东画院院长、广东省美术家协会主席

梁江
中国美术馆副馆长、中国美协理论委员会副主任、中国美术院副院长、中国艺术研究院博士生导师

2012年下半年，关山月百年回顾展、黎雄才画展相继在中国美术馆举行。4月份，"吞吐大荒——许钦松山水画展"在中国美术馆举行，这是画家30多年艺术创作的一次阶段性总结和回顾，因其规格之高、轰动之大，也被视为近年来广东美术进京最成功的一次展演。再往前，还有"木棉·岭南风骨——陈永锵专题作品展"。加上一批申请已获通过的广东艺术家个展，2012年的中国美术馆迎来了广东年。

如果将时间范围进一步扩大，我们可以看到，在中国美术馆这个全国美术最高的展示平台上，最近两年广东艺术家出现的频率越来越高，王肇民、杨之光、陈金章、廖冰兄、赖少其、尚涛等人个展的成功，都一再昭示了广东美术已经走到了大发展的时期。

如今一个直接的挑战是，改革开放初期广东因经济优势而抢得思想和市场制高点的那种美术发展环境，已经伴随着中国经济的全面起飞而显得不再具有突出优势。面对北京、上海、江浙，甚至成都、重庆这些新的艺术"高地"，广东美术该如何保有自己的优势，继续打开新的天地？

中国美术馆出现广东现象

主持人："吞吐大荒——许钦松山水画展"在中国美术馆获得了极大的成功，特别是开幕当天的轰动，真是让很多到场的嘉宾感到震惊。广东美术在北京能够有这样的号召力，更是让我们非常感动。我特地数了一下，这次画展的主办单位就有9个部门——中华人民共和国文化部、中国文学艺术界联合会、全国政协书画室、广东省人民政府、中共广东省委宣传部、中国美术馆、中国美术家协会、中国艺术研究院、中国国家画院，广东的美术家举办规格如此之高的画展，非常少见。

许钦松：对于大家的支持，我非常感动。开幕式当天，由于派发的门票数量已经超过了原定接待人数的三倍，最后我们不得已要控制人流，对此造成的不便，我深感抱歉。作为一个艺术家，我是幸运的，赶上了一个伟大的时代。艺术家在家里创作作品，只是完成了一部分，作品只有更主动、更广泛地跟大众接触，为人民群众提供高雅的艺术情趣，才能完成作品完整的审美过程。

"吞吐大荒——许钦松山水画展"开幕式

许钦松 《海雨山风》

主持人： 留意最近几年中国美术馆的展览活动我们可以看到，有越来越多的广东艺术家上京举办个展，这种广东现象可以透视出什么时代特征？

许钦松： 广东从提出建设文化大省，到建设文化强省，一直都在进步，广东美术也在全国占据了很重要的地位。现在回头看，最近两年上京举办展览的广东艺术家还真不少，特别是在中国美术馆这个全国美术最高的展示平台上，一路以来就有王肇民、杨之光、陈金章、廖冰兄、赖少其、尚涛、陈永锵，加上我，今年下半年还将推出关山月百年回顾展以及黎雄才画展。作为广东省美术家协会主席，我今年还将在全国平台上加大对广东美术的推荐力度，鼓励有作为的艺术家提出展览计划，向全国推介广东的文化名家，提升广东文化的辐射力和影响力。我们有一个广东美术大展的计划，以梁江先生为学术主持，以后将逐步实现。接下来，还要向全国重点推出广东的中青年画家，有必要办大型的展览，也可以只是个人的小展览。

梁江： 从这一系列展览我们可以看到，广东美术已经走到了大发展的时期。由于经济实力等原因，广东美术已处在全国先列，再经过这么多年的文化积累，目前广东的当代美术已经步向成熟，这是非常可喜的。广东作为南风窗，一直是对外交流的门户，得风气之先，自明代以来，广东美术在中国美术界都处于领先地位。谈到中国美术的现代转型，肯定要从广东谈起，就像谈西方美术进入中国，必须是从广东谈起。目前学术界一致公认，中国最早的一张油画，现在就在新会博物馆。广东美术目前已经集合了天时、地利、人和，走到了大发展的时期。

主持人： 与其他省市相比，广东艺术家在中国美术馆出现的频率高不高？

梁江： 其他省市艺术家在中国美术馆的展览也很多，但最近两年，广东艺术家办展的次数肯定是最多的。除了刚才许主席提到的一系列广东名家展览，目前还有一批申请已获通过的广东艺术家个展，但具体的展厅和时间还未安排下来。中共广东省委常委、宣传部长林雄参加许主席的画展后也说了，中国美术馆今年迎来了广东年。

广东艺术品市场比较理性

主持人： 目前广东美术在全国处于一个什么样的地位？广东艺术家与其他地区艺术家最大的区别是什么？

梁江： 无论是艺术语言还是内涵，广东艺术家都具有非常明显的岭南地域特征，这与其他地区艺术家有着明显的区别。

而要说广东美术在全国的地位，可以从以下几个方面找答案：第一，广东美术家的群体很庞大，实力很强；第二，从近年来参加全国各种展览和入选作品的数量来看，广东是走在全国前列的；第三，广东美术作品的质量高，经常获奖。在东南亚乃至国际上，广东美术的影响也很大，岭南画派的传人在港台以及海外的影响，其实也是广

许钦松 《丰碑》

东美术辐射力的一个见证。

主持人： 这是否也意味着，广东艺术品市场，是一个具有潜力、尚待发展的市场？

梁江： 相对于北方市场的热炒，广东的艺术品市场显得小心翼翼，这是市场理性的一个体现。现在中国的艺术品市场问题比较复杂，因为这个市场尚未规范。艺术品市场其实跟股市一样，不要以为艺术品就一定能增值，艺术品的主要功能不是用于投资，而是用于欣赏。如果仅仅把艺术品当做投资品，罔顾精神的东西，也许最后你会很失望，很受伤。尤其是很多人不懂艺术品市场的规律，盲目跟风，情况会更糟糕，毕竟现在的艺术品市场有许多虚假、不对称的信息。

而我们说广东的艺术品市场比较理性，这与广东的思想发育较早等大环境是相关的，在此背景下，广东艺术品市场往后的发展也会更趋良性，会有较大的发展空间。我相信，广东能为中国艺术品市场的发展提供好的经验。

广东引领中国美术界的创新

主持人：随着艺术交流的增多，目前很多广东画家的创作已与以往有所不同，大多体现出从以往的清丽温润走向雄浑博大，从以往的折枝花鸟走向丰满浑厚，就如许主席现在的山水画，就比以往更具宏大气息。这与艺术交流有关吗？

梁江：肯定与艺术交流、时代发展有着密切的关系，也与社会群体的审美倾向有关。以前，岭南画风比较清新明快，但在当代，岭南的审美内涵有所拓展与变化。许主席的最大贡献，在于以革新者的姿态，深化了岭南山水画的内涵，这也得到了大家的认可。岭南山水画走到现代，主要往宏厚推进，这是对岭南精神的一个拓展。由于改革开放得最早，广东的艺术氛围总体还是很活跃的，是新思想成长的地方。可以说，广东引领了中国美术界的创新，广东不创新说不过去，这是大背景所趋。

许钦松：画展当天，《纽约时报》的主编看完我的画展后评价说，这是中国山水画的当代艺术。这个评价其实是很高的，因为在人们的心目中，山水画往往看上去比较陈旧、雷同，但如今，外国人也感受到了广东艺术中的当代性了。所以创新这条路，已经越来越明晰了。

就我个人的感悟而言，创新首先是思想上的变化，我的山水画，体现的是一种敬畏、不侵占，这是一种艺术思想；其次，是视觉上的变化，融合了许多视觉空间的概念在其中。薛永年先生曾经评价我的作品说，在中国山水画传统的"三远"——平远、高远、深远之外，我又创造了一个"广远"，万水千山，茫茫无际，景象极开阔，视界更宽广，赋予了山水画新的时代精神；此外，还有音乐元素的融合，我追求的是在山水画中能够感受到音乐流动的韵律；最后，还有表达方式的创新。中国画对用墨特别讲究，如黄宾虹用叠加错位的手法，而李可染用背光的手法。可以说，从白进入灰、再到黑这个过程，前人已经做得很成熟，但是灰色地带的无穷变化，之前却没有人深挖，只是草草几笔带过，但其实黑白之间的灰色地带，留给艺术家广阔的创作空间。我长期坚持写生，研究地质地貌，总在寻找这些地质地貌与古人山水的相通之处。通过这次总结性的展览，我似乎找到了自己的高点在哪，就像我爬华山，爬到三分之二的时候，才能看到高点。高点出现后，下来的路就变得明确了。

广东将重点扶持中青年艺术家

主持人： 谈及60多年来中国美术的发展，"广东"绝对是一个绕不过的字眼，未来广东艺术的走向又如何？

梁江： 第一，我认为广东的文化宣传部门要好好把握这样一个机会，及时支持；第二，我希望在吸纳人才方面，广东能有一些更具操作性的举措，把自己的人才用好，同时吸纳外部人才，因为本来广东就是很开放的；第三，要普及美术的功能。现在普遍有一个误解，似乎美术如此受人关注是因为市场前景好，这其实是一种误导，美术的主要功能绝对不是市场，它是服务于人们的精神需要的，文化的核心功能是作用于人的本性，而非市场。这方面需要媒体宣传，领导也不要光把美术作为一个产业来抓，这可能会把美术引向一条邪路。我希望广东能有比较完善的美术机构系统，美术学院、画院、美协、美术馆、博物馆等机构能够形成联动，协同作战，最终产生1+1大于2的功能。

许钦松： 作为广东美术的最高学术机构，广东画院的美术创作和理论研究应当是并列的两大方面，但美术理论一直是广东美术的一个薄弱环节，所以我们要在未来一段时期内，培养出一批在全国有影响的美术理论家、批评家，同时提升画家自身的美术理论水平。许多早期的艺术大家，自身也是理论大家，例如潘天寿、黄宾虹、傅抱石、李可染等，都有画论或者画语录传世。即使是近60年来，很多老一辈艺术家也有很多精彩的画语录。所以接下来我们计划出版一套丛书，挑出12位在广东比较有成就的美术理论家，一人书写一本，如果能够成功，影响肯定会很大。

第五节

北京画坛像森林
广东只是灌木丛？

特邀嘉宾

王璜生
美术学博士、中央美术学院教授、中央美院美术馆馆长、中国美术家协会理事、全国美术馆专业委员会副主任

方向
中国艺术研究院一级美术师、创作研究员、研究生导师、中国美协会员、中国画学会理事

相对于中原腹地的秦砖汉瓦，江南水乡的书香世家，许多尚未涉足岭南大地却已经先入为主的人，总会把这块改革开放的前沿阵地想象成文化的沙漠，连带岭南画派也被边缘化。

但是，去年黎雄才、关山月的百年大展让北方画坛看到了岭南厚重大气的一面，引起了全国范围内对岭南画派的重新评定。

2012年应该说就是岭南画坛的收获年，单从收藏领域也已展现出岭南画派强劲的风采。

雅昌分类指数显示，2012年秋季，各大画派指数均处于下降的通道，京津画派、海派书画分别比上一季度下降19%、4%，仅岭南画派上升3%。但在近现代中国画市场交易中，岭南画派作品价格尚在洼地。专家也称，2010年起岭南画派代表艺术家作品价格涨势明显且走势平稳，未来仍有上涨空间。

那么，岭南画派是否已经走出了地区的限制？岭南画派的收藏群体能否形成全国性效应？《名家话收藏》对话王璜生、方向这两位从广东走到北京的艺术家，他们跳出岭南看岭南，对岭南画派的优势和局限性都有了新的感悟。

方向　《秋声》

感悟　广东缺少很突出的画家

主持人：最近几年广东北上的艺术家数量还真不少，王老师您之前当了十年的广东美术馆馆长，方老师也是广东青年画院院长，在广东画坛都颇有影响，是什么原因促使你们北上？

王璜生：其实原因很简单，我之前在广州待的时间已经够长了，觉得应该换个地方干干。2008年我去北京参加中央美院美术馆新馆落成的时候，觉得这个美术馆的发展空间特别好，所以中央美院院长让我过来的时候，我就答应了，去北京也没什么特别的期待。

方向：我当时去北京也是很偶然的，因为广东的条件很好，很多画家在这里都不想动，也怕去到北京会被同化，毕竟岭南画派要在全国站得住脚，还是要有自己鲜明的特

王璜生　《游·象系列20》

色。而且当时还觉得北方虽然机会很多，但事务很繁杂，怕影响创作。

　　直到2010年当时广州要承办第九届中国艺术展，文化部副部长到广州开筹备会，他邀请我去北京。刚好当时我也意识到，画中国画必须对中国的传统文化有进一步的了解，中国画一直都是一种精英文化，在北京更能直接感受这种氛围。而且画家本身就需要游历，我1984年考上广州美院后，就一直待在广州，我想，换个环境对自己应该有所促进，并不是为了到北京谋求更大的发展。但当时心里还是有点忐忑，因为北方对南方向来有偏见，所以我跟画院说，就去北京待上个十年八年就回来了，去感受一下文化上的不同。

　　主持人：那这几年下来，两位觉得北京和广东的艺术文化氛围有什么不同呢？

　　王璜生：其实我觉得同与不同在于自己接触的东西，任何地方都是一个江湖，林子大了什么鸟都有，这得看自己愿意接触哪方面的东西。在广州，我是比较前卫和独立的，跟年轻人的接触比较多。到了北京后，我还是保持了自己的风格。学院的气氛，还有先锋独立的、具有思考的气氛我比较喜欢，恰恰北京这方面的气氛比较好，比较活跃。

当时我去北京，很多人说我是去养老，但其实北京的美术馆是不好搞的，尤其是学院的美术馆。但是我还是认定那里基础好，目前中央美院美术馆在国内国际的评价都是非常高的，包括它的一些学术活动和策划的一些大型展览，影响都很大。世界级的高端讲座可以说每周都有，而且都是超一流的专家、艺术家和学者。这一点确实是北京的优势，在广东很难请到这么重要的人物。

方向：现在资讯发达，你说广东和北京画家的差别在哪里？其实差别也不是很大，因为北京画家代表的并不是北方文化，那里天南地北的人都有，南方很多画家现在也到北方去了，我很多画画的朋友都是南京、浙江的画家，他们也在北京。

而且北京是集中了最好和最差的画家，北京的画家太多了。广东中间一层的画家比较多，总的水平很高，但缺乏很突出的。这跟两地画坛的生态系统有关系，我认为北方的画坛就像森林，有很多参天的大树，但遮住了下面小灌木的阳光，小灌木很难生存；而广东就是一个灌木丛，大家都长得好，大树很少。

收获 视野更加开阔

主持人：换了个地方，视角肯定不同，这对两位的画风有什么影响？

王璜生：其实也没有太大的影响。首先，我的画不能算太传统，在广东的时候就已经比较注重笔墨跟当代生活的关系，包括视觉。中国传统绘画很多跟我们的都市生活离得很远，只是一种记忆，一种怀念，是一种情感的回归。但我更强调生活在都市里面的我们，从视觉到感情到情感皈依。所以我的画法比较潇洒、自由，其实这种自由也是一种向往和精神，我觉得我还有这方面的追求。

就像我去年一个个展叫"后雅兴"，传统文化给人的感觉是又雅又兴，但一个"后"字就体现了我对于中国传统的一种超越、反讽或者说是调侃。这个展览推出了我的一批新画，一些用中国线条画得很单纯的抽象画，我比较强调传统中笔尖和纸的接触的微妙关系，但是整个画面呈现是非常现代的。

方向：就我自己而言，换了个地方，换了种视角，想的东西不一样，画风肯定是有变化的。以前我的水墨渲染比较多，到了北京之后，很自然地，渲染少了，留白多了。刚开始我自己也觉得奇怪，后来想明白了。在北京，一早起床天就已经很亮，阳光很强，黑白对比很强烈。而在广州，很多时间天都是阴阴柔柔的，水分很多，画风自然就发生变化了。到北京后，用笔也粗了。单是说楼距，北京的楼距比广州的要宽很多，视野也开阔很多。在广州所见所闻虽然很丰富，但毕竟视野会狭窄一点。

虽然画风有变，但自己最本质的东西肯定是不能丢的，骨子里的精神不能丢。好像我画园林，虽然很多景致都是到苏州去写生的，但表现出来的，还是我家乡潮州的农家意境。我记得美院毕业的时候，林风俗老师跟我说过，他老家潮州金石镇那边有几栋老房子意境很好，我就跑去写生，画出来的一张作品在合肥展览，获得了全国山水画展一个优秀奖，就是靠那张画让大家认识到了我。

我画的乡村，比一般的农家优雅一点，但还保持有农家的风情，这就是我追求的生活态度。到北京之后，很自然的，画里面的文化气息多了一点，对历史名胜古迹的寻根问古也多了起来，乡村风情的作品相对减少了些。

主持人： 方老师，您以前的画多是以庭园景致为主，近年来却更多地表现一些都市景象，色彩也从稍微浓烈趋向于淡雅，但个性都很鲜明，这和您离开岭南到北京后，创作上的感悟有关系吧？

方向： 岭南的第一口奶对我很重要，因为岭南向来画的就是眼见为实的东西，所以广东画家相对来说转型更快。浙江或北京出来的画家，既定的东西比较多，可能转型起来还没那么容易。跳出岭南看岭南，一下子就看到了我们的长处短处，扬长避短，所以收获还是很大的。

我到北京之后，画了一些都市山水，思考的是山水画的当代转型问题。

中国画发展到现在，山水画其实是最滞后的，现在的山水画还在画古人的那种意境，其实那些只是空壳了。传统山水画从魏晋开始，到宋代成熟，植根于世人对山水的向往，那是一种精神寄托。发展到明代，很多画家已经是城市贵族，山水画的精神已经慢慢在抽离了。

所以现在画山水画，我觉得首先题材上应该有改变。我觉得山水画表现的是人对自然的解释，它跟纯粹的风景画不一样。现在都市山水也有不少人在画，但很多画出来就是纯粹的一张风景画。我想画出都市里面的熙熙攘攘，不只是描绘都市，我想画出身在都市中

第一章 书画艺术与市场

王璜生 《依然是否》

的感觉。

但山水画如何转型？也并不是单纯地改变题材，而是将精神向往寄托到画里面。

思考 岭南画派应加强精英意识

主持人： 岭南画派的艺术家最近几年在全国的影响力日渐重要，广东的藏家实力也让北方刮目相看。但在若干年前，有一段时间，岭南画派甚至是一个贬义词，外界特别是北方，对广东艺术家的争议很大。两位从广东走出去的艺术家，跳出岭南看岭南，是否思考过广东在学术上或者其他方面如何能走得更远呢？

王璜生： 先说回你提到的那一段历史，很值得研究。上世纪二三十年代，汕头和广州地区聚集了非常多名人，很多当年的学术界精英如黄宾虹，就频繁出入汕头、广州两地。研究这段历史，可以看出当年的广东是很有文化气氛的。我们回过头来看，当年的岭南画派为何会在全国引起关注乃至争议，其实跟这些地方文化和主流文化的互动很有关系。我们要强调这种互动，才能获得在主流文化里面的评价。而且我觉得有争议不一定就是坏事，有争议才能论辩出意义所在。

回到当下，我认为，广东应该多强调在真正学术意义上的建树。就像当年广东美术馆在短短时间里崛起——1997年建馆的时候一无所有，我到任的时候只有13件藏品，到我2009年离开的时候，才12年的时间，已经拥有了15000多件有记录的藏品，还有20000多件作为资料未记录的藏品。在这里面，已经建立了很多当代艺术序列和广东美术史的艺术序列，两个序列都可以说是一个非常好的基础。搭建起来的包括广东三年展、广东摄影双年展平台，在国内和国际上都具有影响力。

所以我觉得地区文化需要有真正能够供大家讨论、关注、评价的东西，而不仅仅只是推出几个大师。单靠宣传部门硬吹硬捧，反而会造成恶劣的影响。我觉得文化是一种道德的体现，需要比较高的眼界、胸怀以及精神的坚守。

广东的艺术家当中，我一直推崇林墉老师，并不是因为他的职位，而是他建立起来的很个人化的审美标准，非常能体现广东的特点，很凌厉、很有争议、很不顾一切，这是很有当代精神的。北方有些评论家可能对林墉老师有看法，但是他坚持自己的做法，他很能说明广东问题，包括他的人格和智慧。他的文字、作品和表述，都是一种综合的体现。

方向： 现在中国的山水画，一种是大山川的格局，如李可染，歌颂山川的壮丽；另一种是以浙江为代表的，是文人式的山水，表达文人淡泊名利的思想；广东的山水则是岭南眼见为实的风格，生活气息更浓，是介入当下生活的，非常有当代意义，但这种山水画目前在全国没有太高的地位。在中国，浙江和北京两大板块基本上构成了中国山水画的面貌，广东的山水画只是其中的一个点缀，我认为这是不正确的。广东的山水应该在中国山水画板块中占有一个很重要的地位，我们有责任和义务把它树起来。

以后我有机会组织一些展览，我就会突出这一块的内容。作为一个当代人，我认为创作出来的东西就应该是生活所见、所想的东西，但这点以前没人重视。

主持人： 就像刚才方老师所说的，岭南画派要在全国站得住脚，还是要有自己鲜明的特色。转型会不会模糊了岭南的面目？艺术的个性和共性如何平衡？

王璜生： 我很强调个性，但个性并不是地方性，并不是说越有地方性就越有个性。1986年，我提出现代艺术或者文化是一种模糊的民族性和多样化的个性。我觉得个性的问题是一个人处在具体环境里面，根据自身的学术判断和学识所建构起来的样式。

别林斯基谈过一个问题，民族性就像生小孩。他说，你不用害怕你生出来的小孩变成黑头发。民族性是什么？就是永远保持在血液里面的东西，就像我们潮汕人，普通话永远是说不标准的，我们性格里面的某种基因也是永远改变不了的。

所以我觉得不管是在北京还是纽约，被同化的担心是多余的，如果一个人真正站得住脚，那他的东西一定是有个性的。

主持人： 下来有什么打算？

方向： 还是补课吧。我走的是当代和传统相结合的路子，我们这代人的任务就是要承上启下，刚好出生在这个节骨眼上，我们有这个历史责任。但现在审视自己，我们传统的东西还是缺的，只要我们愿意补课，再加上一个比较开放的思想，我看还是能够有所成就的。

岭南画派确实有其局限性，但岭南的东西胜在很生动。很多岭南的艺术家，如果能够在传统精神和精英意识上再加强一点，应该都会有更进一步的突破。

名家话收藏

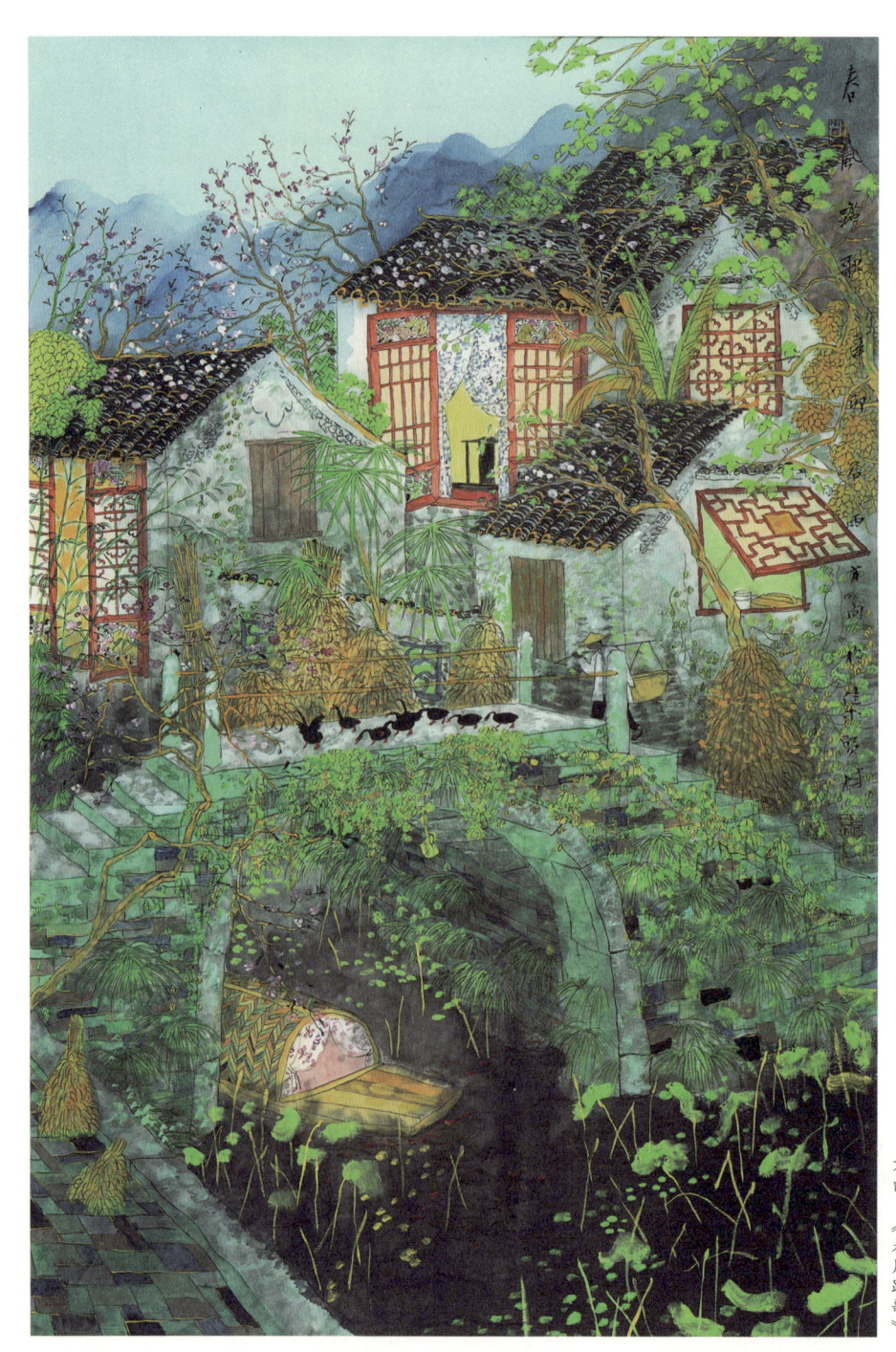

方向 《春风踏歌》

第六节

书法板块的尴尬：
书家书法卖不过画家书法

特邀嘉宾

许鸿基
中国书法家协会理事、广东省书法家协会副主席、广州市书法家协会主席

周国城
中国书法家协会会员、广东省书法家协会副主席、广州市美术家协会主席

许习文
广东崇正拍卖行总经理、鉴藏家

　　中国书画一直是艺术品拍卖会上的王者，但是中国画和中国书法这对组合，却是一对"肥瘦配"。2011年市场最好的时候，过千万元的书法作品也是屈指可数的。

　　事实上，中国书法，特别是古代书法作品，恰恰就是中华历史文明中艺术之集大成者。随着最近两年中国艺术品市场的火爆，书法作品的关注度和价格已是直线上升。但我们仔细观察可以发现，目前价值逐渐回归的仅仅只是古代书法板块。在2010年，古代书法就锋芒毕露，拍出4.368亿元的黄庭坚的《砥柱铭》，以及3.08亿元的王羲之草书《平安帖》高居当年艺术品拍卖成交价的第二、三位。

　　一旦少了古代书法精品，整个书法板块立马黯淡下去。近现代书法板块，目前真正具备市场号召力的，也就只是弘一法师、于右任、康有为等屈指可数的几人。当代书法除启功、林散之等人外，更是几乎被藏家忽略，甚至出现了当代书法家的作品不如画家的书法作品好卖的尴尬局面。

说市场 书法藏家小众，价格不会大起大落

主持人： 中国书法是一门古老的汉字书写艺术，从甲骨文、石鼓文、金文（钟鼎文）演变为大篆、小篆、隶书，再到后来定型于东汉、魏、晋的草书、楷书、行书等。都说书画同源，但我们单从市场上看，书法作品的价格虽然近几年也涨起来了，但似乎只是追随整个市场的大潮流而涨价，无法与绘画板块同日而语，更无法引领整个市场的发展。

许习文： 这种情况的发生主要是因为很多收藏者对于书法作品的价值缺少足够的了解和认知。书法本身是相对抽象的，它主要靠线条来表现内涵。美在哪里？往往妙处又不能言传。相对于欣赏绘画来说，欣赏书法艺术更需要藏家具备较强的学识素养和文学功底，尤其是欣赏行书、草书作品，需要有很强的文字辨识能力，所

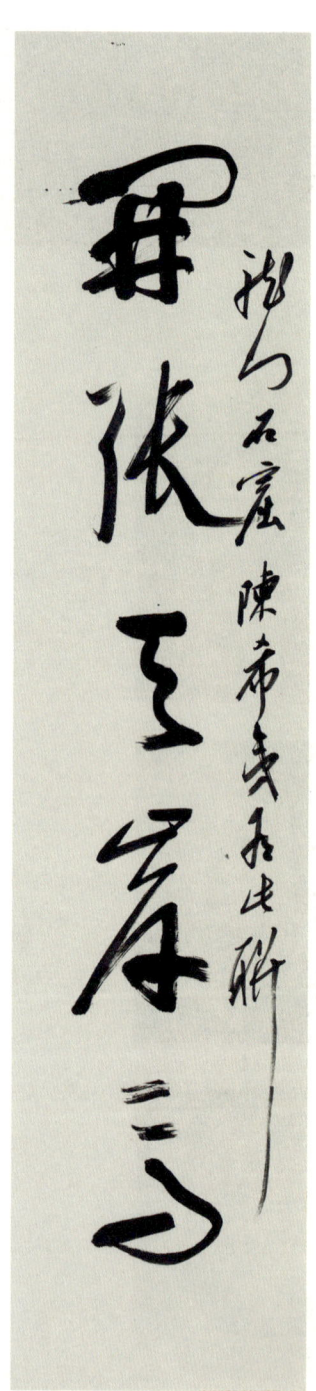

许习文书法

许鸿基　《海纳百川》

以收藏书法的藏家明显少于收藏绘画的藏家。在我看来，书法就是最高层次的审美。而且书法里面还蕴含着大量的文献价值。

虽然书法市场规模相对较小，藏家也相对比较小众，但这个圈子胜在比较固定，不会受市场行情所影响，只要有好作品现世，大家仍然会出手。目前的艺术品拍卖市场，主要有三类人：投资者、投机者和收藏家。投机者一般不太看重书法作品，因为比较小众，而且很多行书、草书作品他们根本看不懂。少了这些投机者，所以书法板块的价格一直比较稳。因为市场的泡沫往往出现在投机者这个层面上。

许鸿基：写书法、欣赏书法都跟人的修养有着莫大的关系，书法养正、养静、养气，不是所有的人都欣赏得了的。虽然目前书法作品的价格跟绘画作品的价格没法比，但我觉得真正尊重书法的人不会一味看重价格。古代经典作品的地位是崇高的，近代许多名家作品的艺术水准是当代人难以达到的。

许习文：的确如此，在中国拍卖市场上，屡屡创出成交价格纪录，并引领市场行情发展的往往不是绘画作品，反倒是古代书法精品。2010年北京保利春拍，北宋黄庭坚的手卷《砥柱铭》以4.368亿元成交，2010年中国嘉德秋季拍卖会上，东晋王羲之的《平安帖》

又以3.08亿元成交。所以不要说书法一定比画便宜，只要是好东西，市场还是会肯定它的价值的。

这么多年来，书法作品的价格一直都是稳步上升的。以康有为的对联为例，十年前一副大概是两三万元左右，2012年的时候已经涨到了五六十万元。

主持人：目前弘一法师、于右任、康有为、启功等人的书法作品价格已经很高了，但广东书坛能够在市场上具备号召力的代表人物似乎很少。

许习文：岭南天气潮湿，古代书法墨迹能够留存下来的很少。印象中目前的广东名家书法，康有为的价格已经拍出了几百万元。康有为的字的确写得好，但拍出高价，还因为这一人物曾经引领了一个时代，并不仅仅限于他的书法。

广东书坛　书法名家辈出，书法底蕴深厚

主持人：中国书法艺术源远流长，广东地区的书法也有着悠久的历史，涌现出很多书坛的代表人物。盘点广东书坛，有哪些重要的代表人物可以提醒藏家关注？

许鸿基：中国书法是我们传统文化的一个重要组成部分，有学者甚至称书法是中国传统文化核心中的核心。中国书法的发展已有3000年的历史，王羲之和颜真卿就是两位丰碑式的人物，但从宋代开始，中国书法就进入了继承阶段，一直都在膜拜经典。回到广东，我认为广东书法在全国的地位是不可忽略的，它有丰厚的历史底蕴，上世纪80年代全国书展中广东入展的作品占了相当的比例。就目前来说，广东书坛还是很有实力的，优点在于尊重书法规律，与岭南风气、生活态度是一致的。

周国城：说起广东书法，人们自然会想到近现代的秦咢生、吴子复、容庚、商承祚、麦华山、陈景舒、陈永正、张桂光等人。但其实广东的书法还可追溯到更远的时代，从明代的陈献章、陈子壮、王应华等人，到清代的黎简、谢兰生、宋湘、林绍棠、朱次琦、李文田、康有为、梁启超，还有民国时期的黄节、王秋媚、张学华、温肃、邓尔雅、胡汉民、林直勉等，其历史和文化底蕴还是很丰厚的。

许习文：据考证，目前可见的广东传世最早的书法墨迹，最久远的是南宋绍兴三年（1133年）潮州人刘昉为《范隋告身》的一则题跋，现藏在南京故宫博物院。而就传世的墨迹来看，广东书法的高峰，我觉得是出现在清末民国时期，当时的康有为、梁启超、孙

许鸿基　《王维诗》

中山、胡汉民、林直勉等人，既是革命的带头人，在书法上又有很大的成就，在当时引领了一个时代。

主持人：如何才能引导藏家和市场认识书法的真正价值呢？

周国城：这就需要培养和提高收藏家对书法的了解和认知度，引导他们更多地关注书法。广东的藏家和市场本来就比较理性。而且，并不是该地区的经济发达，书法市场就能上得去。至于什么样的书法作品才是好的，这很难说，但我觉得书法的好坏在于气息，气息就是作品整体的第一感觉，这很重要。

许习文：的确是这样，现在市场上文人的书法卖得很贵，比如说茅盾、周作人，他们的书法有一股浓浓的书卷气，有着别人写不出来的东西。过去读书人写一手好字是天经地义的事，现在书法已经越来越贵族化，能写好字的人也越来越少，所以以后书法作品的价格肯定也会越来越贵。

许鸿基：购买书法作品，如果是藏家，就要认真考虑作者后续能力有多强。总之对自己的购买行为，要分清是投资还是收藏，投资要买别人喜欢的东西，收藏要买自己喜欢的东西。长远来说，在一个健康的市场环境里，购买艺术品还是要基于自己的喜好，不能当股票来买卖，千万不要跟风。

当代书法　书法家的书法不如画家的书法好卖

主持人：但说到当代书法，不仅仅是广东书坛，目前全国范围内，除启功、林散之

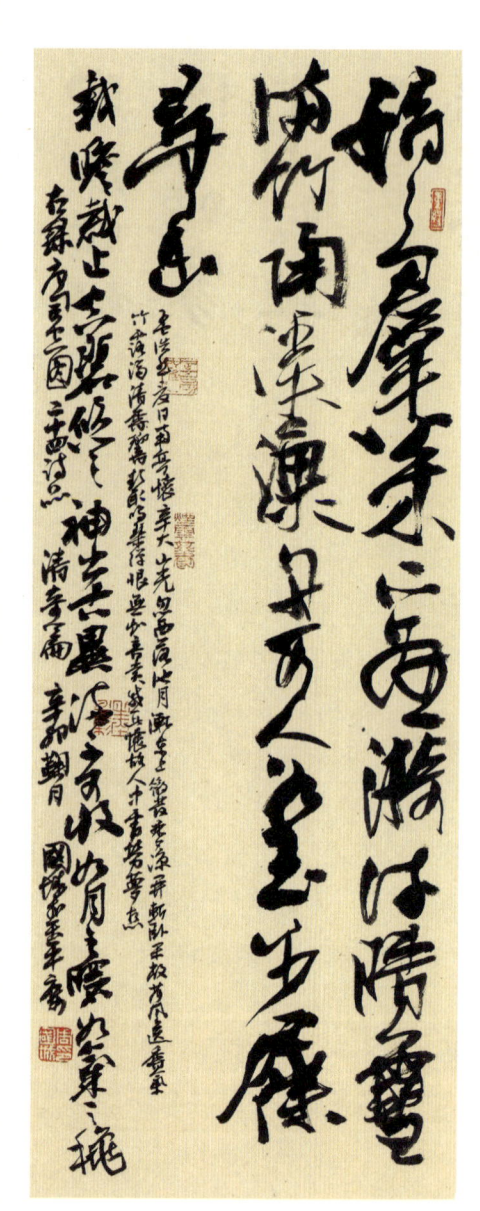

周国城　《孟浩然诗》

等人外，整个当代书法板块几乎都被藏家所忽略，甚至出现了当代书法家的作品不如画家的书法作品好卖的尴尬局面。在广东本地市场，比较受欢迎的就是著名学者饶宗颐、商承祚、容庚，画家关山月、黎雄才、胡根天、胡一川、赖少其、杨之光等人的书法作品，反倒是纯粹书法家的作品被冷落了。

周国城：艺术不能跟价格直接挂钩，但大师的作品肯定更受市场肯定。大家不要把画画、书法看得很简单，其实它们的基础要求很高。尤其是书法，我们看历代成功的名家，如果书法过不了关，那么他的绘画也很难提升高度，这两者是相互贯通的。吴昌硕、齐白石都是大器晚成，他们之所以能成为一代大师，就是因为他们有几十年的积淀。现在有人动不动就自称大师，我觉得这种提法很幼稚，大师是承上启下、开创一代风气、对后世影响很大的人。而且，大师应该是由历史和后人来评判的。

许习文：谈我自己的收藏爱好，我倒真不是特别喜欢专业书法家的作品。古代不会有类似的专业书法家，他们写字纯粹为了修身养性，写好字是自然而然的。而现在一些专业书法家，为了拿奖而创作，他们太讲究技法，而技法是不太难的，一幅书法作品的高低，我觉得关键是作者的胸襟和学养。而"创作"出来的书法往往太过刻意，只为迎合当下的潮流或是评委的口味，带有很强的功利性，已经失去了书法修身养性、无意于佳乃佳的本源。

周国城：我以前在画院的时候也经常对学生们说，我不是培养你们去拿奖的，是培养你们成为真正的画家，所以十分注重培养他们的文字修养，要求学生每年都要写两三万字的文章。但令人遗憾的是，现在要获得社会和圈子的承认，就必须要拿奖。其实拿奖并不是根本，即便你30

岁拿了金奖，你也未必能在中国美术史上留名，因为到了晚年，当你退掉所有学术官职，抛开所有荣誉地位，真正去比拼作品质量的时候，就看个人的综合能力了。

许鸿基： 如今的书坛还有一种怪现象，"丑书"当道，认为传统的书法写得太美那是媚俗，忽视了书法的雄壮之美、端庄之美、和谐之美。我觉得，"丑书"的危害太大，它会使很多人误入歧途，以为再不用临帖，以为书法原来这么简单。真正的"丑"是不容易达到的境界，那些随意破坏汉字结构，张牙舞爪，以"浊"当"拙"的作品，不代表书法的本质，哪怕是得了大奖，出自当代的所谓名家之手。

许习文： 现在的确是"丑书"横行，以前我跟启功先生也谈论过这个问题，在有美可以选择的时候，为什么要选择丑呢？在这一点上面，广东书法是相对比较"正"的，因为它底蕴深，有好的传统，正气多，有商承祚、容庚这样的大学者，所以广东的书法比较"正"。

周国城： 审美可以多元化，但以丑为美肯定是不行。艺术必须有中正、刚正的雅意。中正之美、刚强之美、雅意之美，这就是广东书法具有实力的内在表现。但现在包括书法在内的很多艺术，开始走向了娱乐化。有一些人，整天拿着大扫把在表演书法，这除了能够体现你的体力之外，能够体现什么艺术呢？高雅艺术变成娱乐，这是一种退步，传统的精粹才是永恒的经典。比如美国总统出访，他会带上迈克·杰克逊的音乐吗？虽然杰克逊是世界上最具影响力的歌手之一，但他仅仅是一个流行歌手，不代表美国最为经典的文化。所以我们讨论广东书法发展的时候要明白，我们要如何打造自己的品牌，要宣传什么东西。我们必须站在经典的角度，在自己的话语空间内创作。

许鸿基： 我觉得以广东的书法底蕴、包容的传统，尊重书法特质的学风，广东书法还是可以取得进一步的成就的。广东有曹宝麟先生为首的暨南大学书法研究所，还有其他开设书法课的院校的推动，以及今后落实教育部关于书法进课堂的举措，广东书法的普及和提高是可以期待的。书法的普及，群众欣赏书法艺术水平的提高，对书法市场的健康发展会起关键作用。

> **延伸阅读** 近现代书法的代表人物

近现代书坛一改清初期帖学的传统，碑学逐渐兴起，后在以碑纠帖的过程中矫枉过

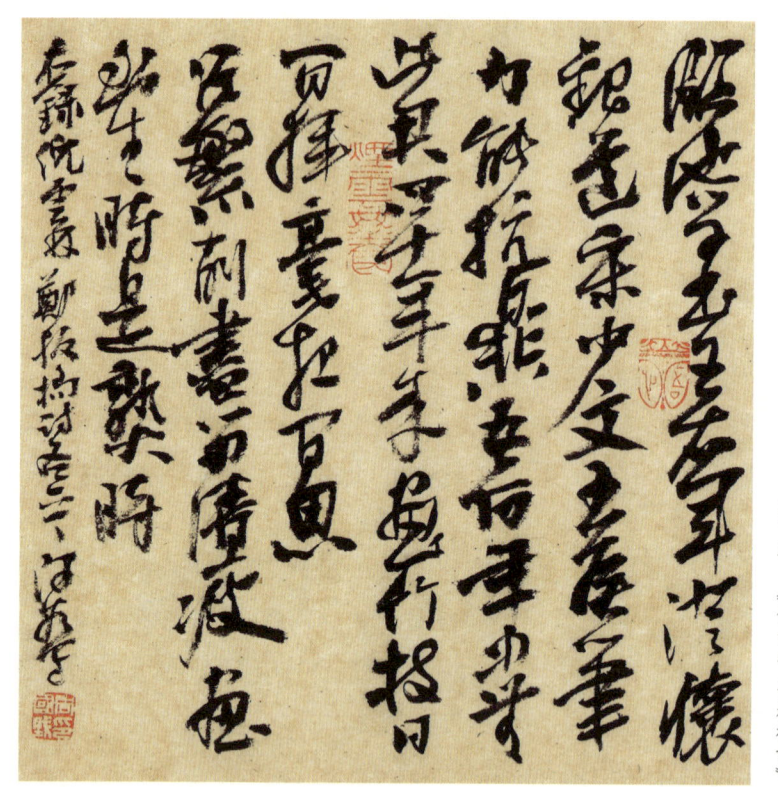

周国城 《倪云林 郑板桥诗》

正,民国中后期又出现了帖学的复兴。因此,近现代书法在尊碑与崇帖的升沉、开拓与回归的互动中形成了独特的发展道路,由此名家辈出,群英荟萃。

活跃于近现代书坛的书法家基本上有两代,第一代如杨守敬、吴昌硕、沈曾植、康有为、李瑞清等人,这代书家大都国学功底深厚,学术思想趋于开朗,到民国之后书法创作更臻于佳境,他们是承前启后的一代。

第二代如罗振玉、郑孝胥、谢无量、王世镗、谭延闿、齐白石、鲁迅、于右任、李叔同、沈尹默等艺术家,他们大多生活在中西文化大碰撞的历史时期里,知识结构有不同程度的改变或者更新,他们中的许多人接受了民主思想,积极参与政治变革和文化运动,较之前辈见多识广,书法上不仅体现出较深厚的传统功力,同时又表现出多样的创造性,堪称民国中后期书坛的中坚力量。

第一章　书画艺术与市场

第七节

什么样的书法作品才有收藏价值

特邀嘉宾

张桂光
中国书法家协会理事、广东书法家协会主席

王世国
中国书法家协会会员、广东省书法评论家协会主席

陈志平
暨南大学教授、书法研究所副所长

注：第一章第七节至第一章第十二节书眉题字林墉。

　　中国书法是一门古老的汉字书写艺术，从甲骨文、石鼓文、金文（钟鼎文）演变为大篆、小篆、隶书，再到后来定型于东汉、魏、晋的草书、楷书、行书等。历史上很多流芳千古的书法家，要么是开宗立派的代表人物，要么在书法风格上有着自己的独到之处。但现在很多能写几笔字的人，都自诩为书法家。市场上的书法也被细分为学者书法、书家书法、书匠书法、名人书法等等。遍地都是"书法家"，到底什么样的书法作品才具有收藏价值？

　　对话广东书坛几位领军人物我们还发现，如今很多书法大奖赛，获奖作者的年轻化趋势越来越明显，为了冲击大奖赛，一些人甚至借用电脑排版手段，"创作"出了很多"当代王羲之"作品。

书家书法卖不过学者书法？

　　主持人：我所理解的书法家，是擅长书法的人，并能将其推至一定的艺术高度。但现在很多能写几笔字的人，都自诩为书法家。市场上的书法也被细分为学者书法、书家书法、书匠书法、名人书法等等。特别是学者书法，如饶宗颐的书法作品，这几年在市场上非常受关注，价格扶摇直上，甚至出现了书家书法卖不过学者书法的尴尬。对于学者书法你们是怎么看的？

王世国：书法是书法家以特定的汉字书体，用熟练的艺术技巧创造出来的"有意味的形式"，表现出来的是点画线条、节奏韵律和墨色构成的抽象美。现在一些政治、经济或文化领域的名人，甚至是一些并无大名，但是胆大颜厚的江湖中人，用毛笔写字便自称书法。实际上他们的作品很多并没有多大的艺术价值，只不过是用毛笔写出来的墨迹，或者是涂鸦罢了。

将书法分为学者书法、书家书法、书匠书法、名人书法等等，这是人们在避重就轻，舍本逐末，将书法变成了次要的东西。我觉得，当一个人的书法被称为学者书法，或者是名人书法的时候，便有点讽刺意味了。一位真正的书法家，完全不需要冠以这样的定语。

我觉得谈书法，就应该以书法论。如果谈学问，谈名头，那才以学术，或是以政治、经济、文化的地位论。一个人的身份、地位影响他的书法，但并不决定他的书法的优劣、高低、雅俗和艺术价值。

张桂光：我认为，没有必要分书家书法和学者书法，因为学者这个群体比较复杂，有些学者本身就是官员，他们的字贵是因为他们是学者还是官员呢？有些学者本身就是书法家，他们的字贵是因为他们是书法家还是学者呢？都搞不清楚。

一些学者研究的专业门类，与书法甚至与传统文化没有多大关系，他本人也未在书法方面下过多少工夫，他们写的字与非学者所写的字恐怕也不会有太大差别。像饶宗颐、陈永正、曹宝麟，他们都是学者，但他们的书法功力、传统文化底蕴都相当深厚，他们的作品更全面地传承了书法传统，没有必要将他们从书法家中分离出去。

一些学者虽然没有在书法上下很多工夫，但他们写出来的字有一股书卷气，有文化气韵，如王贵忱的书法，看上去很雅致，格调比较高，这一类的书法也许可以称为学者书法。这跟文人画是一样的道理，笔墨工夫不一定很深，但以意境取胜。

陈志平：中国当代书坛就是一个大杂烩，要看清这种多元的现状，我觉得还是应该从历史上找源头。

历史上，我们看到最初的书法，其实是没有具名的，可能是某些匠人所写的，他们所写的近似于"工匠书法"；

从秦汉到唐代的书法家，著名如王羲之等人，当时人关注的都是他们所写的字，很少关注字背后的人。评论家首先肯定的是他的字写得好,而不是他的为人怎么样,他们的作品当然就是"书家书法"。

唐宋以来,社会对书法的看法完全改变,大家谈论的是书法背后的"文"和"人",出现了"先文而后墨"、归本于人的现象,书法一旦把重点转移到强调"文"和"人",书法本身的技术就被淡化了,所谓"文人书法"和"学者书法"也就产生了。这一传统一直影响到现在。

所以我觉得,如果把中国书法分成两个阶段的话,应该就是以唐代为界,唐代以前的书法才是真正的书法艺术,唐代以后的书法,已经成为了文和人的附庸。这两种书法在当代是并存的。名人书法强调"人",学者书法强调"文",强调的重点都不是书法,这与纯粹的书法艺术是有别的。

书法家年轻化是利还是弊?

主持人: 我们还留意到一个现象,现在的很多书法大奖赛,获奖作者的年轻化趋势越来越明显,这对书坛的发展是利是弊?

张桂光: 书法精英越来越年轻自然是好事,但切不可鼓励他们将精力都花到冲击大奖大赛、追逐名利上面,要注意功力和修养的全面提高。有些年轻人得奖的作品确实很不错,但遇到命题作文却易失水准,这就不太好了。去年广东书法家协会迎十八大的展览,所有作者都按分配的内容书写,一些人的参展作品,就表现出与获奖作品有较大的差距。

我听说一些人,将王羲之的字都输入电脑建立一个数据库,然后根据要写的诗,将各个字从数据库里调出来,在电脑上将每个字放大、缩小,调出最完美的比例,编排好,然后再打印出来,成百张、成千张地照着临写,然后挑出一张最好的投稿。这也许能够创造一张好的作品,但不注重其他方面的提高恐怕不是方向。

陈志平: 当代书法很大程度上就是展览机制下的产物,一切都是为了展览。古人的书法并不是这样,我们欣赏一幅古代书法的时候,是需要"六根"互用的。而当代书法存在片面追求视觉冲击力的弊端。普通老百姓不懂得欣赏书法艺术的精微之妙,看到有人能把一个龙字写成一条龙的形状,或是将一个鼠字写得就像一只老鼠,以为这就是书法。所以说,书法艺术的普及还需要很大的努力。

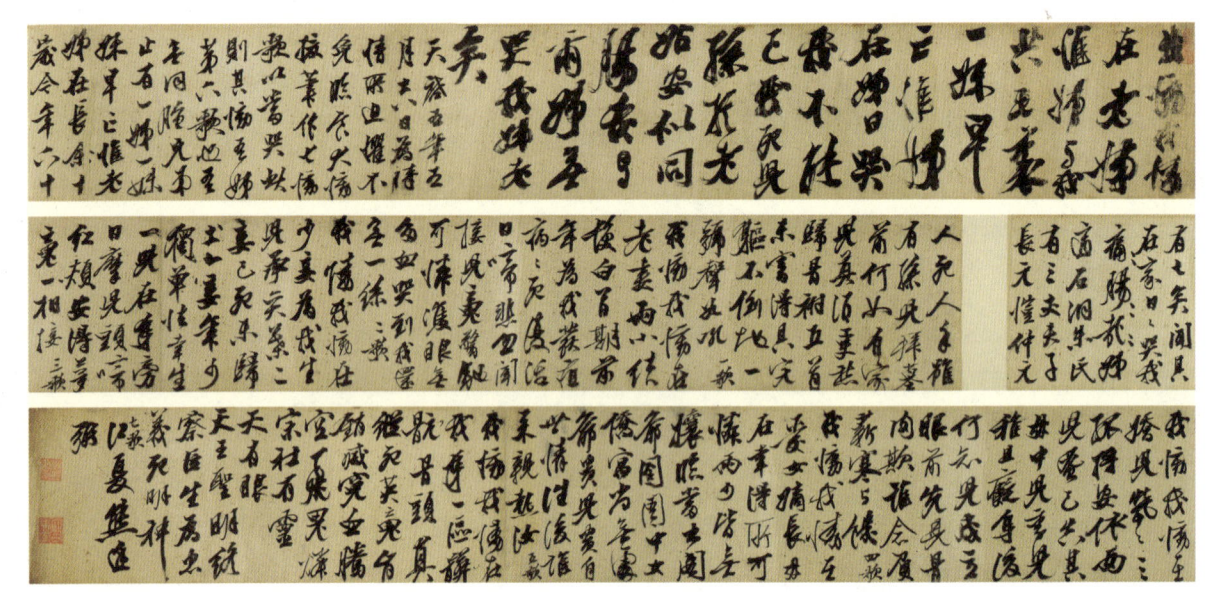

明·熊廷弼行书 《七恸歌》

张桂光：今天书坛的大势，更多的是强调书法的笔墨意趣、篇章布局的装饰性、工艺性，而不是它的文化意蕴，书法作品的工艺性、装饰性甚至超过书写技法本身，更不要说文化意蕴了。似乎书法作品中的字写对写错、书写的是什么内容都没关系，大有将书法艺术跟文化意蕴剥离之势。发展的结果可能会蜕变出一种新的艺术形式。但我认为，这不是中国当代书法发展的唯一道路，我们还是要在继承传统上面花大力气。我还是提倡老办法，学书法还是应该从临摹字帖学起，要学习传统的用笔、章法布局的规范，遵循传统的审美法则。

陈志平：应该说展赛也有其积极的一面，虽然诱之于功利，但也的确让更多的人加入到书法的行列中来。现在无视功利学书法的人固然有，但也有很多人为了谋求功利而学书法，展赛刚好符合了这部分人的需求，客观上也推动了书法的发展。虽然如此，但决定权在评委，所以一定程度上来讲，评委决定了中国当代书法发展的"高度"。

学者书法有没有收藏价值？

主持人： 现在可谓遍地"书法家"，那么，书法家应该符合什么样的标准？

张桂光： 这不单单是书法界，而是整个文学艺术界都普遍存在的现象。写几篇文章，就以文学家自居；画几笔画，就以画家自居；写几首诗，就以诗人自居。要正确认识自己确实不容易。

什么人才够得上是书法家？按道理，书法家协会的会员应该都是书法家，中国书法家协会的会员，按道理就是国家级的书法家，广东省书法家协会的会员，按道理就是省级的书法家，而地市级书法家协会的会员，自然就是地市级的书法家了，关键是看入会的条件有没有把好关。书法家协会的发展、壮大是好事情，但发展太快也难免有不符合条件的人加入。

陈志平： 作为一个书法家最基本的条件，我觉得就是技术。在技术过关的基础上，再追求其精神内涵。这个精神内涵，就是人和文赋予的。人和文本来是正面的东西，只不过现在滥竽充数的人多了，技术没过关，打着名人或学者的招牌钻空子。

王世国： 什么是书法家？书法家就是具有一定文化艺术修养，熟练掌握书法技巧，能够创作出具有自己艺术风格的作品的人。

主持人： 但现在很多买家自身的书法鉴赏力不足，他们买书法作品很容易就被忽悠了，对着头衔买，藏了一大堆这个主席那个主席的书法。几位对书法收藏有什么好建议？

张桂光： 收藏价值跟艺术价值不是一回事，一些名人书法作品的收藏点可能不在艺术价值上，却可能会有文献或史料方面的价值。收藏书法要是不想被骗，就必须对中国传统书法有所了解，我很强调传统，即使你不写字，也要多看，对整个书法史要有一个比较清晰的了解。

其次，收藏必须看原作，看印刷品和看原作的感觉是很不一样，只有看原作才会有直观的认识。但现在玩收藏的人很多没做这一功课，靠听故事、听头衔来买东西，肯定上当。

主持人： 如果从学术角度来讲，现在市场上很多书法作品都是垃圾，但如果从投资价值来讲，这些书法作品还真的能够实现保值升值。

陈志平： 这就要看你购买的目的是收藏还是投资了。但书法的技术含量还是最重要的，技艺之外，如果有学术的背景，这样的收藏当然就更加稳妥了。所以学者书法还是值得收藏的，学者本身就是名人，艺术、文化、名气三位一体。投资官员书法的风险就相对大些。

从收藏品本身来看，古代书法现在还有一些漏可以捡，比如岭南名家梁佩兰、陈白沙等人，无论是从艺术收藏或是价值投资的角度来讲，他们的作品都是好的。

王世国： 判断一件书法作品是否具备收藏价值可以归纳为四个字：真、优、高、古。"真"就无须多说了。"优"是指同样一位书法家，他的精心之作和他的应酬之作往往相差甚远。比如董其昌，虽然市场上他的赝品很多，但实际上有的写得较差看起来像是赝品的，其实就是他写的，只不过是他的应酬之作罢了。所以收藏要选优。"高"，是指你收藏作品的书法家在历史或现实中的地位要高。"古"，就是年代当然是越久远越好，因为已经经过了历史的淘汰。

我对收藏者有个建议，就是要懂鉴赏、重艺术、看名头。你搞收藏要懂得鉴赏才行。但如何提高鉴赏力？歌德说过，艺术鉴赏力需要用最好的艺术作品来培养。最好的书法作品，自然就是那些经过历史沉淀、开宗立派的书法大家留下的作品。重艺术就是注重作品的艺术性和艺术价值。还要看书法家的名头，但绝不是他自诩的虚名。

我认为搞收藏还要具备眼力、财力、耐力和懂得借力。有眼力，就是要目光敏锐；有财力，就是收藏应该量力而行；有耐力，就是收到好东西你要能守得住；同时还要懂得借力。明代大收藏家项子京，富可敌国，王羲之的《平安帖》、《奉橘帖》等八幅书迹都是他的藏品。他除了眼力、财力、耐力之外，还知道借力。大书画家和鉴赏家文征明就是他的第二双眼睛。文征明的两个儿子文嘉、文彭很长一段时间都住在他家里，帮他鉴定东西。现在的收藏家也可以找真正懂得欣赏书法艺术的人帮忙掌眼。

书法的未来在哪里？

主持人： 当代书法的发展现在有两股力量在推动，一股是市场的力量，另一股是中小学生的书法学习潮流。但也有人说，随着电脑和手机的普及，年轻一代书写能力的不断退化，书法总逃不过消亡的命运。几位怎么看？

张桂光： 2011年，教育部下发文件，要求中小学开展书法课教学，这对书法艺术的传承和普及，是一件大好事。我认为，在中小学的书法教学中，应该强调传统的继承，而不是创新。我主张小学一二年级先不要接触毛笔字，先写硬笔字，而且要写规范字，先对规范字有一个比较完整的概念后，再去临摹字帖，因为字帖里面有很多不规范字。第二，学书法一定要从传统入手，从临摹字帖学起。

现在书法课的时间有保证了，每周一节课，但又出现了另一个问题——师资没保证，都是班主任老师上书法课，他们并没经过书法的系统学习，又怎么能够教好书法艺术？所以我觉得教育部应该将书法老师跟美术老师、音乐老师、体育老师放在同等重要的位置上，要求上岗的书法老师必须获得相关的资格认证。假如有这样的要求，中小学就需要大批的书法老师，师范学校书法系的毕业生就有出路了，生源自然也有保证了，良性循环，更能推动书法艺术的普及。

陈志平： 当代书法的发展，还有一股力量不容忽视，那就是高校书法教育正在崛起。从上世纪80年代书法复兴以来，中国当代书法已经经过了几十年的发展。我觉得书法发展的目的不是为了培养更多的书法家，而是在于文化的传承。高校有不少博士、硕士从事书法研究，这一领域的研究空间很大，必然会吸引越来越多的人加入，从而进一步推动书法艺术的普及和提高。从目前发展来看，未来书法发展的希望聚集在学校，尤其是高校书法的发展充满了"正能量"。

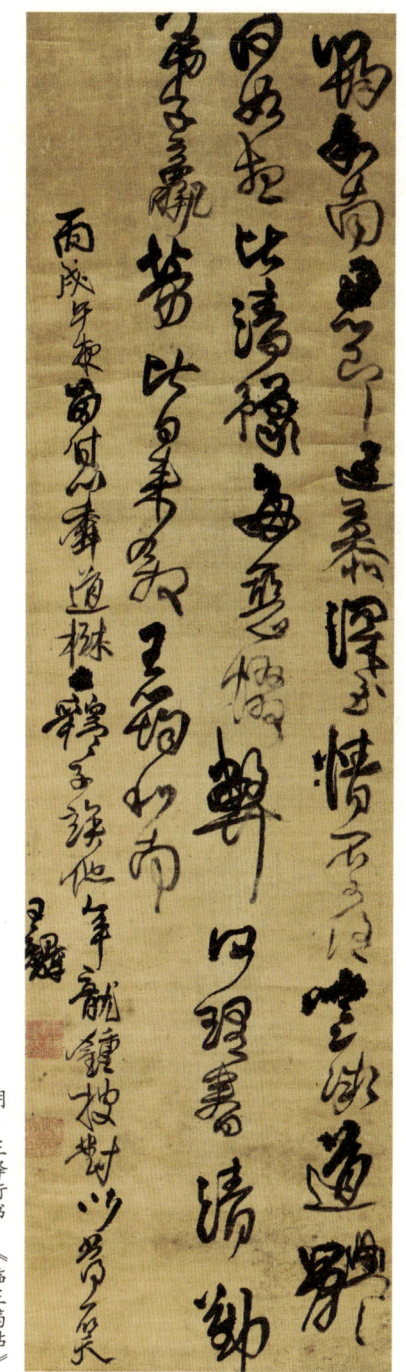

明·王铎行书《临王筠帖》

第八节

有时代烙印的传世画作才值得收藏？

特邀嘉宾

陈永锵
岭南画派纪念馆馆长、广州美术学院客座教授、中国美术家协会理事、中国画学会常务理事

方楚雄
广州美术学院中国画学院教授、硕士研究生导师、中国画学会常务理事、广东省文史馆馆员

岭南的中国画，从某种角度上来讲，尽管在20世纪才开始进入主流的中国画史，然而却在百年间，成为了中国文化在二元格局中变幻莫测发展命运中的一个重要的折射点。艺术家们和他们所创作的作品，成为了近现代历史的参与者和见证者，也成为了当代中国画发展中一个有意味的启示。

在广东画坛，由于知识背景和个体体验的不同，老中青三代画家对艺术与生活、个人与社会、历史与现实、传统与创新有着自身独特的理解，在艺术上体现出不同的审美取向，风貌别具。这也引出一个耐人寻味的话题，艺术家在追求传统笔墨韵味的同时，时代气息的体现是否同样重要？对于收藏者而言，选择具有时代烙印的画作，是否才能传世？

传世画作都具时代烙印

主持人：中国画经历了新中国成立后的新中国画运动、上世纪80年代至90年代初的反思之后，重新回归到一个开放而多元的格局。艺术在现在这个时代，获得了前所未有的自由，画家层出不穷，作品更是让人应接不暇。但我们沉下心来观察会发现，一个画家的代表作，能够传世的无不带着明显的时代烙印。时代精神在画作中的体现，是否非常重要？

陈永锵： 岭南画派的时代性就非常强，它主张融汇中西，结合古今，提倡包容和创新。岭南画派与其他画派最大的不同，就是"为了人生而艺术"，不只是为了艺术而艺术，更加不是为了艺术而人生。岭南画派当时的出现，不只是为了探索艺术，更多的是为了民族的存亡，所以岭南画派一个非常重要的特点，就是担当，要振奋民族精神。如果单纯从艺术角度研究岭南画派，你会摸不着北，但如果单是凭着这一点，就说岭南画派是政治画派，这也是个莫大的误解。在民族危难的时候，谁都应该挺身而出。应该说，岭南画派的出现，出发点是为了改变社会，而不是单纯为了探索艺术。

她是不曾也不会去考虑"如何突出它的广州特色"那么"小家子气"的。因为岭南画派的出现是应"民主革命"的思潮，要不然高奇峰辞世为什么国民政府要为其举行国葬？岭南画派的包容与创新、现实关怀等理念所体现的是人类社会进步的一种时代观念，它心怀天下和民族命运，而不是一个狭隘的地方小团体利益。岭南画派的价值是时代性的而不是地域性的，她是岭南文化整体中的一个部分，体现了岭南文化的如水本质，水有本性而无定形，水利万物而不争。

方楚雄： 笔墨当随时代，就是说作品要有时代性。具体说到一件作品能否传世，一定要看它是否有别于前人，个性、风格应该是很鲜明的。在同一个时代，审美爱好肯定会有趋同，难免会有相近的风格，但在历史长河中大浪淘沙之后，能够传世的只有最具代表性、风格最鲜明的那几个了。

元代有97年的历史，但我们印象最深的也就是"元四家"，还有赵孟頫和钱选；明代有276年，大家印象最深的是"明四家"，还有陈白阳、徐青藤、董其昌、陈老莲；清代有267年，我们就会想到"四王"、"四僧"、"扬州八怪"。你看一个朝代那么多画家，最后能被历史留下的也就这么几个人了。

新中国成立后，很多老画家也画过新题材。如潘天寿等人，都画过人民公社、送公粮、大跃进等题材，但只是题材新，艺术形式并不新，所以这些画虽然有时代烙印，但留不下来，现在我们说起潘天寿，都只会想起他的写意花鸟和山水，不会想起他的大跃进题材。所以我觉得艺术不单是题材，艺术语言、艺术形式更重要。

主持人：早年我与关山月先生交往甚密，我觉得关老的艺术创作就从思想上、笔墨上乃至形式上都非常具有时代性，如《油龙出海》从气息上就非常富有时代烙印。

方楚雄：关山月的一生，是与时代的脉搏紧紧相连的，他的一生都在探索、创新，他的画作时代烙印最明显。

关山月最好的作品，我觉得应该是《绿色长城》，《油龙出海》是很好，但只是题材新，若是从艺术形式来讲，肯定首推《绿色长城》，这幅作品无论是选材、思想深度，还是表现手法，都是非常完美的。他画的木麻黄树迎风而立、摇曳多姿，远看如层波叠浪构成一道绿色的屏障。这张画非常具有突破性，更重要的是他还画出一种意境，所以这张画留得住，肯定会在中国的山水画史上占有一席之地。

陈永锵 《三月正春风》

时代烙印是自然形成还是刻意为之？

主持人： 最近陈永锵老师在澳门举办作品展，又选择了木棉这个单一的题材。潜意识里您是否想过通过木棉体现我们所处时代的特点？

陈永锵： 前段时间我的木棉题材在中国美术馆和广州展出后，受到了很好的评价，所以这次澳门回归十三周年，他们邀请我到澳门办展，并不是我刻意为之的。

很多人都问过我，为什么一直钟情于木棉这个题材？因为广州是有我故事的地方，我就是在木棉树下长大的，木棉是我小时候的玩伴，也是我学习的榜样。我很喜欢木棉，画了很多木棉画。你们不明白我们那一代人对于木棉花的感情。以前的小孩没那么多玩具，都是在木棉树下玩耍，开花的时候我们就在树下等着，一朵花掉下来，大家一窝蜂就上去抢，玩得很开心。还把花串成一圈挂在胸前，很自豪的，我还经常爬上树丫上呆呆坐很

方楚雄 《娇憨小虎》

久。童年喜欢的东西，一生都忘不了，文化就是喜欢的积累。

而且单一题材的展览，对我也是一种挑战，一个题材怎么让人看着不闷、不枯燥，是很难的，我有兴趣挑战这个。

主持人： 所以时代烙印这种东西应该是自然而然形成的，而不是刻意为之的。现在有些人为了突出作品的时代性，就在画里加上中信广场、电视塔这样的标志性建筑，但给人的感觉更多的是生硬，对这种现象我们该如何看待？

方楚雄： 没有深度的东西，在历史上肯定留不下来的。一个人在社会中并不是真空独立的，肯定会受所处时代的文化、政治等因素的影响，审美、喜好也都受到时代的影响。但艺术家有着自己独特的艺术审美和追求，他的艺术在同代中可能会稍微超前，但不可能脱离社会。

主持人： 就像《绿色长城》、《农机专家之死》、《毛主席视察广东农村》这些作品，都是当人们谈到那一时期就能记起的作品。现在虽说艺术环境比以前更宽松，艺术创作更自由了，但为什么现在却很难看到让人一见难忘的作品？

方楚雄： 这可能跟艺术家本人先天的资质，后天的修炼都有关系。多种因素综合作用，绘画需要艺术底蕴，需要基本功、技巧、勤奋等等，这些都是成功的必备因素。

现在的艺术环境很自由了，你想怎么画没人会束缚你，但是要画得好，得到社会的承认才重要。最重要的还是自己把握好自己，作品要有内涵、有格调、有品位，我觉得这个才重要。这个年代不能抱怨怀才不遇了，现在媒体这么发达，如果真画得好，始终会被发现的。

第一章 书画艺术与市场

但现在要出名，的确是太难了。以前一幅作品能够使人成名，因为画画的就那么几个人，现在不可能了，画画的人太多了，每天的画展那么多，很难让人有深刻的印象。

山水花鸟千年不变，时代烙印如何体现？

主持人： 艺术体现时代性，可以以当时社会现实的事件、人物的服饰与道具以及事物景观等为描绘对象。山水画可以通过现代建筑或者电线杆、电视塔这些具有鲜明时代特点的景物来表现。但花鸟千百年不变，时代性的体现是不是更难？

方楚雄： 花卉、动物千百年不变，除非是那些转基因、杂交变异的（哈哈）。所以要把花鸟画得跟古代的不同，难度就大了。比如松树、梅花，这是两个我很喜欢画的题材，也是中

方楚雄 《两小无猜》

方楚雄 《柳岸春风》

国画最经典的题材，它们自古被赋予了很多品格，也被画过太多了。画松树我喜欢去北京写生，那里的松树都有几百年、上千年的树龄，今年4月份我还带学生去了北京潭柘寺写生，那里的松树非常老，非常苍劲。它们的形态是相对不变的，但我画的角度和古人不同，用仰视的角度，而不是常见的平视角度，这种角度看过去的松树，就像一把把伞，铺天盖地，形式感非常强，很有张力，把画面撑得满满的。

千百年不变的题材，只要艺术形式是新颖的，也能画出不同于古人的新意，感受、视觉的变化产生了形式的不同。

每年梅花开放的时候，我也都会带学生去写生。我觉得梅花的姿态非常美，是画中国画练习基本功的最重要题材。我画梅花喜欢画千枝万蕾，密密麻麻很灿烂的感觉，画面很满，这明显区别于古人那种赏心只有两三枝的感觉，跟古人的审美情趣很不同。评论家说我把花鸟画画出了大气势来，给人一种身临其境的感觉。

画动物也是一样，动物同样千百年不变，但要画出人情味很难，所以我画动物经常画上三五只在嬉戏，给人感觉很亲切、自然。这个月初我去俄罗斯参加莫斯科中国文化中心揭牌仪式，俄罗斯副总理戈洛杰茨在我那幅《两小无猜》的作品面前看了很久，他说："我很喜欢这幅作品，很有生活气息。"这让我有点意外，你看，美是有共性的，这种中国传统的题材，俄罗斯人都会觉得很亲切。

陈永锵： 我倒觉得，画如其人很重要，能画出如其人的画，就说明他很真诚。我这辈子的第一份工是做架线工人，这造就了我非常粗犷的性格，这种性格的人，肯定画不了工笔画。你看我的画，都是很热情奔放的。唯有向自己的心深处走，才不会重复别人的路。所有的路都有人走过，唯有自己的心路没人走过。胸怀越广，心路就越长。画家要养心，就是这个道理。

而且在画画这件事情上，我崇尚的是率性为之。我对名利很淡泊，能否在历史上留名，历史是否会选择我，不是我能够决定的。我还是个阳光少年（哈哈），这么年轻，这么阳光，就像大树一样，我怎么知道在我的有生之年，能长得多高。我就想做个快乐的人，把写意画改成动词，就是写意画的精神了。从容不迫地，写意地画写意的画，快乐地做一个能让别人快乐的人，这就是我的人生观。

有评论家说陈永锵的画为什么跟传统，跟别人的不一样？就因为他的观察方法不一样，立场不一样，是以普通劳动者的心态去看大自然，而且表现他的感情。

如何能够收藏到传世的画作？

主持人： 你们两位都是目前市场上关注度非常高的画家之一，但现在一些买画的人，其实并不是特别懂画，总是冲着名头去购画，作为大名头的艺术家你们认为如何才能收藏到可能传世的画作？

陈永锵： 我从来不会劝别人买我的画。什么是艺术品？我觉得就是让你很喜欢，爱不释手，但却又毫无用处的东西。

我和方楚雄第一次卖画，是1979年在北京进修的时候。有次我们都快没有钱了，于是找到人民美术出版社的于名川老师，想问他借点钱，渡过难关。于老师笑着反问，你们两个都会没有钱吗？于是他给北京画店的人打了个电话，介绍了我们。对方听后说："我们中国不允许陈永锵和方楚雄穷，我以周思聪的价格收他们的画。"周思聪是当时很有名的女画家，5块钱一平方尺已经算是很贵了。第二天，北京画店真以5块钱一平方尺的价格，买了我们两个人的画。当时方楚雄卖了200多块钱，我卖了100多块钱，走在北京的街头，我们两个大男人激动得不得了。

我还记得1983年的时候，当时我的工资才40多块钱，一位新加坡的老板要买我的画，给了200块的代用券，要我画十张画，我当时真是热泪盈眶，很有成就感。有些人觉得画家不能卖画，好像一卖画就贬低了身价似的，为此我还专门写过《卖画辩》的文章，艺术家也是要养家糊口的，齐白石、吴昌硕也靠卖画为生，这并不阻碍他们成为一代宗师。

方楚雄：说到收藏，现在很多人都说要找"大名头"的，认为"大名头"的东西比较稳。因为知名度是经过时代的积淀，也包含有本人的修养、知名度、艺术修养、人格魅力，当然艺术格调、笔墨技巧等都综合在内。比如齐白石，他很勤快，每天不停地画，有些画上还提说这是补昨天没完成的数量的，你看他画画还定量，数量那么多，但还是那么值钱，这说明他的综合修养不是别人可以比拟的。收藏就是要找这样的画家。跟齐白石同时代的陈半丁，当时画卖得比齐白石高，但现在两个人的作品价格差远了。

所以我还是强调，画画也好，收藏也好，选择的画作必须要有个性，有个性，也就有了时代性。人家说什么你说什么，人家要画什么你就画什么，这就没有个性了，也就没时代性了。

当然，个性也有好坏之分，有格调、有品位的才有价值。有些只是变花样、猎奇、抢眼球的个性，是装出来的，不是风格。个性跟艺术家的性格、修养、阅历等都有关系。

中国画始终还是要讲究"根"，中国传统底蕴很重要。脱离底蕴，如果只是用中国画的材料来画新的东西，我觉得路子值得商讨。我比较接受的，还是在传统底蕴的基础上突破、创新。

陈永锵：但现在的中国艺术品市场，没有多少真正的艺术消费者，大都是投资者、投机者。大家现在都说名人书画，有了名，才有市场。很少有人买画是为了挂家里的。有人说："卖画的是骗子，买画的是傻子。骗子赚了钱，又会变成傻子。"这种投资在我看来就是击鼓传花。我并不太看好中国现在的艺术品市场，泡沫太多了。

但我认为一个当代的收藏家，应该重视当代画家的画，最好还应该去认识、了解画家本人，跟画家一起成长，这样收藏就多了一份成就感，能够分享画家成功的喜悦，收藏就多了一份价值。

第一章　书画艺术与市场

第九节

收藏"他"时代渐渐多了"她"

特邀嘉宾

林蓝
广州美术学院教授、硕士研究生导师、科研创作处处长

张思燕
广州美术学院岭南画派纪念馆画家、广州市美协花鸟画艺委会主任、广州女子书画会常务副会长

罗寒蕾
广州画院一级美术师

　　纵观近年来的拍卖市场，一些优秀女性艺术家的作品在拍场上逐渐受到越来越多藏家的追捧。以潘玉良的作品为例，2004年前后每平方尺的价格约为12万元，至2012年春拍已涨至每平方尺58万余元。

　　虽然女性艺术家的作品价格在拍场上有所提高，但是和拍卖市场上占主导地位的男性艺术家相比，她们作品的地位仍处于边缘。

　　有意思的是，女画家和美院女学生的数量，正以一种惊人的速度赶超男性，广州尤为明显，传统收藏"他"时代渐渐多了许多"她"。这让不少人惊呼，艺术品市场是时候关注这些优秀女性艺术家的作品了。

古今对比，当今女画家开始回归自我

　　主持人：刘斯奋先生曾经说过，中国书画界还没有出现女性大名家，对此你们怎么看？也有说法，以前的女性画家在绘画表现上和现在追求的不太一样，这些不同表现在哪些地方？

　　张思燕：以前的女性画家在绘画表现上和现在追求的

林蓝　《白牡丹》

不太一样，这跟我们所处的时代有关系。我们生活在一个美好的时代，男性女性的差别已经渐渐模糊了。以前中国的传统是男尊女卑，古代女人一般在家不外出，所以关注的题材也仅仅是身边的事物。现在很多女画家都外出写生，这需要很大的勇气，以前人们会觉得这不是一个女人该从事的事情。

罗寒蕾： 以前如果只是单纯看作品，很难分辨出一幅画是出自女性画家还是男性画家之手。历史上有段时间，一些女画家画得比男画家还好，作品散发出一种霸气、豪迈之气。但是现在，男女画家的画作气息完全不同，一看就能辨别出画家的性别。

比如我自己，我的创作态度并不是强烈地去批判社会中的许多不公正、让人心碎的事情，我没有能力去改变它，但是我能陪伴它。我的画就是记录一些让我感动的一缕花香，一只小动物，一阵欢笑。这些能让我心里面感到温暖的片段，我就把它们记录下来，串起来。

主持人： 在革命年代及新中国成立后一段时间，让人引以为豪的是"妇女能顶半边天"，所以作品表现出来的是很有干劲，而现在是否更倾向于自我感觉的回归？

张思燕： 我觉得真的是在"回归"。记得上世纪90年代我曾经出过一本画册，有人就评价说，这画画得比男的还硬朗。但是后来随着时间的推移，看的东西多了，我开始想画自己想要的东西。我个人觉得，有时优秀的女性比一般的男性还大气，因为女性内心有一种母性、一种包容。有时候，我觉得女人就像柳条一样，看上去很柔弱，但很有韧性，怎么也弄不断。男人像树，很坚硬，有担当，但在一定压力后，容易折断。

罗寒蕾： 画画对我来说更像是一种呼吸，一种自言自语，是一种很自然的流露。有些朋友有时会问，你天天画画会不会很累？其实，我一画画就不感觉到累了，就像活着就会很自然地呼吸、说话一样。

我画的主要是工笔画，有些人说，这种画只有女人才画得来，我觉得这本身就包含着一种轻蔑，是一种误解。写意画概括豪放，过了就嫌浅薄，要学会讲究；工笔画精美严谨，过了就嫌琐碎，要学会简练。

工笔画的确需要时间去打磨，但相比起耐心，工笔画家更需要敏捷的思维与果敢坚决地操控画面整体效果的能力，寻求画面各种矛盾的平衡点，诸如工与写、繁与简、虚与实、中与洋、俗与雅等等。当所有可用语言表达出来的规律上升到高度自觉的境地时，工笔画家就如同一位大将军，指挥着千军万马，所向披靡。如果你没有这种大将风度，你很难去操控这么多的元素。就像一个沙盘，千军万马你要把它们摆在一个合适的位置才能发挥它的作用。每一个温柔的女人都有一颗很强大的内心，就像每一张工笔画背后都有一个叱咤战场的大将军。

主持人： 林墉老师的艺术影响力很大，林蓝你是名家之后，前辈的光环对你的影响是什么？是帮助多还是压力多？

林蓝： 家庭对我影响更多的还是身教。在十年前我父亲大病以前，我们家只有在除夕夜看春节联欢晚会的时候，才会一起坐上四五个小时。平时大家都很忙，一吃完饭就各自钻进自己的工作室了，也没有坐在一起聊聊艺术、聊聊生活什么的。对于我们以前的家，画画劳作就是生活的最大一部分。

可能我从小就在这种全身心投入画画的环境中长大，所以觉得这样很正常。直到后来才发现，原来世界上还有这么多娱乐，还有聊天，还有休闲，以前生活中就三件事：吃

林蓝 《佛香》

饭、画画、睡觉。

但我父亲对艺术的态度对我的影响真的很大。他的绘画在民间艺术上得到很多滋养，那时候他要做开颅手术，刚做完手术我陪着他的时候，听他迷迷糊糊讲的竟是"广东有三个地方的木雕不错，一是江门，一是珠海，还有潮州的金漆木雕"。在神志不清的时候，他还在想着画画，我想他可能就是为了画画而生的，画画已经进入了他的血液。

男女画家对比，知名度和市场都无法比肩

主持人：不可否认，历史上的书画名家多是男性，这和当时的历史背景也有很大关系。但现在时代不同了，女性画家越来越多，广东省现在有多少女画家？

张思燕：这个暂时还没人统计过。广州女子书画会早在1989年就成立了，但是后来发

罗寒蕾 《小花》

展的会员不太多。至2013年，参加书画会的只有60多位女画家，但其实现在画得很棒的年轻女画家很多，比如广州画院，女画家数量跟男画家就差不多。

罗寒蕾：广州画院这几年新进的画家，的确是女的比男的多。而且我发现，广东书画界近几年入选全国中青年美展等全国性大展的作品，也是女画家的偏多。例如，2013年中华文明历史150个重大题材展，广东有一百多幅作品送选，最后脱颖而出的正是林蓝和广州画院的赵红雨等。

林蓝： 广州美院近年来新招的学生，也是女生越来越多，在以前，读美院的女生是很少的。

主持人： 在广东，你们三位的市场价值都是比较理想的，你们觉得市场对你们的认可原因是什么？论知名度、作品价格等，广东目前女画家和男画家的差距还是比较大的，有些人在收藏时也会自然不自然地偏好男性画家的作品。随着美院女学生、女画家数量越来越多，这种情况有没有可能改变？

张思燕： 我觉得女性比较感性一些，而大多数男性比较理性一点。很多女画家都会有让人眼前一亮的作品，只是有时候她们都没坚持下去。只有投入很多感情，首先感动了自己，然后才能感动别人。就像把生活中很多感悟、感受等画到画里面一样，那就是很有感情地创作。

但是不可否认的，对买女画家的作品，有些藏家会持谨慎态度，认为她们四五十岁之后就画不动了，开始走下坡路了。因为女性随着年龄增长，会把越来越多的精力放在家庭，放在子孙后代上，没有了年轻时的冲劲和创新的勇气。恰恰这种冲劲和勇气，是驱动一个画家成功的最重要因素。

罗寒蕾： 我不以性别作为竞争的一个标杆，对于这种性别的差别，我会顺其自然，重视自己的性别，也重视自己的经历，模糊性别的差别。接受自己，爱自己，接受自己的优点和缺点，把各自的优缺点真实地展现到画上面去。

有时候我觉得画家不需要说很多话，我们的发言人就是作品，作品能帮我们说话，作品是有声音的、会呼吸的，有些作品就像画家的呐喊，有时候它就像小动

张思燕 《春晖》

第一章 书画艺术与市场

罗寒蕾 《等待》

物，你一看到它自然就会平静下来。

市场培育，画家不能只管"生"不管"养"

主持人：艺术家是离不开艺术市场的，但艺术市场的确会对画家的创作形成冲击和影响。三位都是中青年女画家，你们如何看待这个问题？

69

林蓝： 我觉得应该相信市场，市场并不是不好，群众的眼睛是雪亮的。一些藏家，他们甚至比你更了解你自己。市场是一面很好的镜子，我们也能从市场的反馈中找到自己一些需要改进的地方。所以我觉得市场的作用应该还是良性的，市场最终选择的还是那些有相当实力的画家。

至于如何才能让市场发挥良性作用，我觉得画家的内心可能要强大些。在你接受外来信息之前，内心要比较成熟，直到强大到能正确对待外来的赞扬和批评，要有一个比较完整的对自我的认识。

我们不排斥市场，但创作才是最重要的。世界是公平的，如果你在创作上百分之百地投入，那么在精神或是物质上总会有回报。其实，有人愿意真金白银买你的作品，那就是最好的肯定。市场很纯粹，就是大家的认可、藏家的认可。

罗寒蕾： 我觉得作品就是我们的孩子，我们不能只管生、不管养（市场），还要考虑把她送到哪个学校更好。

主持人： 不管男画家还是女画家，作品的艺术水平非常重要，三位近期在艺术创作上有什么打算？

罗寒蕾： 最近几年广州市政府对美术工作越来越重视。2011年，广州市文管新局共有4名艺术家，广州美术界是我和广州雕塑院的俞畅老师，被列入广州市"121人才梯队工程"第三梯队，享受政府特殊津贴。5年内，政府每年拨给个人20万元的科研经费。对于我个人，这笔经费就是及时雨，解决了创作的经济问题。我计划利用这笔经费出一本绘画技法的书全国发行，将我多年来摸索出来的绘画技法，毫无保留地回馈给社会，让政府给我的钱又回到美术爱好者、学生手里。

张思燕： 我生活在岭南，岭南这边气候比较温润，经常下雨；同时，我也深深感受到岭南人的大气。所以我在思考如何把岭南植物的特性，比较温润、比较包容、比较大气地表现到绘画上。接下来这几年我会致力于"画心"，画心里的想法，而不是对树木的重复。

在这个时代，不进步就等于退步。我现在做策展，能经常看到一些新东西，跟年轻人聊天之后经常会有"这不错"的想法，不会把自己的思想禁锢在一个模子里。勇气是非常重要的，特别是在绘画风格形成之后，如何提高，甚至是打破它，再经过学习探索一个新的面貌，我觉得是很重要的。

张思燕 《芳菲四月》

林蓝： 我很长一段时间都是有些许叛逆的，可能是在比较传统的环境中长大，总想着做些打破经典的东西，希望跟传统有一点点的疏离。每个专业的发展构成都存在主流与支流，所以之前我一直在各个支流里面摸索，找很多补充、源泉和滋养，不想在主流里面走。我经常会从油画里、材料里、别的行业里找感觉。

但兜了一大圈以后我才发现，小时候接触的那些亲切的东西很执拗地显示出它的力量。而且随着自己年龄的增长，觉得还是主流的东西最神圣，用自己毕生的努力都不一定能将它推进一点点。最终我希望能回到中国画的主流上，这样好像有种正步走、往前走的感觉。

张思燕 《润春》

延伸阅读 画作是否受欢迎与画家性别无关

许习文（广东崇正拍卖有限公司总经理）：

目前中国画市场比较好的女画家，北京有周思聪、南京有徐乐乐。

收藏主要还是看藏家的个人爱好，并不是看画家的性别。自古以来都是男画家多于女画家，但众多男画家中，真正能卖得起高价的也是少数。男画家画山水比较多，大山大水，气势磅礴，而女画家多画花卉、工笔画，非常细腻。古代的时候，女子学画只是一种修养，她们不会抛头露面，而且女子无才便是德，她们是不会卖画的，加上不交际，影响力肯定不如男画家。

现在女画家的数量的确越来越多，但能否主宰市场，关键还是看她们的作品有没有个性。

叶光华（东涞艺术中心艺术总监）：

目前国内市场上受欢迎的当代女性画家，油画方面有喻红、阎平，雕塑方面有向京，国画方面有广东本地的罗寒蕾。

无论男女画家，他们作品的受欢迎程度，与作品的题材、技术、画家学术背景、专业水平、地位等都有关系。而对于收藏家来说，画作的投资成长性很重要，这就要求画作的艺术性和学术性都够高。

一幅画在市场上的受欢迎程度与画家的知名度有关，与性别无关。在广东，广州画院、广州美院、广东画院的老师和专业画家的作品相对来说更受欢迎。因为他们有更多的机会参加官方展览，获奖的几率相对更高，在专业水平上较受认可，他们的作品关注度自然升高。相比之下，没有单位的职业画家要辛苦一些。

在我策划过的一些群展上，以前大部分是男性画家参展，现在也出现6男4女或者7男3女的比例分配。但整体而言，现在男画家还是比女画家多，两者画作的市场情况不好作比较，不过女画家作品的整体市场走势不会比男画家差，这主要还是看画家的名气，以及画作题材和技法，受欢迎的女画家的作品价位不会比男画家的低。这方面广州很典型，有很多中青年女画家，作品在学术性、艺术性、题材、技法上配合得都很好，市场也很好。

第十节

名人书札一封家书抵万金

特邀嘉宾

王贵忱
中国著名古文献版本学家、古钱币学家、金石学家、历史学家、书法家、收藏家,曾任广东省立中山图书馆副馆长、广东省博物馆副馆长

张铁林
广州暨南大学艺术学院院长、著名表演艺术家、书札收藏家

陈俊明
广州市银通拍卖行有限公司总经理、书札收藏家

中国嘉德2012春季拍卖会上,朱自清的楷书七言诗札以161万元高价成交,次日,赵之谦的信札九通又成功拍得120.75万元;紧接着,在嘉德四季第30期拍卖会上,赵孟頫信札十通也以299万元拍出……在艺术品市场的低迷期,书画的行情到了冰点,名人书札的热度却依然不减,迅速成为一个重要的收藏板块。

王贵忱老先生,中国当代学界的一位通才式学者,他的书札收藏十分丰富。著名表演艺术家张铁林,也很早就热衷于书札收藏,其名人效应最早推动书札收藏进入大众视野。方寸之间,大千世界,书札到底有何魔力吸引众多收藏人士为之着迷?

价值　"书札里面好玩的东西多了"

主持人: 这几年的拍卖市场上,书札出现的频率越来越高,成交价格也涨了又涨。特别是民国时期的文化名人手稿墨迹,这两年成规模亮相拍场,备受追捧。书札的藏家队伍中,文化人居多,好像王老、张院长,都是国内知名的书札大藏家,是什么吸引两位收藏书札的?

王贵忱：我今年84岁，玩书札至少有五六十年了。在这个领域，以前是我的老师容庚收藏的民国时期的书札最多，他去世之后，我收藏的学者书札比较多些。这几十年来，我跟周叔弢、周作人、容庚、商承祚、潘景郑、李可染、谢稚柳、启功、黎雄才、赖少其等人都保持着通信，这些信件现在我也保存着。

但我收书札主要还是为了做学问，你别看这么几片小纸片，里面好玩的东西多了，文献价值很高。所以我的收藏都是有系统的，好像我收的张之洞文稿，就连已出版的《张之洞全集》里都没有收录这些内容，后来我把这张之洞未刊书札共90多页都捐了出去，出版了《张之洞致张佩纶未刊书札》一书，作为附录收入了《广州大典》。

张铁林：我呢，为什么会收藏书札？因为我一贯是写信的，就用毛笔写，蝇头小楷的日记都写了几十年，无一日间断。这是我的生活形态、生活习惯、生活方式，又由于我自己也写字、画画，所以我会注意到书札这个品类。在过去的一个世纪，有多少人能坐下来读这种毛笔信呢？所以喜欢收藏书札的人，需要特殊的情怀和心态。直到现在，我相信收藏书札的人还不是很多。

在收藏书札的过程中，其实我们更多的是看到每一个时期人与人之间真实的交往，通过书札传达，要比我们今天用手机短信、用电脑的方式丰富得多。

王贵忱：收书札怎么好玩？你看吧，张之洞大家都知道，但张佩纶知道的人就少了，他们两个是同乡，是清末政坛重要政治派别"清流党"的两员健将，被称为青牛的左右犄角。但两人的境况却很不同，张之洞毕生荣耀，兴实业、办教育，于中国近代化功不可没。而张佩纶经中法之役后就一蹶不振，郁郁而终，因为他是张爱玲的祖父，

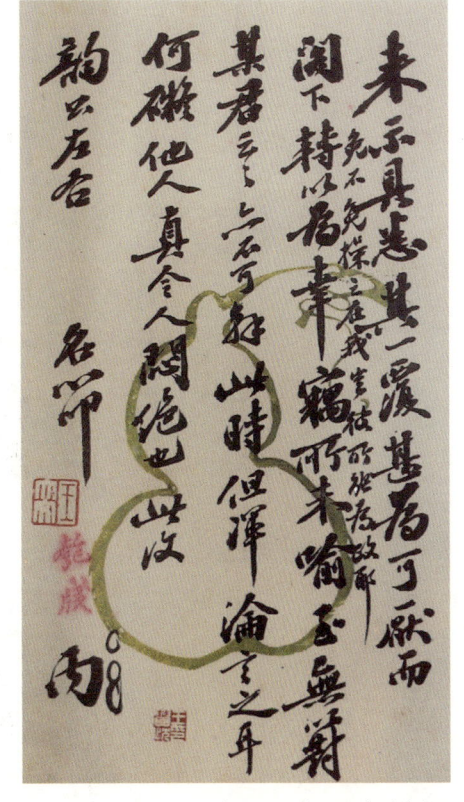

张之洞致张佩纶未刊书札

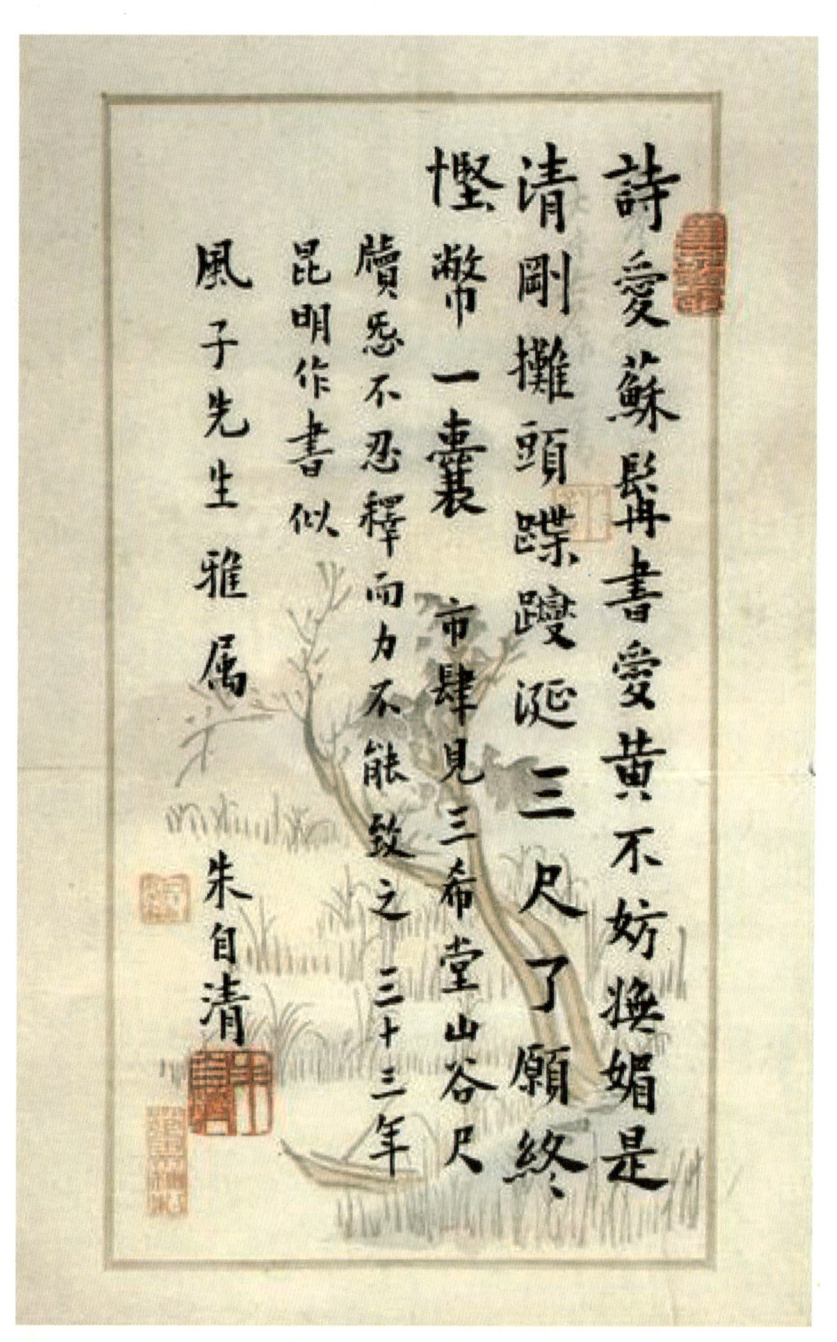

朱自清　楷书七言诗札

现在偶然还被人提及。《张之洞致张佩纶未刊书札》里面收录的，虽然内容比较琐碎，但里面提到的李北海墨迹、苏东坡书法、董玄宰画卷等，都是可供考据的史实，还说到张家口熏肉香美，虽然是细枝末节，但却能还原出19世纪末士大夫们的生活场景。而且张之洞还是晚清著名的书法家，他的书法艺术一直受推崇，这些书札都是用小楷写成的，所以又是小楷书法的范本。

在《可居丛稿》里我也收了之前写"徐悲鸿致欧阳予倩书札"的一篇文章。这封信笔意浑厚雍容，行距疏密不等，字体大小相同，随意写来，通篇笔法开张有致，显示出作者的意态风神，是徐悲鸿先生抗战初期的墨妙。而就内容而言，也是研究徐悲鸿学行和有关现代戏剧史上一些问题的一篇有参考价值的资料。

张铁林：还有一点，书札里面流露的都是真性情。

能够流传到今天的书札，都是名家的东西，所以能够传世的书札，写信的首先必须是个名人。从书札里面我们看到的，可能是名家平时一些鸡毛蒜皮的事情，或是和朋友之间的寒暄，它不是正史，却能够补充名家正史所没有的空缺，你可以通过书札看到一位名家生活中的个性侧面，这是正史上不屑于表述的。

比如说我手上有一封齐白石的信，是他给别人刻印后催别人要钱的。信里他写了很多要钱的理由，什么我孤身老头、居住京华，必须刻章补贴家用，等等。还说我品位很高，本不应该向你要钱，但是我不得已，为了过日子我不要不行啊。这种信非常生动地描述了一个特殊的艺术家在特殊时期的生存状态，体现的是活生生的人的灵魂，这些是正史不屑于描述的。这样的例子很多，又比如你们都知道我曾经花200多万元竞拍赵之谦的一套书札，这些信件表现的不单单是他的书法，还流露出他对当时社会、政治的不满以及他的个性情趣。应该说，书札是中国文化传承的一种重要手段。

王国维信札

市场　书札拍价过百万元

主持人：我们查询拍卖纪录发现，中国书札的拍卖始于1994年，当年翰海秋拍中有一册15通的徐悲鸿行书信札，估价10万元，平均下来一通是6000多元，但最终流拍了。10年之后，2004年1月，同样是翰海拍卖会，同样的10万元估价，仅3通的徐悲鸿信札却以24.2万元拍出，平均每通8万元。到了最近两年，拍卖会上的书札更抢手了，很多都过百万元了，真正是一封家书抵万金了。张院长您玩书札比较早，所以上海古董圈都有人开玩笑说，您一个人影

黄宾虹信札

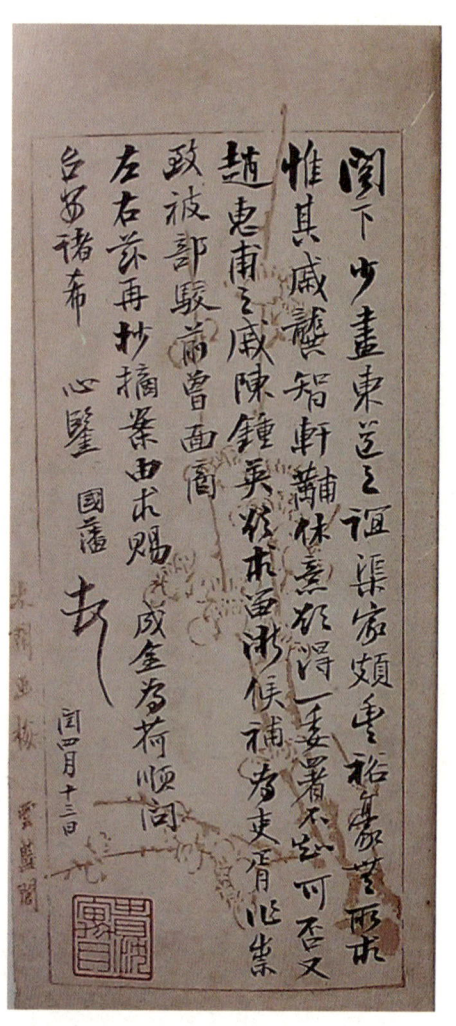

曾国藩复李翰章信札

响了整个板块的价格。

张铁林：市场的走势跟我没有关系，我并不是很关心。从收藏书札的第一天开始到今天，我没有拿一张纸换过一分钱。据说真正的收藏家才是这种状态吧。

外面有人说我影响了书札市场的热度，这也是民间的一种戏说。我是2000年开始接触书札的，当时它不贵，很丰富，无人关注，没有对手或者说对手很少。当时大家的注意力都放在了古代书画身上，在收藏市场上，向来都是以画为龙头带动书法的，画比较容易看，书法比较难懂，书札就更难懂了。所以那时候我收藏书札，一通也就几千块、几百块，三万五万可以收一堆。现在你看这两年的拍卖市场，陈独秀等致胡适的13通信札，都拍到了554.4万元。我当年收藏的书札，如果是100块钱的一封信，现在应该变成1.5万元了吧。所以说起来我还是有先见之明的，如果收藏家都有这种眼力，大家都发财啦，哈哈。当然我说说而已，我从来没有发过书札的财。

陈俊明：书札是研究中国文化的第一手资料，现在价格涨起来，应该也是其本身应有价值的回归。但书札的文化含量比较高，藏家相对比较少，特别是在广东，这类收藏家很少，好东西经常流拍，北方近几年书札收藏还比较成气候。好像之前有一次广东有桂永清的书札上拍，没什么人举牌，最后被对军史颇有研究的资深藏家吴东峰以1.3万多元买到。后来吴东峰跟我说，这封信其实很重要，信的内容说的是把当时的情况通报给上级，解放军渡长江了。但很多人不了解军史，对桂永清也不熟悉，这价钱还说贵。

目前书札市场上最贵的，应该是胡适、王国维、沈从文、朱自清等人的东西，胡适一通信札就要40万元左右。

而陈寅恪、蔡元培等的书札价格却是偏低的。还有很多名家如曾国藩、左宗棠、张之洞、端方、罗振玉等人的书札，价格也还没上来。未来空间应该还是很大的。

主持人： 现在书札这一板块假东西多不多？

陈俊明： 书札的价格一涨，假东西也开始多起来了。早几年一些宣纸店的旧纸被大家一抢而空，一张宣纸被炒到几千上万元，很多就是用来做假的。但相比其他种类，书札造假麻烦一点，如果是连带信封的信札，伪造起来更难，因为每个时期的信封、邮票、邮戳都不一样，全部伪造难度很大。所以连带信封的书札，价格也更高。

收藏 出无作相，驻也随缘

主持人： 几位收藏书札有什么心得？应该怎么收藏书札？

王贵忱： 收藏要靠运气，靠缘分。我的收藏就八个字："出无作相，驻也随缘"。这是很好的收藏心态，做什么事情都一样，随缘就好。收藏就是要多听、多看、好学，记性当然也很重要，眼睛不能穷，看的东西一定要多。

基础层次高的人，眼界也更开阔，要找好书札还必须要有好眼光。好像你读张佩纶的书札，你必须了解那段历史，读他的书札才会有意思。所以这类收藏难度大，是一个小中见大的学问。

因为我收藏书札主要是为了做学问，所以我的收藏比较系统。好像张之洞，我收藏他的信札、诗集、文集、词章、书法，还有他各个时期的著作，前后都有55年了。对一个收藏家来讲，注意藏品的集中性、系列性，是做一个

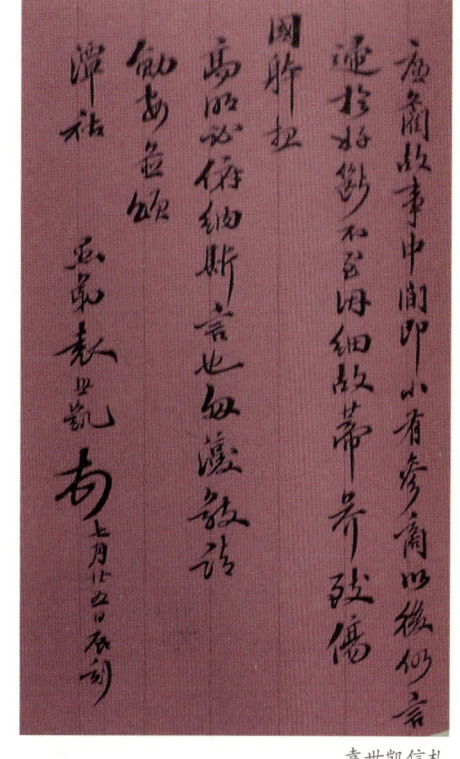

袁世凯信札

专题研究必不可少的，如果藏品实物单薄，就难以说明问题。今年我把毕生收藏的张之洞、龚自珍的几百份珍贵文献，都捐给了广州图书馆，我年纪大了，让他们继续去研究吧。

张铁林： 书札这一领域，我发现得比较早，下手比较早，所以价钱比较低。我当时就收到了很好的东西，而且传承有序。比如说我首先收了一批钱境塘收藏到的清代书札。钱境塘是民国的收藏大家、实业家，他有大量的收藏，后来辗转都捐给了上海的博物馆。在他的那个年代，很多清代名人的书札都可以收到很多，他每人只收一通，比如李鸿章的书信，他只选最精的一张留下，所以他的东西水平很高。

紧跟着我又收到了一批吴省庵收藏的书札，后来又收到了丁辅之的一批藏品，他们也都是民国时期的著名藏家。这三位先贤的东西，都是成批地转到我的手上。丁辅之先生的收藏传承有序，有一批书札现在在故宫博物院里，我想流转在民间的另外一批书札，应该都在我的手上，这也是阴错阳差的事情。更可贵的是，他除了收藏书札之外，对每一封信的收藏还都做了笔记，这些笔记后来也到了我手上。

但有一点我必须强调的是，我并不是一个研究学者，我的收藏完全是基于天性自然的兴趣，除了我自己非常感兴趣的领域，我的研究成果几乎是零。我必须这样实事求是地说。我对手上这批书札的研究所倾注的时间很有限，我想留待以后会慢慢研究的。

陈俊明： 收藏要找什么样的书札？首先，写信的人很重要，现在市场上最受追捧的书札，主要是张之洞、曾国藩、左宗棠等人的手稿以及五四运动时期的学者名人，他们都是历史上很关键的人物，所以他们的书札都很值得收藏。

跟书画收藏一样的，书札的内容还讲究稀缺性，比如吴晗、闻一多的书札就很少见。有些普通问候的书札我也没多大兴趣。而好像我之前买的一通信，是陈果夫写呈给蒋介石，说抗战时期在重庆有人专门屯棉屯粮不卖，请蒋介石批示怎样处理，并附有蒋的批复，具有很高的史料价值，当时卖得也不贵，就5万元。

张铁林： 话说回来，与其收藏手札，不如学会写字。我觉得在完全没有积累的情况下，收藏手札就是单纯为了钱去收藏，但社会上并没有那么多的书札等着你去收。所以我说与其收藏手札，不如学学写字。当你对字、书法有了了解和兴致之后，你对书札这个品类就会有兴致。它是文化传承的一部分，千万不要把它当作一个敛财的手段。书札不会给你带来功利，如果是为了赚钱，那就等着被骗吧。

第十一节

当代"海归"艺术家有待市场关注

特邀嘉宾

陈建中
著名画家

许固令
著名画家

　　几年前，国内传媒曾经评出影响20世纪中国美术的十位艺术家：黄宾虹、齐白石、徐悲鸿、刘海粟、林风眠、董希文、李可染、吴冠中、陈丹青和徐冰。在这十位艺术家当中，"海归"艺术家占了绝大多数。

　　再看中国过去百年的美术史，如果把"海归"艺术家列入一个特殊的艺术群体，他们有两个令人瞩目的贡献无可非议。其一，是开创了中国美术教育，建立了美术教育思想体系；其二，是引进西画新品种，使中国画的面貌发生了重大变化，并且形成了西洋画与中国传统画分庭抗礼的新局面。因此，"海归"艺术家作为中国近代美术史上的重要美术现象，很有必要将之作为一个专门的课题提出来进行研讨。

　　特别是近年来，中国一系列鼓励海外人才回国发展的政策，不仅激发了无数高科技人才回国创业的热情，同样吸引了众多海外艺术家回国。应该说，"海归"艺术家是沟通中西文化、艺术的桥梁。一方面，他们是引入西方艺术思维的领潮人；另一方面，他们是将中国元素世界化的助推者。

陈建中　《曼尔尼河风景之二》

广东"海归"低调受关注少

主持人： 上世纪，中西融合是中国现代美术贯穿始终的潮流。如留学法国的徐悲鸿、林风眠、吴冠中，留学比利时的吴作人，留学日本的高剑父、朱屺瞻、关良、傅抱石、丁衍庸等人，他们不仅让油画、雕塑等西洋美术画种在中国落地生根，还引入了现代美术教育，更难能可贵的是，他们在中国传统水墨领域中别开生面，带来了中国绘画传统千年未遇之大变局。在广东，这样的"海归"艺术家也很多。特别是随着中国经济的腾飞，近年来"海归"艺术家越来越多，他们中的很多人，艺术造诣都很高，在海外也有很高的影响力。他们为什么要回国？回来后会不会水土不服？我们有必要关注这一帮艺术家的群体特征以及艺术发展道路。

陈建中： 广东也有几位能够载入中国美术史的"海归"艺术家，但都很低调，介绍比较多的是高剑父，他是岭南画派创始人之一，东渡日本留学，回国后培养了不少美术人才。还有一位被人们淡忘的李铁夫，他是中国油画第一人，艺术造诣非常高。19世纪末期，李铁夫即追随孙中山由加拿大到美国，筹建同盟会纽约分会，为了宣传革命，他变卖自己的油画200多幅，把卖画所得捐助革命。后来他潜心研攻艺术，最早进入西方油画写

陈建中　《叶韵》

实主义最有生气的领域，是一个很有个性的画家。

主持人： 就像陈老师您刚才所说的，广东"海归"艺术家一个很大的特点就是低调，在小洲村，现在就有一大帮"海归"艺术家扎堆在那里，默默地画画。好像陈建中老师，在法国知名度很高，但回国后也只是待在番禺默默地画画。又如许固令老师，已经在广州"经营"了十多年了，知名度现在很高，但也很少参加美协等机构主办的主流艺术活动。

许固令： 上世纪70年代我出国前加入过美协，当时还是叫中国美术家协会广东分会，只有300多位会员，现在美协的会员都几千人了，变化很大。但据我所知，"海归"艺术家的确很少参加美协等机构主办的主流艺术活动，知名度、市场，都靠自己来打造。你看

许固令 《丽人》

陈建中老师的画，现在拿到国内的拍卖会，肯定会有很多藏家都不认得，但其实早在我1980年去香港的时候，就已经知道陈老师当时在法国已经非常有名气了。

陈建中：我看重作品本身，我想的是50年、100年后，后人看到我作品时的评价，市场上有没有人炒作我，我根本不在意。而且现在假拍太多了，价格根本代表不了艺术价值。

主持人：你们二位都是科班出身，有很扎实的艺术基础，出去以后，又吸收了世界性的视觉艺术，无形中对画风会有所影响，会碰撞出新的火花，这是本土画家、外国画家都没有的。

许固令：出外游艺的艺术家，都去过很多博物馆，对中外美术史都有研究，艺术碰撞之下，画风个性都会比较强。就好像陈老师和我的画，和一堆其他人的画挂在那里，一眼就能分辨出来。陈老师的油画宁静、优雅，是带着情感去抒情，而我画脸谱，是因为我热爱戏曲，我就出生在戏台旁边，看了60多年戏，画了50多年的脸谱。

主持人：那我们可以归纳一下，"海归"艺术家除了低调之外，艺术的个性特征都比较强烈，但受关注却比较少。

两位著名"海归"的生存故事

主持人：我有点好奇，两位老师在国内、国外的艺术市场是怎么开拓出来的？

许固令：我回到广州后的十多年，在主流边缘快乐生活，跟主流一直没什么直接关系。1995年刚回到广州的时候，因为一直游艺，没赚什么钱，两个子女又在香港读书，花费很大，只好在广州美术学院对面租了一间500块钱一个月的红砖房,当时连刷墙的钱都没有。后来一个画廊找到我,说杨之光、鸥洋老师也从美国回来,再加上我,他们想尝试推我们的画。我当然乐意了,四尺整纸的画,1000元,对开的500元,再小的200元。杨之光当时比较有名,四尺整纸的也只是几千元,当时美院的老师每个月的工资也就几百元。我跟画廊签的是一个月卖25张画,这就是我回国后赚的第一桶金。十多年来,我的画逐年卖得好,书法也走俏,求字的人也越来越多了。

主持人: 艺术品只要有个性,不愁没市场,的确不需要什么炒作。那您的客源是画廊还是朋友带来的?

许固令: 首先,我有两三个固定的收藏家,买了我二三十年的画。从一张几百元到现在的十多万元,如一个收藏家,买了我15年的画,200多张,但我也是去年才认识他,之前他在台湾、香港、日本、新加坡各地的画展,买了我很多的画。

另外,我工作室的做法也比较特别。我有几个助手,有的负责外地及珠三角市场,有的负责广州市场,一个内勤,他们几个人专门帮我卖画,但不拿工资,采取高佣金制度,我以前在台湾、香港、澳大利亚的时候,也是这种做法。比如说,我的助手今天带了你来买画,下次即使你自己来找我买画,没通过助手,这个客永远都算是他的,我一直坚持这个原则,所以他们都会一直跟着我。另外还有不少朋友帮我做推广。

主持人: 制度化,这也是"海归"艺术家与本土艺术家的一个不同。那陈老师您一直潜心画画,海外市场又是怎么打理的?

陈建中: 在法国的时候,我主要是通过开展览卖画的。最幸运的是,很多机会都是自己找上门的,画很少是从我自己手上卖出去的。1972年初刚到巴黎的时候,我们住的房子是赵无极以前住过的,他很欣赏我的画,由他推荐给当地一家画廊,一展出,刚好被法国文化部一个视察官看到,他很喜欢。1975年3月在法国文化部赞助下,我在巴黎举办了首次个展,是第一位获得此项赞助的亚洲画家,在当地慢慢有了影响,后来也就留在了法国。一直都是通过画廊代理卖画的。

从2000年起,我每年秋凉就回国住,天热了就返巴黎,大概有一半时间住国内。刚开始我在国内没有代理,在这里画的画,我都带回法国去卖。但在台湾、香港我有代理商,也是通过展览卖画。

许固令: 陈老师这种半封闭的状态很适合创作,艺术很有保证,这也是很多"海归"艺术家的一个集体特点。

新"海归"坚持个人艺术风格非常重要

主持人：近年来，中国一系列鼓励海外人才回国发展的政策，不仅激发了无数高科技人才回国创业的热情，同样吸引了众多海外艺术家回国。对这些后来者，两位有何忠告？

许固令：市场是会变化的，收藏家也越来越成熟，坚持个人的风格、审美非常重要，如果一个画家没有自己的品牌、风格，很难生存。以前早一点回国的还好，现在很多人回来，会感觉很难在国内画坛、市场插足了。因为现在社会对艺术家的需求越来越尖端，如果没有过硬的艺术，很难打开局面。

陈建中："海归"艺术家回国后要闯出天地，要么就在国外出了名后再回来，要么就在国内有一大帮朋友、老师，不要贸贸然回来，真的很难。但画得好不好，这是最重要的。有些人回来后为了生存，代理人需要什么就画什么，市场需要什么就画什么，慢慢地就会少了自己的美学追求，一迁就市场，作品就庸俗化了。

主持人：的确是这样，现在回来的艺术家，之前在国内缺少长期的宣传，又没当地主流圈子的支撑，要生存下来，一要过硬的技术，二要执着的追求，最重要的是，作品要经得起市场、历史的考验。

延伸阅读 四代"海归"艺术家

中国美术经历了上世纪40年代以前的"美术革命"与西画的引进，50年代—70年代的现实主义美术与"文革美术"，80年代以后普遍的创新意识形成的多样化格局三个阶段。与历史上传统的绘画相比较，40年代以前中国绘画有很多根本性的变化是历史上想象不到的，而影响这一变化有两个重要因素，一是西方绘画的冲击对于整个中国绘画界的影响空前，二是与众多海归艺术家对于美术教育的贡献密切相关。

有资料统计，从1887年李铁夫留学英国阿灵顿美术学校开始，直至20世纪40年代，出国留学的青年画家300余人，在这里我们可以将之划分为三代。

第一代是1911年辛亥革命之前，有周湘（1898年留学法国）、陈师曾（1903年留学日

第一章 书画艺术与市场

许固令 《星梦》

本)、高剑父(1903年留学日本)、李叔同(1905年留学日本)、何香凝(1907年留学日本)、蔡元培(1908年留学德国)等；第二代是民国初期，有吴法鼎、陈抱一、关良、颜文梁、徐悲鸿、林风眠等人；上世纪20年代至40年代应属于第三代，有张大千、丰子恺、潘玉良、庞薰琹、傅抱石、刘海粟、吕斯百、黎雄才、吴冠中、王子云、吴作人、朱德群、阳太阳、董希文、赵无极、肖锋、罗工柳等。

这些海归艺术家不同程度地接受了西洋、东洋的文化和教育，怀着振兴中华美术的理想和抱负聚合在一起，回到祖国办起了新式的美术院校，以引进传播西方美术及其思潮、促进中国文艺复兴为己任，他们成为中国现代美术的拓荒者。前三代海归艺术家，对于中国美术教育的确立起到了决定性的作用，他们创立的美术教育体系直到现在仍在沿袭。

后来从20世纪50年代末到70年代初的现实主义美术，直至后来的"文革"美术，单一僵化、政治色彩强烈。80年代中期，随着中国改革开放的步伐加快，西方文化艺术潮涌般进入国门，美术思潮空前活跃。一些艺术家对西方现代流派产生了浓厚兴趣，再一次踏出国门，如袁运生、罗中立、陈丹青、陈逸飞、周春芽、萧瀚等，他们可称之为第四代"海归"艺术家。

第四代"海归"艺术家与前三代有一个最大的区别——他们已经在海外取得了一定影响，艺术风格多样，个性鲜明。他们的回归将给中国艺术的发展和市场带来更为开放、新颖、有特色的艺术品。

第十二节

学者画值不值得收藏？

特邀嘉宾

钟耕略
旅美艺术家、艺术评论家，现为北京中国油画院特聘艺术家、广东人文艺术研究会理事

谭天
广州美术学院教授、广东省美术家协会理事、"中国现代美术研究"研究生导师、中国油画学会理事

朱万章
中国国家博物馆研究馆员、广东省美协理论委员会委员、美术史论家和书画鉴定家

　　从学者到艺术家，近代中国画坛上不乏其例，如黄宾虹、傅抱石、俞剑华、潘天寿等。但让人好奇的是，近年来这种身份转换出现在越来越多文化研究的学者身上，最著名的当属国学大师饶宗颐，后来的还有郎绍君、梁江、水天中、邵大箴、陈履生、李伟铭、谭天、朱万章等人，莫不是先以学术上的研究征服世人的。

　　这些"学者艺术家"的绘画，因为已经透彻地明晰了中国传统绘画之优长，所以能够博采众长，进而自然地致力于寻求中国绘画新的生发之关节，这比腹有诗书气自华的文人画，又多了一个艺术追求的层次，开拓了崭新的绘画题材。

　　虽然学者画这一概念之前已有人提出过，这一板块的作品近年来在市场上也得到热捧，但是，什么是学者画？至今仍然是个非常模糊的轮廓。学者画与文人画有何不同？它代表着未来中国美术的一个发展方向，抑或只是多元化艺术中的一个时代思潮？这些都是当代美术耐人寻味的话题。

学者画比文人画层次更高？

主持人： 最近在艺术品拍卖市场上，有一个板块表现很突出，受到很多收藏家的追捧，其中的饶宗颐、邵大箴、梁江等人的作品不断刷新拍卖纪录，还有水天中、李伟铭、郎绍君、陈履生、谭天等人，作品也引起越来越多收藏家的关注。我们发现，这一批艺术家的集体特征，就是其原先已有的学者身份。但是，如果要把他们归入到文人画的范畴中，又觉得其绘画题材、表现手法等均已超出了文人画的内涵。所以我们提出学者画这个话题，是时候对其概念和内涵进行一次梳理。

朱万章： 说到学者画，文人画是一个绕不开的话题。最早在宋代，文人墨客等上流社会醉心于书画艺术，使很多文人既是学者、诗人，同时也是造诣深邃的书画家。苏轼、文同等便是其中的佼佼者，他们的绘画又被称为"士大夫画"。成熟的文人画是到元、明时期才发展起来的，元代的倪云林、黄公望，明代的文徵明、徐渭等都是杰出代表。董其昌在前人基础上提出的文人画论，影响了整个清代。什么是文人画？我认为作者的身份并不重要，重要的是绘画本身，是书画家本人是否具有文人的气质，是否能将这种气质跃然纸上。

现在我们提出学者画，我认为身份首先必须是学者，绘画只是他的余兴，不在他的艺术生涯中占主流。学者画和文人画之间既有不同，又有交叉。比如说苏轼，他既是学者又是文人，他的作品可以说是文人画，也可以说是学者画。像饶宗颐、梁江、李伟铭等人的画，首先是学者画，画中具有深厚的学术底蕴，但在画面上又不时流露出文人的气息。

谭天　《宏远·隔壁之眼》

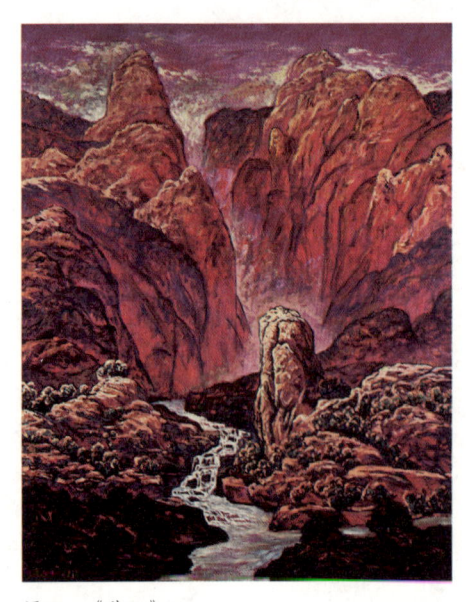

谭天　《紫阳》

谭天： 学者画这个概念到底是什么时候、谁提出来的，现在并没有一个说法。今天我们谈论学者画，我认为，第一，学者画应该比文人画的要求更严格，更强调绘画者本身的学问，文人可以没有专攻，而学者必须是在学术上有某方面被认可的；第二，学者艺术家应该是艺术大家中的一种类型，而不是业余画家，不是偶尔才画几笔的。比如说傅抱石，他在日本留学时学的是中国美术史，在这方面的研究上他是个学者，而在艺术创作上，是众所周知的成绩斐然。还有黄宾虹，他早年潜心研究中国美术史和理论，60岁后，才放下学者的身份转入绘画，终成一代大师。还有潘天寿、苏轼、董其昌，他们都是将绘画当成学术来钻研的，因此学者艺术家在这个意义上，比一般的文人艺术家应该还要高一个层次；第三，学者画比文人画更具时代气息，它可以将西画都囊括进来，而文人画一般只局限于中国传统绘画。应该说，学者画的范围比文人画扩大了，但界定的要求却更严格了。

学者画为何突然受追捧？

主持人： 从学者到艺术家，近代中国画坛上不乏其例，但为什么近年来这种身份转换出现在越来越多文化研究的学者身上？学者画在这个时候集中涌现，背后有着什么深层次的历史、社会因素？

朱万章： 近年来，之所以很多人文艺术类学者拿起画笔，并在学术界和美术界引起不小的热效应，主要有两个方面的原因：一是这些学者本身具有较深的艺术涵养，厚积薄发。他们中有不少人甚至本来就是美术科班出身，如郎绍君、梁江、罗一平等人，只是后来专攻学术，使大家对他们的艺术认识淡漠了。现在重拾画笔，可谓水到渠成，得心应手；二是社会的需求：传统文化的复兴和美术业的兴盛，使得这些学者们在丰硕的学术成果之外，有机会展现自己多方面的艺术才能。

谭天： 学者画的出现，的确是有特定历史原因的，那就是近60年来，一大批学者的成熟。改革开放以前，也存在一批学者，但由于历史等各种原因，这些人没有"出头"。到了最近30年，才慢慢形成一批学者，直到近20年，他们的绘画才慢慢成熟，于是在这段时间集中涌现了出来。他们的年龄，都在50多岁或以上。兴许这段时间过后，这种潮流也就过了，大概这就是时势造英雄吧。

名家话收藏

钟耕略 《香蕉园》

钟耕略 《荷香》

西方是否也有学者画？

主持人： 就像刚才谭老师所说的，学者画的范畴更广，能将西画都囊括在内。我想请问钟老师，您在国外多年，西方是否也有学者画这一说法？

钟耕略： 西方绘画比较具象，中国绘画则比较侧重文化内涵，比较讲"意"，尤其体现在学者绘画里。艺术家本身的学问做到一定的地步，有长期的文化积淀，在绘画中自然就会流露出一种精神的东西，一种学者的气息，这不是靠技术能够达到的，而是腹有诗书气自华，这种学者气息是西方绘画少有的。

主持人： 其实西方艺术家如达·芬奇也是在很多学术研究上颇有建树的，只是他的艺术影响更为社会所熟知。我觉得东方更重哲学的研究，西方则以科学见著，这也是艺术创作倾向与表现上所体现出来的不同。我看现在很多的学者画，都不是太追求具象的东西，而更倾向于表达一种感觉。但在钟老师的画中，有着中西文化的交融，虽然追求的是具象的东西，却也让人一看就感受到浓浓的乡情。

钟耕略： 我是学绘画出身的，但从小就喜欢写文章。去了美国之后，跟中国文化隔得太远，我也曾经害怕以后连中文都不会写了。后来有一个机会，《画廊》杂志希望我提供一点文章，介绍美国那边的艺术，所以我又有机会拿起笔来再写。我觉得写文章有一个好处，画家一般拿起笔就画，少有整理自己的思想，而在写文章的过程中我们需要整理自己的思想。此外，你要介绍那边重要的展览、画家，你就必须看画，所以我每个月都会去看展览，不断地去看、去写、去思考。虽然在中国的时候我是学国画的，但去了美国之后，我反而觉得自己以前不太懂得如何看中国画，因为站在另一个高处，才有了对比。

学者画是否有收藏价值？

主持人： 我们今天讨论学者画，是因为最近在市场上，学者画很受藏家追捧，甚至有藏家开始分门类收藏学者画。但作为一个崭新的板块，学者画是否真具有收藏价值？

谭天： 我们在谈论一幅绘画值不值得收藏的时候，首先考虑的是画家本人的素质，能在中国绘画史上提出自己独特主张的艺术家，比仅仅画得好的艺术家，其作品在某种意义上更有价值。比方说齐白石，他提出了"绘画在于似与不似之间"的理论，又如石涛、黄宾虹、李可染、吴冠中等，他们每个人都在美术理论研究方面占有一席之地。个人的艺术素养如何体现，就是通过对绘画史、绘画理论的深入了解，提出他独到的东西，这是成为一个大师必备的条件。现在一些所谓的大师，如画山水，也就只是画得像而已，作品最多只是某地的写生。而实际上，中国的山水画，并不在乎地点，如果标榜你画的仅是哪里的景，其实就已经是低了一个层次。中国画表现的是有生命的感觉，你把那个感觉画出来了，是哪里，并不重要。所以我认为，收藏者必须多看，不要老瞄准画家那些头衔，他的绘画与理论的结合到达何种层次，这也是收藏的一个指标。

但我想强调的是，第一，学者画只是诸多绘画中的一种；第二，它不能取代任何一种已成熟的绘画，学者画的收藏，仅仅是收藏当中的一个门类。我们今天谈学者画，并不是说它盖过了其他的绘画，只是突出认识它的意义。

朱万章： 本来学者画自古以来就有，只是近几年来，出现了一些比较重要的学者人物，开始参与到绘画活动中来，引起了收藏界的关注，我们并不是要引导大家转向学者画的收藏，而是在谈论目前学术界和收藏界的一种现象，这是特别需要指出的。

谭天： 改革开放30年多来，艺术品市场经过几次大起大落，已经慢慢成熟起来了，对于收藏者学养的要求也越来越高。学者绘画作为当今的一个热点，可能是以前没被注意，现在开始注意到。或者一段时间后，市场的焦点又会从学者画转到另一种绘画样式上去。所以我们只能说，学者画是一个时段的热点，并不代表收藏的趋势。

主持人： 另一个问题，收藏学者画有什么需要注意的？

谭天： 收藏肯定藏的是名人字画，所以收藏学者画，首先是看出自哪位名家之手，在学者的身份上就要有点讲究。其次才是作品本身，画得好当然就更锦上添花了。

朱万章： 我觉得收藏学者画主要是看这个学者的学术成就，其次才是艺术造诣。所谓画以人传、画因人贵就是这个道理。

钟耕略： 学者的地位当然很重要，但我觉得学者画跟纯粹艺术家的绘画，不应该有什么分别，画得好，能够打动人，就是最重要的评判标准。学者思考的角度、表达的方式，肯定跟纯粹的艺术家不同，这是他的一个长处，体现在绘画上肯定也会有不同的表达语言。

第一章　书画艺术与市场

第十三节

美院学生还没毕业就卖画，这些作品算得上"潜力股"吗？

特邀嘉宾

黄唯理
广东画院一级美术师、中国美术家协会会员、九三学社广东书画院院长、广东省非物质文化遗产保护工作专家委员会委员

林蓝
广州美术学院教授、硕士研究生导师、科研创作处处长、中国美术家协会会员

许晓彬
广州美术学院中国画学院教师、中国美术家协会会员、国家二级美术师、广东画院第二届青年画院画家、广州画院签约画家

2013年，中国艺术品市场整体深度回调，拍卖行的业务经理老王春拍后算了一笔账，自己经手送上拍的大名家作品，成交不到六成，反倒是一批中青年艺术家的作品，成交高达九成。他自觉放下身段去拜访一些三十出头的青年艺术家，没想到人家手一摊，手里已经握了一堆拍卖行的名片。

一个初露锋芒的庞大市场，在艺术品市场寒风凛冽的时候让人精神为之一振。关注中青年，买消费得起的艺术品，已经成为不少机构抵御"寒冬"的一个口号。在很多人看来，相比一线名家动辄几十万元的价码，正处于成长、壮大阶段的中青年艺术家，他们的作品目前价位较低，未来的升值空间非常可期。

江山代有才人出，谁才是真正的"潜力股"？面临老一辈艺术家所没有经历过的市场诱惑，聚光灯下的中青年艺术家，他们在艺术和市场之间又该如何平衡？

注：第一章第十三节至第二章第四节书眉题字许钦松。

黄唯理 《山海经NO.2》　　　　　　　　　　　　林蓝 《春天》

说状态　中青年艺术家创新有余深度不足

主持人：中国的艺术品市场这几年很热闹，不但名家画作价格不断蹿高，机构、藏家对中青年艺术家的关注，也达到了前所未有的高度。从收藏角度看中青年艺术家，大家关注的目的无非就是提前介入寻找"潜力股"。现在进入藏家视野的很多中青年艺术家，作品都有自己的面目，在画坛已有一定声誉，最关键的是，目前作品价位较低，其价格正处在稳健的上升之中，未来升值空间很大。我们想知道，包括你们几位在内的中青年艺术家群体，目前的创作状态是怎么样的？

黄唯理：跟老一辈相比，中青年艺术家成长在当代社会，他们的视觉点、信息量、所面对的当代世界是老一辈艺术家所没有经历过的，所以他们作品的题材肯定会更加丰富，作品风格也更有新意。应该说创新，就是中青年艺术家最大的特点，他们的冲劲、他们的艺术表达，都是前所未有的，这给收藏家提供了更多可选择的角度。

但我觉得，一味追求创新也是不够的，中青年艺术家目前普遍缺的，就是一个"深"字。老一辈艺术家的传统功底，还有他们的钻研精神，都是值得我们不断学习的。比如说在中国画这个领域，现在"诗书画印"四项全能的人就太少了。

林蓝：我也是老在惭愧自己不够深，所以一直在补课，近期补的就是书法课。以前在广州美院读国画系的时候，刚好是西方各种美术思潮风头正劲的时期。当时很想创新，总想着去叛逆，觉得可以从油画、材料这些传统之外的东西入手学习国画，去寻找新的艺术启发，没有深入领悟传统文化。后来又去北京修读设计、公共艺术。但随着时间的推移，我越来越感觉到传统的伟大魅力，觉得自己的心得有一定的厚度和深度后，再往回看，发现有很多高山是不可能绕过的，所以最终又回归到国画上来。

黄唯理 《翠夏无尘》

名家话收藏

林蓝 《天长地久》

我觉得作为一个中国画画家，在年轻的时候，真的要经历很长时间的修为，因为中国的历史文化实在是太深厚了。但在艺术世界里，你也需要有独特的、鲜明的个性才有可能存活，要不然只会沦为山林里的一棵杂木。

黄唯理： 同样是中青年艺术家，体制内和体制外的人状态不一样。体制内的艺术家，像广州美院、高校内的老师，或是像广东画院、广州画院的画家，介入市场的心态和职业画家的心态不一样。因为体制内的画家有创作的任务和教学的任务，他们不可能分心介入市场过多，因为学术是第一位的，艺术生命是第一位的。当然，他们也不会拒绝市场，如果自己的学术成果被市场所承认，得到藏家、博物馆的承认，那当然更好，但这些是次要的，不是主要的。

而职业画家首先面临的就是生存问题，他们不可能把自己高高挂起，等到老了出名的时候再来卖画，所以他们一方面要介入市场，一方面又要提高自己，这两种人的生存状态还是有区别的。

林蓝　《清华》

说创作　作品需要时代的烙印

主持人： 林蓝老师的金版水墨画，墨色与用笔虽说都是传统的艺术技巧，但这种金版水墨在广东乃至全国画坛都是独树一帜的；还有许晓彬老师的画，虽然让人感觉古意盎然，但细看就会发现画的色调以及想表达的精神和意念很有新意。这种时代的烙印，是有意为之还是自然而然形成的个人风格？

林蓝： 我会画这种金版水墨其实也很偶然，刚好家里有那么一卷纸，上面是宣纸，底下是金箔，这种材料其实

名家话收藏

许晓彬 《露华》

很多人也在用，但会觉得用得不是那么顺手，施展不开。因为我研究生念的是壁画专业，这个专业对木头、石头还有纤维等所有的材料都要去接触，这让我对材料很敏感，所以会去研究金版画。

许晓彬：我们现在说的所谓传统，也是逐步前进的。无论是明清时期还是近现代的一些作品，当今看来，有创造性的就是有时代性的，这就能塑造成功的艺术家。通过他们的作品我们能看到那个时代的亮点和特征。光是画得好还不够，一个有时代使命感的艺术家必须要创造出有突破性的作品。

黄唯理：我觉得作品中的时代烙印，确实很重要，因为这个可能是中青年艺术家的一个优势。时代造就了大家，在现在这么一个环境里，大家不可能像以前的画家、士大夫那样隐逸在山林里，可以很专心地画画，现在已经没有那样的环境了。所以我们的画，我们的题材，我们的思想，不知不觉中已经有了时代的烙印。现在我们看关山月的《游龙传海》等作品，就具有强烈的时代烙印，那些油罐车，还有上世纪70年代的民兵背着枪在南海巡逻，都很有时代感，如果光是欣赏他的山水和梅花，可能感觉就不过瘾了。

所以我觉得，作品中还是要有点儿时代烙印更好，这也是中青年艺术家的优势。若干年后你看一幅作品，一定会留意、欣赏到它的时代烙印，光是看画，山水千年不变，老是看肯定不过瘾。

说市场　美院学生还没毕业就已卖画

主持人： 现在有个现象，我觉得很值得我们探讨。那天见了一位藏家，他说以前很多美院的学生毕业后都会"养鸭仔"，要养到画出一定水平或者有了小名气后才开始卖画。但现在不用"养鸭仔"了，很多学生还在校或者一毕业，就有人上门来买画了。最近广东省文化厅还引入了一个大学生艺术博览会，征集到全国九大美院的应届毕业生作品，搭建起这么一个平台帮助大学生艺术创作群体走向市场，也让消费者以相对实惠的价格买到画。青年艺术家这么早就介入市场，到底好不好？

林蓝： 现在广州美院的确多了很多画廊或者美术经纪机构，他们甚至在学生毕业创作之前，就已经介入到学生毕业作品的收藏了。大多数的操作方法，是用奖学金的方式去搜罗大批又新又好的作品。他们也发掘新人，寻找"潜力股"。

这种模式，我觉得是对的。艺术产业是一个链条，创作只是起端，接下来是经纪人、画廊、收藏家，终极是博物馆、美术馆。至于培育的时间，我觉得跟种地一样，三造的米和一造的米都能吃，只不过三造的可能没有一造的好吃，但培育时间的长短，还要看个人。

许晓彬： 学生时期的作品可以受到市场的青睐固然有好的方面，但我觉得这种培育速度太速成了。特别是中国画这么一种传统绘画，研习传统对于求学者来说应该是一个相当重要的过程。传统是一个宝库，要融入精读细细体会才能发展得持久。通俗来说就好像打太极一样，需要通过长时间的训练才能慢慢体会出当中的韵味和劲道。所以我觉得进入市场的时间，是要谨慎考虑的。过早介入的话，个人风格容易被固化，创作必然会受影响。创作和市场应该相辅相成、水到渠成才好。有一个相对成熟的学识积累之后进入市场才经得起市场的检验，也必然会持久。

名家话收藏

黄唯理：对于藏家来讲，越早介入肯定越好。而学生卖点画，解决生存问题，我觉得也是可以理解的。但这么早介入市场对个人的艺术生涯会不会产生影响，我觉得还是由时间来检验吧。毕竟时代不同了，不像以前非得多少年苦读之后才能出成果。但如果要对年轻画家说，我觉得还是谨慎为好，因为艺术是一个积累的过程，在解决生存问题的基础上，还是要多花点时间在艺术上。但如果收藏家能够持续性地关注、培养新人，当然就更好了。

林蓝：市场的介入肯定会影响到艺术创作，谈个恋爱都会有影响，更何况是市场的介入。所以我觉得必须得有一个相对比较成熟的自我积累以后，再去经历市场的风浪，这样会更好一些。许老师说这个培育期必须更长一些，其实就是让自我更坚强一些。在艺术的道路上你会遇到很多的难题，比如说有人会说你画得不对，这个时候你要不要变，怎么变，都会产生迷惘。

黄唯理：其实市场也不一定就是害人的，有时候把握得好，也是可以培养人的。就像扬州八怪，还有齐白石、任伯年，他们当年也都是市场培育出来的。可是他们的主要精力不是放在市场上，只不过是在学术的基础上，市场助推了他们一把。他们的成功，还是因为他们自身不断的练习，不断从中国文化的深度入手。只能说，画好画，就不愁没市场。但如果被市场干扰太多，那就肯定不是好事。

说收藏 如何选择"潜力股"？

主持人：现在大家都关注"潜力股"，被藏家关注的中青年艺术家数数也挺多的了，但到底谁更有潜力，其实很多人都看不透，收藏的时候就盯着拍卖纪录，谁拍得好他就跟进买谁，这种收藏其实很不理性。

林蓝：收藏还是要看作品的学术价值，听专业的评价。

黄唯理：如果仅仅是从拍卖价格来衡量画家的价值，我觉得是一种偏颇。评价一位艺术家，我觉得还是应该看综合素质。收藏家一定要多听听艺术界的评论，多向一些德高望重的资深艺术家、收藏家请教，还可以从公正的媒体处获得一些引导和参考，再加上个人判断，这样出手就会比较稳妥一些。

现在的拍卖价有很多泡沫，不能尽信。但相对来说，广东的画家还是比较实在的，没有太多的炒作，价格的泡沫水分相对比较少。

许晓彬： 其实现在一些资深藏家也练就了一双火眼金睛，他们看得多了，有时给你的建议也很中肯。真正的藏家，会有自己的价值判断，他们会跟踪艺术家，跟艺术发展一起成长。

黄唯理： 这就要求艺术家要不断进取，不能停留在原地，但也不能刻意营造自己所谓的风格。风格不是自己营造出来的，而是自然而然的心境的反映。如果风格被人承认，那这种风格可能就是好的。

许晓彬： 现在有些人是在一个比较短的时间内做出一系列作品然后四处发表，邀请评论家报道说开创出某种风格，这样的所谓风格显然就是造出来的。

黄唯理： 总之归结为一句话，风格是滋养出来的，不是营造出来的。我最反对营造风格，我觉得还是要不断进取，以后自然而然就会有个人风格。

许晓彬： 刚刚黄老师说风格是自然而然滋养出来的。的确，我认为：风格可以代表一个艺术家的个性。真正的艺术家应该有独立的思考，对时代和价值判断有自我的批判标准，独立的艺术家首先应该创作出有时代意义的、有强烈个人风格的作品，这样的作品进入市场后才能真正经得起市场的检验，受到藏家的青睐。

许晓彬　《青溪笙歌》

第十四节

限量版画是复制品，有没有收藏价值？

特邀嘉宾

杨尧
广州美术学院教授、中国油画学会理事，曾任广州美术学院油画系主任、广东油画学会副主席

谢楚余
广州美术学院油画系副教授、广东美术创作院画家

叶光华
策展人，广州东滦艺术中心创办人

梁庆强
采堂画廊负责人

　　限量版画，简单来说，其实就是原作的复制品。因其有艺术家授权、监督质量，并且限量，因而不同于印刷品，被归入艺术投资收藏品的范畴。在欧美地区，限量版画的收藏价值早已得到普遍认可，已经成为艺术品收藏人士入门的第一阶段，就连梁朝伟在香港的山顶豪宅，墙上挂着的也是限量版画《桃花始盛开》。

　　但在国内，限量版画因其印刷的生产方式一直存在争议。在画家特别是油画家看来，限量版画的出现，拯救了他们对作品无法割爱而又不得不进入市场的两难，甚至有不少画家将自己早年捐给博物馆的代表作，借出来进行复制。而对于艺术品投资收藏者而言，大家最关注的还是限量版画到底有没有投资收藏价值？

限量版画为何不同于普通印刷品？

　　主持人：就我所知，限量版画进入中国也有很长一段时间了，但大家对这种新型的版画形式似乎一直不是很感冒，特别是对于它的投资收藏价值，很多人都持怀疑态度。

第一章　书画艺术与市场

谢楚余　《春音》

105

名家话收藏

叶光华： 质疑限量版画的人，是因为他们不知道限量版画和印刷品的区别。限量版画虽然也是印刷复制出来的，但它是有艺术性的。首先，限量版画的制作，是得到画家或艺术基金授权的，依托现代高科技十多亿像素的立体扫描仪扫描原作，以高仿微喷数字技术印刷而成的；其次，画家要监制限量版画的制作过程，包括画作的色彩冷暖、明度，都是画家说了算，最大限度地体现画家的意图。因为加入了画家的主观意图，所以限量版画并不追求100%还原原作，比如局部色彩，画家可能会认可比原作深一点或浅一点的颜色，只要他们认可，我认为都是忠于原作的。最重要的是，这些版画是限量的，每一张版画都会在作品的左下角标明印数和印张，一般是用阿拉伯数字的分数形式写成的，如32/99，即此画共印制了99张，这一张是第32张。右下角是作者的签名和制作年代，还配有收藏证书，否则就是没有艺术价值的印刷复制品了。

主持人： 既然是限量，仿数越少，价格肯定越高。按照国际惯例，每款架上雕塑的数量都控制在10件以内，以保证其具备稀有性的收藏特质。限量版画在数量控制上有没有类似的国际惯例？作为收藏者，我还担心这批限量版画售完后，还会被第二次复制。

梁庆强： 限量版画的印量，并没有什么国际惯例，但印多了肯定影响价格，所以国际上很少有超过500件的。印多少，我们跟画家签约的时候就已经商量好了，主要参照的是市场的需要，白纸黑字写入合同中。比如我们跟谢楚余老师的合作，每幅作品的印量都控制在130件以内，30件是留待送给博物馆专用，真正流入市场的只有100件。在题材的选择上，我们的签约画家，也不是所有的作品都适合做限量版画的，一定要雅俗共赏，不一定要具备学术性，因为我们必须考虑它的受众面。限量版画的尺寸也是视市场需求而定的，可能比原作略大，也可能略小，但一批限量版画只有一个固定尺寸，所以不用担心不同尺寸有不同印量。

至于对后期加量复制的担心，我想这考验的是画廊与画家双方的诚信，所以在选择合作伙伴的时候，双方都是很谨慎的。作为生产方，在完成作品预定的数量后，我们一般会把模板毁弃。但我们也害怕被别人仿冒，所以我们的限量版画正反两面都有画家的签名、印数以及制作年份，在南方文交所还进行了版权登记，此外还有防伪编码，上网一查就能得到这张画的全部信息，最大限度地避免侵权和被侵权。

杨尧 《神牛》

限量版画是把双刃剑

主持人： 杨尧老师、谢楚余老师，我知道你们每年的作品都非常少，但不卖画也不行，不卖就没有市场流动，就没有更多的人认识你，现在有了限量版画这条路，你们如何看待这种新型版画的运用？

杨尧： 限量版画什么时候进入中国我不清楚，但上世纪90年代丁绍光来中国办展览的时候，就已经带来了限量版画，当时我还买了两张。由于是装饰性的，所以当时的限量版画印在纸上而非布上。丁绍光在美国家喻户晓，他的知名度之所以那么高，限量版画的推广是其中一个非常重要的原因。

叶光华： 我记得丁绍光的画作，上世纪90年代已经达到了60万元人民币，但他的限量版画只是3000美元，销售非常好。我们可以算一下，他卖版画的收入，比卖原作的收入还高。

谢楚余： 我们更看重的是限量版画这种推广手段。因为珍贵的原作都是"独生子"，很多我都不舍得卖，但我又想自己的作品能够被更多的人欣赏，所以经常都是忍痛割爱。

杨尧： 毫无疑问，限量版画就是现代商业社会的产物。但我觉得它也是一把双刃剑，若商家把握得当，复制的量恰当，对艺术的推广是非常有好处的。但若乱用，也会自己毁了自己，关键看是谁来操作。所以我对合作伙伴的选择比较严肃，复制的量等具体内容，应该用合同的形式固定下来。

主持人： 现在很多画家以画作进入博物馆、艺术馆为荣，但好的画作进入博物馆、艺术馆后，往往被束之高阁，甚至作者本人也未必能看到，林墉就很反对这种做法。收藏级的限量版画出现以后，也能解决这个问题。

梁庆强： 现在已经有不少画家将自己早年捐给博物馆的代表作，专门借出来让我们进行复制。但这一类的复制不用于商业，量不大，只有十张八张，多是画家自己留念或是用来送人。

主持人： 谢楚余老师估计是画作被盗版最多的画家了。你的《陶》我几乎在任何地方都可以看到，咖啡馆、高级餐厅甚至是街边地摊、洗手间里面都有，被侵权这么多，是不是你支持限量版画的一个原因？

谢楚余： 有人做过统计，我的《陶》起码被盗版了1000万次。我最无法接受的是，他们不但盗版，还篡改，我画的是裸女，但经常可以看到她穿上了各式各样的衣服，手中的陶罐也被换成其他各种物品：电饭煲、口服液，甚至西瓜，我想可能很多人连真正的《陶》都没看过。最搞笑的是，几年前热播的《金粉世家》，戏讲的是民国时期的故事，但墙上挂的却是我1998年画的一幅画。现在有了限量版画这种东西，我觉得非常好，能起市场推广的作用。普通印刷品跟原作差别很大，达不到相应的艺术效果，从而影响他人对你作品的评价。但限量版画却可以非常接近原作，如果限量版画足以起到市场推广的作用，我以后就不用卖原作了，哈哈。

第一章 书画艺术与市场

谢楚余 《愿》

109

杨尧　《海滨松林》

限量版画升值潜力大不大？

主持人：在此之前，中国一些机构也尝试过限量版画，但市场反应并不是很热烈。虽然目前中国的艺术品市场空前繁荣，但以中国藏家现阶段的鉴赏水平，能否接受得了限量版画？

叶光华：以前的技术水平，做不出现在收藏级的限量版画。但即使是那一批作品，如今价格也都已经很高了。目前国内拍卖市场上成交最高的是吴冠中的限量版画，2003年的时候，他委托国内一家机构做限量版画，把一生中400多张作品的复制版权都授权给了他们。如今这一批限量版画，最贵的拍到50多万元，最便宜的也要7万多元。在欧美地区，限量版画的收藏价值早已得到普遍认可，在20世纪90年代之后，毕加索的油画作品上升到千万美元的水平，与此同时，他的版画也随油画行情的上涨而走高，以《节俭的一餐》的版画为例，从1984年的3.25万美元，上升到2004年的110余万美元，上涨了近36倍。反观目前版画在国内的价格现状，像周春芽的桃花系列油画价格至少在300万元到500万元，而他的大尺寸版画《苏州桃花》价格约16万元，充分说明限量版画在中国的市场已经萌芽。

梁庆强： 我最近几年在美国市场考察也发现，目前美国艺术品收藏的高端和低端市场份额正在下降，但限量艺术品的收藏市场却在上升。有统计数据显示：西方国家的艺术品市场70%是有限印刷品市场，原作市场只占到三成。但国外的限量版画还分有多种级别，有收藏级的，也有普及型的。在这方面做得最成功的是美国画家Thomas Kinkade，他的普及型版画，几乎每20户美国家庭中就有一幅。他甚至把限量版画做成了一个产业，最高峰的时候，一小时的网上订购量就达到100万件。

我觉得，随着艺术品市场的繁荣，限量版画自然就受欢迎。因为名家画作都成为了艺术爱好者趋之若鹜的收藏对象，但原作动辄上百万上千万元的高昂价格，令一般藏家难以承受。而限量版画平易近人的价格，则使这个问题迎刃而解。艺术应该停止孤芳自赏而走向民众。如果艺术品只能成为少数人的玩意，那么对艺术家本人和整个艺术市场的发展来说都不是件好事情。家里挂一张名家的应酬之作，还不如挂一幅限量版画，能够欣赏到原汁原味的艺术精髓。

主持人： 我们知道，传统的版画也是限量的，但通常印数较为靠前的画印制的质量也比较高，印数靠后的画会因为翻制时的磨损而影响质量，所以编号1/99的版画，会比编号99/99的版画贵得多。限量版画是否也是这样？

梁庆强： 限量版画因为借助的是计算机手段，能够保证每一幅画的质量相同，所以每一张画的价格是相同的。

主持人： 应该说，限量版画的确是有投资收藏价值的，但升值潜力有多高，我还是打个问号。

叶光华： 按照国际惯例，限量版画的定价一般是原作价格的1/20左右。不过，除了原作价格作为版画价格的衡量标准外，版画的价格还受其他因素影响。比如不同类型版画的价格有所不同，一般有珂罗版画和丝网版画两种，前者价格偏低，最低可能三五千元，而丝网版画价格从三五万元到二十万元不等。这个价格，也为日后的升值留下了比较大的空间，因为版画的价格会随着原作价格的上涨水涨船高。

限量版画与原作价格对比

作品名称	原作成交价（元）	版画成交价（元）
杨培江2011年作《朝山放歌》	632500（中国嘉德，2011-11-15）	4025（华艺国际，2012-04-08，印数69）
吴冠中1981年作《交河故城》	40700000（北京保利，2007-05-31）	161000（北京容海，2011-10-24，版号2/99）
吴冠中1981年作《交河故城》	40700000（北京保利，2007-05-31）	64960（浙江骏成，2011-01-09，版号13/99）
冷军《蒙娜丽莎——关于微笑的设计》	无	112000（北京保利，2010-12-02，版号59/166） 98400（融德国际，2012-05-20，版号18/166） 38500（上海国拍，2007-06-01，版号77/166） 30800（北京匡时，2007-06-02，版号38/166） 20160（北京荣宝，2008-05-09，AP艺术家自存版）

部分限量版画拍卖成交记录

作品名称	成交价（元）	拍卖公司	拍卖时间
吴冠中2007年作《一九七四年·长江》（印数10）	575000	北京传是	2012-05-16
赵无极2000年作《四季——春夏秋冬》（一组四件，印数150）	460000	中国嘉德	2012-05-15
朱德群版画（全套六幅，印数150）	143000	保利上海	2005-07-03
冷军版画（五件套，印数68）	126500	广东衡益	2012-03-04

知多D 版画上的艺术家签名格式

版画因为复制的特点，在签名上是有一定的格式的。

限量版画会在作品的左下角标明印数和印张，一般是用阿拉伯数字的分数形式写成的，如32/99，即此画共印制了99张，这一张是第32张。右下角是作者的签名和制作年代。

另外，有些版画左下角没有注明印数和印张，而是写上A.P、P.P、H.C等字样的缩写：

A.P=Artist Proof，艺术家自存（作家自己保留的试印制作品，法语缩写为E.A）；

P.P=Printer's Proof，技师保存（请技师印制的作品，印制完成后移居一定的比例留给技师的）；

H.C=Hors Commerce（法语），印制样品（技师制作前用来对版或试版的作品）；

B.N=Bibliothque Natioale（法语），是艺术家存放于国家档案室的作品；

L.C=Library of Congress（法语），是艺术家存放在图书机构的作品；

ATL=Atelier（法语），画室、版画工场的缩略语，是留在版画工场的版样。

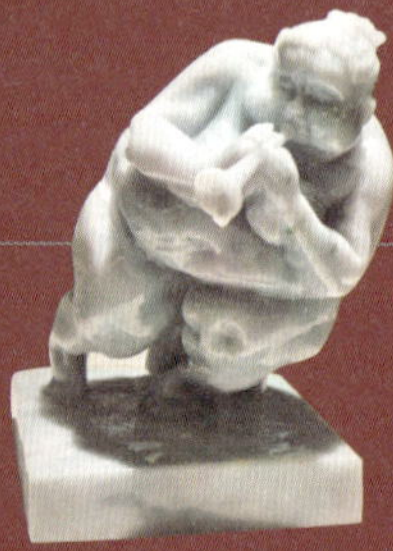

第二章

油画、雕塑艺术与市场

2

第一节

当代艺术家已经被"捧杀"！

特邀嘉宾

杨小彦
著名艺术批评家、中山大学传播与设计学院教授、博士生导师、副院长

黄晨
21空间美术馆常务副馆长、加拿大温哥华华人艺术家协会副会长

　　2013年5月，巴塞尔艺术展在香港首次展出，来自35个国家的245家顶级画廊聚在一起推介各自的艺术家。冲着这场艺术派对而来的人们令周边的酒店住房率爆满。

　　在粤港两地，傍着巴塞尔艺术展，实际上整个5月下旬都是一场当代艺术的盛会。广东也很热闹，广州美术学院2013届本科毕业作品展在大学城美术馆开幕，首届广东当代艺术群落青年艺术家联展最近也在东莞21空间美术馆举行，广州、深圳两地"70后"、"80后"的当代艺术家首次整体亮相。

　　相比北京，在广东搞当代艺术不太容易，推广了20多年现在也只是在一定程度上被认可。在追访这些问题的过程中我们还发现，中国很多当代艺术家已经尝到了西方艺术界一个很常见的苦果——被"捧杀"。

当代艺术市场接受度有多高？

　　主持人：最近粤港两地的当代艺术很热闹，当代艺术在广东目前的接受程度有多高？

　　杨小彦：广州美术学院的毕业作品展，已经成了广州

第二章 油画、雕塑艺术与市场

草间弥生作品

艺术界一道非常有趣的风景线,很多人去看,但广州很多其他的展览,除了开幕前几天有人看之外,余下时间都见不到什么人。而美院这个毕业作品展,我听大学城美术馆馆长左正尧说,已经连续好几届,每天都有人去看,光是门票一天就可以收几万块。这个展览的人流量、关注度,

名家話收藏

村上隆作品

　　超过了广州举办的其他所有展览。

　　这个现象我觉得非常值得探讨和关注。刚开始我以为是学生带着家长去看，后来发现不是，旅游团都把大巴开到美术馆门口了，很多中学也自发组织学生去看。因为人太多，左正尧说，每天都担心会出事。这个现象起码持续了六七年，而且看展的人一年比一年多。

　　而且这一年一度的毕业展几乎每年都有作品引起社会广泛争论。前年刘璐洁的作品《30天，600例》是由35个早期人体胚胎做成的，当时在社会上引起了广泛的关注。这名女学生关注的是越来越普遍的堕胎现象，无言地表达女性身体所受的伤害；还有2007年的雕塑《裸体王小波》，当年这件作品还上了北京《三联周刊》的封面。

今年有件作品也引起了争论，一名学生直接把一副真棺材摆到展厅里去了。

有些领导有一种习惯性思维，一看到当代艺术的展览就会问："这样的艺术，群众看得懂吗？"这句话我听了几十年了。每次我听的时候，就会想，怎么你就那么有把握认为群众看得懂还是看不懂？懂还是不懂，是否要做一些调查研究？

我认为要维持一个趣味共存的宽容局面，每一代人、每一个族群，都有张扬他们良好的、向上的价值观的权利，选择表达他们情感的方式。我们可以一方面欣赏传统笔墨、欣赏传统书法，另一方面也欣赏现代视频表达、装置艺术，不要动不动就排斥自己看不懂的东西。

上世纪八九十年代的时候，我听到很多对立的声音。1992年广州油画双年展，我是当年的评委，王广义的《大批判系列》获了金奖，可私底下有人很愤怒，说那完全是"垃圾"。

现在王广义的画作拍卖价格已经很高了，而当年的愤怒已经没有人记得，更不会再提起。我不知道这到底是趣味的错，还是市场的错。所以，我一直警惕自己不要变成一个趣味独裁主义者，要承认不同的背景、不同的时代出生的人会有不同的趣味，要维持一种艺术趣味共存的局面。

就像这次21空间美术馆的展览，上了年纪的人看了可能会有所狐疑，但你问一问20岁左右的人，几乎没有人认为有问题。现在二三十岁的年轻人，如果没有经过专业训

黄致阳　《座千峰》

曾梵志 《面具系列1996No.6》

练或家庭熏陶，我不认为他们会去欣赏古代山水画、会去讨论董其昌、会去欣赏传统书法。今天的年轻人接触最多的就是视频、电影、时尚。

广东当代艺术市场不如京沪活跃

主持人： 从当代艺术的发展来看，广东其实开始得并不晚，上世纪90年代初期，广东的当代艺术也开展得轰轰烈烈。但现在看广东的当代艺术机构还是非常少，市场与北京相比有很大的差距，这是什么原因？

杨小彦： 上世纪90年代，林墉说，广东新潮美术是"有新无潮"，以表明艺术的独立性，不要跟随潮流，尤其不要盲目跟随潮流走。这也反证那时的艺术多少有些赶时髦。广州是个很有趣的地方，1992年"油画双年展"，全国很著名的批评家都来了，这个展览跟当时广州的艺术主流并没有什么关系，但却能够做下来，证明广州的开放性有一种自发的民间气息存在。

黄晨： 但经过这么多年的发展，现在广东的当代艺术群落和自我组织的现象还是很

第二章 油画、雕塑艺术与市场

张晓刚 《生生息息之爱》

引人注目的，它们是伴随既有艺术系统而生的，但它们的聚集呈现出艺术的多元化和自主性。目前广州比较成规模的艺术群落有六个，分别是广州美术学院老校区周边的Loft345群落（入驻艺术家有邓箭今、胡赤骏等8人）、海外花园群落（邓瑜、伍思波等10人）、广州大学城群落（罗奇、刘可、陈子君等）、小洲村群落（林伟祥、柯坎法、张湘溪等20人）、华南师范大学的伍仙桥群落（江衡、黄海清等20人）、番禺市桥的3号线群落（杨小彦、何建成等10余人），加起来至少有一两百位艺术家。这些群落都有一两位领头人，或是该群体艺术家的师长，或是知名的评论家、策展人。

主持人： 但广东的当代艺术市场始终不如北京、上海活跃，时代美术馆的执行馆馆长赵趄在接受媒体采访时就说过，在广州做当代艺术机构根本不可能盈利。而且据我了解，广东收藏家对当代艺术很不"感冒"，很多人搞不清楚什么是当代艺术，有些人甚至说当代艺术就是在胡闹。

杨小彦： 什么是当代艺术？我们现在不是在给它下定义，而是在不断地打破定义的界限。我认为，不要把当代艺术看成是某种风格。我觉得当代艺术应该是当代情感表达的一种方式。重要的是，你有你的方法，我有我的方法，合在一起，就是当代艺术。

名家话收藏

有人说当代艺术是在胡闹。其实，如何定义胡闹本身就是个问题。明代在大写意还没成为潮流的时候，徐渭的大写意就是一种胡闹。以王铎和傅山为例，现在写狂草的人，很多喜欢王铎，因为王铎的书法比傅山的更巧妙一些。但王铎却是个贰臣，傅山则做明遗民，不肯入清。按照中国以人品艺的传统，傅山的书法自然品格会比王的更高一些。事实上果真如此吗？其实这也是个见仁见智的问题。

当代艺术跟传统艺术不一样的是，世界范围内的当代艺术，在它们开始萌芽的时候，总是和社会的关系紧张，这是艺术史的常态。19世纪七八十年代的印象派在法国巴黎出现的时候，有谁喜欢啊！可今天，谁都以拥有一件印象派的作品为荣。如果你手头上有一张莫奈的画，千万不要放手，那绝对是硬通货。

为什么这两年当代艺术作品价格大跌？

主持人： 在中国，前几年的当代艺术常常以张扬乃至疯狂的姿态出场，或以千百万元的拍卖身价亮相，但从2011年比利时收藏家尤伦斯抛售藏品开始，当代艺术就开始重力下坠。这是不是前期过度炒作的结果？

杨小彦： 有人总在指责当代艺术靠炒作，其实，传统艺术炒作得更厉害。像李可染的《韶山》和《万山红遍》拍出过亿的价格，但这两幅画都不是李可染最精彩的作品。这不是炒作又是什么？其实，只要有市场，任何艺术都有被炒作的可能。

主持人： 但很多人说，当代艺术之所以兴起，是被外国势力所利用和包装的结果。

杨小彦： 这是典型的艺术阴谋论。我从不揣测艺术家的动机，我也不相信这些阴谋论。不过，有一个事实我倒要指出的是，每逢涉及国家重大利益的时候，当代艺术家都是和国家站在一起的，这至少说明，当代艺术家并不是外国的什么阴谋的产物，当代艺术有中国自己的土壤。

至于为什么追捧中国当代艺术的很多是外国人？那是因为中国人自己不追捧啊，追的都是官方的或者传统的东西。上世纪八九十年代初，在北京流浪的艺术家生活得并不好，没有保障。在那个时候，只有老外要他们的画。著名藏家希克是上世纪80年代驻中国的瑞士大使，他之所以收藏很多中国当代艺术作品，就是因为他有眼光呀。现在，希克已经把这些作品捐给香港的M+1了。

主持人： 那当代艺术作品的价格，为什么这两年会出现大跌？

杨小彦： 当代艺术作品出现这个结果很正常，中国很多艺术家，还没尝到西方艺术界一个很常见的苦果：就是价格被过快、过高抬起来，也就等于把你杀了。这会让你长期有价无市，所以西方成熟的艺术家会严格控制自己作品的数量、走向和价格，很小心地让作品保持着每年3%～5%的价格涨幅。

现在的拍卖行为了赚钱，会通过抬价迅速谋取艺术家未来的市场空间，但价格过高，未来的可能空间就被占领了，就会在一个很长的时间内有价无市。把一个艺术家的作品价格抬得过高，实际上就是把他干掉了。在这个问题上，中国的当代艺术家是哑巴吃黄连，有苦说不出。张晓刚的画之前拍卖过千万元，这跟他基本上没什么关系，他的画早在1996年前后出手了很多，抬价的人只是为了自己"解套"。而2008年以后买进F4作品的人，这些东西都不知道要拿在手里多少年了。

黄晨： 现在回想起2011年的时候尤伦斯在香港苏富比大量抛售中国当代艺术品，实在是这些成熟的收藏家看到了市场的危险。

杨小彦： 所以艺术市场无论是抬价，还是抛售，受伤害的都是艺术家。

主持人： 但在传统艺术领域，现在仍是以价高论英雄，当代艺术应该就是一个前车之鉴。以后当代艺术还有没有可能翻盘？

杨小彦： 有机会，但比较少，因为很多人已经"流血牺牲"了。

说到收藏，我认为现在是购置欧洲艺术品原作的最好时期，我正在帮一个画廊引进19世纪末20世纪初意大利艺术家的油画作品。我确定的下一个目标是西班牙，西班牙的艺术从古典到当代都很牛。当然，介入一个陌生的领域，收藏家一定要做些功课。

第二节

艺术品市场几次低谷，救市的都是写实油画

特邀嘉宾

郭润文
广州美术学院油画系教授、造型学院院长、国家画院油画院常务副院长、中国油画学会副主席、中国美术家协会理事、油画艺术委员会委员、广东省美术家协会副主席

王野夫
广州华艺国际副总裁

观察写实油画近些年的市场表现我们发现，写实油画虽然不及当代艺术在市场与媒体面前出尽风头，但却是发展最为平稳的单元。以2012年春拍为例，在当代艺术近乎谷底的时候，写实类作品却表现稳定，成为近期内地买家关注的重要板块之一。

关于写实画派 客观地表现现实生活

主持人： 在2012年的艺术品市场调整浪潮中，当代艺术的作品价格跌到近乎谷底，而写实类作品表现稳定，成为近期内地买家关注的重要板块之一。特别是王沂东、冷军、杨飞云等人的作品，今年在市场上都有令人惊喜的表现。而郭老师您，还有何多苓、艾轩等人的作品也备受市场追捧，陈逸飞的作品就更不用说了。这些构成当前中国油画市场中坚力量的大师，都出自于中国写实画派，这一重要的艺术流派是不是就起源于由艾轩、杨飞云、王沂东发起成立的"北京写实画派"？大概是一个怎样的发展历程？

郭润文： "2012年中国写实画派八周年展"今年年底

将在中国油画院美术馆举行,这一年度大展见证了中国写实画派在中国的发展历程,以往七届油画展,只有一届是在时代美术馆展出的,其他七届都在中国美术馆。每年的大展全面呈现出中国写实油画的最高水平,以及艺术家个人创作的基本面貌,所以规格比较高。

第一届展览是在2004年,当时王沂东、艾轩、杨飞云筹办了一个油画展,他们觉得,在此之前中国写实绘画的展出,一直都依附于体制内的大展览,他们觉得有必要把写实绘画单独挑出来,做一个单独的画展。第一届的展览,他们邀请了当时在北京的艺术家,包括朱春林、夏星等人。通过这次展览,他们发起成立了"北京写实画派",那时刚好有个印象派的展览也在中国美术馆展出,两个展览相互产生推动力,看的人特别多,所以第一届很成功。

到筹办第二届画展的时候,王沂东他们觉得,既然写实绘画在北京的展出这么成功,何不推向全国?所以他们邀请了当时国内比较好的写实绘画艺术家加入这个流派,让这个画展更具实力和典型性。当时邀请的包括上海的陈逸飞、徐芒耀,湖北的冷军,四川的何多苓,广东这边是我,还有美国的陈衍宁,都是当时中国写实绘画比较有代表性的人物。但这么一来,再叫"北京写实画派"就不合适了,所以陈逸飞提议改叫"中国写实画派"。所以2005年的时候,中国写实画派就这么成立起来了。

遗憾的是,中国写实画派成立后不久,画展还没开幕,陈逸飞就去世了。这一届的展览同样在中国美术馆,因为增加了国内很多重要的艺术家,效果特别好,写实画派被越来越多的人关注,写实画派的展览每年一届地持续办下去,到了今年是第八届。

郭润文 《物语》

郭润文 《理想生活》

主持人： 在油画中，可以分为写实、写意等多种格调的油画创作类型，与其他类型的绘画相比，写实绘画的最大特点是什么？

郭润文： 从根源来看，写实绘画起源于19世纪以前的欧洲传统油画，那时候的欧洲绘画完全处于一个写实的状态，从文艺复兴早期到19世纪末期，大部分画家的绘画风格都是以写实为主的。这一样式的绘画有很重要的特征：一是人物形象来自于客观存在的现象以及宗教；二是表达的基本内容来自于常见的生活状态以及宗教故事等；三是必须有传统油画的技术特征，必须有很严密的油画元素。这种绘画不是一蹴而就的，而是要经过精雕细琢，反复地绘制，所以创作一张写实的油画，需要相当长的时间。与其他类型的油画相比，写实绘画最大的特点就是来源于客观，具有技术含量，表现的是现实生活中的状态。

当今的写实绘画样式虽然来源于19世纪以前，但是它所表达的内容，却是20世纪以后的人文思想和人的生活状态，为了区别，就将这种写实绘画称为新写实主义绘画。所谓的新，就是拿起传统的样式来表达当代的社会，通俗点来讲，就是用过去的手法来表达新的内容。

"南方油画" 需要集中推广

主持人： 再说说广东油画，岭南画派近年来在市场上的知名度迅速提升，相比之下广东油画的知名度和藏家队伍都较小，您觉得这是什么原因使然？有没有必要以"广东油画"或"南方油画"来集中推广？

郭润文： 我觉得有这个必要。"南方油画"这个提法就不错，可以把整个南方的油画艺术进行一个集中推广。

岭南画派形成的历史比较长，是经过几代人传承下来的。广东的油画虽然也是经过几代人传承下来的，但却一直没人提出"南方油画"这个概念。因为油画就是一个舶来品，我们一直处在一个学习的过程中。但实际上，广东是油画大省，目前广东油画在国内处于前沿，老的一批在国内艺术界很有地位，中年这一批也是很有说服力的，还有我们培养的一大批学生，目前已经在国内崭露头角，发展势头非常不错。

王野夫： 我倒觉得，无论是提"南方油画"还是"广东油画"都不太合适，有点狭窄。虽说一方水土养一方人，形成一方的表达方式，但油画不比中国画，可以独立出一个岭南画派，广东的油画家都是全国性的，你说他是广东油画家他可能还不承认，而且广东很多艺术家的发展，其实还是在北方，很多重要的展览都在北方，很多作品的成名也发生在北方，所以我觉得还是不要自我归类的好。

主持人： 还有人说，南方相对北方有更多的商业诱惑和生存压力，艺术家不容易潜心作画，现在也的确有些有创造力的画家有价无市，而有些迎合市场的画家市场收益好。这是否会影响青年艺术家的价值判断？应该如何引导？

郭润文： 艺术家为了生存可以进入市场，在西方，油画的价格就是用市场来衡量的，作品在市场上得到承认的话，艺术家的生活就可以好很多，拥有了更多的材料就可以更好地创造。但有一点需要强调的是，不要让艺术跟着市场的伪标准来走，这样年轻的艺术家

陈逸飞　《山地风》

名家话收藏

慢慢地就会变成一个商业画家，失去了自己的个性，这个画家就完蛋了。年轻的艺术家如果能够创作出打动市场的艺术品，他在市场上就一定会走得好，要相信市场，市场很能锻炼人。如果只是追求表面的东西，在市场上只会遭到唾弃。

在跟艺术机构合作的时候，艺术家要先搞清楚，这个机构的负责人是懂艺术，还是单纯只为了赚钱。还要看这个机构是否约束你的想法，如果他鼓励你去创新发展，那就可以合作。还要看这个艺术机构的背景，如果是大公司的话，发展前景肯定更大。

关于市场　油画板块回归写实

主持人： 在今年的艺术品拍卖中我们留意到一个现象，多家拍卖公司在油画这一板块，都把重心放在了写实油画上。而在早两年，却是当代艺术不断创出新高。拍卖公司关注重点的转移，也代表着当下艺术品市场的一个走向，这是否意味着，还是写实油画的市场较为平稳？

郭润文： 其实在几次艺术品市场出现低谷的时候，救市的总是写实油画。

要说油画出现在中国拍卖市场上的最早时间，应该是上世纪90年代，当时的中国嘉德、北京瀚海等拍卖会率先拍卖油画，拍的主要就是写实油画。不过当时的油画拍卖尚未形成气候，作品成交价格不高，一个写实油画专场下来，总成交额经常不超过100万元。但就在那个年代，一些作品也拍出了在当时看来很高的价格，如陈逸飞的《山地风》，1994年在中国嘉德秋拍时拍出了286万元，创造了当时中国油画的拍卖纪录，2011年又拍卖成交8165万元。

此后到2005年中间这十年，写实油画的拍卖都是断断续续地延续着。2005年之后，当代艺术的作品开始涨起来了。这主要是因为海外市场的推动，早期很多当代艺术的作品被国外的藏家所收藏，从2005年开始，这些海外藏家带着这些作品回到中国市场，在资本力量的推动下，当代艺术作品的价格迅速飙升。相对于当代艺术的旺盛，写实绘画显得相对低迷，虽然市场还是不错的，作品价格还在稳步增长，但就完全不及当代艺术作品的上涨幅度。

但2007年一场金融风暴再度改变了这种市场格局。2007年至2010年这段时间里，当代艺术作品在拍卖会上经常流拍，成交量也少，但写实绘画却保持住了坚挺稳步向前的势头,很少流拍,基本不受金融风暴的影响,所以我说在市场出现大波动的时候,是写实绘画对艺术品市场起到了救市的作用,维护了艺术品拍卖不断发展的势头。

2010年、2011年这两年,中国的艺术品市场得到了空前的繁荣,当代艺术的作品价格再度爆发性地上扬,写实绘画的稳定性,也让它得到了越来越多藏家的关注,两者的价格都同时达到了前所未有的高度。如陈逸飞的《山地风》,时隔17年,去年这幅画再度在中国嘉德现身,这次拍出8165万元的高价,再次刷新了中国油画拍卖的最高纪录。

今年的艺术品市场再度进入全面调整的时期,直到现在很多人还在场外观望,但我们依旧可以发现,在今年的艺术品春拍中,写实油画流拍的很少,相信年底的秋拍写实油画的行情也不会差到哪里去。说实在的,画一张写实油画所花的时间太长,很多艺术家一年的作品十个指头都数得完,市场需求又大,藏家为了得到一张精品经常要等上很长的时间,所以写实油画的价格怎么会跌?

王野夫: 应该说,写实油画就是油画市场中的大盘股,它容易理解,情感普遍能被接受,大部分写实艺术家的技术过硬,知名度也高,这些都是构成一幅艺术品价值非常重要的组成因素,所以写实油画一直就是市场的主流。

主持人: 但与中国画相比,油画目前无论是市场还是藏家队伍,还是有较大差距的。

王野夫: 在中国,油画市场跟中国画市场是没办法相提并论的,中国画有几千年的丰富底蕴,早已形成了一个巨大、完整的市场;而油画怎么说都是一种舶来品,人群构成也单一,购买人群主要就是藏家。特别是近几年中国画市场价格飞涨,购买中国画的人群中,其实已经不单纯是藏家,超过50%的购买人群其实目的在于投资。反倒是购买油画的客户,他们多出于欣赏、自用的目的,所以对画作的要求也更高。

油画,特别是写实油画跟现代生活更接近,更能让人体会,更能为人所把握。加上现在新兴的财富人群都开始重视精神文化,他们对别墅里悬挂艺术品的内容、价值都有不同的需求,我认为,油画市场应该是一个成长性最强的市场。就像今年春拍,我们在油画雕塑专场中有个小专题,16件拍品全部是中央美术学院毕业生的油画作品,价格从1.5万元至10万元不等,结果有12件成交,这个比例是相当高的,这个价位的油画,正是目前最受欢迎的居家悬挂艺术品,而且这些艺术家的成长性也值得期待。就像郭老师所说的,几次艺术品市场出现低谷的时候,救市的总是传统油画,这也是其他拍卖行的一个共识。

第三节

为什么现在总看不到让人一见难忘的作品？

特邀嘉宾

郭润文
广州美术学院油画系教授、造型学院院长、国家画院油画院常务副院长、中国油画学会副主席、中国美术家协会理事、油画艺术委员会委员、广东省美术家协会副主席

林永康
广东画院副院长、享受国务院政府特殊津贴专家、国家一级美术师、中国美术家协会理事、油画艺术委员会委员、中国国家画院研究员、中国油画学会理事、广东省美术家协会副主席、油画艺术委员会主任

在中国嘉德2012春拍"中国油画及雕塑"专场中，沈尧伊的红色经典巨制《革命理想高于天》从850万元起拍，最终拍出了4025万元的高价。相较于当代艺术板块的起伏，20世纪中国早期油画板块近两年不断显露出渐入佳境的态势，赵无极、徐悲鸿、颜文樑、常玉、方君璧、李超士等艺术家的作品日益受到国内收藏家的关注。

事实上，无论是追逐中国早期油画，还是追寻中国早期油画名家，广东都是一个绕不过的字眼。作为中国最早引入油画的地区，一直引领风潮的广东油画创作，至今已经走过了402年的历程。只不过与日渐壮大的岭南画派相比，广东油画却似乎一直未被重视。

广东油画在中国油画界到底处于一个什么样的地位？为什么现在总看不到让人一见难忘的作品？不断刷新价格纪录的当代艺术油画，是否透支了中国油画的未来市场？抑或中国油画市场，目前只是刚刚起步？这些都是当前美术界和收藏界非常关心的问题。

现在正是广东油画的兴旺期

主持人： 很多人认识中国油画，是从李铁夫开始的。作为中国油画第一人，他是中国最早真正掌握西方油画技巧的艺术家，他是广东人，而广东也是中国最早引入油画的地区。但对于这一段历史，很多人并不熟悉。

林永康： 广东油画人引领风潮已有四个多世纪。根据已经掌握的材料，广东油画创作到今年已有402年（1610—2012）的历史，这大大超越许多人认为中国油画不过百年的概念。广东是西方油画最早的传入地和中国油画创作的发源地。1583年西方油画由传教士传入，18世纪至19世纪，广州已有相当数量的本土职业画师在绘制西画，并产生了一批具有代表性的画家。近代广东油画仍然走在中国的最前沿。画家李铁夫，最早步出国门，到西方学习油画。其后，冯钢百、黄潮宽、余本、林风眠、司徒乔、胡善馀、符罗飞等也先后走上这条道路。由胡根天等创办的"广州市立美术学校"，更是国内最早的公立美术学校之一。当时广州开设的画社、画会和美术学校多达20余家，广东画人开启了一代风气之先。新中国成立后的各个时期，特别是改革开放以来，广东油画创作更为活跃和繁荣，先后催生出一大批具有时代精神和地域特色的优秀作品。广东油画的创作一直遵循前辈的传统，坚持艺术与时代精神相一致，坚持对油画学术上独立自由的研究探索精神。因而，无论是全国性大展或是学术的探索方面，都取得令人瞩目的成就。

郭润文： 广东油画史跟中国油画史是紧密联系在

郭润文　《大家闺秀》

名家话收藏

汤小铭　《永不休战》

一起的。李铁夫以后,广东油画第一个辉煌阶段出现在"文革"时期。当时的油画创作,也面临着政治口号式的约束,但是广东的油画家,聪明地把革命题材与油画语言相结合。如汤小铭的《永不休战》、陈衍宁的《渔港新医》、《毛主席视察广东农村》、潘嘉俊的《我是海燕》等,这些作品当时在国内都产生了非常大的影响,被封为美术界的典范。他们的难得之处在于,当时油画画家笔下的"文革"人物,都是"红、光、亮"的统一形象,他们却敢于画出人的真实形象,并且大胆运用了灰色,既是革命题材,又有油画的本质语言,并且还得到了政府的承认,这在当时是很不容易的,形成了广东油画的第一个高峰。

"文革"以后,广东油画也涌现出一大批重要的艺术家,他们来源于广州美术学院在1977年、1978年的招生,代表作如司徒绵的《红土》、涂志伟的《霸王别姬》等,具有非常突出的广东风格。特别是带有伤痕文学色彩的邵增虎作品《农机专家之死》,在当时的中国产生了非常大的影响。

但改革开放之后,广东油画却进入了停滞阶段。大量画家"下海",让广东油画起码在十年的时间里在国内处于寂静状态。当时甚至有个笑话,"广美"没有画家,人人都是经理。

现在,广东油画迎来了第四个高峰,油画艺术委员会换届以来,已经举办了两届油

林永康 《自梳女》

画大展。同时，在许多全国性的重要展览上，广东油画的获奖次数和等级仅次于北京，在国内一直处于第二的地位。目前许多广东三四十岁的青年画家，也开始进入全国油画的舞台，他们当中，能在全国排得上名次的不下十人。可以说，现在正是广东油画的兴旺期。所以我希望政府能够重视油画，油画在广东有如此深的渊源，如果政府再助一把力，完全能够把广东建设成为油画强省。

林永康： 我也认为，政府应当像保护岭南画派一样保护广东油画，建立广东油画的专业收藏馆。苏州市政府就做了一件非常有意义的事，他们建立了全国唯一的中国粉画艺术馆。

2012年12月，广东油画就将迎来一个接受全面检阅的机会。由广东做东道主，开展五省三地《吾土吾民油画展》，梳理中国油画的发展历史，这恐怕是近年来多个地区油画展当中规模最大的。

现在为何看不到让人一见难忘的作品？

主持人： 就像刚才举例的《农机专家之死》、《毛主席视察广东农村》等作品，都是当人们谈到那一时期就能记起的作品。现在虽说油画艺术也得到了非常大的发展，但为什么很难看到让人一见难忘的作品？

郭润文： 以前"一画成名"的例子比比皆是。比如《毛主席去安源》，人们不一定认识刘春华，但肯定知道这幅画。这是因为当时的艺术作品比较单一，大家都在相似的领域作画，当那一领域出现一幅巨作时，大家肯定都知道。反观现在，一方面，由于绘画领域呈现多格局、多流派的局面，当大家更多地把注意力放在自己关注的领域时，目光就不会那么汇聚了；另一方面，以前的画家愿意花大量的时间画一幅作品，而现在的画家，谁还愿意花那么长时间作画？

林永康： 另一个原因，过去为人们所铭记的好作品，并无市场在推动。画家在绘画时，完全由激情驱动，思想力、表现力等都达到了极致。这与当下画家绘画的语境是截然不同的。现在见到的画家，没人不谈市场，没人不谈画价。我们都知道，在纯粹而没有杂念的语境下，才有可能出精品，如果净想这画能换多少钱，送给谁好，就不会有感情流露的好作品。

如果将来回忆广东这一时期的油画，汶川大地震之后广东油画界50多位画家集体创作的巨幅油画《地恸·重生》，肯定是会被提及的，因为那是真情实感的流露。现在很多画家甘于把作品变成商品、工艺品，这是很要命的。

能够真正被后人所铭记的作品，肯定是动了情而又技术到位的作品，是有这个时代深刻思想的作品。第一，艺术首先关乎你的学养、思想，并不只是学校老师教给你的那几笔。我还建议学生要尽快忘掉这些笔法，我的学生，接受我的思想就可以了，千万别画得像我；第二，到生活中才能触发创作激情；第三才看个人的技术。这三方面都把握好了，才有可能创作出动人的画作。此外，过去的信息没有那么多，电视、电脑也只是新时代的产物，当时如果出现一幅好作品，政府会作主导宣传，印数很大，这也是一个原因。

当代艺术油画的价格是否已到顶？

主持人： 相比中国写实油画，当代艺术油画似乎更加风光，比如张晓刚、周春芽，他们作品的价格不但在国内屡创新高，在国外也具有非常强的市场号召力。但他们的题材似乎比较单一，好像张晓刚的"大家庭"系列，来来去去就是那么几个人，为什么还能受到追捧？

沈尧伊　《革命理想高于天》

郭润文： 一方面，这些当代艺术画家已经有着20多年的海外参展经历，他们的不少作品，已经被国外资深藏家收藏，当这些藏家看到中国艺术市场崛起的时候，就带着藏品返销中国。在这批人的支持下，当代艺术油画的市场高位是可以理解的。

另一方面，他们懂得符号学在艺术上的运用。在国外，许多著名画家其实都利用了重复的手法去增加作品的符号性。不理解的人可能觉得是题材重复，但正是这一重复，使每一画家都有了区别于别人的鲜明符号。

目前中国的写实油画，以体制内的画家居多，缺少职业画家，他们在学院内受人尊敬，衣食无忧，纯粹是为艺术而艺术，很少走出去。所以目前中国写实油画，无论市场关注度还是资金流向，都不如当代艺术油画热闹。

主持人： 正是因为之前当代艺术油画的突然蹿红，有人担心，当代艺术油画已经透支了中国油画的未来市场。但也有人说，这正是中国油画刚刚起步的一个表现。应该如何看待这两种思潮呢？

郭润文： 在资本运作的支持下，当代艺术油画的市场价位之高是可以理解的，可以说，只要有一批成熟的海外藏家支撑，他们作品的价位就不会下跌。

林永康： 我更倾向于认为，市场利润是被透支的。这也是为什么我一直强调"艺术家

中国嘉德2012春拍现场

除了社会责任，还要讲道德"的原因。要建立健康的艺术品收藏市场，艺术家必须专心创作，不要过多地直接参与市场，让中间商担起桥梁的作用，这既利于艺术创作，也利于收藏。很多艺术家生产的垃圾，多是由自己接单创作出来的。

中国油画价格可望过亿元

主持人：与中国画市场的火爆相比，中国的油画市场似乎一直不温不火。当代艺术油画是有过井喷的阶段，但一遇金融危机，市场马上大幅下滑。

郭润文：国画与中国油画，一是没有办法比，二是没有必要比。油画市场比国画市场差，在中国这是很正常的。首先，中国人有着恒久的国画收藏习惯，千年之前，古人已经开始收藏国画，而油画在中国的发展不过100年历史；其次，平均而言，一名国画画家一辈子的作品量，就相当于多名油画画家一辈子的作品量。国画作品数量多，可供市场流通，这也是市场繁荣的一个原因。

但说实话，中国油画目前的发展势头已经很不错了，如果保持这样的发展势头，现在一些价值千万元的作品，未来很快就能过亿元了。而且目前广东的油画画家，多以写实油画为主，他们有实力，因此也更具持久性。如果油画市场超过国画，唯一原因只能是国画造假惹的祸，而油画假画比较少，因为仿冒成本比较高，而且很多油画家还在世，鉴别较容易。

林永康：目前在广东，收藏油画与收藏国画的藏家数量比例悬殊，许多收藏油画的都为寻求短期收益，而收藏国画的多是真正的藏家。但总体而言，民间收藏油画主要是商业驱动，以盈利为主，短期行为是广东油画的主要收藏现象。广东还没有形成像北京、上海一样的真正的油画市场。收藏缺少学术性，被流通所误导。因为出发点是商业目的，所以市场追捧就成为投资者的选择重点。这对广东油画的学术性发展和广东油画文化的传承起着阻碍作用。

主持人：随着介入油画收藏的群体不断扩大，许多人对油画的鉴赏知识积累还不够，那么对油画收藏两位有什么建议？

郭润文：第一，如果经济能力允许，尽量收藏一线画家的作品，这是投入大，获益也大的领域。第二，也可以收藏优秀青年画家的作品，但在收藏前，需要了解画家的背景，如果是职业画家，会终身从事绘画事业的，就值得收藏了。如果是一名公务员，虽然他的画作也不错，但他不会一辈子作画，他往后的上升空间就会小。第三，要看作品是否具有学术价值，这是区分行画与真正艺术品的关键。

林永康：还有一点，所藏作品的作者，一定是要有相当年纪的。收藏年轻作者的作品的确便宜，但有的画家，30多岁时热爱画画，到了45岁觉得没劲就停笔了，那你的藏品怎么办？有升值潜力的好藏品，作者肯定是一生致力于绘画的，这样就不怕藏品到了手中，变成击鼓传花的最后一棒。

第四节

架上雕塑估价低，国人不识"最艺术"

特邀嘉宾

许鸿飞
广州雕塑院院长、广东省文史研究馆馆员、中国美术家协会会员、广东省美术家协会理事、国家一级美术师、广州市政协委员

宋伟光
《雕塑》杂志执行主编、《中国雕塑年鉴》副主编、美术评论人、策展人

　　2012年，挪威画家蒙克的画作《呐喊》在苏富比拍出了1.199亿美元的高价，这是迄今为止单件艺术作品在拍卖会上拍出的最高价格。如果单以拍卖纪录排名，屈居第二的是毕加索为其情妇创作的肖像《裸体、绿叶和半身像》，两年前拍出了1.065亿美元；而排名第三的，则是瑞士雕塑大师1960年创作的青铜雕塑《行走的人》，2010年拍出了1.043亿美元。

　　作为历史最久远、最永恒，甚至是层次最高的艺术门类，架上雕塑在国外一直是艺术收藏的一大门类，甚至成为身份的象征。但在国内，在绘画作品一统天下的收藏格局中，架上雕塑似乎一直都是陪衬。也因为架上雕塑未形成绘画作品那样有可操作性的成熟市场价格和参考行情，流通渠道一直不如书画畅顺，市场被严重低估。

　　不过，近几年来随着中国藏家队伍的不断成熟，一些机构和私人开始对架上雕塑表现出浓厚的兴趣，趁低大量收购，名家作品在拍卖会上的成交价格也不断被刷新，架上雕塑的收藏市场正在迅速开启。

许鸿飞翡翠雕塑《陶醉》

谈认知　架上雕塑国外受宠国内遇冷

主持人： 目前在国内的艺术品市场，雕塑艺术被大众接受的程度远远不及绘画，但实际上，雕塑是"历史最久远、最永恒，甚至是层次最高"的艺术门类，具有其他艺术作品不可替代的地位，我们应该如何正确认识其艺术定位？

宋伟光： 应该说，雕塑是一门纯艺术，这从美院的专业设置上就可以看出来。纯艺术有国画、油画、版画、雕塑四大专业，纯艺术之外，就是设计。设计把生活与艺术连接得更紧密，而艺术纯粹就是为了审美、欣赏，脱离了实用，是精神方面的追求。

主持人： 我们知道，在欧美市场上，近年拍卖价在2000万美元以上的架上雕塑作品屡见不鲜，一点不输于绘画作品。但在我国，雕塑这门艺术的大众认可程度却远远不如绘画作品，拍卖会上能够拍出6位数字就已经被人连呼高价，是什么制约了架上雕塑在我国艺术品市场的行情？

宋伟光： 在国人心目中，目前雕塑艺术还未完全被接受，一是因为文化习惯使然，二与生活空间有限也有关。很多中国人觉得把画挂在墙上，足以装点空间，而雕塑作为一个立体物，会让他们产生距离感。很多中国人都错误地把工艺美术品视为雕塑，认为佛像摆设等都属于雕塑。

许鸿飞： 中国人可能会觉得，装点空间只要有一件东西作为摆设就行了，不会想到运用雕塑打造艺术空间。而在国外，很多人在房屋设计或是内部装修的时候，一早就会给雕塑作品预留空间，这与雕塑艺术的大众接受程度息息相关。在中国，直到改革开放之后，人们才渐渐认识到架上雕塑原来可以成为一种收藏品。在此之前的雕塑收藏

许鸿飞翡翠雕塑《水漾凝脂》

是断层的,人们手里如果有铜,大概都会拿去当金属卖。很多时候,雕塑都被习惯性地当作纪念碑、教育性的城市建筑,架上雕塑比较少见。但在欧美国家,雕塑作为一门艺术受欢迎程度却很高,古代的欧洲贵族很多都喜欢雕塑,像世界雕塑巨匠米开朗琪罗,他的作品很多都是为贵族雕塑的。在收藏这方面,欧洲国家一直有收藏架上雕塑的传统,而我们是改革开放后才逐渐认识到这点的。任何市场都需要培养,现在正是收藏架上雕塑最好的时候。

宋伟光: 雕塑之所以没有进入中国人的收藏概念之内,很大一个原因出于文化认同,很多人觉得雕塑既然能把人的精神塑造出来,那就只能供于庙堂之上,家里怎么能放呢?这在西方完全不同,中世纪之前的雕塑是附着于神灵之下的,而中世纪之后的雕塑,则从庙堂性转向人文性。自此，雕塑进入了普通人的视野，不再是庙堂中被人供奉的东西。而中国人却认为，偶像不能摆在家中，只能供于庙堂之上。

这几年，我们一直努力让雕塑进入市场，提升价值，主要通过办展览，进入画廊体系等办法来推广。尽管如此，架上雕塑的市场与中国画的市场差距还很大。据我所知，目前架上雕塑进入私密空间主要源自两种需求，一是宾馆，二是企业，都是交际场合，而且需要的作品都很小。作为摆设，很多人一般都喜欢大型的工艺美术品，比如玉雕大龙船、陶瓷等。而国内架上雕塑最好的市场在北京，其次是江苏，广东排名第三。

谈创作 材料也是创新的一大突破

主持人：也有人认为，之所以造成如此巨大的东西差异，很重要的一个原因是中国当代雕塑作品缺乏创新，与前辈艺术家的写实主义技法和现实主义情怀相比，很多年轻艺术家缺少艺术上的突破和改变。

许鸿飞：我国的现代雕塑源自西方，在相当长的时期内，大家都在模仿法国、意大利等国的经典雕塑作品，根本就没有意识到体现作者个性的原创作品才是艺术，就是说大家都在比技术而不是比艺术，更不要谈原创和个性了。这一现象至今还非常普遍，一味地模仿和追随必然阻碍了我国雕塑艺术的发展。其实我们商周的青铜器、秦始皇兵马俑、汉代陶俑、霍去病墓、四大石窟的佛雕……这些雕塑作品都是中华瑰宝，但是一直以来它们几乎都被几代雕塑家们忽视了，好像雕塑真是西方舶来品似的。

主持人：所以现在一些雕塑家，除了在融汇中西艺术语言与创作手法上寻求突破外，寻求在雕塑材料上的突破也是一个方向。好像许鸿飞就从"肥女人"过渡到"翡女人"，引起了很大的关注。

宋伟光：雕塑要寻求创新，在观念、手法、材料这三方面都能寻求跨界。其中材料是一种语言，不同材料有不同的语言方式，从材料上突破，某种意义上说，也是观念的跨界。反之，要打破观念，肯定是从材料上下手。或者，既不变观念，也不变材料，从手法上改变。但其实从手法上改变，也得从材料入手。油画、国画等是平面介质，而雕塑作为立体介质，特别推崇材料的语言。目前可用于雕塑的材质很多，青铜、木头、陶瓷、钢铁都是比较传统的材料。现在一跨界，什么材料都有，除了许鸿飞的翡翠，也有用玻璃、塑

第二章 油画、雕塑艺术与市场

许鸿飞翡翠雕塑《良宵》

料的。

但用翡翠为材料来雕塑的，许鸿飞却是第一个，因为众所周知，翡翠太昂贵了，雕塑过程中每一刀切下去都是钱。因此在创作的过程中，许鸿飞要从整体到细部做一番精心安排，这样才能减少由于损耗而造成的浪费，从材料的性质出发来设计作品，迁就与不迁就，表现与不表现，利用与不利用的各种考虑，都决定了会形成与以往不同的作品。

许鸿飞： 翡翠本属于工艺美术范畴所运用的材料，作为工艺品，原材料会尽可能地保持完整，尽量不要浪费，这就局限了工艺品的创作空间。但我做翡翠雕塑是先构图，材料是为作品服务的，所以浪费肯定很大。用翡翠雕塑，比较天然，颜色比较丰富。还有一点很奇妙，翡翠雕塑跟青铜等常见材料的雕塑不同的是，作品没完工前，谁也不知道最后的效果怎么样，所以作品一完工，可能会有意想不到的效果，而且每件作品都是唯一的。

宋伟光： 而且这种创新，是把雕琢翡翠的技术从原本的传统工艺造型中剥离出来；

进行全新的当代性雕塑创作实践。顶级收藏品的拥有者，肯定只是一小部分人。为什么那么多人喜欢工艺美术，因为工艺美术本身的材料就很贵，比如玉雕、牙雕等。许鸿飞将工艺美术的材料与"肥女人"这一主题结合到一起，作品将来肯定潜藏着很大的升值空间，因为它连接了雅俗，大老板可能不太喜欢胖女人的形态，但他偏爱翡翠，有些人可能不是特别看重翡翠本身，但他喜欢胖女人的形态。所以我想，许鸿飞的新作连接了纯艺术与工艺美术、连接了高雅与通俗、连接了文化与消费，他的艺术实践的空间也因此越发地宽广起来。

主持人： 确实如此，这一突破可说是打通了艺术、时尚、市场的通渠。既是雕塑艺术的创新，也是另一种文化观念的倡导，更是艺术收藏与消费的推动。

谈收藏　拍卖成交价不断被刷新

主持人： 虽然架上雕塑在国内一直不温不火，但是最近几年，一些机构和私人开始对架上雕塑表现出浓厚的兴趣，名家作品在拍卖会上的成交价格也不断被刷新。好像去年在广州艺拍的一场拍卖会上，一件许鸿飞多年前以2万元售出的作品《浴》，最终以23万元成交。而许鸿飞创作"肥女人"的这十几年里，作品在市场上不断升值。我知道有一位藏家，从1999年至现在，收藏了超过200件许鸿飞的雕塑。在中国，这样固定的收藏爱好者多吗？

许鸿飞： 大家口袋里有钱了，收藏雕塑的人自然就多了，这对艺术家其实是有好处的，因为有更多的人认识你的作品，你就可以投入创作更好的东西，结果是藏家能够得到更好的作品，艺术家本身在艺术探索上又有所推进。

宋伟光： 但目前在国内，能有这么好的市场的雕塑家，不超过十个，包括展望、李向群等人，比起中国画的市场差太多了。在当下的消费时代，一个艺术家的成功，更需要艺术与市场的双向并行，两者维系在一个平衡点上。市场的作用就在于它利于艺术家的艺术传播，因为当下的艺术语境早已远离了庙堂性的文化崇拜，而进入到文化消费的场域。在很大程度上决定艺术品价值的是市场价值，特别是现当代文化艺术，市场价值是决定其艺术价值的参照系，这一点早在19世纪西方的艺术市场中就已经开始显现了，而相对来说，我国艺术市场的形成很迟。艺术观念的转型必然牵扯到当下的社会语境，艺术走向市场是社会意识形态的反映,艺术家不能回避。

主持人: 按照国际惯例,每款架上雕塑的数量都控制在10件以内,这使其具备稀有性的收藏特质,除此之外,收藏架上雕塑,还要注意哪些方面?

许鸿飞: 首先要看作品是否具备创造性,创造性是一个艺术家的价值体现。其次,就是看艺术家本身是否有发展前景。我刚创作"肥女人"的时候,有很多人说这不是主流,是另类,是边缘,但现在主流明显已经接受了"肥女人"。所以收藏家和艺术家一样,都需要具备前瞻性的眼光。

宋伟光: 收藏雕塑艺术品,不一定着眼于名家的作品,现在有一些青年人的作品也具有比较高的艺术价值,不能为了趋利而收藏,因为收藏是一种文化行为。另外,艺术家复制自己的雕塑在10件之内的可视为原作,但在收藏时要注意作品上的签名(一般是刻在作品的某一角落)和证书。还有一点是,尽可能直接与艺术家接洽,免得产生是非。

知多D 什么是架上雕塑?

是指雕塑家个人探索性较强、创作风格较明显、受公共环境因素制约较少的一类体量较小的雕塑,因多在轴架上完成而得名。

一般来说,城市雕塑、纪念性雕塑这些大型雕塑只陈列于公园、广场等场所,不在市场上流通;民间泥塑、造像等也是雕塑的一种形式,但不属于架上雕塑的范畴。架上雕塑蕴含着创作者的思想、观念和价值观,体现了创作者的艺术修养。

新中国成立之后,我国的架上雕塑创作有了长足发展。上世纪70年代以后,木、石、青铜等硬质材料得到广泛应用,在雕塑语言的探索方面也有很大进步。经过几代人的努力,中国当代雕塑艺术渐趋成熟。代表性作品有袁晓岑的《母女学文化》、潘鹤的《艰苦岁月》、龙德辉的《觉醒》等。

第五节

做城雕很赚钱，却伤了艺术家创作元气

特邀嘉宾

梁江
中国美术馆副馆长、中国美协理论委员会副主任

许鸿飞
广州雕塑院院长、广东省文史研究馆馆员、国家一级美术师

马文甲
中国工艺美术学会雕塑专业委员会副秘书长、中国雕塑院青年创作中心特聘雕塑家

注：第二章第五节至第三章第五节书眉题字区广安。

如今的中国雕塑正处于一个十字路口，如何实现雕塑艺术的现代化成为一个不可回避的学术命题。为此，一些艺术家想从西班牙艺术的进化史中寻求答案，一些艺术家则在创作中不断探索。

比如许鸿飞，2013年带着他的"肥女人"进驻中国美术馆办个展，这是迄今广东雕塑家首次进入中国美术馆举办个展。除了四号厅外，中国美术馆还破例把馆外广场、草坪留给了"肥女人"。许鸿飞希望借此表达他的艺术主张：雕塑应该从艺术殿堂走入民间。而这几年中国雕塑市场也显示，轻松诙谐的"平民雕塑"，比板起面孔教化的英雄题材更得藏家的心。

说教意味的创作越来越没有市场

主持人： 在"平民史诗"许鸿飞雕塑展现场，我们看到了一个无比欢乐的展览，无论大人小孩，都亲密地搂着"肥女人"拍照，一片欢声笑语，这在其他展览很难见到。我想，这应是许老师一直想要表达的艺术主张吧。这种艺术主张与这一时代的艺术走向是否吻合呢？

"平民史诗"许鸿飞雕塑展

许鸿飞：我一直觉得，雕塑应该从艺术殿堂走入民间。我这些肥女人的形象，都是生活中可见的，诙谐、不矫揉造作。在压力巨大的现代社会中，她们活得真是开心。而我的生活态度也和她们一样：平淡天真、真诚待人。

但我想表达的，不仅仅是对肥女人的欣赏，而是对于平民生活的关注。我追求的是平民化的雕塑，而不是宏大叙事，我希望这些诙谐的、幽默的雕塑，能够打破以往城市雕塑与普通人之间的那种距离感、敬畏感，每一件作品放在广场上，都能和老百姓互动。

梁江：这是一个经济一体化、观念多元化的时代，要获得某种共识很不容易，唯独以胖为病态，以减肥为时髦却是世界性时尚。但到了许鸿飞这里，"肥"不是臃肿，不是丑陋，"肥"更符合雕塑的体积和空间感，肥女人更有生命的活力，有天生的豁达和生活的快乐。在这一系列的"肥女人"雕塑作品中，呈现了风格轻松幽默、形象活泼憨厚、个性鲜活真实，充满生活情趣的艺术造型，在人们的会心一笑中，"肥"升华为意料之外的美。

说到中国五六十年来的雕塑，广东雕塑是分量很重的一章。潘鹤、关伟显、梁明诚、唐大禧、黎明等人的名字为人熟知。《艰苦岁月》、《五羊雕像》、《欧阳海之歌》、《广州解放纪念碑》、《彭大将军》、《崛起》等作品已成为与新中国历程相连的经典之作。毋庸置疑，广东雕塑是有实力有特色有传统的。而从许鸿飞"快乐的胖女人"系列作

名家与收藏

品中，普通观众不难看到与以往广东雕塑的反差，专业人士更一望而知其中的离经叛道趋向。这一颠覆性创作构思，获得了广泛认同，我们且称之为"许鸿飞现象"。

在许鸿飞这一代新锐进入艺术领域的20世纪八九十年代，中国社会正经历着一个根本性的嬗变。由于改革开放，由于经济发展，价值多元化，物质主义盛行，文化艺术这时也发生了前所未见的巨变。雕塑艺术惯见的宏大叙事、理想化、英雄化、仪式化、崇高感被消解了，说教意味的创作越来越没有市场。有一段时期，雕塑家的日子很不好过。

问题的关键，在于雕塑与社会的转型脱节，失去观众的艺术是没有生命力的。与都市化的进程相吻合，装饰美化、抒情轻松、平易亲切成为当代雕塑的主调。应该说，当代雕塑告别了从古老的神学时代开始形成的经典原则，回归观众，这已成为一二十年来艺术创作的一个基本走向。

主持人：其实近几年市场对艺术家作品的选择，也体现了收藏界的审美取向。如今，中国雕塑正处于一个十字路口，如何实现雕塑艺术的现代化成为一个不可回避的学术命题。许鸿飞的"平民雕塑"是一个方向，台湾的著名雕塑家朱铭，则以现代抽象造型呈现传统观念，作品既东方又具备国际性的视觉空间表达，足以成为中国雕塑发展的一个完美范例。

梁江：在相当长的一段时间，中国的雕塑家都在模仿法国、意大利等国的经典，都在比技术而不是比艺术。雕塑家不能东拼西凑，东施效颦，一定要体现原创性和个性。一个真正虔诚对待艺术的雕塑家，应当认真体验生活，勇于探索，敢于"跨界"，材料、形式都可以创新，目标是创作出时代气息浓郁，情感真实而不造作，个人特色鲜明，有自己风格的作品。这也是雕塑功能的回归。

学术水平高的雕塑家作品未必就更贵

主持人：目前在国内的艺术品市场，雕塑艺术被大众接受的程度远远不及绘画，雕塑作品的价位是否普遍偏低？

马文甲：在中国，雕塑作品能卖得很贵的，或是说能够卖得与油画、国画价格差不多的艺术家几乎没有。而且学术水准高的雕塑家，他的作品价格未必就更贵。收藏家追求的收藏点跟我们雕塑业界的学术追求并不完全一致，有的甚至背道而驰。

目前国内的雕塑作品价格类别一般有这么几种：第一类是收藏家推动的价格。最好卖的是十多万、二十几万元的作品，这样的作品会经常出现在北京嘉德等拍卖会上，题材多是气氛柔美典雅的类型。第二类是国外艺术机构推动的价格，配合的是国外文化的渗透。这些作品普遍都是西方模式的艺术创作观点和标准，许多作品在苏富比、佳士得都拍出很高的价格，但在国内没有市场。第三类是具有一定历史文献价值的作品，很多都是著名的标志性公共艺术雕塑的小稿，价格一般也较高。还有一类是靠雕塑家本身职务头衔带动的价格，比如某某艺术组织的会长、院长、主任等，他们的作品价格往往也不会太低。

主持人： 在当下的消费时代，一个艺术家的成功，还需要艺术与市场的双轨并行，两者如何兼顾？

许鸿飞： 就像我们刚刚提到的朱铭，他的艺术和市场就处理得非常好。我前后去了3次台湾，每次都去朱铭自己办的美术馆，占地3万多坪（约9.9万平方米），收藏了上千件艺术品，一切都靠他自己的运营，无须政府的支持。他最贵的雕塑，单件可卖到上千万元。

中国的雕塑家也可以办自己的雕塑园，但前提是不要给政府和城市增添负担，不要让老百姓厌恶。我如果要办雕塑园，会找一块地，自己设计自己建造，日常维护和展品更新都自己来做，雕塑园可以做成城市景观的一部分，而不是雷同的科普教育基地。

我一开始打算做"翡女人"的时候，我也考虑过资金的风险，毕竟原材料的价格不菲。当时黄永玉老师跟我说，这个尝试风险很大。但我想试一试才知道行不行。"翡女人"也就这样做了下来，没想到还有很多人喜欢收藏。正是有收藏家的支持，我才能做出这么多件"翡女人"，这也是收藏家对艺术的支持和推动。

城市雕塑伤害雕塑家的创作元气

主持人：刚才梁江老师也提到，现在国内很多城市雕塑，追求的仍然是宏大的叙事。2013年初网民甚至集体评选中国十大最丑城雕。为什么城雕老是被吐槽？

马文甲：之前网上被吐槽的"十大丑陋雕塑"，在我们艺术界看来还真不全是烂雕塑，当中有的还是可以的，如傅中望、魏小明等人的雕塑。因为艺术家的创作理念虽是个人化的，但艺术风格和构思还是建立在人文和人类视觉感官规律上的。我觉得是美术教育的普及工作做得不好使市民的审美判断产生惰性所致。

另外，一些劣质的雕塑作品，其实很多是因为艺术家的想法没法完全贯彻到艺术创作过程的始终，中间受到许多外来影响所致。因为很多城雕都面临着审稿的问题，而审稿的过程中某些决策人并没有本着向先进文化学习的态度，尊重专家和艺术家的意见，致使雕塑不伦不类，成为意义的容器。

许鸿飞：去年我们广州雕塑家团队参加了在韩国举办的亚洲现代雕塑家协会第21届作品年展。我在首尔的城市中心看到，主干道上几乎每隔三五十米就有一件雕塑作品，城市环境、雕塑艺术与人自然融为一体。广州的城市雕塑水平，与首尔相比明显落后了。

马文甲：在很多国际大都市，城市建筑项目都会按照国际惯例预留一定比例的经费，用于采购空间艺术，一开始就在整体环境规划中为空间艺术预留了位置。如在台湾，政府向雕塑家直接采购具有鲜明风格的雕塑创作作品。但在国内根本不是这种情况，国内是开发商先盖房子，一看这个广场缺个雕塑，那个角落空了个位置，这才会想起雕塑家，然后开始招标，直接定制城雕。他们需要的只是一件摆设，而不是一件艺术家的作品。

几乎所有政府重点项目的城雕都是有主题的，雕塑家是什么样的风格政府根本没放在眼里，反正城雕就必须符合项目的主题。所以这么多年下来，我们在国内看城市雕塑，根

黄永玉参观许鸿飞在中国美术馆的"平民史诗"雕塑展

本看不到艺术家个人的思想，千篇一律都是意识形态的意图。

做城市雕塑的确很赚钱，但却把艺术家的创作精力给耗光了。像我认识的许多雕塑家，他一件架上雕塑才卖十几万元，但承包一项雕塑工程却是上千万元，这种情况下谁还能首先顾及创作啊。所以现在中国的城市雕塑的制作特别伤害雕塑家的创作元气。但现阶段，很多雕塑家还是必须靠公共艺术来养创作，所以这是雕塑家一个命门所在，暂时解决不了。

许鸿飞： 我们现在很多城市还在比拼谁的城雕高大，但著名如比利时的铜雕像《撒尿小童》，还有丹麦的美人鱼雕像，都不是什么大型的城雕，当初安放上去的时候，应该不会想到会成为当地的地标。但不经意间却融入了国家的历史文化，成为了真正的标志性建筑。

在城雕这件事情上，我一直在说服政府官员在规划景观艺术品时，直接采购著名艺术家的作品。我对很多官员说过，著名艺术家的作品是有价值的，若干年后留给城市的是一笔财富。命题城雕有时未必能达到预期的效果。

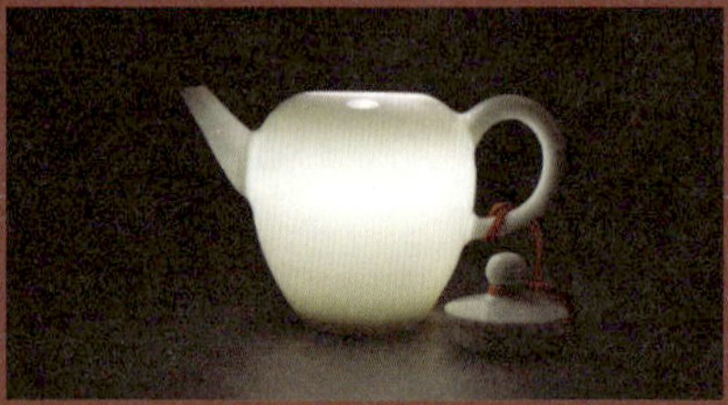

第三章

陶瓷艺术与市场

第一节

旧广彩价格一天不起来，新广彩都不会值钱

特邀嘉宾

张海文
广州美术学院教授、博士，中国陶瓷艺术与科学研究中心主任

曾波强
国内知名陶瓷研究专家

在许多人印象中，广彩都是一些不太精致的彩瓷，大红大绿、金碧辉煌、构图繁缛、图案程式化，与中国传统雅致清丽的审美情趣相悖。

其实早期的广彩，却是精美绝伦，更重要的是，广彩的意义在于它曾承载着传播中国文化的重任。中国文化的对外传播，在照相术未发明之前，除了部分绘画，广彩是最为重要的载体，是中国清朝对外交流最为亮丽的名片之一。特别在18世纪的欧洲，广彩更是贵族的宠儿。可以毫不夸张地说，早期精美的广彩就是"外销官窑"。

但是，由于大量精美的广彩如今只能在欧洲皇宫古堡里面看到，流传在外的也有不少是后期粗糙的制品，世间对广彩的误解渐成主流。很多人没有看到的是，广彩的奇妙之处在于广州没有自己的窑址，却能创烧出令欧美等国痴迷200多年历史的彩瓷，这在世界上是独一无二的。客观评价广彩，唯有如此，广彩的光复才有根基。

误解根深蒂固　陶瓷收藏家不藏广彩

主持人：广彩从创烧之日起，至今一直都在生产。

清乾隆广彩　中国人生活场景纹潘趣酒大碗

但一说到广彩，很多人都认为这种外销瓷太过粗糙，数量多、质量差，收藏价值不高，一些陶瓷收藏家的收藏品类很多，但独独不藏广彩。为什么外界对广彩的误解会这么深？

曾波强：目前广彩的处境很尴尬，"墙内开花墙外香"。在海外，广彩有着广泛的收藏市场，许多皇室贵族的庄园就收藏着数量众多的精美广彩，有人称之为"外销官窑"，因为这些精美的广彩多为王室贵族定做；绝大多数有瓷器收藏的博物馆一定会有丰富的广彩收藏，同时亦有大量的外销瓷的研究文章及专著，但目前没有一本被翻译成中文。

在广彩的出生地中国，广彩反而显得默默无闻。目前在国内甚至广州还有相当多的人并不真正了解广彩，认为广彩都是一些粗糙的外销品。

清道光广彩　桃李夜宴纹诗文杯

  1989年我从中山大学考古专业毕业，分配到广州市文物总店从事文物艺术品鉴定、征集和销售，这才知道广州有广彩。但当时市面上极少有广彩流通，特别是乾隆以前的广彩更是稀罕物，所以当时觉得广彩都是一些不太精致的彩瓷，大红大绿、金碧辉煌、构图繁缛、图案程式化，与中国传统雅致清丽的审美情趣相悖。直到1996年广州市文物总店在澳门开设分店，作为总店派驻成员之一，我在澳门分店工作了近两年时间，开始较全面地接触广彩，这才知道当初对广彩的看法是多么的肤浅。澳门有一些藏家专门收藏外销瓷，他们的藏品，都是我在国内的博物馆、私人藏家和流通市场中无法看到的，精美绝伦。即使在广彩生产地广州的各博物馆，所藏的广彩数量也极为有限，这些有限的藏品，还多是清代中后期的作品，显得粗糙、千篇一律。

  张海文：现在绝大部分好的广彩都在欧美，特别是欧洲国家，广彩数量非常多。我曾经去过国外一些皇宫贵族的家里，一看他们收藏的广彩，你都无法想象以前的中国人那是多么的伟大。好的广彩，丝毫不比我在故宫看到的景德镇官窑瓷器差。所以对广彩的认识，外国人比中国人要深刻得多。在外国人的眼里，中国最伟大的艺术品就是瓷器，中国书画仅仅是"墙纸"而已。

曾波强： 正是因为国内广彩实物资料的严重缺失，阻碍了人们全面认识广彩，造成了今天广彩的尴尬处境。

广彩因欧洲市场的需要而创烧，特别是早期的广彩，基本上是订烧的，生产数量极为有限，外商订什么就生产什么，在国内留存基本上是不可能的，尤其是其中的精品。即使到了乾隆中期，广彩生产数量大增，质量、规模都达到了一个高峰，但产品仍是满足海外市场。

此后，广彩亦曾尝试内销，但并不成功。一来从成本上它没法与景德镇彩瓷竞争，二来当时的国人并不接受有着异域风貌的广彩。即使有留存在国内的，也多是19世纪中期以后的广彩，当时的广彩已经走下坡路了，器型单调，图案程式化，彩绘随意，颜料粗糙，颜色单一，鲜有精品，留给观者的是粗俗的印象，出不了厅堂。国内传世广彩实物的匮乏，使得人们无法一睹广彩完整的真面目，更别说对广彩展开研究。

广彩艺人回流　公交司机重拾画笔画广彩

主持人： 由盛而衰，景德镇瓷器、醴陵瓷器也有这样一个过程，为什么现在他们可以重拾辉煌，而广彩至今却一直走不出衰败的阴影？

曾波强： 我觉得广彩市场起不来，最重要的原因是背后没有有实力的藏家队伍的支撑。比如醴陵瓷器，就有那么几个湖南的大藏家，只要市场上一有好东西出现，多少钱他们都收，所以一个宣统年间的醴陵瓷器可以在北京保利拍出100多万元，但广彩就缺少这么一些大藏家。这又回到我们刚才所谈的话题，精品广彩少见，人们收藏不积极，我们文博界也较少参与高端广彩市场，你说广彩市场有可能好吗？广东工艺要复兴，首先必须推动这个收藏市场的发展。就像关山月、黎雄才的作品，如果没人收藏，再好的作品也一钱不值。

张海文： 其实最近几年广彩市场已经略有起色了，一批先富起来的人已经开始收藏广彩，只不过他们并不懂艺术，只是看到广彩重工，觉得花这么大功夫画出来，怎么都不会比写意的差，算工不算艺。而且他们的收藏主要还是基于投资的角度，认为目前广彩处于价值洼地，看中的是未来的升值空间。

所以现在一批画广彩的艺人慢慢回流。上世纪八九十年代的时候，广彩没落到极点，

名家拓收藏

很多人为了生存只好扔掉画笔，比如何兆强，以前为了生计不得不去当公交车司机，现在又开始画广彩了。

主持人：但与其他陶瓷产区的艺术瓷相比，当代广彩的价格实在太低了。

曾波强：现在广彩的市场价格与景德镇彩瓷相比，差距的确非常大。因而，行家在销售广彩时，通常更愿意称为粉彩或彩瓷，拍卖公司在拍卖广彩时亦多称之为粉彩。当然有的人是确实分不清，有的人则是故意的，因为在当前说粉彩能卖更高的价钱。

但只要旧广彩的价格一天起不来，新广彩都不会值钱。景德镇的高明之处就在于，他们在推动当代大师作品的同时，首先推高民国时期景德镇瓷器的价格，现在珠山八友的八条屏，价格已经拍到了过千万元，这样人们才会觉得现在国大师动辄几十万元的当代瓷器未来还有价值空间。

19世纪中期广彩 人物纹花口瓶（一对）

张海文：但当代广彩艺人也的确有需要提高的地方，现在还在画以前老广彩的题材，材料又没有以前的好，怎么有可能超越前人？与任何一种艺术创作一样，广彩创作也面临着创新的问题。我认为现在的创作，除了技法要创新，还要研究现代色彩，研究现代人的情感，创作出现代收藏家喜闻乐见的题材，只有当创作与收藏相吻合了，当代广彩才有可能复兴。

最好的广彩　乾隆时期的广彩

主持人：目前国内对广彩的研究并没有给予足够的重视，相关出版物十分稀少。面对市场上充斥的粗糙广彩，我们如何从中鉴别挑选出精品？哪一个时代的广彩最具收藏价值？

清乾隆广彩　煮茶论道纹碟空碟

曾波强： 从广彩发展四个时期的不同风格特点看来，乾隆时期的广彩最美。

乾隆以前的广彩一般称为早期广彩。据记载，"式多奇巧，岁无定样"是早期广彩的时代特征，这说明早期的广彩是个性化极强的作品。已故广彩工艺大师赵国垣先生认为，初期的广彩多以单件的欣赏品为主，彩绘精工，技术高超，画面由艺人随意创作，或仿照西洋画，或来样加彩。这种风貌独特的瓷器礼品受到王公贵族的热烈追捧，订单越来越多，于是，广彩便慢慢形成了一门产业。康熙、雍正时期，是景德镇生产外销瓷的高峰期，大量瓷器销往欧洲市场，在这种情况下，广州生产与景德镇彩瓷一样的产品完全没必要，也不可能有竞争力，因而，我们可以推断，这时广州生产的外销彩瓷一定是个性化定制的。

进入乾隆时期，广彩的异域风貌特点更加鲜明，构图繁缛、色彩浓艳、富有立体感、喜用暖色调是此时广彩风貌的主要特点。当时广彩数量大增，并逐渐取代景德镇彩瓷，成为外销彩瓷的主流，高档的订烧瓷基本都在广州生产。所以乾隆时期是广彩生产的鼎盛期，其质量非常高。

到了嘉庆、道光时期，是广彩的重要转型创新期。这种改变，可以说是翻天覆地的，浓艳的绿彩被大面积地施用，之前暖色调的风貌被大红大绿的风貌代替，之前工、意结合的彩绘技法被勾勒填涂的中国传统彩绘技法代替，颜料完全由广彩艺人自行配制，岭南折枝花果、鸟虫、暗八仙等被大量用作地饰。其间虽有创新，但都没有持久的生命力，广彩的基本风貌自此延续至今。

道光以后，广彩的风格基本上是道光时期形成的红绿两色为主色调的基调。作品多以实用器为主，有一部分是纪念瓷。广彩的质量进一步下降，品种减少，绝大多数纹饰图案程式化，颜料品种单一，提炼不纯，构图简单，层次减少。

广彩的兴衰 从迎合洛可可到"中国热"消退

主持人： 进入嘉庆后，广彩从形制到纹饰、构图等出现了剧变，是什么导致了这种变化呢？

张海文： 广彩的兴衰史，其实就是一部清朝和欧洲国家的兴衰史，反映的是近300年的中外经济文化交流。

清代早期广彩为什么兴盛？因为广彩装饰迎合了炽烈的洛可可风格。18世纪的欧洲社会在继巴洛克的庄严宏大、充满动感的时尚之后,纤巧、柔美、奢丽的洛可可艺术风格风行。这一时期路易十五的享乐主义思潮泛滥,这是一个连男人也要抹粉和穿红色高跟鞋的时代。艺术家们则发挥了无穷的想象和技巧,为这种人生态度营造华丽欢乐的空间。广彩外销瓷也顺应了市场的客观需求。

再加上当时欧洲文人推崇"中国热",进一步促进了广彩的发展。1760年,由于伏尔泰《礼俗论》的发表,推崇中国的思想在欧洲登峰造极。"中国式"、"中国品"在欧陆无处不在,冠以"中国"二字的浴室、舞场、咖啡厅,中国式凉亭、水榭、屋顶,关于中国的指南读物、绘画、戏剧、文学作品和穿着中国式服装的侍女,都被认作是时髦的、先进的,"中国风"席卷西方世界,人们对中国事物不加拒绝地一概接受。这一切产生的最直接的结果之一,便是欧美社会成为广彩瓷出口的最

广彩花鸟人物纹贴螭龙双狮耳大瓶

大市场，达到迄今为止的历史最高峰。

曾波强： 的确如此，从现在存世的乾隆时期的广彩人物作品来看，绝大多数纹样为中国人生活场景。康、雍、乾是当时世界上最强盛的国家，当时的欧洲上至皇亲国戚，下至普通百姓，都极为仰慕中国人过的日子。在照相术未发明之前，这类绘有中国人生活场景的广彩就成为欧洲人了解中国富人生活的最佳载体。

在中国人生活场景纹饰中，我们常常会看到身着满服的"满大人"。19世纪中期以前，"满大人"是广彩人物纹饰中的主要图案之一，19世纪中期以后，此类图案基本消失。为何会出现这种情况？这与欧美市场的需求密切相关，也与西方对中国评价的变化有关。18世纪中国传递给欧美国家的是一个强大、富饶、神秘的国家，这种信息的传递，促成了欧美国家"中国热"的形成。但这股"中国热"在18世纪末以后逐渐消退。

张海文： 广彩瓷在欧洲市场的萎缩，还有一个很直接的原因，就是德国迈森瓷厂建立后，欧洲陶瓷生产的迅速发展所带来的影响。

过去中国瓷器令欧洲人倾倒，大量的进口影响到国家的金银库存，加上可观的商品利润，促使欧洲人不遗余力去寻找瓷器生产的奥秘，许多试验是在国家监护下秘密进行的，生产必须由政府准予专利权。欧洲许多国家先后建立起规模不小的陶瓷工厂，成为广彩瓷在欧洲市场上强有力的竞争对手。欧洲本地人也慢慢变得乐于购买便宜的本地瓷器，广彩在这轮竞争中失利衰退。

到了1803年，英国政府特别颁布一项新的关税法令，对英国瓷减税的同时，提高东方瓷器进口的关税。这一切都对广彩瓷在欧洲市场的销售造成严重打击。

第三章　陶瓷艺术与市场

第二节

景德镇大师瓷器价格是否已到顶？

特邀嘉宾

吴锦华
中国工艺美术大师、高级工艺美术师、广东省工艺美术研究所总工艺美术师、中山大学传媒与设计学院客座教授

胡忠胜
景德镇美术馆馆长、景德镇市民间民俗文化协会主席

戴文辉
广东百藏馆运营总监

曾有人预言，中国艺术品市场如果进入单价十亿元的时代，那首开纪录的必定是中国瓷器。近年在拍卖市场上，古瓷的价格就不断创出新高，带动当代瓷器的价格水涨船高。当中，景德镇的艺术陶瓷就是市场最为追捧的一个板块，平均价格年涨幅20%~30%，部分大师的作品价格更是一年涨几倍，成为艺术品市场上最为疯狂的板块之一。

但进入2012年，在经济大环境不景气的影响下，书画、珠宝、金银币等行情纷纷回调，红火了多年的景德镇瓷器市场行情是否也开始转淡？价格节节高的景德镇大师作品，会否遭遇滑铁卢？部分观点认为，景德镇瓷器已经到了不得不冷静的时候，持续多年的高歌猛进，已经让现代的景德镇工艺不断退步。

说市场　景德镇瓷器行情开

主持人： 2012年春拍，景德镇的当代瓷器市场反应很不错，中国嘉德推出的两个近现代陶瓷专场，总成交额达到了6168万元，景德镇艺术大师钟连生的"汉宫秋月"釉

名家话收藏

上彩瓷板，以1242万元创下画家个人拍场新纪录，也是该板块少见的千万级重要拍品。但我们仔细分析拍卖数据可以发现，成交好的，都是些名家精品。这其实也跟书画市场一样，由于高端瓷器受众群体购藏能力强，受经济大环境的影响极低，需求弹性小，因此整个瓷器市场金字塔顶部的价格区位非常稳定。但市场底部受冲击较大，低端拍品流拍惨重。景德镇瓷器是否也出现了这种现象？

吴锦华：收藏出现潮涨潮落现象均属正常。人们对艺术品价值及真伪存在疑虑，出现一些缓解现象我认为并不是坏事，在人们认真思考后会有自己的抉择。我也特地登门拜访了几家专业经营大师作品的门店，据他们介绍，确有经营转淡现象，但真正好的大师作品仍是一件难求。经常有大收藏家带着千万元款项来寻求优秀作品，可见人们对价位的提高是认可的，优秀作品仍不缺市场需求。

胡忠胜：直到现在，景德镇的艺术品陶瓷、手工制品的价格都是在走上坡路的。"国大师"（中国工艺美术大师）的作品当然卖得好，但是中青年艺术家也有他们的优势，他们的作品目前价位相对低，但他们会慢慢成长，目前市场份额最大的，还是中青年艺术家的作品这一块。

戴文辉：前几天我刚去了一趟景德镇，艺术品陶瓷这一块的市场，真的没受什么影响。一些"省大师"（省级工艺美术大师）拿到的订单都排到了明年，"国大师"更不必说，只要是好作品，不论哪个档次，都有人买。但低端的瓷器比如生活用瓷，生意的确就不好做了。

主持人：中央电视台在2012年"3·15"打假专题报道中将景德镇列为全国十大假冒文物生产地之一，这对景德镇造成的负面影响有多大？

胡忠胜：我倒觉得这为景德镇免费做了一次大广告，

李菊生 《昭君出塞图》

现在我每次回景德镇，飞机上总是坐得满满的，全国各地的人都奔着景德镇去，人气比以前更旺了。我在飞机上听一些人在议论，看电视说景德镇的高仿品能够以假乱真，价格又便宜，就冲着这个去的，传到下一代又是一件古董。现在在景德镇，店面租金越来越高，人越来越多，但大家还是生活得很好。

戴文辉： 景德镇的各类陶瓷专业市场多如牛毛，但档次分明。专门卖高仿品的，在樊家井仿古街，入口处有一块大牌匾，人家已经明明白白告诉你了，这里卖的就是仿古的东西，价格也明摆着，只不过被某些人转手后，以古董的价格卖了出去，这怪得了景德镇吗？

说价位 名家瓷器价格是否到顶了？

主持人： 最近几年景德镇艺术陶瓷的价格涨幅大家有目共睹，与广东潮州、福建德化、湖南醴陵这三个瓷都的作品价格相比，已经不在一条水平线上。景德镇的瓷器到底有什么底气？

吴锦华： 景德镇有2000年的制瓷历史，特别是在宋代，由于战乱，北方大量优秀陶瓷工匠云集景德镇，集天下之大成使景德镇制瓷业快速发展。在元、明、清时代，因统治阶层的重视，艺术瓷得到空前发展，创造出青花古粉彩工艺品种，清康、雍、乾时期设御窑，艺术瓷更达到鼎盛状态，也奠定了景德镇在艺术瓷方面的领军地位。清末文人参与画瓷又使陶瓷绘画的品位得到进一步提升，因而后来产生出珠山八友等一代代陶瓷名人。由于这些历史原因，加上目前景德镇的艺术瓷创作人员众多，所以景德镇在艺术瓷方面具有独占鳌头的优势。

吴锦华 《窗明蕉丛观蜓舞》

名家话收藏

主持人： 这背后是否也有资本力量的推动？

戴文辉： 最近几年，的确有不少大财团介入这个市场，最著名的当数保利集团跟钟连生老师的合作。目前市场上大部分机构都采取"包下"艺术家的形式，跟他们签订几年的合约，预订他们的作品。但是这种服务并不涉及定制，机构也不会事先跟艺术家沟通，而是艺术家创作什么，他们就采购什么，但说好了必须是精品。

吴锦华： 不仅是景德镇艺术瓷价位上升，宜兴紫砂壶、龙泉青瓷、河南钧瓷等优秀瓷器拍卖也常刷新纪录。但我认为这并不是资本推动的结果，而是艺术品价值真正的体现。

我一直坚持认为，景德镇瓷器目前的价位，远没有达到应有价位，和当前市场上的现代国画、油画价位相距太大。有人认为纯艺术品才有价值，工艺美术品是

李菊生 《读书郎》

匠人之作，认为写意画是艺术而工笔画是匠气。如果这种观点正确，那工笔国画和写实油画是不是艺术品？其实工艺美术也是综合艺术，它不但要有艺术价值还要兼顾材质、工艺技术价值。如陶瓷艺术品内含艺术修养、绘画技巧以及材料配方、热工处理等工艺手段，集美学、动力学、化学、材料学、力学等等为一体，因而一件优秀的景德镇瓷器并不是轻易可得的。我认为收藏家会逐步认识到其价值所在，因而景德镇瓷器还会有很大的升值空间。

说创作 景德镇制瓷工艺不断退步？

主持人： 之前有媒体采访王锡良老师，他老人家说现代的景德镇工艺，有的的确不如原来的水平。以前的艺人非常认真，而且传统工艺的基础很扎实，现在很少有艺术家能够超越。我们也留意到，现在很多藏家也是以画面和色彩作为收藏的首要标准，造型似乎被忽略了。还有一些中国画画家，也到景德镇画瓷器，立体效果不行但也照样好卖。到底工艺与装饰哪个更重要？

吴锦华： 我认同王锡良老师的意见，我是在巨人肩膀上长大的孩子，亲眼目睹了老一代艺术家极为认真创作每一件瓷器，感触至深难以忘怀，因而也继承了这种传统工作态度。原来是计划经济体制，人们都习惯于安心工作，没有太多杂念。现在太多诱惑，人们过于追求经济效益，必然会影响到工作态度。说到陶瓷形体和画面装饰，它们应该是不可分割的整体，遗憾的是现在的确有重画面、轻型体工艺的现象。

主持人： 因为近年来在拍卖会上创出高价的，都是一些高温颜色釉的作品，所以有观点认为，现在是高温颜色釉这种新的陶瓷工艺当道，传统工艺似乎难出天价，不知是否准确？

吴锦华： 高温颜色釉装饰并非是新的工艺，只是当代人借传统工艺，转换了一种运用方式。高温色釉早在千年前就由古人创造，是景德镇瓷器四大代表品种之一，原只用来单色装饰瓶体，当代人用作颜料绘画，扩展了高温色釉的艺术空间。就如洛阳唐三彩，原来只用作小件室内工艺品，现已有唐三彩工艺大型壁画展示于上海世博会。

艺术品种并没有贵贱之分，运用何种工艺手段并不重要，创作出优秀的艺术品才能流芳百世。无论何种工艺所创作出来的优秀作品，都会物有所值，都会有收藏家喜爱。传

名家 收藏

吴锦华　《蕉风清处思鹓翔》

统工艺已传承几百年，何时衰败过？而且传统工艺也随着科技发展而不断增添新的工艺手段，使艺术形式和魅力越加丰富。同时，我认为一名现代陶瓷艺术家应具有驾驭各种工艺技法的能力，这样创作空间才能无限宽广。

说收藏　去原产地买东西性价比高?

主持人： 现在很多人都知道景德镇的瓷器好，价值空间大，但就是价格太高了，投资收藏如何才能买到性价比更高的东西？

吴锦华： 我认为最值得收藏的，应该是具有景德镇艺术瓷特色、器型画面秀美优雅、

钟连生　《夜景幽谷明泉》

工艺精湛、作品内涵深刻、存世量稀少的优秀作品。瓷器收藏，我觉得必须综合考虑四方面的要素。一是作品的完整性，看装饰画面的主题内容、形式美感和载体（瓷瓶或是瓷板）能否完美融合；二是看作品装饰画面内容的主题思想是否具备一定的表现深度；三是看作品是否有创新形式美感和独特性；四是看作品器皿材质是否优秀，制作工艺（包括制瓷、绘画）是否精致。

胡忠胜： 我建议还是选择有升值潜力的中青年艺术家的作品，名家精品肯定是好，

但价格却不是大部分藏家所能承受的。如何选择一只潜力股？可以考察这位艺术家的师承，看他的背景、经历，拿他擅长的东西与同类作品比较。收藏的时候，不要盯着职称，而是要盯住精品，精品的价格，肯定会随着艺术家的成长而不断升值。

实力之外，还要考察他的圈子。现代人要与市场接轨，人脉广、信息量大非常重要，这样他就能少走弯路，发展自然就快。现在的艺术家如果没有几个有实力的收藏家来支持你，单靠个人的发展也是很难的。

戴文辉： 目前瓷器收藏的主流渠道一是拍卖竞购，二是门店购买。有些精明的藏友总觉得去原产地买东西就一定更保真、性价比更高，但他们却忽视了收藏瓷器需要掌握相当多的专业知识，需要预先做大量的功课，了解景德镇老中青三代数百位名家。即使藏家具备了相当的专业知识，还得带上导航仪逐个找到名家的住处，成本太高，成功率又太低。而且艺术家都是极富个性的，藏家单枪匹马找上门去，也很可能因为理念和风格的不同而导致不欢而散。我们百藏馆在创立之初也曾走过弯路。当时我们通过一些途径去景德镇拿货，由于不是特别懂行，有的藏品价格甚至比市价多出了一个零。专业机构在摸不清水深水浅时尚且可能犯错，对景德镇不甚了解的藏家又能有几分眼力呢？所以我还是建议藏家找专业的专营机构，让他们为你提供量身定做的收藏建议。

第三章 陶瓷艺术与市场

第三节

古瓷价格没有最高只有更高

特邀嘉宾

张海文
广州美术学院教授、博士、中国陶瓷艺术与科学研究中心主任、广东省工艺美术协会副会长、第16届亚运会奖牌总设计师

吴锦华
中国工艺美术大师、高级工艺美术师、广东省工艺美术研究所总工艺美术师、中山大学传媒与设计学院客座教授

张春雷
广东省工艺美术大师、高级工艺美术师、广东省工艺美术大师联谊会会长、中国艺术研究院客座研究员、中山大学兼职教授

作为收藏的一大品类,瓷器无论藏家队伍、市场份额,还是市场关注度,都仅次于书画。从2010年秋拍开始,瓷器市场行情就异常火热,特别是最炙手可热的明清瓷器,最近两年不断有过亿元的纪录产生。天价古瓷频频出现,是市场炒作所致还是真的物有所值?"追古"应该追什么?如何在古瓷收藏中练就一双慧眼?这些都是藏家和看官非常感兴趣的话题。

但是,由于古瓷价格高企,赝品泛滥,古瓷爱好者往往心有余而力不足,所以一些藏家的目光开始转向当代瓷器。2010年,中国工艺美术大师张松茂的《三顾茅庐》以1300万元人民币的天价成交,把中国当代艺术陶瓷拉进了"千万元时代"。不仅如此,随着近年来瓷器收藏市场的兴起,一些深藏闺中的国宝级古瓷的高仿品、精仿品,也开始有了自己的藏家队伍。虽然目前业界对此褒贬不一,但毋庸置疑的是,瓷器的收藏空间正在进一步开启。

当代瓷器 材质的好坏是否重要?

主持人: 随着近年来瓷器收藏市场的不断升温,当代

名家与收藏

张海文　官窑青瓷《瑞兽祈福》

陶瓷也越来越受青睐。2010年，中国工艺美术大师张松茂的《三顾茅庐》以1300万元人民币的天价成交，把中国现当代艺术陶瓷拉进"千万元时代"。2011年的拍卖市场，"青花大王"王步的作品《青花灵禽春夏秋冬四屏》以2350万元成交，刷新了景德镇近当代陶瓷的成交纪录，也为当代陶瓷的价格打开了想象空间。

吴锦华： "厚古薄今"的观念在中国根深蒂固，近两年当代瓷器虽然也有高价成交的，但数量相对较少，而且价格不但跟古瓷没得比，跟当代中国画的价格也没得比。不少当代画家的作品能上千万元，而当代瓷器名家的作品，却很少有过百万元的。这是因为人们在观念上还没有真正认识到工艺美术品的艺术价值。我认为现代陶瓷艺术品价位应该还有上升空间。

主持人： 最近两年当代瓷器的价格上涨得太快，有些名家作品一年价格能翻十几倍，我觉得更多的是炒家而非

张海文 《花开盛世》

藏家推高了价格。就收藏而言，与其他工艺美术品相比，比如端砚，是比较讲究名师配好料的，但是现在我们欣赏一个当代瓷器的时候，由于瓷器的生产已经工业化，可能更多的是从画工、作者这两方面来评估其价值，材质的好坏似乎被忽略了，这与古瓷往往很注重釉色又有不同。

吴锦华： 艺术陶瓷与端砚最大的区别是，后者最大的价值在于它们的材质本身，而陶瓷大部分的价值在于它所含的艺术成分。所以判断一件瓷器的好坏，关键是看艺术家是谁，看这件作品的艺术特色和作品的唯一性。

张海文： 但瓷器也在乎原材料的质地，价格也受原材料的影响。可以用于制作陶瓷的材料和技法很多，有陶、有瓷，有釉上彩、釉下彩等等，关键看你如何组合运用。陶瓷不同于玉雕、牙雕、端砚等工艺美术品，它将天然材料人工再造，风化的泥土必须经过各种工艺处理，才能呈现出一个新的面貌。而且一个窑炉有三个制度：温度制度、压力制度、气氛制度，每个窑炉都不一样，烧制出来的瓷器会有不一样的结果。所以不同材质的陶瓷，价值差别还是挺大的。

吴锦华： 瓷器收藏，我觉得必须综合考虑四方面的要素。一是作品的完整性，看装饰画面的主题内容、形式美感和载体（瓷瓶或是瓷板）能否完美融合；二是看作品装饰画面

名家话收藏

张海文 《大如意瓶》

内容的主题思想是否具备一定的表现深度；三是看作品是否有创新形式美感和独特性；四是看作品器皿材质是否优秀，制作工艺（包括制瓷、绘画）是否精致。

高仿瓷器 是否具备收藏价值？

主持人： 古瓷的投资收藏门槛太高，近几年市场上出现了各种古瓷的高仿品、精仿品，对此收藏界看法各不相同。有的人认为凡是仿的就没有收藏意义，但也有人认为，很多高仿瓷器的原型都是深藏闺中的国宝级文物，买复制品至少能过过眼瘾。而且目前高仿瓷器的价格也不便宜，因为制作成本高、数量有限，很多都过万元。这类高仿瓷器是否有收藏价值？

张海文： 收藏的健康心态应该是追求美的东西，这就足矣，并不是越古的东西越好，其实古代的名窑里也有很多次品。收藏，其实主要看的是收藏者的品位和水平。即便你拥有的只是一件仿品，如果它仿得非常好，它也是具备收藏和欣赏价值的。历朝历代，也都存在仿品，比方说乾隆皇帝，他的御窑有很多是仿前朝的精品并加以发展，这就是承传与创新。就像我们经常说的，昨天的工艺品是今天的文物，今天的工艺品就是明天的文物。现在的技艺水平，更是超过了历朝历代，所以当代的高仿瓷器，对于后来者自然是有价值的。

张春雷：在我们工艺美术界，有的艺术品种是允许高仿、精仿的。如古典明清家具就有许多高仿。明清时期是我国家具艺术发展的巅峰，能仿得好也是精品。我们提倡创新发展，反对把高仿品当作古董去骗人。

主持人：所以说无论是收藏哪个时代的东西，都要收藏那个时代的好东西，这才有价值。正因为高仿瓷器也有了自己的藏家队伍，再加上一些不法分子存心将高仿品当古瓷卖，目前的高仿瓷器，从生产到销售，已经形成了一条完整的生产链。

张海文：高仿品不是古瓷，是当代的作品。具备收藏价值的高仿瓷器，必须跟赝品区分开来，高仿瓷器的仿制目的不是刻意作伪和诈骗，而是为了再现古代优秀的艺术品，其精美程度不亚于原作，很多高仿瓷器的原型还都是国宝级的文物，所以才具有较高的艺术价值。而赝品一味是为了鱼目混珠。现在造假手段太多，为了使新陶瓷去掉光泽，有化学处理的，有将瓷器泡到泥土中的，憋在肥料中的，扔去厕所的。收藏家如果不了解仿造品是如何制造出来的，就不了解它与真品有何区别，所以这也是藏家的一门必修课。

古代瓷器　"追古"可以追什么？

主持人：瓷器是中国历史文化的重要组成部分，有着很高的艺术收藏价值。古瓷器以元代为界，元以前的统称为高古瓷。在欧美，收藏家喜欢唐代以前的高古陶瓷；在日本，收藏家喜欢中国宋代的瓷器；而内地收藏家则追捧明清官窑。随着最近几年艺术品市场的升温，天价古瓷频频出现。过亿元的价格对于古瓷来说，是价值的回归，还是市场炒作所致？

张海文：人类文明，如果离开陶瓷，便无从谈起。因为陶瓷是一种历史的证据，它是一种无机非金属材料，耐腐蚀、不会被氧化，能为考古学家和收藏家提供历史的原貌。而且通过技术手段分析古代陶瓷的化学成分，可以进而获得当时地球矿物的一些数据，这

名家论收藏

与如今南北极考察所获得的历史微量元素是吻合的。这些"指纹特征"有助于研究古地球物理化学的演变和古代气象的变化，有极高的科学研究价值。现代挖陶土，是开着机器去挖，许多陶土中的微量元素受到了污染，但古人挖出来的陶土不受污染，很完整地保留了当时的微量元素资料。所以收藏陶瓷，不仅仅是获得一件艺术品，它还包含了许多科学信息和人类未知信息。不仅如此，陶瓷的身上还包含着许多工艺信息，比如官窑和民窑的风格就完全不一样，官窑作风严谨、庄重、工整，而民窑则贴近平民生活，活泼、随意。像广东佛山的石湾窑，历史上是山高皇帝远的地方，所以它的风格很活泼；而像定窑、汝官窑、钧窑，它是专供给宫廷使用的，所以比较稳重、雅致。透过陶瓷，还可以看到当时的民俗习惯、生活、文化。

所以说，现在一些古瓷过亿元的价格，我不认为是天价，古瓷的价格，没有最高，只有更高。因为它不可复制，是人类的无价之宝。物以稀为贵，现在官窑瓷器的价格为什么那么高？因为官窑传世不多。经过近百年、上千年的战乱和迁徙，易碎的陶瓷幸存下来的就更加少了，现在很多很好的陶瓷，其实都在国外。

主持人： "不怕买贵，就怕买错"，这是收藏界的金科玉律，虽然古代瓷器价格高企，但仍然吸引了一大批忠实拥趸，"追古"应该追什么？

张春雷： 目前明清官窑最受国内藏家的追捧，实际上宋元时期陶瓷成就非凡，五大名窑、八大窑系的出品精美，历史上一般为宫廷专用，或为达官贵人收藏，也是瓷器收藏的一大方向。按照五大名窑、八大窑系的归类再上下追索，可为"追古"收藏者提供一个参考思路。

目前对五大名窑的说法有两种：一为"柴、汝、官、哥、定"，一为"定、汝、官、哥、钧"，因柴窑是否存在还是一个历史悬案，所以一般取第二种说法。其中，定窑因窑址在曲阳，宋时隶属定州而得名，以印花、刻花、划花装饰瓷器名闻天下，主烧白瓷；汝窑因窑在汝州而得名，主烧青釉瓷器，给人以玉石的质感；官窑也就是指官家所开的窑，窑址北宋时在汴梁（今开封）附近，南宋又于临安（今杭州）另开新窑，主烧青瓷，紫口铁足，质如青铜；哥窑的窑址至今仍无定论，传说为章氏兄弟中的哥哥的窑口，主要特征是釉面均匀满布不规则裂纹，这些开片的形成，其实是窑火停歇冷却的过程中，釉面收缩系数大于器胎收缩系数所致；钧窑在河南省禹县（今禹州市），因古属钧州而得名，钧窑瓷器以釉色匀净、瑰丽绚烂而著称于世，所烧天青、月白、海棠红、玫瑰紫四釉尤为名贵，在宋代就是皇家用器。

而八大窑系指的是定窑系、磁州窑系、耀州窑系、钧窑系、龙泉窑系、景德镇青白瓷系、越窑系、建窑黑釉瓷系。

张海文： 现在玩瓷器的人是分流派的，喜欢景德镇瓷器的人会专门收藏这一地区的瓷器。而喜欢河南钧窑瓷器的人，可能一件景德镇的瓷器都没有。还有一批有钱人，专门把流失海外的瓷器通过拍卖带回中国，这其实是爱国主义的一种体现。所以收藏家的贡献其实是对人类的贡献，他们用自己的血汗钱收藏艺术品，但他只在一小段时间内拥有艺术品，最后藏品还是回馈了社会。真正的收藏家，本身还应该是个学者，具有一定的见识和判断。但现在大部分的瓷器玩家都比较年轻，年龄介乎38岁到45岁之间，不像过去是五六十岁的藏家居多。这些年轻的玩家很多不懂历史和行情，比较肤浅，

吴锦华　《丹颗甜蜜压枝低》

名家拓收藏

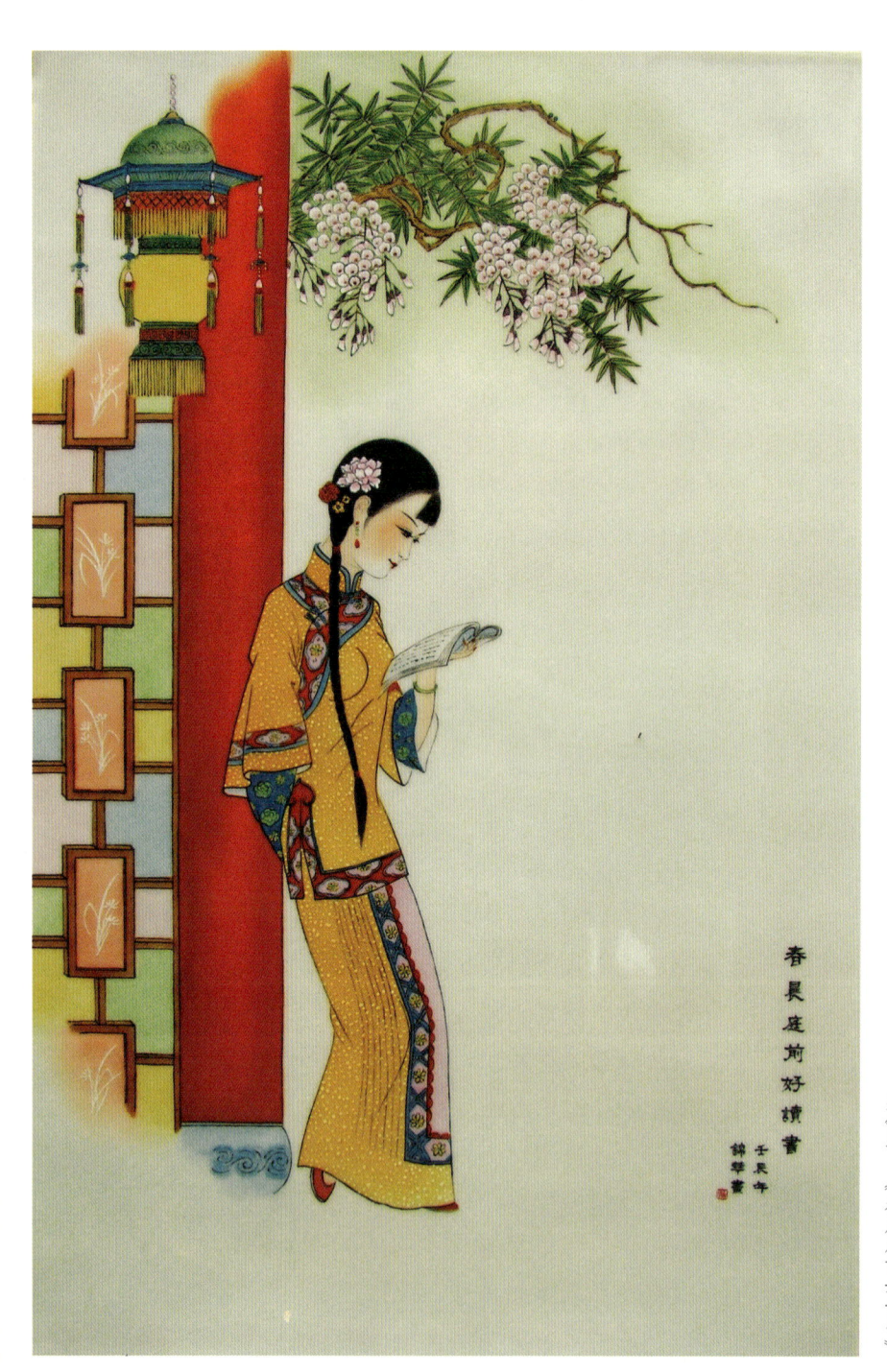

吴锦华 《春晨庭前好读书》

但很有冲劲，购买瓷器完全是凭感觉，他们也就是收藏界中最容易受伤的人群。我就见过一些古陶瓷的爱好者，家里收了一大堆陶瓷，动辄几千万元，但其实都是垃圾。

主持人： 古陶瓷的真伪一直以来是收藏者伤脑筋的问题，虽说收藏古陶瓷可以请专家掌眼，但对一件古陶瓷的认定，专家之间的说法又往往天差地别。

张海文： 有需求就会有市场，有市场就会有人仿冒，进而鱼目混珠，这是自然而然的事情。但这当中肯定有懂行与不懂行的，不懂行的就只有被耍，唯一的办法是加强自身的学习。先被耍，才会玩。

现在的古陶瓷专家，有三种不同背景出身的人。一种是文博专家，例如北大、中大历史系、考古系出来的，历史文献、田野考古看得多了，也懂行；第二种是科技考古专家，他们利用高科技手段把古代陶瓷和古矿物拿来测试，对比印证；第三种是陶瓷研制专家，他们熟知陶瓷的制作工艺和技巧，进行实物研制。这三类专家，各有所长，但也都有缺陷，不可能百分百看得精准。而同时拥有这三种背景于一身的横跨社会科学和自然科学的高级复合型专业研究人才，目前国际上非常稀缺，甚至断层。

主持人： 古瓷太贵，有的人玩不起整个古瓷，瓷片他也玩，这值得吗？

张海文： 专门玩瓷片的其实都是专家，现在一片古瓷片卖到几十万元的也有。举例来说，清代景德镇御窑厂的窑工，在瓷器上不小心画了个六爪金龙，但五爪金龙是皇帝御用的，四爪的是官臣用的，三爪是民间用的，这个六爪金龙如果被发现，窑工是要被杀头的，于是御窑厂的窑工偷偷把它敲碎后埋起来。后被当代考古发掘，画工和品质非常杰出。而玩小瓷片的玩家专门找的就是这些。另外，瓷器一旦被敲开，通过科学分析，就能得到其泥土、釉水配方等信息，而整一个的古瓷，谁都舍不得将它敲烂来研究。正因为如此，一些做研究的人，也要专门去买古瓷片。现在一片汝窑的瓷片，可以卖到几万元甚至十几万元。你说值不值？我觉得非常值得。

名家话收藏

第四节

石湾公仔产业规模化影响收藏者信心？

特邀嘉宾

梅文鼎
中国工艺美术大师、高级工艺美术师、石湾陶艺现代流派创始人、广东省石湾陶塑技艺非物质文化遗产传承人

陈月华
广东省工艺美术协会副会长、佛山市陶瓷行业协会艺术陶瓷专业委员会会长、佛山市石湾陶艺收藏家协会理事长、佛山市新石湾美术陶瓷厂有限公司董事长

封伟民
中国陶瓷艺术大师

虽然石湾公仔的大师作品价格多年来一直维持稳步上涨，但与近年来价格突然几级跳的景德镇瓷器、宜兴紫砂壶、龙泉青瓷相比，石湾公仔的差距似乎越来越大。这是给藏家留下了充裕的升值空间？还是产业的规模化正让石湾公仔遭遇成长的烦恼？

石湾公仔为什么卖不过景德镇瓷器？

主持人：石湾公仔是广东土生土长的传统艺术表现形式，是广东的传统文化名片之一。近年来，随着艺术品市场的繁荣，石湾公仔的市场关注度越来越高，特别是国家级大师的作品，价格都上涨了很多。目前石湾公仔拍卖的最高纪录，应该是中国工艺美术大师黄松坚的陶塑作品《龙之尊者》，2010年在深圳艺拍会拍出了336万元的高价。但整体上与近年来价格突然几级跳的景德镇瓷器、宜兴紫砂壶、龙泉青瓷相比，虽然同样是区域性艺术品，石湾公仔无论是知名度，还是市场价格，还是存在着一定的差距，为什么会出现这种情况？

梅文鼎：这个问题很多人都问过我。我觉得，现在石

第三章 陶瓷艺术与市场

湾公仔的价格比不上景德镇瓷器，是有历史原因的。石湾制陶虽然可以追溯到新石器时代，但石湾的艺术陶瓷，俗称石湾公仔，真正出名的时间其实并不是很长。而且以前的民间艺人，缺乏文人意识，作品没署名，也没盖章，再加上他们的文化程度也不是很高，互相借鉴、互相参照的作品很多。

石湾公仔声名鹊起的时候应该是在清末民初，随着黄炳、陈渭岩、潘玉书等名家作品影响力的增大，石湾公仔的社会关注度越来越高。但在清中期以前，石湾早期民间艺人的作品都是没有署名，也没有盖章的，直

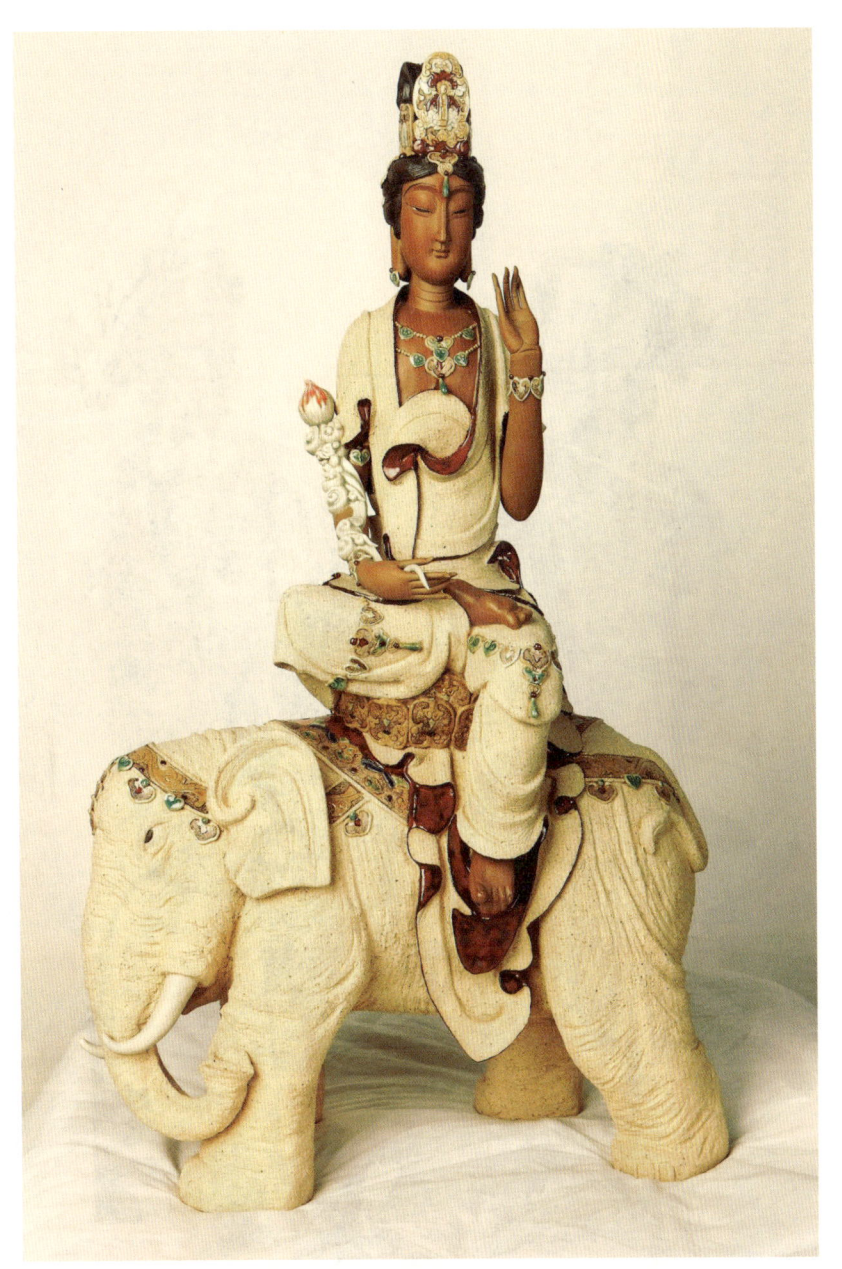

封伟民 《普贤菩萨》

名家话收藏

到黄炳以后作品才有了作者的署名或盖章。那些没署名，也没盖章的作品当中，其实有很多好东西，但现在很多收藏家缺乏欣赏鉴别能力，都不敢收。

封伟民：深层次的原因，还牵涉到岭南人的个性问题，以及陶瓷本身的局限性。岭南人通常安于现状、小富则安，这两种性格明显地影响到石湾公仔的发展方向。另外，自古以来，石湾公仔都是民窑，一做出来就得铺开市场。在岭南这块南蛮之地，自打有石湾公仔以来，都是一种粗放的生产经营模式。另外，石湾公仔的工艺性较高，而艺术性比较欠缺。尤其是以前，工艺也比较粗糙，从潘玉书开始，工艺才有了明显的提高。石湾公仔的题材也是很民间化的，都是些历史人物，大多是土地公、观音这些生活化的人物，所以它没法作为一种很精美的艺术品摆放在一个高层次的环境里面。

封伟民　《花月春风》

梅文鼎： 石湾的陶瓷大师自我炒作的意识也比不上其他地方，石湾的大师普遍都比较内敛，不想过多吹嘘，缺乏自我炒作的心态。

陈月华： 还有一个非常重要的原因，佛山主要的经济命脉并不在石湾公仔身上，佛山的产业太多了，政府对石湾公仔的关注和扶持程度，肯定比不上景德镇等地。而景德镇瓷器和宜兴紫砂壶，都是当地的经济支柱。但我认为，佛山经济发展到现今的阶段，提升城市文化形象、城市软实力，是政府更应该考虑的事。

这几十年来，石湾公仔的价格其实已经翻了几番了，拍卖也有过300万元的。以石湾有代表性的刘泽棉大师为例，1997年他在香港举办个展的时候，一件原作也就卖8000～10000元，现在起码过百万元了，升了一百倍。其他国家级大师的原作，现在的价格很多也要几十万元了。

主持人： 同样是区域性艺术品，其他几种陶艺在全国各地的认知与购藏都比较活跃，但石湾公仔给人的感觉，却好像很难走出岭南。

梅文鼎： 石湾公仔一早就走出海外了，以前石湾民窑一直都靠外销，石湾的窑灶以前都是在河边的，石湾公仔一烧出来，马上就装船运走了。所以以前的石湾公仔，留在东南亚、香港、台湾地区的很多，留在国内的反而少。所以有句俗话：幡竿灯笼照远不照近，说的就是石湾公仔在国外很出名，在国内知名度反倒不是很大，这就是它长期外销的结果。

主持人： 对石湾公仔未来的发展有何建议？

梅文鼎： 有建议就局限了，我认为还是要鼓励各家各户百花齐放。为什么清末民初石湾公仔那么活跃？就是因为当时各家各户都创造出了自己的品牌，当时也不见得有

黄松坚　《龙之尊者》

名家话收藏

谁指导他们应该怎么发展、怎么做。现在石湾的作坊虽然很多，但就是缺乏这样的精髓。所以我经常说，要继承石湾什么样的传统呢？就是要继承传统的精神，一种独创的精神。

老石湾陶艺面临新审美挑战

主持人： 传统石湾公仔以古朴厚重面貌著称，造型逼真而自然。但我们也看到，石湾公仔的题材太过集中，大都是些释儒道题材或樵耕渔读等传统人物，与现代审美的要求出现了差距。

梅文鼎： 石湾也有很多创新的作品，只不过传统的东西容易做，数量上占了大多数，好像达摩，就总是这么几个姿势，缺乏新鲜感。

现代就是需要在传统的题材里融入时代的气息。但做石湾公仔，你不做传统题材，消费者就不买账。而没有融入新的理念，作品又没有新鲜感，缺乏韵味，所以石湾公仔要创新，需要考虑的东西更多。

封伟民： 石湾公仔其实一直都在创新，现在看着传统的东西，其实也是老前辈以前的创新，现在我们的创作，就更加必须推陈出新，这也是收藏的大方向。

以我自己为例，我的创作就经历了三个阶段。第一个阶段，我做的是传统题材，以达摩、罗汉为主。第二个阶段主要是做武将，主要是做曹操、常胜将军、万夫莫敌这些题材，但慢慢地就有人模仿了。所以第三阶段，也就是现在，大

刘泽棉 《孔子》

多数时候我是在做仕女。相对而言，仕女这个题材的难度较大，一是脸相要美，二是形体要美，三是要不俗气，四是要有书卷味，后面这两点比较难达到。所以仕女这个题材，目前暂时还没发现被模仿。

我是在传统里面进行创新的。这要把握好一个度，我一直认为我是在走钢丝，一边是传统，一边是现代，我一直在寻找一个平衡点。我觉得现在找到了这个平衡点，但怎样向前走，一直在探索。石湾这个圈子不大，有个人风格的作品很容易就会被藏家发现，所以陶艺艺人如果能够把握准自己的方向，有自己的想法，很快就能冒出来。

主持人： 确实如此，作为传统艺术形式，不创新则缺乏活力，不遵循传统的艺术形式，太超前则脱离这种艺术品类的特性，这需要陶艺家的长期积累与探索。而景德镇瓷器和宜兴紫砂壶能够这么出名，我认为还离不开文人雅士的介入和文化的支撑，否则其影响永远都是在民间。石湾公仔有没有可能在这上面有所突破？

梅文鼎： 宜兴有文人壶，最近景德镇专门组织全国闻名的国画家去画花瓶、画瓷板画，就是要借助其他方面的文化财富融入自己。但我们做石湾公仔，不可能找很多人共同参与，作品都是靠作者一手一脚做出来的，所以我们很难借助外界的文化知识融入我们自己。

封伟民： 石湾公仔还有很大的空间，我认为这就是一个发展方向。有些人感叹创作不了新东西，我个人认为，可以在文化底蕴里挖掘一下，做到雅俗共赏。现在石湾很多老前辈为了石湾公仔能够走出去扩大影响力，出了很大的力，我们就更加不用说了，是当干的年纪。但我觉得最主要的还是要有一个方向，要有一个清晰的思路，这需要政府的引导。对个人而言，把作品做好是对自己最大的推动。

产业规模化令行情难以走高？

主持人： 与其他陶瓷不同，同样一个造型，石湾公仔分原作、限量版、精品、普通品多种，特别是精品和普通品，数量非常多，价格差别也非常大。刚入门的收藏者，很难区分什么是原作，什么是精品、普通品，这是否影响了收藏者的信心，令石湾公仔的行情难以走高？

梅文鼎： 你说的这个问题，恰好是石湾公仔老实经营的表现，并不是缺点。在其他一

名家话收藏

些陶瓷产区，每一件陶瓷都说是原作，一个注浆的茶壶都敢说是原作，石湾公仔就不会这样。

应该说，石湾公仔只分为两种，一种是原作，另一种是复制品。原作只有一件，一个作者一年能创作出来的也没几件，价格肯定也高。为了满足收藏者的需求，我们又做了一批复制品。复制品里面，分出精品（精品又分为限量版和非限量版，都是经过作者亲自修改的），其他的是普通工艺品。

封伟民：但限量品限多少件，精品做多少件，目前并没有行规。我自己的限量品，100件、50件、8件都试过，尽量把范围缩小，精品就没有量的限制。你问为什么不提高单件的价格，少做一些精品？我觉得原作和限量品的数量非常有限，特别是原作，收藏家一买回去，外面的人就看不到了，可是几十个、几百个甚至上千个精品铺向市场，知道石湾公仔的人自然就多起来了，这是普及大众的一个方向。如果只是销售原作或限量品，那面向的只是具有一定消费能力、欣赏能力的小众群体。

在整个中国陶瓷产区，做得最累的还是石湾的陶艺人。石湾公仔最出名的就是人物造型，但做人物的难度是最大的，创作、制作的过程和耗费的心思都很大。景德镇的瓷器大都是花瓶，而且他们的分工非常细，有专门的人烧制、拉坯、卖颜料，很多景德镇的陶艺师需要做的，就只是在已有的泥坯上画画，所以他们可以只做原作。

主持人：现在不少藏家，都是冲着"大师"的名衔去收藏，所以陶艺家们也挤破了头评职称。同样一件作品，不同级别职称的价格差距有多大？石湾公仔的收藏有哪些门道与奥妙？

封伟民：我评上中国陶瓷艺术大师后，作品的价格大概涨了十倍。

陈月华：现在到处都是大师，级别最高的是中国工艺美术大师，以前起码是由国务院副总理颁证。之后中国工业陶瓷协会又评出了中国陶瓷艺术大师，也是国家级的。还有一个中国设计大师，是由建筑陶瓷行业协会评出的。省级方面，有广东省工艺美术大师，广东省陶瓷协会也评广东省陶瓷艺术大师，有些地方还评了一种叫民间大师的。到了市里，可能还会评佛山市工艺美术大师。但要论人事部认定的职称，最高的是高级工艺美术师，然后是中级工艺美术师，助理工艺美术师。

现在的确有一些收藏家只看重表面的职称，但其实作品本身的艺术效果、收藏价值更加重要，职称只是其中的一个方面。

封伟民：名气与衔头是一种保障，但不见得有保障的东西都是好的。我个人认为，可以锁定级别达到一定水准的一批大师，在这个范围内，挑选好的作品，这样比较有保障。

另外我觉得选择石湾公仔，选作者比看作品还更重要。要看作者有没有潜力，有没有能力，有没有天分。如果你觉得这个作者有潜力，那就大胆收藏他的东西，因为有潜力自然就不会停步，他一直往上走，你的藏品升值空间当然就跟着走。

最简单的就是看作品，作品好你就收藏。但作品的好坏评判有些复杂，包括造型、题材、泥火釉是否协调，以及作品的工艺性、艺术性，这些都有一堆的理论可以去研究。最直接的方式，就是看作品给人的感觉舒不舒服，合不合你的眼缘，这是入门阶段最简单的判断。入门之后，就可以从作品的工艺性、艺术性等方面去判断了。

陈月华：目前收藏石湾公仔的藏家可以分为几类：一种是只收几位老艺人的作品，现在中国工艺美术大师这一级，像刘泽棉、梅文鼎、黄松坚这一辈，年龄都超过了70岁。这些大师现在只要每出一件限量品，这些收藏家无论是什么都收。第二种藏家是专门收藏有潜力的中青年陶艺家的作品，看重的是他们的成长性。第三类藏家是专门收藏有窑变效果的作品，追求的是一窑一宝，不可重现的艺术效果。还有一类藏家只侧重专题收藏，好像有些

梅文鼎　《天高任鸟飞》

人专门收藏红色题材的作品，有些人专门收藏笔筒、花盆或是十二生肖的题材。

很多藏家跟我们交流的时候都说，正因为石湾公仔还没有被大规模地炒作，所以现在才最值得收藏，未来的升值空间很可观。

知多D　石湾公仔

石湾公仔是两广地区人们对广东佛山石湾窑生产的陶塑制品的亲切称谓。它以生动、逼真、传神而著称。其工艺特点是以陶泥为"胎骨"，以别具一格的彩釉为衣物或翎毛。石湾公仔施釉不在人物的脸、手部上釉，而是以胎泥色泽使肌理表现更加真实。同时由于石湾公仔所使用的泥料较粗且含砂，就需要上一层较厚的釉来掩盖，从而使作品的艺术风格显得特别古朴厚重。

石湾制陶迄今已有5000年历史，最早可追溯到新石器时期。但石湾艺术陶器的历史，一般认为起始于唐代。

清代晚期至民国初期，涌现出大批的陶塑名家，如黄炳、黄古珍、陈祖、陈渭岩、冯秩来、刘佐朝、潘玉书、霍津、廖作民、廖坚、区乾、刘传等。

石湾公仔的题材种类包括人物、鱼虫鸟兽、山公盆景、瓦脊壁画等。其中人物雕塑是石湾公仔中最常见、最著名、产量最大的品种。

第五节

外销瓷：
瓷器收藏最后一块价值洼地？

特邀嘉宾

陈少湘
广东省人民政府参事、中华收藏家联合会主席、广东省收藏家协会主席

聂来阳
广东省收藏家协会鉴定委员、广州市古玩行业商会副会长

　　十年前，清三代的官窑瓷器在拍卖会上的成交价也就几千元、几万元。但随着中国艺术品市场的爆发性繁荣，现在的官窑瓷器价格已达几十万元、几百万元，甚至几千万元了。就在很多瓷器收藏爱好者慨叹无从下手的时候，事实上，却有一个板块正在冉冉升起，那就是外销瓷。

　　与雍容华贵、中规中矩的官窑瓷器相比，这种以出口创汇为目的外销瓷风格上更为自由活泼，但因多是日用瓷，存世量相对也较大，在很长的一段时间内，外销瓷并不受国内藏家认可。直到2012年5月12日华辰春季拍卖会，一件元青花鱼藻纹大盘创出6888.5万元的高价，收藏界才开始重新审视外销瓷的投资收藏价值。但即便如此，目前国内外销瓷的市场价位，不及同等内销瓷价格的1/2。可以说，外销瓷就是瓷器收藏最后一块价值洼地。

说历史　元青花主要是贸易用瓷

主持人： 大家都知道中国的英文以China(瓷器)冠称，但大部分人应该不知道，在数世纪前，这饮誉世界的

名家话收藏

元　青花鱼藻纹大盘

China(瓷器)指的并不是代表中国顶级陶瓷工艺的官窑瓷器，而是那些远销欧洲各国的外销瓷。对于中国瓷器历史发展中不可割裂的一段重要历史，目前收藏界，甚至全社会对外销瓷的关注度和认知程度都不是很高，我们有必要梳理一下外销瓷曾经的这段光辉历史。

陈少湘：外销瓷的历史很悠久，最早在唐朝的时候，中国就已经有瓷器远销海外了，到清朝康乾盛世的时候，外销瓷的出口数量达到了顶峰，直到现在，仍然还有瓷器出口。外销瓷贸易之所以在清朝时期最繁荣，是因为康熙年间皇帝比较开明，开放了海禁，催生了广州的十三行，那个时候清朝就是用大量的丝绸、陶瓷、茶叶去换取白银、鸦片和其他贸易产品。

聂来阳：我在海外待了32年，时间大多花在了瓷器研究上，目前在国外最多的外销瓷就是广彩。追溯中国外销瓷的历史，大概可以分为四个阶段：

第一个阶段，在唐朝时中国通过丝绸之路对外输出唐白瓷和唐三彩；第二个阶段从元朝开始，当时的中东国家开始从中国定做大件的瓷器，不但图案是他们提供的，还要求用进口料。因为当时中国瓷器用的青花料是平等青、回青、浙江青，还有岭南的土青，但是硬度都不太好，于是他们就从苏门答腊岛进口了一些青花料。在元青花中，大罐、大瓶、大盘、大碗主要是为了适应中东地区席地而坐、一起吃饭的习惯而特别生产的大型饮食器皿。

到了明朝永乐年间，郑和下西洋时带了不少瓷器分赠沿途各地，这时外销瓷的风格与前朝也不一样了，但做工仍十分精致。但从万历年间到嘉靖年间的外销瓷，都比较粗制滥造，纯粹为了出口而出口，这是第三阶段。现在我们在海外看到的"海捞瓷"或者叫"沉船瓷"，多是元末明初的外销瓷。

第四阶段是从明末清初到康熙末年，在康熙四十八年到五十二年（1708—1712年）间，中国的瓷器一船一船销往海外，这一时期的许多瓷器因沉船而封存在海底。康熙时出口的瓷器大多也是外国定做的，但仍以中国的传统图案居多，而不是西洋画。直到雍正和乾隆年间，大量出口的外销瓷才画上了西洋画，是按照当时国外提供的图案烧制的，正是这个时候，广彩开始出现。当时广东没有好瓷，就从江西订购瓷坯运回广州，再按照国外提供的风格进行加工。那个时候，全世界的瓷器全都是广彩，所以广彩是广州的骄傲。现在有些人看低广彩，但假如你现在手中有一件雍正时期的广彩，那就比官窑还珍贵。

陈少湘：外销瓷的发展的确很大程度取决于来料定做和来样定做，虽然当年大量销往国外的瓷器是民窑而非官窑出品，但当时有一些外销瓷并不亚于官窑。另外，因为当朝的官窑不能出境外销，一些外销瓷在制作上还有意模仿前朝，例如同治或道光年间的外销瓷，就模仿康熙年间的瓷器并烙上官款。

这里我们还要将外销瓷与因盗墓而外流的瓷器区分开

清康熙　青花山水四开光莲子盖罐

名家话收藏

来，外销瓷和外流瓷是两个截然不同的概念。

说收藏 外销瓷中西合璧大胆不拘

主持人：我们总结一下外销瓷的几种外销渠道：一是对外馈赠输出；二是通过贸易输出；三是外国订制批量输出。这些外销瓷的风格和个性都很明显，如订制的图案是西洋画风，但却是用中国的笔法画出来的。但很多中国传统的藏家不认可外销瓷，说它不中不西不入流，两位如何看待外销瓷这种中西合璧风格？

陈少湘：外销瓷普遍带有很强烈的来料加工、外商订制的风格。官窑是不能乱画的，但外销瓷作画就没那么拘谨了，在中国传统技法中融入西方美术元素，给人的感觉更好，很大胆。所以我对外销瓷开放的创作、异国的情调、不拘谨的画法是持一种欣赏的态度。

主持人：那我们应如何区分外销瓷和内销瓷呢？哪个年代的外销瓷更有价值？

聂来阳：这分两种情况，康熙年间对外开放，第一次踏上中国土地的传教士、牧师觉得有中国文化图案的瓷器很漂亮，所以他们带回国的瓷器很多都具有明显的中国元素和历史故事，这种外销瓷既不是来料加工也不是来样定做，很难分辨。另一种外销瓷被做成八角形或者六角形，这和我们的风格就不一样了，这种外销瓷在乾隆年间很多，这种风格的外销瓷很典型，很容易分辨。

另外还有一些特点值得注意。清朝康熙二十七年（1688年）以前的瓷器都不落款，因为当时许多制瓷的师傅都是从明朝遗留下来的，他们不认可清朝皇帝，也不舍得丢弃明朝的旧名，所以落款多以双圈、秋叶、两条鱼等

清康熙　青花花鸟纹花觚

图形代替，我们叫押花款，代表这是官办的，不是一般的东西。到了康熙二十七年，康熙皇帝规定一定要写款，所以瓷器上才写上了大清康熙二十七年，正式带款。

陈少湘：很难说哪种外销瓷更有价值，收藏本来就是各有所爱。但最好的应该是康熙年间的青花瓷，造型好，图案也好，应该说外销瓷是在康熙年间达到了顶峰。

主持人：如何挑选外销瓷？

陈少湘：挑选外销瓷第一要看瓷器本身有没有变形。可以将瓷器倒扣在一块平板玻璃上移动，如果会叽里呱啦响的就说明不够好。第二，不要挑选有窑缝的瓷器，窑缝是瓷器烧制时就已经产生的裂缝，是先天不足而不是后天造成的。第三，要买"全美"的。很多外国人会在中国的花瓶上凿个洞改成灯罩，这样的瓷器就不要买了。第四，如果买的是外销的青花瓷，那要选花色好的，如果是彩的，就不能有脱釉，红色绿色掉得一块一块的就不能要。另外，有成双的最好买一对。

> **说市场** 外销瓷未来价值有望翻一番

主持人：外销瓷多是日用瓷，存世量相对也较大，现在国内收藏外销瓷的藏家是不是相对较少？外销瓷的市场表现怎么样？未来的升值空间有多大？

聂来阳：现在外销瓷的市场并不好，很多人不喜欢收藏外销瓷的原因，一是因为我们是中国人，不喜欢瓷器上有西洋画；二是外销瓷的价格目前很低，同等价值的外销瓷，价格还不及内销瓷的1/2。打个比方，一件内销瓷两年前拍出100万元，两年后拍卖行能出150万～200万元收回。但外销瓷两年前的拍卖价50万元，两年后最多也就值50万

双圈押花款

名家拓收藏

元。所以现在国内的瓷器藏家，只有20%左右的人会收藏外销瓷，而且在他们的藏品构成中，外销瓷也只占20%左右的比例，系统收藏外销瓷的藏家极少。

陈少湘：目前国内卖外销瓷的人，手上的东西大多是从国外的古玩店或拍卖行买回来的，算上投资风险、外汇比率风险、运输风险，在国内出手的时候肯定会提高价格出售，买家就会质疑卖家是否赚太多。比如拍卖价2000英镑的外销瓷，没理由回国以后也卖2000英镑，加上成本，起码要卖3000英镑。

但现在越来越多的中国人参加国外的拍卖会，可以以便宜很多的价格买回外销瓷，那么逐渐就会发现国外买回来的外销瓷，和国内在售的外销瓷无论在画工、胎质、泥质、断代等方面均无两样，但价格却会便宜70%，所以也就导致了国内的外销瓷不好卖。

聂来阳：目前国外的很多瓷器拍卖会，90%的瓷器都是外销瓷。除拍卖行外，国外的古玩店、跳蚤市场也都有外销瓷卖，买家以中国人居多。

陈少湘：我觉得未来外销瓷的价格还是要升的，而且升幅会比较大。一是外销瓷现在已经逐步被国人留意；二是现在人们出入境更方便，也会逐渐到国外淘东西；三是国外收藏外销瓷的多是庄园主、农场主、大家族、基金会的继承人，隔了几代人之后，他们开始陆续抛出外销瓷，随着市场上外销瓷数量的增加，市场的流动也会带动外销瓷价格的上涨。

聂来阳：未来外销瓷的价格肯定是要涨的。本来瓷器的数量就只会越来越少，一是因为中国瓷器多为实用，瓷器的损坏严重；二是在"文革"时期，国内许多瓷器被砸烂毁掉了，而国外的瓷器保存得比我们好。而且现在大家

第三章 陶瓷艺术与市场

收到了好瓷器都不拿出来了,外销瓷的价格一定也会跟着走俏。

　　虽然现在外销瓷的价格涨不起来,但它未来的升值空间很大,因为现在国外的藏货其实也不多了。瓷器的价格取决于断代,外销瓷的断代已经表明了它就是有这么高的价值。现在有几百年历史,并且保存又好的外销瓷,已经不容易找到了。而且很多外销瓷真的画得很精细,可以与官窑瓷器相媲美,但现在外销瓷的市场价格不到国内同类型瓷器的一半,所以未来的升值空间非常大。

　　主持人: 那外销瓷的仿品会不会少一点?

　　聂来阳: 也有假,但因为外销瓷不比官窑瓷器价格高,所以赝品也只是普通仿品,不是高仿品。造假的人瞄准的是中国人"外国的月亮比较圆"的心态,以为外国没赝品,所以在国内仿制后销往国外,出国走了一圈,又被中国人买回来了。这种造假手段骗的都是些初级藏家,我们常年玩瓷器的人上手多了,一个碟子上手,掂一下重量就知道真假了。因为以前的瓷器是用柴火烧的,而现在普通的仿品是用煤气、电烧的,出来的瓷器重量会重一点。而且用柴火烧出来的瓷器上面会有火屎,而用煤气、电烧,温度控制得很好就不会产生火屎。

知多D 外销瓷

　　中国自17世纪起大量出口瓷器,至康乾盛世时达到顶峰,这些创汇销往国外的瓷器就叫外销瓷。专家介绍,当年大量销往欧洲的瓷器是批量生产的民窑,并非官窑。西方包括日本见到的中国官窑,要到1860年英法联军侵占北京烧毁圆明园以后。也就是说,在20世纪初之前,西方人

清康熙　青花葫芦赏瓶

195

名家 拍 收藏

是没有见过中国官窑的。

所以,曾于数世纪前,就以China(瓷器)之称饮誉世界的瓷器不是官窑,而是外销瓷。20世纪后,意大利、德国、法国、英国等国也开始制作瓷器,仿制的也是外销瓷。外销瓷在西方世界的影响远超官窑。

据《瓷器与荷兰东印度公司》一书记载:"从1602年至1682年,短短80年里,中国瓷器的输出量竟达1600万件以上。"据西方学者焦革研究,18世纪欧洲所进口的瓷器恐怕超过6000万件,甚至达到1亿件。19世纪,因战事不断,出口瓷器有所减少,专家估计也有3000万件以上。

但据瑞士知名西方古董公司负责人甘文乐介绍,欧洲确实藏有大量瓷器,但由于战争等原因,现在大约只剩下1/10,一两千万件,能在欧洲市面上流通的只有50万件左右。

外销瓷的国外拍卖市场比较成熟。在2011年伦敦苏富比的拍卖会上,一件清嘉庆外销葡萄牙青花瓷以约合358.7万元人民币成交,另一件明早期外销到伊比利亚的青花长颈瓶,最终以311.3万元人民币成交。

目前在国际拍卖场中,外销瓷拍卖分为两类:一类是"沉船瓷",另一类是西方贵族家庭继承下来的瓷器。

第六节

同一件瓷器，说是景德镇的卖40万，说是潮州的只值2万？

特邀嘉宾

吴为明
中国陶瓷艺术大师、广东省第一个用科学的方法成功研制出日用陶瓷釉下花纸生产工艺的艺术家

蔡秋权
中国陶瓷艺术大师、高级工艺美术师

注：第三章第六节至第四章第三节书眉题字方楚雄。

作为中国的瓷都，潮州的日用陶瓷老大地位无人不承认，但论起艺术陶瓷，很多人却不知道，潮州的瓷塑、通花瓷很长一段时间在全国评比中经常都是全国第一的。千百年来，潮州境内韩江两岸的瓷窑星罗棋布，陶瓷技艺在一代代能工巧匠们的劳作身影中薪火相传。特别是通花瓷和瓷花技艺，以"薄如纸、细如丝"在瓷坛一枝独秀，饮誉海内外。

但在改革的历史洪流中，一些农民企业家盲目追求销量，大量廉价劣质的产品流入全国市场，潮州的艺术瓷从20世纪90年代开始走向衰落。之后当地政府大力发展的日用陶瓷，更加挤压了艺术陶瓷的发展空间。

若干年后，等到当地有关部门发现潮州的艺术陶瓷是个宝的时候，通花瓷已经后继无人，瓷塑的影响力也大不如前。

如今潮州的艺术瓷，能够与景德镇相媲美的，仅剩潮彩一枝独秀。但已经根深蒂固的误解，让潮彩的价格与景德镇瓷器相比如隔天渊。有人认为潮州艺术瓷只值产品，不值艺术品的价格；有人却将其视为潜力股，在景德镇瓷器已经动辄几十万元的情况下，一些藏家已经开始趁低大量买入潮州瓷器。

名家话收藏

吴为明 《大漠春秋》

说现状 外界对潮州艺术瓷误解太深

主持人： 潮州是中国的瓷都，是中国陶瓷文化的发祥地之一，自古以来就是我国重要的陶瓷产区。潮州艺术瓷最让人印象深刻的两件作品，一件是三层通雕《友谊通花瓶》，在1978年邓小平访问朝鲜时被作为国礼赠送给金日成；另一件是《春色瓷花篮》被选送人民大会堂广东厅陈列，有关部门当年为保证运送安全，还调动直升机直接到潮州装运。但现在在很多全国性的展览和评比中，为什么却很少看到潮州通花瓷的身影了？

吴为明： 潮州自古就是国内著名的陶瓷产区，但因为潮州的陶瓷都是民间窑，不是景德镇那样的官窑，所以历史上并不是很出名。新中国成立后，在国营体制还未解体之前，潮州无论是艺术瓷还是日用瓷，都是全国第一的。潮州的瓷塑、通花、日用陶瓷在那个时候的全国评比中，经常都是全国第一的，那是潮州艺术瓷最辉煌的时候。

改革开放国营体制解体后，一些农民企业家片面追求眼前利益，大量生产廉价劣质的产品。当时我出去旅游吓了一跳，在外省的一些小县城，都能见到潮州的通花瓷、动物陶瓷，价格很便宜，但粗制滥造不讲究艺术性。这些不代表潮州艺术瓷水平的产品充斥市场，致使潮州的艺术瓷从20世纪90年代开始走下坡路。

让我觉得特别伤心的是，现在跟国内一些收藏家交流，他们说要买便宜的东西就到潮州来。好像我一个作品之前拿到景德镇去展览，图录封面、现场投影介绍什么的都选中我这个作品，标价40万元，有人一看很喜欢，但一问是潮州的，马上杀价杀到了2万元。你说我怎么可能不伤心呢？在他们眼里，即使是我们这些中国陶瓷艺术大师的作品，也都是产品，景德镇的大师作品那才算是艺术品。所以现在很多潮州的陶瓷大师不得已都跑到景德镇发展了。

蔡秋权：的确是这样。外面现在知道潮州艺术瓷的人比较少。单纯看作品，潮州有的作品画得比景德镇的还要好，但一说产地，很多人可能就不会选择潮州的，这是一个很深的误解，其实我们这里的好东西很多。

主持人：最近几年潮州市政府不是已经很重视当地的工艺美术，出台了很多扶持政策了吗？仍然无法让潮州艺术瓷重塑辉煌？

吴为明：社会对潮州艺术瓷的误解太深了。之前大量劣质产品充斥市场，后来又大力发展日用瓷，这让很多不了解的人以为潮州的艺术瓷也是大量复制的。如今潮州再想提高艺术瓷的档次，可惜很多技术力量都接不上了。通花瓷现在是后继无人了，瓷塑好一点，但影响力也大不如前。唯有潮彩前进了一大步。

说传承　市场不好年轻人很少愿意学

主持人：除了外界的误解，近年来我在广东省的工艺展，还有外面的很多展览，都甚少看到潮州的艺术瓷。现在潮州艺术瓷的价格差别非常大，老一辈艺术家如王龙才的通花

名家话收藏

蔡秋权 《对弈》

瓷价格非常高，但年轻一代的通花瓷作品价格就很低。潮州陶瓷的传承问题应该很严重吧？

吴为明： 现在收藏家愿意购买的通花瓷，都是老一辈艺术家的作品。年轻一代的，艺术修养不够，做出来的东西跟老一辈艺术家的水平相差实在太远了。市场不好，就更加少人愿意做通花瓷了。

其实通花瓷国内很多地方都有，但潮州做得最精致，特别是将通花和瓷花相结合最具特色，最多可以做出三层的效果。以前的潮州老艺人比较讲究，在通花瓷中融入了很多诗情画意，这样的陶瓷才有了艺术价值。

蔡秋权： 现在市面上很多通花瓷，其实不是手雕的，而是电子喷砂做出来。年轻一代中，现在只有研究所里几个年轻人照着老师傅设计的图案做一点，外面一个订单几千件几万件，都是流水线生产，没有多少艺术可言。培养一个会通花瓷的年轻人太难了，一来学习周期很长，二来即使学成了，日后的销路也成问题，所以这个队伍一直无法壮大。

其实不单单是通花瓷，即使是彩绘，80后现在也很少有人学了，太苦了。我很多精品都是晚上夜深人静的时候沉下心做出来的，但年轻人晚上都玩电脑，不可能像我们一样，在一件作品上磨上一两个月，所以现在要带出一个好徒弟也比较困难。潮州的艺术瓷，能够接得上班的，40多岁的有，30多岁的就已经没有了，所以我们也面临着一个传承的问题。

现在潮州陶瓷几个门类一共有10个国大师，省级大师有50多人，算上市级以上的大师有100多人，队伍并不是很大。所以我们担心的是，现在潮州艺术瓷慢慢起步了，但等到将来大家接受了，很可能就会出现后继无人的境况。

主持人：潮州的瓷塑也非常有名，但现在也越来越少见了，同样遇到后继无人的问题吗？

吴为明：潮州瓷塑的现状相对较好，但现在做的人也少了很多，代表人物之一是陈钟鸣，他开创出一种新的风格，将潮州瓷雕人物推向新的高峰，成为潮州瓷坛第一位全国大师。以陈钟鸣为代表的格调清新淡雅、突出意境的风格，在业内外评价最高。可以说这类作品一出现，人们就会知道来自潮州枫溪。

但现在一些本地老艺人的流向和他们现实的创作状态值得忧虑。在改革开放大潮的推动下，原有的机制被打破了，工艺师们各奔前程，选择的路子也有差异。

就陶瓷人物、动物雕塑而言，石湾、德化的艺人选择建立自己的工作室和作坊，采用创作室带作坊、创作室带工厂的形式，走创作、生产与经营一体化的道路。这样，以中档的较大批量的产品作为经济来源和发展的基础，支撑了高档作品及原作的设计创作与私人陈列馆(室)的建立，其知名度和影响力便越来越大。他们多立足于当地，作品的地域特色十分明显，成为一种优势。这种做法，对地方瓷塑艺术的示范、推动作用也越来越明显，甚至可以说对一个地方艺术瓷的生命力延续具有长远意义。

而我们这里的工艺师大多为子女所办的作坊或企业"制作"作品，或为其他生产工艺瓷的厂家、小坊主做一些迎合他们意图的设计，或依外商给的式样雕塑，以尺寸论价收取报酬，无法发挥自己真正的创作才能。这种为生活计、为子女计的做法本无可厚非，但却丧失了自己创作的主观能动性，缺少了自己的艺术追求，消磨了原先创作时的激情。这些

名家话收藏

蔡秋权 《疏影凝香》

作品往往有工而乏艺。

你看石湾的艺术陶塑，在石湾瓷业的产品数量和产值中所占比例已微乎其微，然而，能保持石湾陶瓷艺术名气的，仍然是这些艺术陶塑。例如，2003年全国首次评选陶瓷艺术大师时，石湾就占了4个，而我们潮州，仅枫溪1人。问题出在哪里？就在于他们的作品地方特色十分明显。又如2005年广东省评选首届省级陶瓷艺术大师，石湾又评上7人，潮州评上6人。此6人中，绝大多数不是在单位中有自己的工作室，就是已建立有自己的创作室带作坊乃至工厂。而就创作水平来看，我们潮州具有如此实力的大有人在，只是作品不是风格太过庞杂，地方特色被掩盖，就是一时应急之作难以体现原有的水平。这不能不说是一个令人扼腕的教训，值得认真反思。

潮彩VS景德镇瓷器

主持人：就像吴为明老师所说的，如今潮州的艺术瓷，能够与景德镇相媲美的，仅剩潮彩一枝独秀。现在从事潮彩的队伍有多大？

蔡秋权：广东彩瓷艺术是中国彩瓷的重要组成部分。近代广东釉上彩艺术由于地域、语言和文化等不同，在历史发展中形成了三种不同的艺术风格：广州的釉上彩瓷艺术，装饰丰满艳丽，人们简称为广彩；潮汕的釉上彩瓷艺术，秀雅精致，人们简称为潮彩。潮彩艺术有人物、山水、花鸟和图案等几类，改革开放以来更有新的发展；还有大埔高陂以郭寿民为代表的釉上彩瓷，简称为高陂彩。

现在潮彩是潮州艺术瓷最大的一个板块，从事人数也是最多的。10多年前，潮州对潮彩还不是特别重视，集中力量做日用瓷。这几年政府比较重视陶瓷艺术，各种门类发展都比较快。好像彩绘这个行业，以前只是单纯的高白瓷，现在发展到骨质瓷、釉中彩等。

主持人：一说起彩绘，人们肯定会跟景德镇的瓷器相比较，潮彩跟景德镇彩绘的艺术特点有何不同？

蔡秋权：景德镇自古就是官窑，历史底蕴比较深厚，青花、粉彩几种风格都比较明显，在全国领先。潮州艺术瓷胜在门类比较丰富。

与景德镇的瓷器相比，这几年潮彩在瓷胎上下的功夫更大。景德镇就没有骨质瓷，他们用的都是千年不变的青白瓷。我们的骨质瓷在瓷土中加入了从内蒙古、新疆买来的骨

名家话收藏

炭，这样瓷胎可以做得很薄、很通透，釉面比较亮。

比如骨质瓷，唐山也有，但他们做的主要是日用瓷。潮州在骨质瓷上起步相对较晚，但发展较快。景德镇的生产模式都是传统的作坊式经营，由师傅带着几个徒弟，瓷胎永远不变。潮州不一样，潮州人只要在市场上看到一种新东西，马上就会有人跟进，带动一大帮人也创新起来。

潮州和景德镇彩绘瓷器的最大区别，体现在材质上。潮州的瓷胎比较白，比较现代，景德镇的主要是青绿色，比较有古典味。所以我现在走的也是跟景德镇差异化发展的路子，就是挖掘我们自己瓷胎的特点，做出自己的风格。如果我是画工笔画，层次比较深的，我肯定会用景德镇的瓷坯。而在我们自己的瓷坯上画，就要画半写意的，突出现代感。

主持人：那现在潮彩的价格跟景德镇比起来差别有多大？

蔡秋权：同样是国大师的作品，价格差别还是比较大的。我们这边的价格刚刚起步，景德镇国家级大师作品的起步价都是10多万元了。但单纯看作品，潮彩完全不比景德镇的差。现在景德镇的气氛比较浮躁，功利性比较强，应酬的东西太多了，所以很多外地的藏家开始跑到潮州来了，现在很多人在排队等着我的作品。

吴为明 《晨航》

知多D 潮州陶瓷

陶瓷是火与科学技术结合的产物。陶瓷的艺术水平，是一个地方人类活动和科技进步象征之一。

潮州陶瓷，历史悠久。考古发现表明，早在8000多年前，潮州的先民便在本土制造和使用了陶器，而商周时期，便已有原始瓷出现。唐宋时期，由于社会的稳定和经济的繁荣，加之对外交往贸易的进一步拓展，促使潮州陶瓷迅速发展。特别是宋代，由于沿海经济发达，加之宋王朝与北方的西夏、辽、金等政权之对峙，由西域通往外地的陆上丝绸之路受阻，使东南沿海成为对外交往、贸易的通路，更是财政收入的主要来源。而潮州自汉代便已有对外航线，此时也就更加繁荣。

宋代，潮州地处广州和泉州两大市舶司中间，货物出口都十分便利。潮州城周围绵延10多公里的陶瓷生产带，以及当时属于潮州府辖的梅县水车窑、大埔高陂窑非常兴旺，潮州成为当时岭南的瓷都也绝非偶然。

特别值得注意的是，当时的潮州陶瓷，绝大部分是供出口之用，潮州陶瓷为适应外销市场需要，不但制作了大量中国特色的陶瓷器，还制作了西洋风格的产品。潮州陶瓷这种以外销为主的生产方式，一直成为本地陶瓷的主导。

特别是清康熙二十三年（1684年）开放海禁后，潮州港口更是商贾辐辏，海船云集。在《景德镇陶录》中，就把出口瓷称为洋器，载有"专销外洋者，商多粤东人，贩去与洋鬼子载市，式多奇巧，岁无定样"。这不仅说明当时景德镇陶瓷的贩运出口多是潮州人，而且以销定产、式样多变。后来，商人们干脆就近于本地组织生产，这些产品中，有一批依景德镇、德化等地的产品式样制作。以至现存的明代后期至入清一段时间的民窑青花制品，特别是日用瓷中的盘碗等物，从装饰风格到纹样上都很难辨清是江西、德化还是潮州窑的产品。到清末，来样加工的增多，也不同程度影响了本地产品的结构。20世纪40年代至50年代中，仍有英碗、仿英杯等的生产。

正是这种深厚的陶瓷艺术积淀和活跃的海内外贸易，使潮州陶瓷能在原有的基础上消化吸收其他瓷区的一些优秀技法与风格，形成富有地方特色风格、又具世界性的产品。

名家话收藏

第七节

潮州手拉朱泥壶VS宜兴紫砂壶，同级别大师壶为何价差10倍？

特邀嘉宾

谢华
中国工艺美术大师、广东省非物质文化遗产潮州手拉朱泥壶传承人，谢氏"俊合"号手拉壶第五代传人

章燕城
高级工艺美术师、广东省工艺美术大师，章氏"安顺"号手拉壶第四代传人）

顾景舟的紫砂壶频频过千万元，带动宜兴紫砂壶的价格一路冲高。如今一把名家的宜兴紫砂壶动辄过10万元，让很多紫砂壶爱好者望而兴叹。

在这种情况下，不少藏家将目光投向了与宜兴紫砂壶制作工艺不相上下甚至超越的潮州手拉朱泥壶身上，带动这匹黑马近年来以年均20%的价格涨幅不断升值。但即便如此，如今宜兴省级工艺美术大师的一把紫砂壶普通价位都要几万元，潮州同级别大师的朱泥壶却多在几千元左右，价格相差10倍。

潮州朱泥壶 VS 宜兴紫砂壶

主持人： 说到潮州朱泥壶，肯定免不了跟宜兴紫砂壶作对比，两者最大的区别是什么呢？为什么两者的名气相差那么远？

谢华： 潮州的朱泥壶以前主要是用做酒壶的，而且为了适应功夫茶的需要，都是没有做大壶的。一个壶有200～250毫升的容量已经算是很大了。所以潮州朱泥壶的地域性很强，只适用于闽南地区、潮汕地区这些喝功夫茶

章燕城、章广鑫 《升华千环》

的地方。这些地区的人口很少，所以朱泥壶无论是市场还是知名度，都比较差。潮州做的茶壶这么小，别说拿到北方，就是拿到广州，人们都不知道怎么才能派上用场。特别是在以前功夫茶还没发扬光大的时候，朱泥壶的名气更小。

说到两者最大的区别，那肯定就是泥土了。潮州的茶壶直到清朝时都是用泥做的，还要把里面的粗砂和粗泥都过滤掉，只用最细的泥做壶。这样做出来的壶比较细腻、精致，但有个问题，就是透气性比较差。再加上以前茶壶的烧制温度较低，朱泥壶只有泥没有砂，所以以前的朱泥

名家话收藏

谢华 《太极百岁壶》

壶耐用性比较差。

其实加不加砂，也是有历史原因的。潮州的瓷器一直很出名，制作比较严格，制瓷的时候有一道工序是淘洗，也就是洗泥，所以制壶的时候，自然而然也就有了淘洗这道工序。而宜兴只是做陶，工艺上来说当时是比较落后的，所以也就没有工具去淘洗，粗泥细泥绞在一起，歪打正着成就了紫砂壶。这样制出来的壶比较粗犷、稳重，相对大气一点。

为什么两者的名气相差那么远？除了受泥土、器型的特点决定外，我觉得还有一个原因，就是江浙一带的文人墨客比较多，他们的参与赋予了紫砂壶很多文化内涵，而且地方也比较富庶，交通发达，因此一直以来，宜兴紫砂壶都比潮州朱泥壶出名。

主持人：宜兴紫砂壶价格涨起来后，市面上出现了很多机器壶冒充手工壶，两者的价格实际相差几十倍，潮州朱泥壶也存在这种情况吗？

章燕城：潮州朱泥壶也分模具注浆和手工拉坯两种，但我们做收藏级别的朱泥壶，至今都沿用古老的手拉方法，手工拉坯成型，用手指按一块泥放在自动转盘上，将泥料自下而上伸延，内外翻转，成型时手指和手臂对泥料的捏压按挤，促使坯体绞转。因为转盘是作圆周运动，所以手拉壶也只能做成圆形的。这个制作过程，要经过拉、修、批、上水、上浆、烧等近60道工序，全靠熟练的工艺师手工完成。一般先拉壶身，后拉壶盖，大小及造型完全由双手控制，讲求的是壶盖严丝合缝。

宜兴的制作工艺是拍打印模，难度不大。潮州的工艺是手拉制作，难度大多了。另外，以前的壶造型都比较传统，就是一个泡茶的器具，制壶的时候并不是特别讲究造型。现在除了实用性，还讲求艺术性，在制壶的精细程度、线条、造型等方面都讲究了很多。还吸收了一些其他地方的制壶工艺，比如宜兴的一些技术，我们都借用了。

说历史　传内不传外、传男不传女

主持人：说到茶壶，绝大部分人马上会想到宜兴紫砂壶，其实潮州的手拉朱泥壶历史也很悠久，但一直养在闺中，走不出广东、福建，这跟朱泥壶传内不传外、传男不传女的传统有关吗？

谢华：潮州手拉朱泥壶有300多年的历史积淀，以传统文化为根，以茶文化为眼。清朝初期潮州就开始制作朱泥壶了，但主要是自己做、自己用，流行于潮汕和闽南地区。清朝中期，朱泥壶便独具一格，广泛生产制作和应用，并代代相传一直延续至今。

但民国开始，由于战乱，朱泥壶的产量越来越少，直到20世纪五六十年代，潮州只剩下几位老师傅会制壶，后来从事的人就更少了。直到最近10年，大家重新认识到传统工艺美术的魅力，越来越多的人加入制壶的行列，朱泥壶才重新焕发青春。

过去朱泥壶没有得到发展，是因为老师傅、老前辈们把这门工艺看成了饭碗，传内不传外，制约了朱泥壶的发展。其实无论制作工艺还是制作材料，潮州朱泥壶跟宜兴紫砂壶都是不相上下的，可以说，是埋藏了300多年的国宝。

主持人：中间断层这么久，朱泥壶遇到过传承的困难吗？

章燕城：潮州制壶的，很多都是老字号，比如我们"安顺"老字号从清朝一直沿用到

名家话收藏

谢华　《弓门提梁壶》

谢华　《贵妃壶》

现在，从祖先一代代传下来。我和兄长章燕明是第四代，到我们各自的儿子章广鑫、章海元已经是第五代了。世代相传，其实没什么断层。

反倒是制壶的工艺，那是越来越精致，质量也越来越好了。烧制朱泥壶讲究的就是一个火势稳定。但以前烧壶用的是龙窑，顾名思义是一节一节斜着往上建造，尾端有烟囱。因是烧柴草，一不小心沾到灰，壶就变黑了，所以质量根本无法保证。而且那时候是两三批的壶同时在窑里烧，如果有一节窑的密封没做好，接触到明火，里面就会产生窑变，整批生产出来的壶全都成了次品，经常是几个月的心血一下子全没了。

一直到改革开放后，朱泥壶制作复苏，慢慢地我们才

第三章 陶瓷艺术与市场

章燕城 《逸竹》

章燕城 《联想》

开始改用煤气窑，再后来就改成了电窑。电窑没有明火，烧壶非常稳定，成功率几乎是百分之百。现在质量稳定了，有些人反过来追求窑变效果的壶，但放在以前，窑变的壶那是次品，没人要的。

说收藏 老泥壶价值更高

主持人：我2003年的时候买过一把章燕明老师的朱泥壶，当时只要280元，现在价格大概是多少？据我了解，最近几年朱泥壶的藏家队伍不断壮大，不知道价格涨幅有多大？

章燕城：2003年几百块钱的朱泥壶，现在起码要几千块钱了。就是最近10多年，朱泥壶的价格每年都以20%的涨幅在上升。我相信随着以后工艺的进一步提升，朱泥壶的名气大了之后，其价值更高。现在省级大师的一把普通壶，起码都要两三千元。

我制壶这40多年来，看着朱泥壶的价格从几块钱、几十块钱，到前几年的几百块钱，再到现在的几千块钱、几万块钱这样涨起来。以前的人没什么收藏意识，我们"安顺"的壶，都只是在壶底盖一个"安顺"的印章，现在的收藏家都要求我们在壶底落自己的款。收藏朱泥壶的人越来越多，我这里的订单，都排到明年去了。

谢华：但我还是觉得，潮州朱泥壶的发展太慢了。20世纪七八十年代的时候，宜兴做壶的人也不超过200人，但它经过这30年的发展，从业人员起码超过10万人，产值至少100亿。潮州呢，却一直在原地踏步，直到现在制壶的人也不多，朱泥壶最缺乏的就是宣传和推广。

其实所有的艺术品中，只有茶壶是最贴近生活的，而且很便携，如果说送礼送一个大花瓶，飞机都难带上去，而茶壶就简单多了。

主持人：那如何选择一个值得收藏的朱泥壶？

章燕城：首先要看泥料，再看作者，最后还要综合看整把壶的线条、紧密度和皮壳，等等。有些宜兴壶怎么养都很粗糙，不温润，那原料肯定是劣土。朱泥壶跟紫砂壶一样，有新、老泥之分，新泥制的壶要比老泥的便宜很多。所谓老泥，就是选土、淘洗后放置了几年才拿出来做壶的泥。

谢华：壶艺讲求的是精、气、神，我觉得，只要能满足大众审美要求的就是一把好壶，因为看壶就跟看人一样。看人，首先要五官端正，这是最起码的条件；第二，性格要好，人长得再好看性格不好也不行；最后是看气质。壶也一样，首先外观要养眼，壶嘴、壶把几个部位要协调，这就像人一样，就算每个部位都很完美，比例不行，也是不好看的。制壶上，就算每个部位都做得一般，但协调做得不错，那这把壶还是可以的。

说保养　没上釉的朱泥壶最好养

主持人：朱泥壶该怎么养？

谢华：茶壶的功能就是泡茶，所以性能上一定要好用。但茶壶还有其他几个功能：把玩、养心。你看有些收藏家整天把茶壶拿在手里，就是在把玩、养心。茶壶和玉一样，要经常养，才会温润。养壶就跟养小孩一样，一个月、两个月、三个月，每个阶段都不同。

章燕城：朱泥壶和紫砂壶的养壶方法基本一样。但前提是，壶的泥料要好，那才能养得好，劣质泥料的壶是养不好的。泥料好的壶越养越滑，摸上去表面就像玉石一样。我制作的老泥壶，泥料一般都是已经洗净后沉污了30年左右的。

没上釉的朱泥壶最好养，壶在泡过第一次茶后，在壶身还是热的情况下浇茶水养壶，那是最好的。喝茶的时候，如果有3个人，就准备4个杯子，一杯茶用来浇壶。平时也可以拿在手中把玩，朱泥壶也是越把玩越光滑的。最好一把壶只泡一种茶叶，这样就不会掺杂别的味道在内了。有些人说拿茶壶去煮猪肚什么的来养壶，那绝对是乱说的。

谢华： 跟宜兴紫砂壶对比，潮州朱泥壶比较细腻，所以养出来就像玻璃一样很亮；而宜兴紫砂壶里面由于加了大量的砂，养出来就比较温润，像玉一样。如果两把壶养到最后一对比，潮州朱泥壶就像水晶，宜兴紫砂壶就像翡翠。

知多D 潮州手拉朱泥壶

潮州手拉朱泥壶历史悠久，积淀深厚，演化有序。宋代笔架山窑便有大量陶器的制作。宋以后，潮州枫溪成为陶器生产中心。从清代中期开始，潮州朱泥壶便独具一格，代代相传延续至今。

朱泥壶，顾名思义就是用朱泥制成的茶壶。朱泥俗称红泥，属天然矿料、绿色材质。原土的最大特点是含氧化铁量极高，呈土黄色，烧制后转红色。质地细腻柔韧而不含砂，可塑性强。用于制造茗壶，其成品便可形成独特优点：质地坚实而颗粒结构较瓷器疏朗，表面平滑却能保持低微的吸水性和透水性；保温性好，但泡茶不失原味，且越宿不馊；更具有耐受骤然冷热的性能，在20℃～150℃之间连续出现偏差也不开裂；不含有毒物质及放射性元素；能用于制造精美的浮雕茶壶。

传承至今，潮州手拉朱泥壶名家辈出。形成了谢氏"俊合"号、章氏"安顺"号、吴氏"源兴"号、张氏"裕德堂"四大手拉壶家族。

以章氏"安顺"世系为例，"安顺"号为章大得创立于清代，作坊设枫溪西塘。"安顺"茶壶，负盛誉，在港、台及东南亚地区颇有影响。章大得传子章贞坤、章贞平(第二代)。章贞坤传子章永添、章永杰(第三代)；章贞平传子章永江(第三代)。章永添传子章燕明、章燕城、章燕标(第四代)；章永杰传子章赞文、章壮雄(第四代)；章永江传子章金财(第四代)。章燕明传子章海元(第五代)；章燕城传子章广鑫(第五代)。章氏"安顺"世系，迄今已传五代。

第八节

当代瓷器茶具收藏价值刚刚被发现

特邀嘉宾

黄波
广州茶文化促进会常务副会长兼秘书长

李斌
广州自乐堂艺术陶瓷创办人

邓婷
中国首届高级茶艺师、广州茶文化促进会职业技能鉴定所副所长

目前市面上销售的瓷器茶具主要来自三大产地——江西景德镇、福建德化和台湾。价格最高的，是台湾的仿汝窑茶具，以及釉色翠青如玉的龙泉青瓷。一套景德镇的精品瓷器茶具，如今的价格也动辄几千元、几万元，精品瓷器茶具的收藏属性正在慢慢显现。

在拍卖会上，这些当代瓷器茶具也开始崭露头角，如2011年景德镇"贵和祥"邹俊的作品《十八学士青花对杯》，就拍出了6.9万元的高价。

但相比早走一步的宜兴紫砂壶，当代瓷器茶具的收藏价值应该说刚刚被发现。虽然这几年价格已经稳步上涨，但同等级别的工艺师的作品，瓷器茶具的价格很多都不到紫砂壶的1/3。

瓷器茶具收藏还在起步阶段

主持人：瓷器茶具的价格在很多人印象中一直很实惠，走的是实用的路线。近几年精品瓷器茶具出来后，价格也开始往高处走了。我记得2008年风行的是仿汝窑瓷器，大家爱它青雅素净，光泽柔和，富有水色。到了这两

乐玉瓷壶

年，玩家又开始追捧明清的青花、斗彩瓷杯，进而推动景德镇精品茶具价格动辄几千几万元。这些茶具贵得有没有道理？

李斌：相比观赏瓷，景德镇直到现在做瓷器茶具的人仍不多，做得精致的更少。近几年随着茶文化消费人群的扩大，景德镇的瓷器茶具也开始发展起来了。2004年我刚开始在广州市场引入景德镇精品茶具的时候，当时一个普通的手工青花杯，价格只有十几二十元，但那时市场上其他的瓷杯只有几毛钱，很多人一听说一个杯子要几十元都觉得不可思议。当时绝大部分人对茶具的要求和认知都还停留在实用阶段，并没考虑到茶具的艺术价值。现在这种杯子都过百元了，价格至少翻了五六倍。

但增值最快的还是精品茶具。早年市场需求很少，做的人也少，最近几年价格持续往上

名家话收藏

瓷器茶具的字号主要看底款

走。现在一个景德镇的精品茶杯，很多已经到了几千元。但这个价格是逐年平稳向上走的，不是炒作出来的，我觉得没有什么泡沫。作为收藏品，瓷器茶具现在还处于起步阶段。

黄波： 瓷器茶具的价值逐渐得到认可，我觉得最重要的原因还是茶文化的回归，是中国传统文化的复兴，所以瓷器茶具才逐渐向精细化、高端化的方向发展。

2000年的时候，广州茶文化促进会创办了国内较早的茶事节会——广州茶博会，当时的风潮是流行喝铁观音，整个茶博会上的瓷器茶具，全部是很低端的功夫茶具；2004年广州开始流行喝普洱茶，紫砂壶文化随之到来；瓷器茶具真正受关注应该也就最近这两三年的事，这些年茶庄、茶艺馆都往高端发展，瓷器茶具自然也越来越精致。

广州茶文化的氛围很浓，喝茶的人很多，但要说对瓷器茶具的认识，广州并没有北方深，这主要还是文化积淀的问题。我还记得2008年去北京的时候，北方人一喝茶，张口就是"晓芳窑"、"九段烧"，当时这些瓷器名窑在广州还知之甚少。

李斌： 现在市面上的瓷器茶具价格差距非常大，便宜的盖碗只要几块钱，贵的可以达到几万块，但精品茶具还是贵得有道理的。这主要看工艺，比如模具是机压坯还是手工坯，是贴花还是手绘，即使同样是手绘的茶具，谁来画，功底怎么样，都影响了茶具日后的定价。

还有一个很重要的差别，就是看茶具的材质，用的是传统纯矿物质的配方，还是掺加了化工材料的现代配方。比如骨瓷，最早出现在英国，是用牛骨磨成粉掺入瓷土中烧制而成，牛骨粉的比例不低于30%。现在唐山那边做的骨质瓷，跟骨瓷一字之差，实际上配方已经很不同了。因为骨头的主要成分是钙，为了节约成本，骨质瓷不加骨粉，直接加钙粉。现在景德镇很多人也不愿意用传统配方了，因为一来成本太高，二来使用传统配方的成瓷率会低很多。现在景德镇高温瓷的成瓷率能达到80%，但沿用传统配方，成瓷率可能只有50%。

但有一点必须提醒的是，并不是所有柴窑烧出来的瓷器都是好的。因为现在的柴窑跟以前的柴窑不是一回事，以前的柴窑烧的是松柏，松脂油能附着在瓷器的釉面上，烧出来的瓷器釉面比较润。而且要求直径达到一定标准的松柏才能用来烧窑，如果松柏的年头不够，所产生的松脂油是不多的。现在因为柴窑烧出来的瓷器价格高了，很多人是为了烧柴窑而烧柴窑，什么木头都往窑里塞，其实对釉面的烧制没有什么帮助。

喝老茶用老杯不夺香

主持人： 精品茶具是否更能提升、增加茶汤的口感？同样一壶茶，倒入不同的杯中，味觉敏感的人是会喝出差别的。

邓婷： 如果用酒来试杯区别更大，一个是做工细腻、用料讲究的茶杯，一个是做工粗

青花图案单壶

金地珐琅彩荷韵飘香杯

糙、含铅量超标的低温茶杯，倒入同样的酒，喝起来会感觉一杯很醇，一杯很烈。这主要是因为不同的茶具胎土及釉水不同，会影响到口感。

黄波：特别是喝老茶，喝顶级的好茶，对茶具的要求更高。这个时候行家一般会用老杯，因为老杯已经退火，不夺香，这样冲出来的茶感觉很"厚"，也就是茶喝过后舌面依旧有很长时间的"附着感"。

李斌：新杯的火气的确比较重。如果是景德镇的精品茶具，材质用的是当地的高岭土，传统配方用的也全是矿物质，用这样的茶具泡茶，是能够释放负氧离子和远红外线的。现在有的茶具在生产过程中加入化工原料，或是在温度不够高的情况下加入重金属，对人体健康无益，也会影响茶的口感。"白如玉，明如镜，薄如纸，声如磬"，这是前人对景德镇瓷器的美誉，其中"声如磬"检验的就是瓷器烧制的温度。高温瓷敲击的时候会发出金属撞击的声音，很清脆，低温瓷敲击的时候则是闷闷的声音。

黄波：其实饮茶方式的改变带来了茶具的大变革。从粗放式羹饮发展到细啜慢品式饮用，不同的品饮方式，自然产生了相应的茶具。

唐代之前，茶具、酒具与餐具混用，没有明显的界线，唐代开始，因为茶圣陆羽写了一本《茶经》，茶道开始盛行，茶具也开始与餐具区分开来。唐代流行煎茶，茶具喜用青瓷，宋代茶具以绮丽为时尚，茶盏敞口小底厚壁，多为黑色。这与宋代风行的斗茶时尚相适应，斗茶时，茶汤呈白色，与乌黑的茶盏相配，黑白分明，便于看出水痕，区分茶质优劣。

到了明清，茶具呈现一种返璞归真的趋向，茶盏崇尚白色。明代开始，饮茶方式改变，之前盛行的龙团凤饼不再时兴，散茶流行，前代流行的碾、磨、汤瓶之类的茶具都废弃不用了，宋代崇尚的黑釉盏也退出了历史舞台，取而代之的是景德镇的白瓷。橙色的茶汤，衬以白瓷，更显得清新雅致，赏心悦目。

邓婷：这说的就是器以载道。就如公道杯，是20世纪70年代末台湾人发明的。以前喝潮州功夫茶是没有公道杯的，所以才有"关公巡城，韩信点兵"这样的分茶手法，有了公道杯之后，再分茶就很均匀了。

紫砂壶跟黑茶乌龙是绝配

主持人：现在中国有六大茶系：红茶、绿茶、白茶、黄茶、黑茶、乌龙茶（青茶），不同的茶适用于什么不同的茶具？

邓婷：不同材质的茶具各有所长。现在用来泡茶的器具主要有3种材质：紫砂、玻璃，瓷器。

先说紫砂，并不是所有的茶都能用紫砂壶来冲泡的，比如绿茶、黄茶、白茶，这些茶比较细嫩、口感鲜爽，如果用紫砂壶来冲泡，绿茶就会有一股焖熟味，如果改用玻璃茶具冲泡绿茶，则会散发出一种清新的味道，而且玻璃茶具更直观，可以直接看到绿茶在里面的绽放。

名家话收藏

青花安居乐业茶叶罐

但如果用紫砂壶来泡黑茶那就是绝配，包括云南普洱茶、湖南安化黑茶、广西梧州六堡茶、四川边茶、湖北老青茶、陕西泾渭茯茶等。紫砂壶的特点是不夺茶香气，又无熟汤气，壶壁吸附茶气厚，日久使用空壶注入沸水也有茶香。紫砂的茶具除了适合泡黑茶，还适合泡乌龙茶，包括闽北乌龙系的武夷岩茶、水仙、大红袍、肉桂；闽南乌龙系的铁观音、奇兰、水仙、黄金桂；广东乌龙系的凤凰单丛、凤凰水仙、岭头单丛；台湾乌龙系的冻顶乌龙、包种、阿里山乌龙等。

瓷器茶具的盖碗，基本上适用于所有的茶。而玻璃茶具比较适合冲泡绿茶、白茶、黄茶。

主持人：最近最流行的茶具应该就是日本铁壶了，据说铁壶能够软化水质，用于泡茶时，茶汤细腻厚实，加分效果更为明显，不同的烧水工具，是否也适合不同的茶?

黄波：铁壶之所以好，因为煮出来的水温度够高，水分子重新组合，可以软化水质，同时释放人体易吸收的二价铁，补充铁质，对身体有益，尤其适合泡普洱茶。

邓婷：冲泡黑茶、乌龙或一些老茶的水，最好是能够达到100摄氏度以上的。但现在人们烧水，九成以上都是使用电子壶快烧，很多时候水的温度都达不到冲泡老茶的水温要求，电子壶煮的水不及明火煮沸的好。

李斌：水是泡茶这门艺术中最考究的一环。不同的煮水工具烧出来的水，口感是不一样的。为什么用五行灯煮出来的水会比较甘甜？因为明火和慢火不一样，慢火会软化水质，更适合泡茶。

收藏不重作者重窑号

主持人：相比早走一步的宜兴紫砂壶，当代瓷器茶具的收藏价值应该说刚刚被发现。虽然这几年价格已经稳步上涨，但我们发现，同等级别的工艺师的作品，瓷器茶具的价格很多都不到紫砂壶的1/3。我们想知道，什么样的瓷器茶具才具备收藏价值？

黄波：看一个瓷杯或是一套瓷器茶具有没有收藏价值，我觉得最重要的是看它的工艺和稀缺性。工艺我们前面已经讲过了，而稀缺性更是适用于所有的收藏品。有些瓷器受到矿石资源和手工制作难度的制约，成品数量有限，价值自然就高。而豇豆红的瓷质茶器，由于烧制技术难度大，难得一见，更是重金难求。

主持人：除了看工艺和稀缺性，影响价格一个很大的因素是作者，如果是国家级的大师，作品很多都过10万元了。但当代瓷器茶具这一块，现在好像很少有国大师介入？

李斌：景德镇的大师，很少做小件的作品，觉得画茶具体现不了他们的艺术水平，也真的卖不起价格。他们画一个花瓶，10只蝴蝶；画一套茶具，5个杯也是10只蝴蝶，但这套茶具的价格跟花瓶就差得很远。

瓷器茶具的开发真的很滞后。同等职称的工艺师，做同样的壶，宜兴紫砂壶的价格，会高出景德镇瓷壶的价格很多。收藏茶具的玩家，如果是同等职称工艺师的作品，很多人还是愿意买紫砂壶。

黄波： 所以现在判断一套当代瓷器茶具的好坏，还只是停留在看工艺、看材质的阶段，还没上升到看作者的阶段。这与紫砂茶具的发展历程相似。若干年前紫砂壶的价格还没涨起来的时候，选一把好壶，也是挑紫砂一厂、紫砂二厂的出品，后来才是看制作人及工艺师。所以现在的当代瓷器茶具，还是处于发展的低级阶段，加入的工艺师很少。而在日本、中国的台湾这两个茶文化发达的地方，就有很多大师级的人物加入到瓷器茶具的创作中来。

看工艺、看材质这需要一定的知识储备，最直接的收藏现在还可以看字号。如台湾最出名的就是"晓芳窑"的茶具。2008年的时候，"晓芳窑"一个杯子也就800元左右，现在起码都要三四千元了。而景德镇最出名的是"贵和祥"、"九段烧"与"小雅"这三大窑口。

李斌： 另外，纯手工的茶具才具有保值和收藏性。特别是做精品手工茶具的工艺师，他们的手艺并不是短短两三年时间就可以培养出来的，只有具备了10年以上功底的，才能做出高品质的茶具。

知多D
当代瓷器茶具名窑

"贵和祥"、"九段烧"与"小雅"并称当代景德镇瓷器茶具三大名窑。

景德窑"贵和祥"，现已改名"春风祥玉"，传承于清朝嘉庆年间"贵和堂"，其瓷器茶具最大的特点在于柔润的色调与精致的画片，重点在于人物的开脸和画片的流线柔和而富有韵味，使人一眼就能看出它的与众不同。内容多是传统题材，模仿康熙、乾隆朝的画片，古韵盎然。

"九段烧"的特点在于人物的刻画，画片选材较传统。人物的开脸，从面部表情到肢体动作，每一个细节都让人赏心悦目。

"小雅"把每件作品都当收藏品制作，仿古不是简单模仿，而是张扬传统精华。其作品器型优美，工艺精湛，画工精良。

台湾茶具则以"晓芳窑"最为著名。"晓芳窑"的主人蔡晓芳先生已经年过七旬，从事仿古瓷器的烧制超过30年，中国历代各种名窑瓷器，"晓芳窑"都仿制过，其品质在台湾至今还无人能出其右。当年蔡晓芳以其对故宫瓷器的热爱和研究，感动了台北故宫高层，特准他近距离观摩馆藏瓷器，并为台北故宫仿制过不少经典名瓷，像台北故宫珍藏的汝窑水仙盘、温碗等，当年曾代替真品到海外参展，随即成为藏家争相收藏之物。

仿汝瓷茶具

目前宋代汝瓷真品基本都安静地躺在世界各大博物馆内，市场上流通的汝瓷几乎都是仿制汝瓷，按时间和产地主要可以分为三大类：

一类是台湾艺人、陶瓷工作室烧制的；他们大多采用品牌运作，产品以茶具及工艺品为主，常见的品牌有晓芳、聚宝龙、柏采等。

另一类为中国大陆仿制的，品质不一。常见的有广州的问鼎汝瓷、广东恒福旗下的东道汝窑、"璀"字款等私人窑口瓷，以及河南汝州出产的仿汝瓷。

还有一类仿古汝瓷，是指明清及民国时期等一些瓷器高手制作的，介于哥窑和汝窑之间的青瓷仿汝，常见的有青瓷兰庭、御赏青瓷，工艺比较粗糙，但具有汝瓷的部分特征。

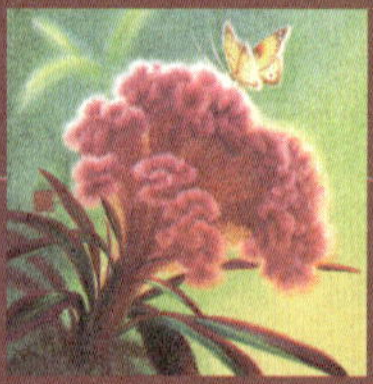

第四章

工艺美术与杂项收藏

第一节

岭南印章正处于投资收藏价值洼地

特邀嘉宾

周国城
广州市美术家协会主席、广东省书法家协会副主席、西泠印社理事

蔡照波
西泠印社社员、中国书法家协会会员、广东省政府文史研究馆馆员、南方电视台台长

梁晓庄
广东省文史馆书法院副院长、广东省书法家协会主席团成员、西泠印社社员

自2008年北京奥运会采用中国印作为会徽以来，印章这一古老的篆刻艺术，在最近几年又绽放出了耀眼的光芒。方寸之地融合各类艺术于一体的印章，凭着其自身材质、印文篆刻、金石韵味等独具的魅力，正成为许多先知先觉的收藏家的新宠。

广东的篆刻艺术，在民国时期最为灿烂，后来因为历史的原因出现断层，虽然近几年有了长足进步，但已无法与江、浙一脉平肩。又因篆刻欣赏水平要求较高，印石价格暴涨，印章资源有限，广东的印章收藏队伍同样很弱小。

看好印章的广阔收藏前景，在浙江，现在已经有很多人系统地收藏印章。但在广州，之前一次拍卖会鲜有地搜罗了一批印章集中亮相，43件拍品最终却仅有1件以接近底价成交，让不少行家大叹"老广不识货"。再加上篆刻之于书画作品的重要性，受邀嘉宾在谈及印章的时候均表示，篆刻必须被提到新的高度重新审视。

谈历史 广东篆刻民国时期最灿烂

主持人：根据我对篆刻艺术的理解，以前有一段时期，广东的篆刻艺术是很发达的，甚至影响到港澳、东南亚地区，但现在让我数数广东的篆刻家，却数不出多少位来了。

梁晓庄：岭南印章可以从秦汉玺印说起，尤其是西汉南越王墓出土的印章，对于岭南印学的研究，甚至在中国印章史上都可写下重要的一章。到了明代，岭南文化的发展已是大盛，明末的岭南印坛虽然不能与江、浙流派争雄，但随着本地文化艺术渐趋繁荣，兴盛的篆刻艺术风气也渐渐蔓延到岭南地区，其中不乏治印的高手。到了清中叶，考据之学以及文字、金石学蔚然成风。鸦片战争后，岭南文化由于独特的地域环境和文化传统，获得了极大的发展。岭南篆刻也从继承传统的基础上，形成了师古而不泥古、出新求变的探索精神。

晚清时候，安徽篆刻大师黄牧甫来广州，给当时的广东印坛带来了极大的影响，以至繁衍成一个新的篆刻流派"黟山派"，又称"粤派"。牧甫在广州生活了18年之久，篆刻形成清峻雅逸的风格，别开生面，蔚成大家，与吴昌硕在晚清印坛上堪称一时瑜亮。由于他的印风在岭南声誉极高，故而学习他的广东印人有刘庆崧、李茗柯、易大厂、邓尔雅、冯师韩、陈融、欧梦良、刘玉林、容肇祖、余仲嘉、张祥凝、冯衍锷等。到了民国时期，广东的篆刻艺术最为灿烂，易大厂、李茗柯、邓尔雅、简经纶在继承牧甫印学思想后变化发展，成为民国时期出新的大家。自此广东印坛以崭新的面貌，崛起于近代的中国印坛。

蔡照波：我留意到，广东在民国时期的篆刻大师，都在日本留学过，在上海工作过，这是一个非常明显的特点，他们突破了岭南的地域概念，在艺术上兼容并蓄，跟同时期的岭南画派一样，都代表着当时的时代精神。

梁晓庄　《人有幽怀爱深夜》

古镇陶瓷 　　仁者寿

飞龙在天 　　双 修　　蔡照波作品

主持人：当时很多篆刻家还到香港、澳门开班授课，影响甚至远至东南亚。

梁晓庄：当代岭南印坛颇有影响的印人，一部分为国内的篆刻家，如容庚、商承祚、秦咢生、吴子复、黄文宽、张大经等。另一部分就是定居香港的印人，如冯康侯、罗叔重、丁衍庸、陈语山、卢鼎公等。他们的印风各有特点，对当代篆刻艺术发展影响甚大。如定居香港的印人冯康侯，曾在港组织"南天印社"，推动当地印学的发展。但后来有一段时期，广东的篆刻艺术出现了断层，文革时期培养出的篆刻家，知名的本来就少，后来有些又出国了，所以上世纪80～90年代广东的篆刻就处在低潮期，而北京和江浙就传承得比较好。到了最近10年，广东印坛因为多了很多外地新生力量加入，本地也开始重视起来，篆刻艺术又得到了一定的发展。现在在广东，已经有13位西泠印社的社员，当中6位就是外地来的。以前全国书法篆刻展览上，每次篆刻入选只有一两个广东人，现在广东人入选的比例也明显提高了，都能达到展览中的中等水平了。

周国城：回顾历史，广东失去了很多进一步发展的好机会。好像容庚、商承祚，他们都是当时著名的文字学家。他们对古文字的研究，比许多篆刻家还深刻。但是，他们却没有很多的篆刻作品流世，也没有培养出一大批篆刻家来。这点在浙江却不一样，例如王福安，他有几万枚章留世，所以后世说篆刻家，肯定首推王福安，也直接奠定了浙江在篆刻界的地位。所以说，地域的学术领头人很重要，作为西泠印社的理事，我有责任推动广东篆刻艺术的发展。今年我打算办一个穗港澳台地区的西泠印社社员的大型展览，还打算在广东办一个印社，这个想法得到了西泠印社的支持。

谈篆刻 肯定会有大发展

主持人：印章集印面篆刻美、印钮雕刻美以及印材美"三美"于一身。历史上，诗、书、画、印并驾齐驱，被誉为中华民族文化的"四绝"，是中国文人墨客追求的最高艺术境界。然而，早些年间，由于人们对其内涵与价值认识不足，印章的价值也被埋没。现在我们重新审视印章，有必要先让大家认识到篆刻艺术的独特魅力。

周国城：诗、书、画、印当中，印是最难懂的，加上专门从事创作的人较少，印又是最稀有也是人们最陌生的。篆刻应该是一门独立的艺术，如今那些画坛的高峰，如齐白石、吴昌硕、傅抱石、黄宾虹等，他们同时也是篆刻大家。以吴昌硕为例，他学画其实很晚。受其父亲影响，吴昌硕从小学的是书法和篆刻，他后来的画为什么能画得那么好，主要一个原因就是因为他能以书法和篆刻入画。篆刻如同铁笔，所刻线条与毛笔写出来的不一样，吴昌硕将篆刻、书法的精髓融汇到绘画当中，所以能独树一帜。画家如此，书法家也一样。书法家如果不学篆刻，书法永远没法写出"金石气"，只有形，没有神。古人总结诗、书、画、印是一体，是非常有道理的。一个画家如果既不懂书法，又不懂篆刻，一段时间之后，必然会被历史淘汰。要像齐白石、吴昌硕成为一个有综合能力的艺术大

周国城 《厚德载物》

周国城 《厚德载物》边款

周国城　《修己》　　　　　　　周国城　《和》

家，必须在篆刻上下苦功夫。

主持人： 但我发现，现在很多书画家都不懂篆刻。有的画家，用的印章实在太差了，而且不会用章，到处乱盖，把整幅画都给破坏了。还有一些收藏家，自己也刻个藏印，多好多贵的画都盖个自己的章下去，又盖得不好，破坏了整幅画的美感。珍贵作品的协调与平衡被破坏了，让人看了好心疼。

周国城： 古代的大藏家，都会有个闲章，例如乾隆皇帝，在他喜欢的画上都盖个章。盖得好的话，能够起到画龙点睛的作用，但现在很多人不懂，胡乱盖章。一些书画家对印章也不讲究。虽然说篆刻是一门独立的艺术，但书画作品中的篆刻艺术最终还是要通过与书画作品的完美结合展现其艺术魅力。一幅画能够生情，印章运用得恰到好处，才能起到画龙点睛的作用。现在有些画家10年不换一个章，其实画的档次上去了，印章的水平也要跟上。好的书画作品如果少了一个好的印章，肯定会逊色很多。从另一角度看，如果书画家都不重视，篆刻艺术也很难有大发展。

蔡照波： 我留意到，最近几年，篆刻艺术的地位已经慢慢升上来了。特别是2008年北京奥运会采用中国印作为会徽，把篆刻这门小众艺术推到了大众面前，使得篆刻艺术得以在国人、世界面前绽放异彩。不仅如此，2009年"中国篆刻"成功入选2009年《人类非物质文化遗产代表作名录》，西泠印社纳入世界视野，说明篆刻艺术已经得到了大众的承认，我相信接下来，篆刻这一脉肯定会得到大发展。

谈市场　方寸印章成就大市场

主持人： 现在很多收藏者只把印章作为辨别书画真伪的一个特征，而不是从艺术的高度分门别类地予以研究，真正懂印章的人还是不多。加之篆刻本身不同于大众艺术，其社会普及面不如书画等收藏。因此，如何能够明明白白地收藏印章绝非一件易事。

蔡照波： 篆刻艺术很传统，刻到极致，懂的人的确很少。我觉得看一枚印章的好坏，最重要的是要看得出有才情，有人文情怀在内，没有这个，再工整也不行，再粗犷也不行。现在很多媒体，开始用印章来做栏目标志，说明篆刻从艺术殿堂走向了实用审美。

梁晓庄： 一枚好章，首先要刻得好，要讲究文字、布局、笔法和刀法，布局有疏有密，疏能走马，密不容针，笔画精细搭配，有刀有笔，恰到好处。除此之外，印石也要好，很多篆刻家都是劣石不刻的。对篆刻家而言，印石好不好不是最重要的，但对于收藏家来讲，一枚好章，除了出自名家之手，还肯定必须是名石。

主持人： 所以印章的收藏前景肯定不可估量。一来篆刻家比书画家少，印章资源比书画稀缺得多。二来最近10年，寿山、青田、昌化、巴林这四大国石的价格至少涨了上百倍，资源这么稀缺，接下来价格肯定还要涨。

梁晓庄： 现在广东已经很难找到好的寿山石和青田石了，最多是巴林石，还有一些其他地方的杂石。清代和民国时期的名家印章，近年来涨得很快，王福厂的印章，2007年的时候一方也就2万～3万元，现在要二三十万元，5年的时间涨了10倍。

主持人： 但现在在广东，印章的收藏价值，没有几个收藏家知道。

周国城： 在广东，印章的实用价值多于收藏价值。但在浙江，许多收藏家很早就意识到印章的艺术价值，并且已经开始收藏有共同选题的印章。他们会选最好的印石，找最好的篆刻家，留下一批共同选题的篆刻作品，这笔财富的价值，若干年后或许不可估量。如有的人会花上百万元，请西泠印社的社员每人刻一个龙字的印章，或是刻上一首唐诗，这种收藏印章的人，在浙江有不少，但在广东人很少有收藏家会这么做。

主持人： 而且广东印章的价格现在还完全没法体现其艺术价值，现在请广东的篆刻家刻个印，三几千元就不错了，一两万元就能拿到很好的材质与作品，但在北京、江、浙，名家一方印已经开价到了十几二十万元，所以广东的印章绝对是收藏投资的价值洼地。这对篆刻家而言不是好事，但对收藏家而言，却是一件好事，值得引起收藏家们的重新审视。

知多D　百年西泠

西泠印社创立于清光绪三十年（1904年），是我国现存历史最悠久的文人社团，也是海内外成立最早的金石篆刻专业学术团体。

西泠印社由浙派篆刻家丁仁、王褆、吴隐、叶铭等召集同人发起创建。1913年，近代艺坛巨擘吴昌硕出任首任社长，盛名之下，天下印人翕然向风，东瀛名家河井荃庐、长尾雨山渡海来归，一时精英云集，入社者均为精擅篆刻、书画、鉴藏、考古、文史等之卓然大家。西泠印社现有社员约380人，分布于中国境内近30个省（市）自治区、香港、澳门特别行政区、台湾地区和日本、韩国、新加坡、马来西亚、法国、捷克、加拿大等国家。

2006年，"金石篆刻（西泠印社）"成为首批国家级非物质文化遗产代表作。2009年，由西泠印社领衔申报的"中国篆刻艺术"成功入选联合国教科文组织"人类非物质文化遗产代表作"，进一步确立了西泠印社作为篆刻传承代表组织和国际印学中心的地位，有"天下第一名社"之盛誉。

第四章 工艺美术与杂项收藏

第二节

端砚8年涨30倍

特邀嘉宾

张春雷
广东省工艺美术大师、高级工艺美术师、广东省工艺美术大师联谊会会长、中国艺术研究院客座研究员、中山大学兼职教授

张庆明
中国工艺美术大师、高级工艺美术师、中山大学兼职教授

可以被称为"疯狂的石头"的，除了翡翠，其实还有端砚。在广东肇庆，已经成名1000多年的端砚，如今大有续演翡翠当年"疯狂之旅"的势头，七八年间价格涨幅高达二三十倍。

作为一种稀有材质类的工艺品，毫无疑问，封坑是近年来端砚价格猛涨的重要原因，而加入了名家工艺成分后其附加值更具卖点。

随着端砚藏家队伍的日渐壮大，越来越多的人开始关注：端砚为什么能位列四大名砚之首？收藏端砚，到底是看材质还是看工艺？经过了这一轮价格暴涨，端砚只涨不跌的坚挺态势能否延续？

端砚为什么能位列四大名砚之首？

主持人： 中国"四大名砚"（端砚、歙砚、洮砚、澄泥砚），以肇庆所产端砚最为称著，砚石出产自广东肇庆市东郊羚羊峡斧柯山和北岭山一带，尤以老坑、坑仔岩、麻子坑所产端砚石最为名贵。自宋朝以后，端砚便与湖笔、徽墨、宣纸成为"文房四宝"的特指。随着近年端砚价格的不断飙升，关注、有意介入端砚收藏的人也越来越多。但与字画、瓷杂相比，懂端砚的人相对群体不大，很多藏家也因为不懂因此不敢买、不敢藏。所以我们首先有必要关注端砚这1000多年的历史传承，为收藏提供借鉴。

张春雷： 商殷时代，有人发现石墨，开始研磨在石片、瓦片上，出现了最原始的砚。到了秦汉时期，砚已经作为一种正式的研墨工具。而端砚最早出现在唐朝，距今已有1300多年的历史。初唐时期，端砚大多以实用为主，砚石一般不作装饰。中唐之后，端砚演变成为实用与欣赏相结合的实用性工艺品。到了宋代，端砚的实用性和欣赏性两者并重，文人墨客除了研墨，还喜欢鉴赏、馈赠、收藏、研究端砚，甚至为端砚著书立说。到了明代，端砚的发展达到了高峰，设计上独具匠心，造型上古雅大方，雕刻上精制细腻。

但从清道光之后，端砚由全盛走向衰落。清初端砚与其他很多工艺品一样，达到了空前的繁荣。不仅精雕细刻，而且题材广泛，内容丰富，不少端砚还附有名人题字，使得端砚的身价更高。但道光之后，由于一些名坑塌方停采，砚石减少，导致端砚走向衰落。但也迫使当时的刻砚艺人，更加珍惜资源，更加以雕工取胜，因此端砚也从实用品上升为欣赏品和珍藏品。到了清末民国时期，由于外患内乱，战火连年，制砚艺人或沦落他乡，或转行务农。新中国成立前，肇庆卖端砚的仅剩几间小店，制砚业一落千丈。

新中国成立后，端砚进入了第二个繁荣阶段。20世纪50年代后期，政府组织艺人归队，1962年重新开采麻子坑，1972年重新开采老坑，1978年重新开采坑仔岩。另外，从20世纪80年代开始，国务院和广东省政府开始评定工艺美术大师，出台传统工艺美术保护法规，端砚的制作出现了空前的繁荣。目前，端砚界有两位国家级工艺美术大师，就是张庆明和他的师傅黎铿，还有省级工艺美术大师、中高级职称艺人一大批人，制砚企业和作坊达到了100多间。

张庆明： 文房四宝也是以砚为首。笔，即便再好，一用就要损耗；墨，时间一长，就会干裂；纸，即便质量再好，也会随着时间而挥发变色。唯独砚，它是天然的材质，经久耐用，经得起历史的磨洗。所以有一句话说：文人爱砚，武士爱剑。

主持人： 与其他三大名砚相比，端砚到底有何魅力，让它能够位列四大名砚之首？传世1000多年来一直受到人们的喜爱。

张春雷： 中国出产的美石很多，适宜制砚的也不在少数，当中端石就是最著名的砚材，它的石质细腻、幼嫩、滋润，古人称之为"有若小儿肌肤"，而且色泽丰富，有韧性，适宜雕琢，用其制出的砚，石品花纹丰富，发墨不损毫。好的端砚，无论是酷暑还是严冬，用手按其砚心，砚心湛蓝墨绿，水气久久不干，古人就有"哈气研墨"之说，所以晚唐之后端砚就被列为贡品。而且端砚的制作工艺向来精湛，比如雕刻，这是制砚中极其重要的一个环节，必须因石构图、因材施艺、用好"巧色"，才能达到天人合一的境界。一件传世佳品，需要制砚大师几个月甚至一年多时间精心雕琢。另外，端砚的文化内涵深厚，不少端砚集雕刻、绘画、书法、诗词、篆刻于一体，成为艺术与文化、思想互相融合的砚中精品。

资源稀缺导致端砚价格猛涨

主持人： 正是因为端砚的文化内涵丰厚，近年来端砚的价格涨幅也是非常明显的。2000年的时候，一方老坑的砚台价格几千元就已经很了不起了，现在多数卖到几万元以上。

张庆明： 的确如此，最近这七八年来，端砚平均的价格涨幅高达二三十倍，一些大师精品的价格涨得更厉害。与此相对应的，端砚的艺术文化内涵越来越深厚，题材也越来越丰富。中国传统书画非常重视题画诗文和序跋、章印的内容、书法、位置、形式，我把这些都融入砚台，以求让观赏者不单能欣赏到题材、选料和工艺之美，还能从砚上诗文、章句、边款、闲章和砚铭中得到会心一笑的感悟。

主持人： 政府限制砚矿的开采，令端砚更加稀缺，也是推高端砚价格的一个非常重要的原因。我们知道，1999年，肇庆市政府决定停止开采位列"四大名坑"之首的老

张庆明 《平安帖》

名家话收藏

张庆明　《高宗皇帝御笔》　　　　张庆明　《汉文章》

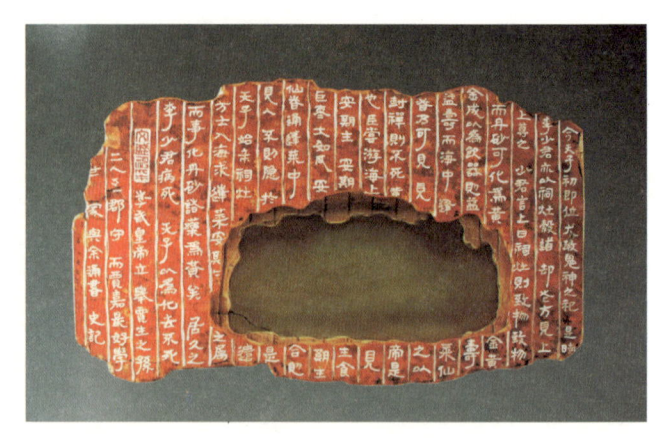

坑。2000年，又全面停止对其余名坑的开采，广东省国土资源厅还把端砚列入"保护性稀有矿产"名录，上收此前一直归肇庆市所有的端砚开采证发放权，对端砚的保护力度进一步加强。政府在宣传推广端砚文化的同时禁止开采砚矿，这两种做法是否矛盾？

张庆明：政府保护砚矿无可厚非，10多年前，北京一所大学的地质学家到肇庆探测端砚石材的蕴藏量，证实资源已逐渐枯竭，所以政府才封矿，现在所有的石坑都禁止开采了。但我觉得也不能完全封矿不开采，现在可用于制作端砚的石材存货已经很少了，关键是研究如何有效地利用资源。从唐朝至今，肇庆大概开采了70多个砚坑，每个坑的砚石品种都不一样，有些坑的资源可能多一点，而有些坑，挖了没多久就没有了，到目前仅存的砚坑大概有20多个。

张春雷：自古以来，端石就很名贵，为了防止采石工偷藏砚石，以前采石工下矿，必须光着身子。跟翡翠不同的是，翡翠可以借助机械大量开采，而端石不抗震，必须手工开采。别看采石是件粗重活，却是制砚的关键一环。要看清石壁，看准石脉，掌握砚石的生长规律，顺其自然，从接缝处下凿，才能保住良材的完整。一名采石工，长短、粗细、大小不一的工具就有三四十把。

张庆明：以"老坑"的砚石为例，80厘米的砚石层，真正能用的只有中间的40厘米，两端都是不要的，所以开采的过程中，需要人工把石头凿出来。

主持人：后期端砚的雕刻，依赖机械的多不多？

第四章 工艺美术与杂项收藏

张庆明 《花好月圆》

张庆明：端砚与翡翠不一样，它的硬度小，最好是用手工尖刀来雕刻，没必要借助机械。手工雕出来的端砚有灵气，机器雕的会显得很死板。

张春雷：其实跟写毛笔字的原理一样，你的线条拉得怎样，都是有讲究的，所以我反对借助机械工具去雕刻完成端砚作品。但有的切割如果有机械的辅助，效果会更稳定。

收藏端砚看材质还是看工艺？

主持人：随着近年端砚价格的不断飙升，关注、有意介入端砚收藏的人越来越多。到底什么样的端砚才值得收藏？材质重要，还是工艺更重要？

张春雷：一方值得收藏的端砚，我认为应该同时具备四种属性：一是石材要特别；二是具有实用价值；三是工艺要精湛；四是必须具有一定的文化内涵。我们本着这四

张庆明 《喜得果实》

个要求来制作端砚，建议收藏家也应该循着这个思路来收藏。如果一块好石材落到一个滥雕的人手上，也成不了一方可以传世的端砚，充其量只是一块好石头。

主持人： 这让我想起20世纪90年代，端砚刚热起来那会儿，大家意识到这东西值钱，对砚矿的开采非常疯狂，肇庆每个景点附近都蹲着不少人一麻袋一麻袋地在卖端砚。但很多雕砚的都是庸工俗手，胡乱雕刻，不知道浪费了多少砚石。

张春雷： 现在的收藏家越来越专业，我们的雕工也尽可能地精细，尽量赋予端砚更多的文化内涵。虽然现在端砚的实用性越来越小，但是我们还是保留着砚堂，而且是把材质最好的地方留给了砚堂，巧雕的部位反倒不一定是石材最好的地方。这样一来欣赏性高了，二来也兼顾了实用性。

张庆明： 所以收藏家辨别一方端砚的材质好不好，一定要看砚堂，看有没有石品花纹，并不是雕得越多越好。端砚的雕刻手法主要有高浮雕、浮雕、浅雕、线刻、篆刻等，雕刻手法视题材和砚形、砚式而定，都是为了要尽量展示砚石的石品、花纹，使石质和艺术加工达到天人合一的境界。

张春雷： 纯天然的砚石，价值是最高的，有的动一刀都会破坏了它的美感。

张庆明： 就像日本人喜欢平板砚（光身砚），看中的就是它们的天生丽质。

主持人： 端砚的质地是无可否认的，在赏玩的过程中，它又被文人赋予了更多的玩法和意义，比如说线、晕、眼，这本身是石的肌理，甚至未必是好的东西，但在艺术加工的过程中，经过大师的巧手，在文化创作的过程中赋予了它们很多的内涵。

张春雷： 这就是化腐朽为神奇，我们叫"天人合一"，巧雕巧色。

主持人： 跟其他很多艺术品一样的，现在端砚的定价、收藏，很多都是冲着制作者的头衔。一些刚介入收藏的人不懂，一看作品是大师的出品，心里也就踏实了很多。

张春雷： 应该承认的是，名气体现的是一个大师的艺术水平，他要赢得这个头衔，要靠作品说话，靠获奖的等级来证明，获得行家的认同是很重要的。但是具体到某件艺术品的收藏，我认为最重要的还是要看作品的本身，作品要比头衔更重要。

主持人： 现在在拍卖会上价格屡创新高的，多是明清或以前的端砚，古砚的存世量有多大呢？是否古砚就比现代砚更有价值？

张庆明： 目前留存下来的古砚数量极少，这说明在古代，端砚主要还是以实用为主，用于收藏的很少，市场习惯性地关注古砚是很正常的。但我认为要注重材质与艺术雕刻的完美配合，现在一些电视的收藏类节目说到端砚的石材，都只是说"端石"，但实际上端砚的砚石品种按砚坑可以分为：老坑、坑仔岩、麻子坑、宋坑、梅花坑、古塔岩、朝天岩、宣德岩、白线岩、斧柯东诸坑、绿端类、白端等。

张春雷： 不同的砚坑因温度、水质、成长年份的不同，砚石也是有区别的，以老坑、坑仔岩、麻子坑、宋坑这四大名坑最为名贵。老坑地势较低，常为西江水淹，是端砚中石质最好，影响最大，价值最高的砚坑。它的石纹细腻而幼滑、娇嫩、致密而坚实，石品花纹多金线、银线；而坑仔岩石色青紫稍带赤，石质优良、幼嫩，纹理细腻、坚实且滋润，仅次于老坑，尤以石眼多著称；麻子坑的颜色偏青紫色略带蓝色，色彩斑斓，砚石质地高洁，优质的麻子坑石可与老坑石媲美。一般端砚的制作者都会给作品附上证书，表明砚石品种、石品花纹和创作年代等，这些都是判断端砚价值高低非常重要的因素。

知多D　端砚怎样养？

虽说端砚"无量寿，可与世同存"，但也必须保养得当。不当的使用，除了影响使用效果外，还会损伤砚台的石质。使用和保养端砚，是要保持砚台不受外力撞击破损，更要保持石质不变。

端砚的存放：端砚忌置于强光照射或过于干燥处，宜放于阴凉处。养砚的一种简单的方法就是"以水养砚"，把砚台放在水里，保持湿润，特别是老坑的砚石，未开采出来之前常年水浸，石质非常滋润，出土之后就开始风化了，所以水养是一种不错的方法。但砚堂不可长久贮水，久浸则影响发墨功能。

新购端砚的启用：目前市场上的端砚，为了外表美观，普遍有渗蜡，而且砚堂没有进行退蜡工序，直接使用不太发墨或发墨不好。所以启用前可以用杉木烧成的木炭，或日用牙膏退蜡。

端砚的正常使用：每次使用端砚后，应该及时清洗干净，如果砚堂中常存墨汁，干硬后将直接影响端砚的下次使用效果，严重的将会使端砚的品质受到影响。古人就曾有语："宁可三日不沐面，不可一日不洗砚。"

第三节

宣纸价格连涨三年，陈纸越老越值钱

特邀嘉宾

陈永康
国家一级美术师、广州中国画学会会长

程敏
广州宣文堂堂主

2013年初，红星牌宣纸的广州经销商程敏收到了一份公司发来的调价单，从4月15日开始，全球的红星牌宣纸价格集体上调30%。这已经是近3年来，红星牌宣纸的第三次涨价，年年的价格涨幅都在30%左右。

但与陈纸相比，新纸的价格涨幅还真不算什么。几年前，一家卖宣纸的老店还在为仓库里一堆发黄的旧宣纸发愁，没想到消息一传出去，几十刀（注：一刀100张）仓底货引来了众人的哄抢。在北京，五张丈二宣纸甚至拍出了22.4万元的高价。一时间，洛阳纸贵的故事再度重演。

从书画工具到收藏品，宣纸的此番涨价到底是人为的炒作，还是价值的回归？

新纸 年年涨价是否人为炒作？

主持人： 这几年宣纸的价格涨得非常明显，很多人去买宣纸都会发现，现在很难买到今年生产的新纸，去年或是再早几年的宣纸，同样规格同等档次的，价格又贵了一大截。这是怎么回事？

程敏： 宣纸的价格已经连续涨了3年了，年年的涨幅都在30%左右，4月15日刚刚又提了一次价。现在2013年生产的红星牌棉料四尺单宣，1刀是1120元；净皮四尺单宣，1刀是1200元；特皮四尺精品宣，一盒是2300元；古艺宣10张装的是380元。这些价格都是全球统一的，因为中国宣纸集团公司采用的是代理商制度，对当年生产的宣纸统一定价。每次要提价，公司都要提前给代理商发去最新的零售指导价，然后在公司规定的时间统一调价。

主持人：那这次提价是红星牌宣纸一家的事情，还是一次集体涨价？

程敏：对于宣纸，国家标准是这样定义的："采用产自安徽省泾县境内及周边地区的沙田稻草和青檀皮，不掺杂其他原材料，并利用泾县特有的山泉水，按照传统工艺，经过特殊的传统工艺配方，在严密的技术监控下，在安徽省泾县行政区域内，以传统工艺生产的具有润墨和耐久等独特性能，供书画、裱拓、水印等用途的高级艺术用纸"。

也就是说，只有泾县生产的才叫宣纸。目前泾县最大的宣纸生产企业就是中国宣纸集团公司，这是一家国有企业，龙头产品就是红星牌宣纸。另外还有很多私营书画纸企业，这些企业拿不到生产宣纸的主要原材料青檀皮，做不了宣纸，只能用龙须草浆或竹浆做书画纸。现在泾县书画纸生产及加工企业已经达到了200多家。

实际上，现在泾县的宣纸生产企业只有14家，其中规模和知名度较大的是红星、汪六吉、汪同和、日星4家。这14家企业的宣纸年产量不到800吨，红星一家的产销就占了行业的80%以上，年产宣纸650吨，产品种类达300多个，年销售收入过亿元。所以红星宣纸一涨价，其他牌子的宣纸也都跟着涨。

红星古艺宣纸

主持人： 那连续3年涨价的原因是什么？是不是人为在炒作？

程敏： 首先，生产宣纸的原材料青檀皮年年在涨价。去年一担100斤的青檀皮才600多元，今年涨到了800多元。

其次，工人的工资也一直在涨价。20世纪八九十年代，工人一天工作8个小时，月工资才200多元；现在工人一天工作时间只有4.5至5个小时，月薪是8000元至1万元。但一线生产车间里的工作很苦很累，即使减了工时，涨了工资，很多人还不想干。

说在一线生产车间里工作"水深火热"一点都不过分，都是纯手工的工作，冬天"捞纸"最受罪，纸浆池水冰冷，都是冰碴，捞纸的手每天要浸泡上千次，很多捞纸师傅都得了关节炎。而"晒纸"则是夏天遭罪，晒纸所用的火墙温度常年保持在70至80摄氏度，门窗要关严，所以晒纸师傅想胖也胖不了。

最后，近年来宣纸的市场需求量大了很多。画画的人多了，收藏宣纸的人也多了，但宣纸的年产量就是那么多，你说能不涨价吗？

主持人： 生产宣纸的重要原材料青檀皮被控制起来，只有少数企业才生产得了宣纸。但其实青檀树很多地方都有，为什么会这么紧俏？

程敏： 并不是所有地方生长的青檀皮都适用于做宣纸。泾县地处皖南山区，东西两部为山地丘陵，主要是侵蚀剥蚀丘陵和喀斯特丘陵，是青檀树的理想生长地。这样特殊的土壤和环境生产出来的青檀皮，PH值在8.3左右，生产出来的宣纸在存放过程中，不太容易发生变化，纸的质量更好。生产宣纸的青檀皮一般都选取泾县方圆90公里以内的青檀树，超过这个范围的青檀皮就没用了。

主持人： 我看宣纸定价时分棉料、净皮和特种净皮三大类，有什么区别？

程敏： 这是按原料配比来区分的，宣纸中青檀皮的含量越高，纸的质量越好，价格也越贵。如特种净皮宣纸就是以80%青檀皮和20%沙田稻草配比抄制而成。

陈纸　越老越值钱

主持人： 相比新纸，陈纸的价格涨得更厉害。我在一些画家的工作室里看到，他们有时使用的陈纸一张就要上万元。新纸和陈纸使用起来的区别很大吗？

陈永康： 的确不一样。我从20世纪80年代开始就用陈纸了，因为新纸有纸毛，影响发

特种净皮宣纸　　　　　　　　　　　　　　　　陈纸

挥。而宣纸放久了没有火气，纸很软，画起来很爽，跟笔墨的配合度更高。有的人仿古画，就要专门找陈纸，这样出来的笔墨都古朴很多。而且越老的纸越好，就像一坛老酒，越老越醇，纸是越老越稳定。

可能有的人会嫌陈纸发黄，有水渍，其实问题不大，只要一裱画，水渍就看不出来了，纸有一点点发黄也不影响作品的艺术效果。

程敏：在广东这边，5年以上的宣纸就叫陈纸了，但在泾县，只有10年以上的宣纸才叫陈纸。

去年北京举办了一场"中国陈年老宣纸专场拍卖会"，陈纸的价格高得不得了。一刀公私合营时期的红星牌棉料四尺黄料夹宣，不包括佣金的落槌价就达到了38万元；1965年生产的红星牌棉料四尺棉连是16万元；1969年的红星牌棉料五尺夹宣是11万元；1983年的红星牌棉料四尺单宣是4万元；就连2005年的红星牌净皮四尺单宣都要4万元。很多人都是买来收藏的，不是用来画画的。

陈永康：我记得1976年的时候，我买的红星宣纸一刀是1.2元，后来涨到2.1元；20世纪80年代的时候是180元/刀；到了90年代是200多元一刀。最早的时候我是向荣宝斋买纸的，去邮局汇款，然后他们寄到广州来，都几十刀几十刀地买，买回来后用报纸包起来，报纸上有油墨可防虫蛀，就这样平放在架子上，还没用完的现在都成了陈纸了。

宣纸

并非能够作画的纸就是宣纸

主持人： 宣纸的价格很贵，书画纸的价格相对就便宜了很多，都能写字作画，这两种纸有什么区别？

程敏： 外行的人是看不出区别的，所以有些不诚信的商家，就直接将书画纸冒充宣纸卖了。其实，并非能够作画的纸就是宣纸。

书画纸的种类现在也有很多：龙须草书画纸主要产自泾县、广西都安县和四川洪雅县；毛竹书画纸主要有四川夹江纸、福建连史纸和江西毛边纸；桑树皮书画纸主要产自浙江温州和河北省迁安县；云南腾冲书画纸主要用构树皮；浙江龙游书画纸主要用山桠皮、龙须草和稻草。

原料不同制作流程当然也不一样。宣纸对水质等自然环境要求很高，青檀皮和沙田稻草要反复浸泡、清洗、蒸煮、摊晒，以日晒雨淋方式进行自然漂白，然后分别制作成皮料浆和草料浆，根据品种要求按不同比例混合配浆，再经捞纸、晒纸、剪纸等工序才能成纸。从原料制作到成纸历时两年多、100多道工序。

而书画纸对水质、工艺等要求都不高，大多制作只有十几道工序，多则二十几道。大多采用机械化制浆、漂白、蒸煮等工序，使用化工原料，生产周期大多只有几天。

陈永康： 其实分辨宣纸和书画纸也不是太难。如果是宣纸，拿起一张对着光亮透视，会看到宣纸纸面上好像冬瓜瓤一样，这是檀皮纤维的特有体现，纸张白色柔和；而书画纸大多平板一块，没有草纤维的筋丝，而且纸张过于洁白。

用来写字画画差别就更大了。宣纸的润墨性好，着墨的渗透力和吸附力强，墨色浓淡分明，能存墨、托墨，立体感丰富，有"墨分五色"之说。而且纸张纤维强度好，浓墨重彩时纸张不透不破；而书画纸着墨后不均匀，润墨性差。因为纤维强度较差，用笔重时纸张易透易破。

程敏： 但我发现现在一些画家对宣纸的使用不讲究，一些美院的学生甚至不知道画什么画用什么纸。纸是国画的生命线，没有好纸绝对作不出好画。

现在我们说宣纸"纸寿千年"，那是因为宣纸从发明到现在也就一千多年的时间，它的保存性和耐久性在所有纸里面是最好的。安徽省博物馆完好存放的北宋张即之抄经册，还有故宫博物院保存的明朝唐伯虎《墨梅图》，都是宣纸纸本。

书画纸保存性相对就差很多了，尤其是部分书画纸为了增强润墨性，掺进石粉碳酸钙，几年后就会发生自然风化。纸都折断了，画还怎么保存下来？

650元/刀以下的肯定不是宣纸

主持人： 宣纸和书画纸价格相差多大？

程敏： 因原料及制作工艺等方面原因，宣纸的制造成本在700～750元/刀，这是以普通净皮四尺单宣为例的，各种品种成本不一样，大厂与小厂成本也不一样；而书画纸的成本70～100元/刀，泾县少数掺檀皮的书画纸成本可达150元/刀。因此，市场销售价格在650元/刀以下的，基本上可以断定不是宣纸。

当然也有部分不良商家将书画纸冒充宣纸牟取暴利。今年3月份泾县法院就刚判了一个用普通书画纸制作、假冒"红星"牌宣纸牟取暴利的案子。

主持人： 现在名家书画赝品满天飞，有些画家防伪做到了宣纸上。听说范曾就专门定制了局部带防伪水印的宣纸。

程敏： 在宣纸上加水印，这是在捞纸的帘子上做功夫，等于特制了一个模具。比如荣宝斋监制的宣纸，还有奥运纪念纸、世博纪念纸、国庆60周年纪念纸、政协成立60周年纪念纸、中国美协监制古艺宣纸等特制纸，都是特制的帘子。

建国六十周年纪念宣纸

特制纪念宣纸最有收藏价值

主持人： 宣纸的种类很多，光是红星牌的宣纸产品种类就有300多种，什么样的宣纸才有收藏价值？

程敏： 一般来说，特种净皮宣纸比较有收藏价值，但最具收藏价值的应该是特制纪念宣纸。这类宣纸的产量很少，物以稀为贵。在去年那场"中国陈年老宣纸专场拍卖"上，2010年的红星牌世博纪念宣纸拍了1.2万元；2009年的红星牌建国60周年纪念宣纸拍了2万元；1999年的红星牌建国50周年特制宣纸拍了3.8万元；红星牌97香港回归纪念特制宣纸拍了2.8万元。升值最快的是今年的十八大纪念纸，总共只生产了200刀，出厂价4000多元，现在不到半年时间，价格已经超过了1万元。

主持人： 收藏一般都藏生宣，熟宣有没有收藏价值？

陈永康： 生宣未经任何加工处理，而熟宣经过染色、洒金、洒银、印花、涂蜡、砑光、施矾等工艺加工，特别是因为加了矾，纸放久了容易脆，所以收藏还是生宣的好。

程敏： 相对其他收藏品，宣纸的保管要简单很多，只要注意防潮就好了。即使是受潮霉变了，只要在干燥通风的季节，打开窗门，让屋里的宣纸散散潮就行了。千万不能将宣纸拿到太阳下晒，一晒纸就变了。

分辨不同时期出厂的宣纸方法也很简单，每刀纸上面都有自己的"出生纸"，加盖有各自的商标、厂名和品种名作封刀印,所以收藏的时候一定要整刀收藏,不要拆包装。新中国成立前的包装加盖的是"官"字,表示已经官方登记,而现在则在传统的基础上多加盖了洁白、拣选、玉版等字样。红星牌宣纸为了防伪,还在各印章加盖时规定了一定的间距标准,近年又另外加上一防伪标志,其实还是很好鉴别的。

宣纸的种类

1. 按原料配比可分为棉料、净皮和特种净皮(简称特净)三大类。棉料适宜书法;净皮宜书宜画,适宜花鸟、人物及小写意;特种净皮适宜泼墨山水、大写意。

2. 按规格可分为三尺、四尺、五尺、六尺、八尺、丈二、丈六、丈八、二丈等。

3. 按帘纹可分为单丝路、双丝路、螺纹、龟纹等。

4. 按厚薄可分棉连、单宣、重单、夹连、二层、三层等。

5. 按加工与功能可分为生宣和熟宣。生宣指未经任何加工处理的宣纸原纸;熟宣指经过染色、洒金、洒银、印花、涂蜡、砑光、施矾等工艺加工而成的宣纸,又称加工宣。

名家话收藏

第四节

一锭清墨价值过万，古墨收藏逐年升温

特邀嘉宾

黄唯理
广东画院一级美术师、九三学社广东书画院院长、广东省非物质文化遗产保护工作专家委员会委员

陈迹
广东画院二级美术师、广东画院美术馆馆长

汪培坤
中国文房四宝协会副会长、中国文房四宝制墨大师、安徽省非物质文化遗产徽墨制作技艺传承人、安徽省黄山市屯溪胡开文墨厂董事长

注：第四章第四节至第四章第十节书眉题字徐志兴。

　　文房四宝——笔、墨、纸、砚，墨居第二，历代许多书画精品能够保存至今，墨的质优起着很大的作用。

　　随着岁月的流逝，作为易耗品的古墨如今存世稀少，长期以来少有藏家涉足。但近年来，随着古玩收藏之风盛行，墨品收藏作为后起之秀，其价值正逐渐升温，如今一锭清朝的古墨价值已经过万元。

　　但随之而来的造假让不少收藏者大交"学费"。制墨大师汪培坤走了一趟广州的古玩市场就发现，动辄两三斤、四五斤的大墨，其实都是旅游工艺墨，根本没有收藏和实用价值。"翻遍徽墨的历朝历代记载，最大规格的古墨根本没有超过一斤重的"。

画家有好墨条　如武士有好兵器

　　主持人：墨分五彩——焦、浓、重、淡、清，再加上白纸自有的颜色，由此创造出一个丰富多彩的意象世界。历代作家、书法家、画家都对墨寄予着深厚的情感，中国画更是被称为水墨画。在用墨上，书画家都有什么讲究？

　　黄唯理：笔墨作为中国画的语言与特色，受到历代画

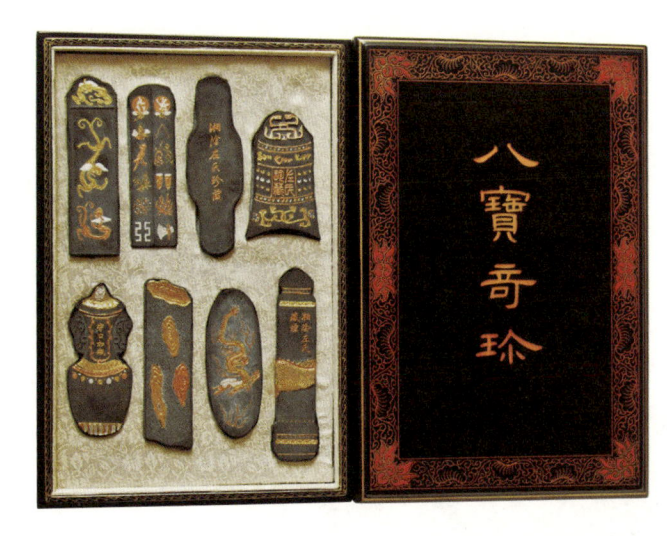

八宝奇珍　集锦墨胡开文　清代墨模制墨

家的高度重视。中国画的笔与墨是分不开的造型因素，可以说，笔墨在中国画的地位崇高。这里所说的"笔墨"，主要是指画家的精神、修养，借助毛笔与墨块在宣纸上的体现。在中国画论中也有"墨法"的章论。

陈迹：唐代以前，从事绘画的主要还是工匠，对色彩的运用相当重视。大约从唐代的王维开始，文人们开始介入绘画，大家开始注重水墨，尤其是到了北宋米芾的时候，水墨画已经很发达。元代之后，基本上就是水墨画一统天下了。直到现在，评鉴一幅中国画，笔墨依然作为最核心的因素而备受关注。

有人说墨分五彩，也有人说墨分六彩，我觉得意思是说墨色可以分出不同的层次。当然，笔和墨是不能割离的整体，不同的墨色，对于画面效果的作用当然也不同。中国画确实能够靠笔墨来表现自己的心境，画出自己的修养。

黄唯理：拥有好文房，寻得好墨条，如同武士拥有一件好兵器，会助画家在纸上创作更加自如。石涛就说过："纸生墨漏，亦画家之一厄也。"张大千也认为，墨对画的表现，纸对墨的承受，纸与墨对于画的关系太重要了，如果所用的墨不好，所用的纸不知其性格，天大的本事，也不能得心应手。石涛、张大千都是天马行空的天才，他们都如此感叹，可见纸墨对于作画关系太大了。

陈迹：质地好的墨研磨来用，墨色变化丰富，确实可以产生无穷的韵味。如果用墨汁，就少了变化。如果用的是研磨的墨，用笔的笔路笔迹，都会沉淀在纸上。沉淀之后各个部位的浓淡，还会再绽开一次，水和墨又会分开一层。这种丰富和层次，会让它比较立体、比较厚重，这一点在书法上也有明显体现。现在看王铎笔墨淋漓的书法，仍然能够看到他清晰的笔路，如果他用的是现在的墨汁，当然只会是糊成一块。

画工笔画的人，对用墨更加讲究。磨了墨之后，有的人还要拿一个新的碟子，用纱布接引过去——再过滤一次，因为怕有渣。有的人还要用手指研磨，直到觉得很细腻了才施用。

墨锭VS墨汁　天然VS化工

主持人： 陈迹老师刚说过，用墨锭和墨汁作画的效果差别很大。但我到很多画家工作室看过，很多人桌面上都是直接摆着一瓶墨汁，很少看到有人磨墨。

黄唯理： 现代墨汁也是有其好处的，它的胶重，显得温润，作大画时，这种温润的效果很有优势，而且最重要的是方便。而磨墨作画层次厚而丰富，可以留住笔的痕迹。所以我个人认为，可以两者兼用，取其不同的效果。我们生活在现代，总不能拒绝现代的产品，作小画时可以磨墨，作大画及练字时则可磨墨、墨汁混用。

现在不同的墨汁价格差别也很大，效果当然也不一样，这就要看书画家本人是否讲究了。如果你对自己作品保存的耐久性很讲究，当然就要选好一点的材料，如果你只是注重效果，那几元一瓶的墨汁也能用。

陈迹： 抛开画家技法上的因素，用现成的墨汁作画层次感较差，而且感觉比较燥。而研磨出来的墨，用起来可

文革墨

以留住笔的痕迹，浓墨厚重，淡墨也能清而不薄，这些效果是现成墨汁难以达到的。

主持人： 墨锭和墨汁的效果为什么会差别这么大？

汪培坤： 中国传统制墨采用的都是天然的材料，如松烟制墨法，就是中国制墨史上重要的传统制墨方法之一。早在五世纪的贾思勰所撰《齐民要术》中，记载的制墨方法就是用细且清纯的烟灰，经捣杵及筛滤，除去一切附着的杂质调制而成。墨条大概是在宋代的时候出现的，最早出现的就是松烟墨。

而墨汁有记载的，也不过100年左右的历史，墨汁的开发主要还是从20世纪70年代末期到80年代才开始的。它的主要成分是骨胶和炭黑，炭黑是现代色素，是化工材料，所以现代墨汁跟中国传统的墨品是两个完全不同的概念。而且现在还出现了一种日本墨汁，跟国内生产的墨汁还不一样。不但炭黑是化工材料，就连所用的胶也是化工的。我国生产的墨汁，目前所用的胶还是传统的东西。

古墨收藏　清墨最好

主持人： 以前很少有藏家涉足墨品收藏。但近年来，随着古玩收藏之风盛行，墨品收藏作为后起之秀，其价值正逐渐升温。特别是有年份的古墨，价格更是不断抬高。那么，什么样的墨品才有收藏价值？

黄唯理： 古人说好墨是"轻胶十万杵"，这是因为古人制墨不为牟利，捣烟很细，下胶轻重合适。现在的墨需求量太大，因此大多只能是粗制的，下胶重而且油，用料多不像古人讲究。明代方瑞生在《墨海》中论好墨的标准为："黝如漆，轻如云，清如水，浑如岚。"具有"香如婕好之体"、"光如玄妻之发"，这样的好墨肯定古代才有。为什么现在追捧古墨？就是因为以前用的材料讲究。

如果是收藏古墨，应该是清代的墨最好。据记载，中国的制墨业在清代达到了高峰。到清末期洋人入侵，制墨所用的原料漆和桐油被大量掠夺出口，而进口的则是大量的炭黑，令中国的传统制墨业受到了很大的冲击。张大千就曾经说过："欲找好墨，要光绪十五年前所制的，乾隆御制的更好……"石涛、周作人也有共识。而且在明清，收藏墨的风气也特别盛行。

汪培坤： 但墨作为一种实用性的易耗品，经过这么多年的历史流转，真正能够存世的老墨数量实在是少之又少，真正的老墨现在价格贵得不得了。

广东的"假墨"就特别多，我曾经到广州的古玩市场看过，卖的所谓徽墨很多都是两三斤、三四斤的，这样的大墨90%都是假的。那是旅游工艺墨，只是工艺品，并不是徽墨。现在我们这边生产的旅游工艺墨，基本上都销往广东，出厂价一块也就两三百元，在广州可以卖到过千元。

这类工艺墨是用炭黑、石膏粉、滑石粉制成的，一来成本低，二来容易定型，我们做二两墨、四两墨要晾半年，他们半个月就干了，一两个月就可以出厂了。没有收藏价值、也没有实用价值。

现在老是有人打电话给我，说自己手上有一块多大的元墨、宋墨，我一听就知道肯定是仿古墨。我查遍了徽墨历朝历代的记载，历史上都是没有大墨的，最大的就是"一斤龙"，重量没有超过一斤重的。这么大的墨需要晾干一年才能出厂。

现在很多人追老墨，我劝大家先把厂家的历史了解清楚。要买20世纪五六十年代的墨、文革墨，先查一查当时有没有这个厂，没有这个厂哪有这种墨。如今这个市场比较乱，以前国家就三大墨厂，后来企业改制后，有很多改制工人自己办起了小作坊，买点炭黑就制起了墨，以次充好。还有一些是翻刻老板的墨，如板是嘉庆年间的，翻刻出来的墨就直接说是嘉庆年间的，也不说明是翻刻的。所以收藏老墨，一是要了解历史，二是要到老厂买。

主持人：老厂制墨现在还是遵循古法吗？

汪培坤：我们厂已有200多年的历史，现在还在按照古法制墨，只不过在传统的基础上有一些技术的突破。现

清乾隆　御制"咏墨诗"墨

第四章 工艺美术与杂项收藏

在制墨的11道工序还是没变，只不过细化了，如在古法点烟环节，我们就细分为三个等级：甲级烟、乙级烟、丙级烟。传统用灯心草点烟，灯心草的草灰也落在了烟里面，所以以前的墨是混合烟的。现在烟分了级，墨自然也分了等级。

又如松烟墨，以前是砍黄山的老苍松来烧烟的，现在用的还是松树的枝干。你问松树会不会受保护？其实现在植被保护得好，人们生活用的是电和煤气，不会像以前那样需要砍树烧火，松树已经越来越多，长得太密反倒长不大。

现在制约这个行业发展的，关键是没人愿意做这一行了，纯手工生产，需要慢工出细活。而且制松烟墨，一般是在深山老林里烧烟，成本低一点，然后再带出来到厂里做后期加工。如果把松树运出来，那光是运费就不得了。但这要有人背着干粮到深山老林去烧烟，半年都出不来，现在都没人愿意去烧烟。没办法，墨的价格自然也就逐年

地球墨　胡开文清代墨模制墨，荣获巴拿马世界万国博览会金奖

磨墨机　现代书童

四老图　超细油烟书画墨

涨起来。但随着书画家对墨的认识越来越多，加上一些收藏家的加入，从2006年开始，我们厂的墨条销量已经开始明显逐年增长，这么多年来销量大概翻了三四番。

名人趣事　黎雄才在墨里加茅台

主持人： 关于用墨有很多趣事，以前黎雄才老师在世的时候，喜欢在墨里面加茅台酒，这有什么作用？

陈迹： 这事我觉得可能跟表演欲有关吧。在墨里面加茅台酒或是二锅头，我觉得效果应该是差不多的，起作用的都是酒精。磨墨，我觉得还是用清水为正道。但如果是宿墨，因为墨里面含有动物胶，放久了会有腐败的味道，有的画家会倒点老白干之类的高度白酒下去再研磨。就个人的经验，用掺入白酒的墨画画，墨色在宣纸上的泅化效果没有单纯用清水研磨来得自然。

黄唯理： 在浙江时，我曾听说大名家曾宓老师非常讲究用墨，据说是找油烟墨敲碎后加水放锅中蒸，然后取出使它发酵，再放入甘油。估计这曾氏秘方也是老人作出大批好画

吴昌硕　高级精系列油烟书画墨　2008年创作获中国四大名墨

的利器之一吧。

另外，据关山月的助手关伟说，关老以前墨磨多了用不完，就在墨汁里放一个小铜勺，防止剩墨变宿墨，据说古人也是在墨汁里放上铜片防腐的。到了关老晚年有了冰箱，他就直接把剩墨倒在瓶里，放进冰箱防腐。

知多D
先有墨后有笔

经过考古的挖掘与实证，发现墨的起源较笔的发明为早。早期的墨多是采用天然材料，甚至用墨斗鱼腹里面的墨汁为墨进行书写或染色。在新石器时期的彩陶上有多种颜色的图画；殷墟出土的甲骨文有朱书、墨书；长沙出土的战国竹简上的文字，墨色至今漆黑。可见，秦以前有墨是可以肯定的。

中国古墨制造历史悠久，最负盛名的当数徽墨。清代徽州出了曹素功、汪近圣、汪节庵、胡开文"四大墨王"，形成了徽墨独领风采的地位。

名家话收藏

御制御园图　集锦墨　64锭每套　胡开文清代墨模制墨

　　墨从制作原料划分，有油烟墨、松烟墨、油松墨、朱砂墨、选烟墨、特烟墨等。油烟墨质地坚实、细腻、耐磨、色泽乌黑发亮，但用胶量较重。松烟墨的特点是墨色黑，但缺少光泽，胶轻质松，入水易化。好墨具有"质细、胶轻、色黑、声清"的特点。

古墨分七类

　　一、御墨。即封建时代皇帝自己写字用的墨，往往是宫中召集匠人制造。明朝御墨传世的有"永乐国宝"，宣德"龙香御墨"等。清朝从康熙年间起由内务府自造御墨，以后

256

雍正、乾隆、嘉庆、道光朝都继续制造。这类御墨外间流传甚少。

二、贡墨。分为两种，一种是封疆大吏或朝中大臣嘱制墨家制造进呈给皇帝用的；一种是地方上每年向皇帝进贡的，如歙县在道光以前，每年要进贡墨三次，分春贡、万寿贡、年贡。封疆大吏进贡的墨做工精美，烟料上等，上面有进呈者的名款、年号，有时还有制墨家的名款，如"太平清玩"既有"臣徐元梦恭进"款，又有"康熙乙未年臣曹定远谨制"款。

三、自制墨。文人或书画家向制墨家订制自己设计的墨。明清两代此风甚盛，如明代嘉靖年间罗龙文、清代康熙年间曹鼎望都以制墨著名，但他们都是向制墨家订制，并非自制。此类墨上有时有制墨家的名字，工料、图案、形式都要比门市上出售的要高出一等，向来为藏家重视。

四、珍玩墨。以墨为原料制造的手工艺品，不是为磨用而是为玩赏的，如明代程君房的"百子榴"墨，重仅二三钱，根本不能磨用。

五、普通书写用墨。这是墨的大宗，因质量的差异，同一个制墨家所制，价格相差可以达到10倍以上。

六、礼品墨。专为喜庆送礼用的墨，如送寿礼的"寿屏墨"，送婚礼的"百子图"墨，送学生入学的"手卷墨"等，这种墨注重外表形式，烟料往往较差。

七、药墨。因油烟不能入药，这类墨都用松烟，如乾隆时詹子云所制"八宝药墨"等。

可以入药的墨　同仁堂订制

松烟墨的制法

松烟制墨法是中国制墨史上重要的传统制墨方法之一。曹植在《长歌行》诗中曾说："墨出青松烟"，这说明以松烟为原料制墨从三国时期就已开始。不过那时制墨还没形成一种专门职业，大多是写字人自制自用。

传说三国曹魏明帝时，武都太守韦诞是位书法家。由于他经常与墨接触，从而领悟到做墨的方法和经验，就自己做墨自己用。据五世纪的贾思勰所撰《齐民要术》记载，韦诞的制墨方法是用细且清纯的烟灰，经捣杵及筛滤，除去一切附着的杂质，调制而成。

到了唐代，制墨业已形成专业，同行之间的竞争日趋激烈，使用松烟制墨的方法更加完善，唐以后仍在不断改进。

明代宋应星在《天工开物》中记叙的松烟制墨法是：先将松树流去胶香，然后伐木。凡松香有一毛未净尽，其烟造墨终有滓结不解之病。凡松树流去香，木根凿一小孔，炷灯缓炙，则通身膏液就暖倾流而出也。

凡烧松烟，伐松斩成尺寸。鞠篾为圆屋，如舟中雨篷式，接连十余丈，内外与接口皆以纸及席糊固完成，隔位数节，小孔出烟。其下掩土砌砖，先为通烟道路。

燃薪数日，歇冷入中扫刮。凡烧松烟，放火通烟，自头彻尾。靠尾一二节为清烟，取入佳墨为料，中节者为混烟，取为时墨料。

第四章 工艺美术与杂项收藏

第五节

佛像市场没有炒作，价格不至于大起大落

特邀嘉宾

黄春和
首都博物馆研究员、北京市文物鉴定委员会委员、北京佛教文化研究所特邀研究员

一西平措
中国少数民族文物保护协会副会长、北京翰海佛像法器部首席鉴定顾问

郑华星
佛像收藏家

佛像是中国人接触最广、最久的雕塑艺术，佛像无疑支撑着古代中国的整个雕塑体系，代表着一个时代最高的审美。在众多艺术品门类里，也唯独收藏佛像会让人毕恭毕敬地说一声"请"。

从2006年一尊明永乐鎏金释迦牟尼佛像在香港拍出1.2359亿港元开始，这个特殊的收藏门类就一直保持着一种稳步升值的步伐，收藏人群不断扩大。或者因为佛教艺术博大精深，或者因为信仰的力量，佛像也是极少数没有艺术基金入场炒作的收藏门类。

佛像收藏看艺术价值更看文物价值

主持人： 藏传佛教从元朝开始传入北京后，元明清三代的统治者出于统治和信仰的需要，都对它特别崇奉，或为之修寺建塔，或为之大兴封赏，或为之造像刻经。史料记载，元明清三代的宫中都专门设立了造像机构，元代造像机构称"梵相提举司"、明代称"佛作"、清代称"养心殿造办处"，雕造的佛像供皇帝供奉或赏赐寺庙高僧。所以现在很多古玩市场上，一般认为宫廷造的佛像比民间的价值高，"忿怒相"的比"寂静相"的价值高，大尊的

普遍比小尊的贵。这种佛像收藏价值的判断是否正确？

一西平措：简直就是无稽之谈。一尊佛像价值的高低，首先应该从历史价值上进行判断，看它是不是在佛教历史上占据重要的地位；第二，应该视其艺术价值而定，综合考虑工艺、材质等各个方面；第三，物以稀为贵，这是收藏界的金科玉律，同样适合佛像收藏。一尊佛像价值的高低，还看其是否是稀有的佛像题材，造型风格是否独特。

主持人：但如果单从艺术价值考虑，宫廷造像与西藏本土造像的差别还是很大的。另外，明永乐鎏金释迦牟尼佛像拍出1.2359亿港元后，明代永乐和宣德年间钦定的官式造像"永宣佛像"在市场上最受追捧，很多人认为"永宣佛像"的艺术与经济价值最高，这种看法是否正确？

黄春和：宫廷造像的确代表的是一个时代的高度。但每个朝代佛像的造型风格都不同，佛像的铸造技艺也有差别，每个朝代都有各自的艺术高度，不能说永乐年间的佛像就是最好的。

一西平措：永乐年间国富民强，皇权在手能够搜罗一大帮能工巧匠，集中创造出一大批艺术精品，但不能说永乐年间的东西就是最好的。如果是从内在气韵的流动来讲，永乐年间的佛像还不如高古的。

郑华星：国力的差距也决定了佛像材质的不同。比如宋代佛像多用木头；隋代佛像多用石头；唐代到了国力强盛的时候，就多用金铜了。所以文化的发展跟当时的社会环境是息息相关的。虽然每个时代都有各自的精品，但如果统治者重视，国力又强盛的话，精品的数量就会比较多。

而且每个时代的审美标准是不一样的，所以不同时代的佛像造型、风格都是不同的。如隋代的佛像脸型会偏长一些，而唐代的佛像脸型则会圆润饱满一些。

明宣德　水月观音

第四章 工艺美术与杂项收藏

清乾隆　明点尊母

佛像市场暂无艺术基金入场炒作

主持人： 相比其他艺术品门类，佛像收藏的起步比较晚。我记得2004年的时候，一尊"大威德明王"拍出了1906.2万元，这个高价当时还被称为"捅天价"。到了2006年，一尊高72.5厘米的"大明永乐年施"铭款的大型鎏金释迦牟尼佛像，在香港苏富比拍出了1.2359亿港元，成为世界范围内最贵的中国佛像。至此，大家才知道佛像原来这么有价值，开始关注这个领域。

黄春和： 中国内地的佛像收藏市场，起步的确较晚。我记得最早应该是1998年的时候，内地就有拍卖行设立佛像拍卖专场了。但佛像市场开始升温，是从2004年北京嘉德和北京瀚海推出佛像专场开始的。虽然起步较晚，但佛像市场一直稳步向前，价格表现一直很平稳，很少大起大落。

一西平措： 我觉得2006年到2008年，是中国佛像市场的第一个高峰，2009年到2011年是调整期。前些年很多艺术品的价格一直在拔高，但佛像市场在2006年以后就一直比较理性，没有炒作，也没有艺术基金进场，佛像市场还保持自身稳定的发展轨迹，不至于大起大落。经过几年时间的沉淀、调整，加上藏家的认识逐渐深入，佛像艺术品的价格到今年又开始提升了。

主持人： 为什么艺术基金独独没有进入佛像市场？

黄春和： 与其他收藏门类相比，佛像自身承载的文化分量比较厚重，其代表的是佛教文化这么一个大体系的文化，需要藏家有较系统的知识储备，所以收藏门槛相对较高，炒作起来不太容易。另外，从宗教层面来讲，一些炒家可能对通过炒作佛像来获利的行为还是有所忌讳。

一西平措： 据我的观察，现在的佛像市场的确还没有"有实力"的艺术基金入场炒作，这个市场依靠的是藏家和投资者的追捧发展起来的。但现在真正的佛像收藏家不到5%，很多人上拍卖会买佛像，投资的心态相对比较重。

长远来看，佛像艺术品的上升空间也的确非常大。我觉得中国的佛像市场可以分为四个阶段，每个阶段又可以分为ABC三段。目前的佛像市场，应该是处于第二阶段的A段，下来还有很大的上升空间。

郑华星： 近些年，故宫博物院、国家博物馆、首都博物馆及上海博物馆等，都开辟了造像馆或佛像艺术馆，可见佛像艺术品在国内越来越受重视。就市场价格而言，佛像艺术品也是每年上一个台阶。但我认为，她的价值仍然没有得到充分展现。

比如2009年的香港苏富比秋拍，一张乾隆御制的紫檀木"水波云龙"宝座，以8578万港元的成交价打破了中国家具的世界拍卖纪录。几乎同时期，作为清代一等一造像作品的乾隆皇帝御制铜鎏金千手观音，却拍不到一张紫檀木家具十分之一的价格。我们不谈两者材质上的区别，仔细分析一下，宝座是给皇帝坐的，只是皇宫里的生活用品，而佛像是供皇帝后妃顶礼膜拜的圣物，殊圣并尊贵。另外，我虽然不否定家具的美，但毕竟它的造型风格带有强烈的民族色彩和地域性的审美取向，其美学价值不一定能为全世界的人所接受。佛像艺术却可以通行世界各地而无碍，最重要的是其背后的文化内涵，普世价值，精神信仰等。如此一比较，佛像艺术品未来的升值空间不可限量。

收藏佛像是一种精神感召

主持人： 最近几年，不少原先只收藏中国书画的藏家，也开始介入佛像收藏。据我了解，他们收藏佛像也不完全出于资金升值保值的考虑。到底佛像收藏有什么样的魅力？

黄春和： 这是佛像自身的价值决定的。佛像是中国人接触最广、最久的雕塑艺术，它有丰富的文化内涵。市场刚起步的时候，最早购买佛像的人很多是源于宗教信仰，后来入场的很多人是跟风，但现在越来越多的人发现了佛像承载的文化内涵，自然收藏人群逐年扩大。

而且佛像收藏具有非常广阔的国际市场，拥有人群非常广泛。中国最精美的佛像在上一个百年中大部分流失到海外，目前出现在国内拍卖市场的佛像有八成是从海外回流的。目前对藏传佛教的研究，一些外国专家比国内的研究还要深。这么大的一个体系，具有非常强的生命力，能够不断地给收藏家带来惊喜。

一西平措： 除了艺术价值、人文意义、历史痕迹之外，佛像艺术更重要的是体现精神感召的力量，这种力量最能静静地打动我们内心最柔软的地方。

郑华星： 我身边很多朋友，在我的影响下，家里都"请"回了一尊佛像。家里如果有尊佛像，气场和氛围就不一样，会显得很宁静，很祥和，人自然而然就会向善，这种无形的自我约束，是收藏其他艺术品都不可能达到的。

主持人： 这也是您收藏佛像的原因吗？

郑华星： 我是六七年前开始关注佛像艺术品的，那时书画、玉器、家具等收藏门类都已经炒得太热了，我觉得没必要去追涨，更没必要去斗富。最终，我的目光被佛像所吸引。佛像透出一种美，不同于其他门类艺术品，它是精神信仰层面的，是心灵层面的，这种美无可比拟。我最喜欢的是高古佛像，那个时候造的佛像把佛的仪容、佛的内心刻画得非常逼真传神。

确定了我的收藏方向后，我开始读书，只要知道书上介绍的代表性作品现存于哪儿，我都会追去博物馆、佛教圣地去一睹真容。

除了在国内拍卖会竞购佛像，我也关注国外的拍卖会，只要有心仪的佛像上拍我一定想办法争取。但我发现

15世纪　莲花生

宋　苏频陀尊者

一种现象，现在海外的佛像拍卖会，整个专场没有九成也有八成是内地人，大家都是自发过去的，缺乏理性的思考，往往是互相竞价自己把价格给抬高了。台湾、香港藏家的购买就相对理性，他们往往是以基金会的名义集体出动，不存在自己人跟自己人竞争的情况，而且能够聘请专家助阵，对上拍佛像的艺术价值、文化价值等现场作出专业的判断，指导购买。所以，成立专项艺术基金是最好的收藏方式，最大限度避免了在国外拍场同室操戈。成立专项佛教艺术品基金也是我目前正在努力的事情。

主持人：汉、藏两大体系的佛教造像相比，为什么藏传佛教的佛像收藏群体相对较大？

郑华星：藏传佛教相对于汉传佛教而言，体系更大、门派更多、流传历史更久、地域更广，可能这些更能吸引收藏家的关注吧。

一西平措：应该说藏传佛教和汉传佛教各具艺术魅力，藏传佛教艺术品市场起步前，市场上流通的多是汉传佛教的佛像。如果一定要相比较，藏传佛教的佛像的艺术张力和视觉冲击力，的确要比汉传佛教的丰富一些。现在汉传佛教的佛像，同样也有一大批藏家，市场潜力也是非常巨大的。

鉴定佛像靠经验靠感觉

主持人：我听一些藏家说过，佛像艺术品的水很深，现在新做旧的技术很高，一不小心就会买到赝品，情况是否如此？

郑华星：严谨地说，佛像没有真假的区别，只有新旧之分。新作的佛像其实很容易区分，因为以前的佛像是用心去造的，那份虔诚是没法复制的。现在一味地模仿复制很刻板，细微之处根本无法再现当年的气韵。比如衣纹，以前的艺人创作时行云流水，而后代仿制者为了仿真，必然要对着原作慢慢描，少了一份随心所欲，力度不够，当然也刻板了很多。这些细微之处很容易看出破绽。

现在新造的佛像艺术品，自有其市场需求，一些做得也非常精美，体现了当代人的艺术风格和审美风尚，值得收藏。但如果某些商家以新作充旧制来骗人，就是很卑劣的行径了。因此，收藏佛像艺术品，最好能找到一位懂行的领路人，在艺术市场里真正摸爬滚打过，这可能比向某些机构里的专家学习更有益。

主持人：那佛像断代难不难？

黄春和： 佛像的断代主要还是看造像的风格。比如从时代的审美考虑，每个朝代佛像的面相都是不一样的，南北朝的造像一般比较轻盈飘逸，隋唐的佛像丰满端庄，之后辽宋的造像就比较写实、朴实自然，这是总体的风格趋势。此外一些细微处的特征，比如力度、线条也要考虑。南北朝、唐代、宋辽时期的佛像造型古朴，艺术气韵足一些，也比较有力量，而明清时期佛像的造型比较规范，线条比较呆板僵硬，相应地表现出来的艺术气韵就弱一些。

主持人： 鉴定瓷器最难的是后朝仿前朝的东西，佛像收藏是否也存在"清仿明"的情况？

一西平措： 我觉得很难界定一尊佛像是不是后朝仿前朝的东西，因为当年不存在利益上的交集，而且佛教艺术是不同时代艺术的融会贯通，就像乾隆年间仿克什米尔的佛像，你说这是学习，还是仿制，还是膜拜？

鉴定佛像对于不熟悉的人而言，当然是有难度的。但看多了，摸多了，自然就熟悉了，也没必要把一些专家奉为神明。

主持人： 古代佛像落款的多不多？

郑华星： 以前的工匠都不敢在佛像上落款，除了却英多杰，他是康熙年间西藏的活佛，他创作了很多佛像作品，因为他的地位，他可以落款。再有就是一些宫廷造像，如果皇帝属意，也会留下铭款或梵文。如2006年拍出过亿元的鎏金释迦牟尼佛像，就有"大明永乐年施"的铭款。但铭款或梵文都不是佛像断代的首要标准，这些都可以后来添上去，从造像的风格、工艺和材质上判断才是最重要的。

主持人： 那佛像鉴定主要是靠经验，还是有科学手段可以借鉴？

宋　南海观音

黄春和： 传统的佛像鉴定都是靠眼力的，可以从外在的造型特征，结合内在的历史、文化内涵作出综合的判断，但具体怎么判断还真的很难言传，因为有一些东西就只能心领神会，没有固定的推理，没有固定的分析，没有可以拿捏的步骤，是在不断的积累过程中形成的眼力。

知多D 佛像收藏的意义

主持人： 有人认为佛像是神圣的，一些人不理解佛像为何能拍卖。对此几位如何看待？

黄春和： 人们对佛像感兴趣，很多人认为是从信仰层面出发的，而实际上理由是多方面的，信仰只是其中的一个层面。很多人收藏佛像更多的是从佛像本身的艺术价值来考虑的，因为只有这些价值才能跟经济价值挂钩。我认为，我们没必要回避佛像艺术品的投资性，重要的是藏家可以从佛像收藏中获得很多知识和艺术享受，更能得到道德的提升、智慧的启发，因为佛像本来就是道德和智慧的化身。

郑华星： 佛像的流传是千秋万代的事情，目前我收藏的佛像，都只是暂住在我的家中，但我仍然会分外惜缘惜福。

黄春和： 我们非常肯定收藏家在收藏过程中对佛像的传承和保护。但我认为佛像收藏的意义，还在于让更多人分享，建议藏家多举办展览，不要让国宝私有化，这其实也是感恩的表现。

郑华星： 去年西藏博物馆举办了一次"海外回流西藏文物展"，全国各地有3000多件藏品应征，最终只有101件入选。今年11月8日至28日，首都博物馆也将举行"佛韵——造像美学精品展"，这次展览将会是全球佛教艺术最好的展览。

第六节

黄龙玉跑水跑色，真的藏家都不收

特邀嘉宾

佘定常
广东省珠宝玉石首饰行业协会会长、中国珠宝玉石首饰行业协会副会长

侯舜瑜
广地珠宝董事长、总经理，国家注册珠宝鉴定师

近年来国内投资市场上涨价幅度最大的品种是什么？股票、房产、黄金，还是大宗商品？都不是！这些投资品的价格上涨，比起一块块疯狂的石头，都只能说是小巫见大巫。在翡翠的带领下，近10年间，很多玉石的价格以十倍、百倍甚至千倍的数量级上涨。而黄金不过涨了近5倍，白银最高涨了约9倍，铂金涨了不到3倍，钯金价格甚至还低于2000年。

疯狂石头的价值神话，几乎发展到了"沾石必涨"的地步。最突出的例子是，近年玉石收藏市场上，黄龙玉和岫玉这类本不入流、在几年前只能称得上是杂石的品种，也成为收藏投资界的新宠，身价翻滚直上，上演着"石头变玉"的神话。不仅如此，一众金丝玉、台山玉、蓝田玉、昆仑玉、独山玉打着"新玉种"的旗号，价格也成倍飙涨。

黄龙玉、昆仑玉、金丝玉、台山玉、蓝田玉到底有没有收藏投资价值？它们的价格神话，是价值的回归，还是炒家的推动？在玉石普涨的情况下，还有什么潜力股可挖？最重要的是，玩玉的方向到底在哪里？

不可能随便就冒出一个新玉种

主持人： 其实不仅仅是黄龙玉，最近几年市场上冒出了很多新玉种，像昆仑玉、金丝玉、台山玉、蓝田玉等等，价格也都涨得很厉害。

佘定常： 和田玉和翡翠已经涨得这么厉害，而且资源也稀缺，肯定会有替代品出现，这很正常，大家去追捧，也是无可厚非的。但是从收藏的角度来讲，目前还没有一种玉石，可以挑战或者撼动和田玉和翡翠的地位。

侯舜瑜： 中国的四大名玉，矿物都是经过几亿年的时间才形成的，不可能随随便便就冒出一个新玉种。昆仑玉、金丝玉、台山玉、蓝田玉等等，其实都是噱头，新壶装旧酒。好像台山玉，其实是黄龙玉的一种，只不过产自台山，就被包装成了一个新玉种。又比如汉白玉、大理玉、阿富汗玉、蓝田玉，其实都是同一种矿物碳酸盐大理石，物质成分是相同的，但不包装卖不出好价钱，所以各地在宣传时，都套上一个漂亮的名称，产自北京的被称为汉白玉，产自云南大理的叫大理玉，产自阿富汗的叫阿富汗玉，产自陕西蓝田的叫蓝田玉。

但也有一种情况，某种矿物早就被发现，只是一直没有发现宝石级的。比如坦桑石，这种矿物早就被发现，但是1967年的时候，才在非洲的坦桑尼亚发现了宝石级的，这是世界上坦桑石唯一的产地。为了纪念坦桑尼亚共和国成立，才把这种宝石级别的矿物命名为坦桑石。

主持人： 独山玉和岫玉最近几年价格也涨了很多，它们有没有收藏价值？

侯舜瑜： 打个比方，和田玉和翡翠就是大盘股、蓝筹股，而其他的玉石只是题材股。岫玉之所以一直炒不起来，除了其产量很大之外，最重要的原因是岫玉本身的品质不行，质地比较软，放久了光泽容易浑浊暗淡，还会失水、褪色，远不如翡翠玉器那样越擦越亮，所以这些材质特点决定了岫玉只能是一种低档玉料，多用于摆件。而汉白玉、大理玉、阿富汗玉、蓝田玉容易开裂，也不是传世的藏品。

主持人： 我们可以这样理解，黄龙玉、金丝玉等新冒出来的"玉种"，没有历史文化的积淀，没有经过市场长时间的考验，品质的稳定性也未被认可，充其量只能是有所玉化的石头。那么，如果单从投资的角度出发，谁有可能会是下一个黄龙玉？

侯舜瑜： 从资源稀缺性来看，我比较看好绿松石和孔雀石，一个产自湖北竹山，一个

黄龙玉　《道法自然》

产自广东阳春等地。绿松石有着独特的蔚蓝色,而孔雀石的绿色非常浓重,而且它们的质地硬度也相对较高。特别是绿松石,它的颜色是传统伊斯兰教、藏传佛教的宗教色,可以用于雕琢饰品和摆件。

真正的藏家谁都不收黄龙玉

主持人: 从2000年开始,翡翠的价格就一路攀升,最近两年更是一年翻数倍。还有我们的"国玉"和田玉,最近几年也一直在追赶翡翠,也出现了上百万元难买一公斤和田玉的现象,真可谓"千金易得美玉难求"。不仅如此,最近几年,只要跟玉沾边的石头,身价也都集体大涨。最具神话色彩的当推黄龙玉,这种石头在2000年开采之初被称为"黄蜡石",后来被称为"黄龙玉"。在2004年以前,"黄蜡石"身价很低,等同于石头,而现在摇身一变的"黄龙玉",每千克的价格已经达到了几千元乃至几万元。这些价格暴涨的玉石新贵,到底有没有收藏价值?

侯舜瑜: 这七八年来,和田玉和翡翠的涨价潮至少富了10万人。我们考虑一种玉石有没有收藏价值,要看它是否同时具备以下几种属性:一是资源稀缺性,物以稀为贵;二

名家话收藏

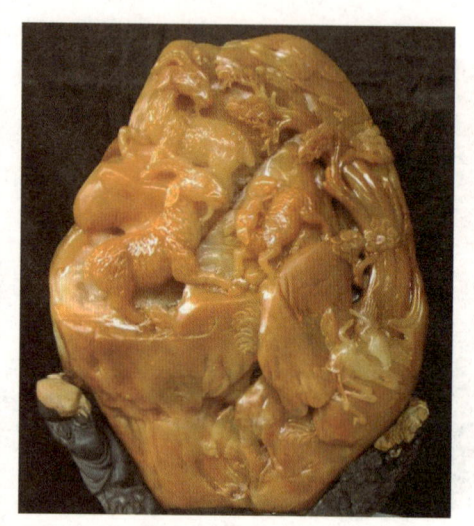

黄龙玉 《夜游赤壁》

是维护费用不高，好像翡翠，后期基本无须维护；最重要的是，看其是否得到传统价值的认同，比如欧泊，虽然也很漂亮，还是世界五大宝石之一，但是它含水，放久了会脱水，光泽会黯淡，物质结构不太稳定，所以也不太倾向于把它作为一种收藏品。还有黄龙玉，为什么传统的收藏家不会把黄龙玉当成收藏品？因为它经不起历史的考验，没有文化内涵，即使近几年价格涨得厉害，但是真正的藏家谁都不收黄龙玉，真正的玉器行家也没人会做黄龙玉生意。

主持人： 对于黄龙玉是玉是石，之前一直都有纷争，但最新一版的《珠宝玉石名称》国家标准（GB/T16552-2010）正式发布实施，黄龙玉已经被收入了天然玉石名称之中，进入与翡翠、和田玉等玉石同等的行列，为什么它最终还是没有收藏价值？

佘定常： 收藏其实应该是收藏文化，选择一件收藏品，一定要考究它的文化内涵和文化积淀。但翡翠价格经过这么多年的历史考验，仍然能够不断攀升，因为它有几百年的文化沉淀。和田玉的历史更悠久，承载了从上古到现在7000多年的文化，"完璧归赵"、"价值连城"等很多典故，说的都是和田玉，在中国文化历史上，再没其他东西能够由单一物质，传承为一种文化。

反观黄龙玉，看完就完了，说不出什么历史，什么典故，缺少文化支撑。它的价格暴涨，更多是炒作的推动。炒家看到翡翠、和田玉涨得太厉害了，获利空间越来越小，就把黄龙玉推了出来。其实黄龙玉的物质成分不稳定，致密度远不如翡翠、和田玉，容易跑水跑色。我做过实验，拿一块黄龙玉在室内放着，三个月或者半年后你再看，颜色就会变淡变白，如果有光晒的话，变色更快。而翡翠、和田玉物质成分很稳定，放上几百年、几千年都不会跑水跑色，因此它们才是值得人们长期收藏的。

侯舜瑜：所以收藏很考验个人眼光，最重要的是不要跟风，不要乱买一通。我们常说文以载道，其实玉也载道。在中国，玉象征着和平、圆满，而且同样一块玉，后期的人工雕琢也赋予了它不同的文化内涵。

佘定常：好像台北故宫的翠玉白菜，材质本身价值并不是很高，而且按照现在的工艺水平来说，它的雕工也不是很好，现在一个能工巧匠，随随便便一件作品，工艺水平都会比它高。但放在当时的历史背景下，能够有这样的技艺水准已经很了不起了，其后来的历史传承，又赋予了它很多历史文化价值，所以现在它的知名度那么高，被称为国宝，也不为过。

和田玉追赶翡翠的步伐从未停过

主持人：玩玉不是从现代才开始的，上等的玉石古代就火了，比如和田玉、羊脂玉，都是古时候的"皇玉"。据我的观察，之前有一段时间和田玉的价格上涨得比较厉害，但最近几年翡翠的风头又盖过了和田玉，两者之间价格谁高谁低似乎难以比较。

佘定常：和田玉是中国传统的玉种，翡翠相对和田玉而言是后起之秀。之前北方人比较喜欢和田玉的温润，南方人则比较喜欢翡翠的艳丽，和田玉在南方几乎没有市场。后来广地珠宝在广州最早引入和田玉，经过这么多年的市场培育，还有和田玉本身价值的被发现，近年来和田玉在南方的市场越来越大。但相比而言，翡翠目前依旧在南方市场占主导地位，不过，和田玉还是有很大的市场潜

和田玉摆件

和田玉挂件

力和空间的。

侯舜瑜： 2002年的时候，我们第一家将和田玉引入广州市场，当时看中的就是和田玉几千年的文化积淀，觉得这个市场肯定是被忽视了的。但刚开始推广的时候的确很困难，南方人对和田玉的认知度普遍不高，虽然当时和田玉的价格已经定得很低了，但买的人仍然很少。我记得当时一个小玉扣，可以只卖300元，现在起码都过千元，10年间价格涨了六七倍。

和田玉价格的真正腾飞是从2008年奥运会后开始的，当时昆仑玉被定为北京奥运会的奖牌用玉，其实昆仑玉就是和田玉的一种。加上当时国学兴起，传统题材回归，对和田玉的关注度越来越高，但直到最近四五年，其他珠宝商行才开始跟进销售和田玉。虽然和田玉追赶翡翠的步伐从来没停过，但因为消费者对其认知度不如翡翠高，所以一直到现在，和田玉的价格与翡翠还有一定的差距。

佘定常： 另外，和田玉与翡翠相比，首饰功能也比较弱。翡翠可以跟钻石、黄金镶成各种戒指、首饰，但和田玉的色调很单一，没有给设计师留下充足的发挥空间。不仅如此，和田玉偏向于环、盘，所以它比较常见的是用作手环，而翡翠在首饰的运用上非常多样性。

主持人： 据我所知，一些人不敢收藏和田玉的一个原因，还因为和田玉比较难鉴别，除了新疆料，还有青海料、俄国料、加拿大料等等，他们都称自己是新疆和田玉，但一拿去鉴别，出来的证书上写的都是和田玉。

侯舜瑜： 这涉及国家标准的制定。和田玉是原产我国新疆和田的玉石，不过现在按照

翡翠

国家标准，所有的软玉都被叫作和田玉。也许有人质疑国标为什么这么笼统，但从技术鉴定的角度来看，标准必须有可操作性，这是我们制定标准的前提。虽然我们这些常年在市场上摸爬滚打的人，很容易就能将几种和田玉分辨出来，但是按照技术手段，却是没有办法让显微镜分出几种玉石的产地。而且参照钻石的国际标准，钻石也不分产地只看4C。

主持人： 那新疆以外的和田玉有没有收藏投资价值？

侯舜瑜： 南橘北枳，和田玉也一样，不同产地的料，质量肯定不一样，不然价格不会相差那么多。现在新疆出产的和田玉籽料价格，是俄罗斯料的5倍，青海料的10倍以上，韩国料的15倍以上。在我们专业人士的眼里，新疆和田地区才是品质上乘的白玉籽料之唯一出产地。这里的籽料通常集油润、白、细腻、干净等多个美玉特点为一身。虽说论单个玉石的品质而言，俄料、韩料、青海料等当中的确会出现比新疆和田玉品质更上乘的白玉，但是在同等品质水平上，新疆和田玉的细腻、油润程度、白度肯定会超过其他玉料。

知多D　中国四大名玉

中国四大名玉，是指新疆的"和田玉"、湖北郧县等地产出的"绿松石"、河南南阳的"独山玉"，以及辽宁岫岩的"岫玉"。

"和田玉"主要分布于新疆莎车至塔什库尔干、和田至于阗、且末县绵延1500公里的昆仑山脉北坡，共有9个产地。玉质为半透明，抛光后呈脂状光泽，硬度在5.5度至6.5度之间。和田玉夹生在海拔3500米至5000米高的山岩中，经长期风化剥解为大小不等的碎块，

名家话收藏

碧玺

崩落在山坡上，再经雨水冲刷流入河水中。待秋季河水干涸，在河床中采集的玉块称为籽玉，在岩层中开采的称山料。根据颜色可分为8个品种：白玉、羊脂白玉、青白玉、青玉、黄玉、糖玉、墨玉和碧玉。当中的羊脂白玉是白玉中的上品，含透闪石达99%。羊脂白玉的经济价值几倍于白玉，在汉代、宋代和清乾隆时期，都极其推崇羊脂白玉。

"绿松石"的工艺名称为松石，是一种具有独特蔚蓝色的玉料。它的英文名称为"turquoise"，即"土耳其石"或"突破玉"。事实上，土耳其并不产绿松石，而是由于古代波斯出产的绿松石经土耳其运往欧洲，才被人们误认为产于土耳其而得此名。在元代，绿松石被称作"甸子"或"碧甸子"。优质的绿松石主要用于制作蛋形戒面、胸坠等，质量一般的绿松石则用于制作各种款式的项链。

"独山玉"又称"南阳玉"或"南玉"，产于南阳市城区北边的独山。它有绿、白、黄、紫、红、白6种色素77个色彩类型，是玉雕的一等原料。其中以芙蓉石、透水白玉、绿玉的价值最高。独山玉的历史也很悠久，1959年在独山附近的黄山新石器时代遗址出产的玉铲，证明早在5000多年前，先民们就已认识和使用了独山玉。

"岫玉"是一种软玉，因主要产地在辽宁釉岩而得名，属蛇纹石。它形成于镁质碳酸岩的变质大理石中，外观呈青绿色或黄绿色，半透明，抛光后呈蜡状光泽。岫玉的产量之大和用料之多，在四大名玉之中均占首位。但因其硬度低，在玉器被擦拭保洁的过程中，容易被磨损而使本来不强的光泽逐渐变暗淡，故岫玉属低档玉料。而在制作大型玉雕座件和中小型摆件中，因对玉的硬度要求较低，所以仍是颇受欢迎的玉种。

第七节

玉色玉质都吃亏，古玉卖不过新玉？

特邀嘉宾

李丽华
广州市文物总店玉器、杂项主管

谢中文
广州文津古玩城文宝斋主人

丘志力
中山大学宝玉石研究（评估）中心主任

中国玉文化自新石器晚期就已形成，在历史重大事件中几乎都离不开玉器。玉器的历史源远流长，传世玉器和地下发掘出来的玉器，在中国数量之大、分布之广令人叹为观止。

收藏古玉，在我国更有悠久的历史。像安阳殷墟妇好墓中出土的玉器，就是商代王室对古玉的收藏见证。历代文人雅士对古玉器青睐有加，在宋代形成一个高潮，古玉是当时古物收藏金石学的重要品类。素有"宋画第一"的李公麟曾在朝廷上辨别鉴定过秦朝古玉，他自己也收藏了10多件秦汉古玉。之后，收藏古玉蔚然成风。古玉器是我国最古老的文化遗物之一，收藏界、学术界、文博界对它的关注也是由来已久，已经发展成枝繁叶茂自成体系的玉学玉文化学科。

但是，由于古玉造假相对简单，特别是"金缕玉衣"和"汉代玉凳"的天价神话闹出了天大的笑话，现在很多人说起古玉，第一句话都是"水太深"，以致经常出现古玉卖不过新玉的尴尬。

名家话收藏

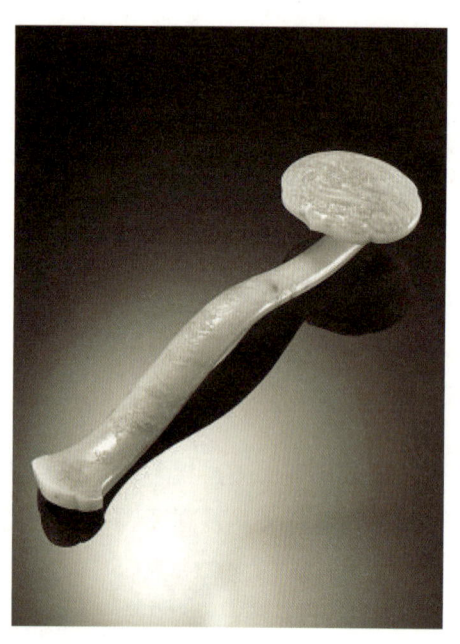

白玉雕升龙五蝠兆庆如意

谈鉴赏 古玉会带有一定的时代印记

主持人： 中国的玉文化博大精深，收藏古玉，在我国更有着悠久的历史。现在玩古玉的人，主要玩的是哪个朝代的古玉？

谢中文： 玩古玉首先要分清楚前三代、后三代。古玉的年代分段准确地说，可分为夏商周时期的上古玉、秦汉时期的中古玉、唐宋元明清时期的下古玉。

新石器时代玉器的出土区域多集中在我国东北、山东、江淮、江浙等地，包括了辽河流域的红山文化、黄河下游的大汶口文化、黄河上游的齐家文化、长江下游的河姆渡文化、良渚文化等等。其中以红山文化和良渚文化的玉器最有影响力。

主持人： 各个朝代的古玉，有没有明显的朝代特征？从古玉上如何发现当时的文化特征？

丘志力： 每个时代、朝代，都有它特定的生产力水平、生产关系和文化发展背景，因此会出现不同性质及用途的玉器，它们在材质、造型、纹饰、工艺等方面也会有所区别（部分朝代可能和前面朝代的特点非常接近）。应该说，不同时期的古玉都会带上一定的时代印记，但不是每件古玉的朝代特征都一定很鲜明。

远古时期由于玉材稀缺，人们主要将玉石制作成祭拜天地神灵的礼器，但随着社会的发展，生产力水平的提高，玉器的工具、礼仪功能逐渐被摒弃，而宗教、象征、观赏把玩、陈设等功能逐渐被强化。社会生产力水平是决定人们对玉材取用能力及加工能力的关键所在。因此，我们可以从远古时期玉材的使用、器物类型及形制、纹饰工艺及类型等方面来把握古玉所体现的时代及文化特征。

李丽华： 比如说，明代玉器的整体风格粗犷浑厚，有"粗大明"之说。而清代是中国玉器史上的鼎盛时期，新疆玉材大量涌入，工艺水平也日渐成熟。这两个朝代的玉器的时代特征就非常明显。

而与现代玉相比，明清古玉在雕琢上比较追求立体感。明代延续元代技术风格，连珠纹上的连珠中心挖成圆的凹槽，突出立体效果，这种技术已经失传了。现在我们的玉雕和玉饰，都是很平面的，玉饰主要都是佛像、玉瓜等这些主题。同样是雕只蝴蝶的挂饰，现在只会雕平面的蝴蝶，而放在以前，会做得很立体，逼真写实性强，眼神很讲究神韵。

这除了每个时代的审美都不同外，还跟玉材的成本有很大的关系。以前的运输工具有限，工匠都是先构思后，再寻找合适的玉材。而现在的玉材那么贵，工匠们都是因材施艺，就着玉材来创作。如果是立体雕，肯定要浪费很多玉材，平面则非常省料。而且立体雕不但耗料，还耗工夫，现代人没那种耐心，很多人都追求出品数量增加效益。

主持人： 我们都知道高古玉非常稀少，在历史久远的年代中它们是神权王权专享之用，这使得高古玉充满神秘感，它们包含了当时的宗教、神权、政权、祭祀、图腾、吉瑞等象征，这些特征，是否就是鉴定古玉真假的最好凭据？

丘志力： 应该说宗教、神权、政权、祭祀、图腾、吉瑞确实是很多高古玉表现的重点所在，因此有学者将它们总结为古玉"神玉文化"和"礼玉文化"。"神玉文化"的特点在商代玉器中反映得最为突出，而"礼玉文化"特色自周代滥觞，可以说当时社会礼乐祭祀、典章制度以及表现血缘亲疏和等级高下都以玉为器。但是，这些特征在每一件玉器上的表现并不都同样典型，这些特征也可以通

清十八世纪和田白玉

黄玉辟邪镇纸

过模仿而在一些仿品中被体现，因此，鉴定古玉真假不能仅凭玉器蕴含的象征意义，更重要的是需要结合材质、纹饰、工艺以及沁色特点等多种特性进行综合判断，才能得到真实的答案。

谈市场　古玉卖不过新玉？

主持人： 现在我们看古玉会发现，古人对玉质的要求并不是很高，古玉经常都是就地取材，很少采用和田玉料，而多采用地方玉料打造。我们现在很多人则都倾心于明清时期温润动人的白玉件，这是不是古玉不好卖的原因？

李丽华： 的确，现在的古玉卖不过新玉，一块唐代的古玉现在只卖几千元，好一点的也才几万元，而很多新玉现在一标价就是几十万。现代人玩玉追求的是"色"，而不是"质"，买和田玉要求越白越好，而不看它的密度、油性。所以很多人不喜欢古玉，觉得古玉偏青白色，玉色不好，有些沉闷，但其实看古玉主要是看工艺。

丘志力： 玉器材质是决定玉器价值的一个重要的因素。但在古玉欣赏时，材质却不是最重要的因素（清代翡翠例外），玉器所承载的可以表征当时社会发展的社会学、文化学和美学意义可能才是最重要的。例如某些远古时代的玉器，可能材质简陋（甚至不一定是和田玉质材）、形体小、造型简单、素身无纹或纹饰简单。如只是按材质或现代玉器一般标准衡量，其价值会较低；但是，如果这些玉器是迄今所能见到的代表该时代艺术风格的玉器的话，其历史文化价值和经济价值就不会低。显然，欣赏古玉需要能综合把握古玉多方面的特征，而不能仅依据材料的特点进行鉴赏。

主持人： 今年艺术品市场整体回调，古玉所受的影响有多大？

谢中文： 首先，我必须强调一个，我并不认同"古玉卖不过新玉"这个观点。我从1976年开始做古玉生意，这36年来，古玉的价格应该涨了有1000倍，以前一块古玉也就只是卖5元、10元。但古董市场肯定是有涨有跌的，在1997年、2002年的时候，古玉的价格就都跌了很多，和今年的情况差不多。在前两年，古玉的价格就涨得特别厉害，特别是在去年年初，古玉的价格一年起码涨了50%。但到了今年，古玉的价格又跌回去了。

李丽华： 与新玉相比，古玉的价格还是比较稳的。但最近这几年，新玉的价格疯一样地涨了起来，新玉与古玉的价格差距越来越大。其实古玉急着出售并不一定能赚大钱。我有一个朋友，前几年急着周转，卖了很多古玉，但当时卖玉没赚多少钱，反倒是那些当年卖不出去的，留在手里这几年赚大钱了，收藏就是以时间换空间。

主持人： 您觉得目前古玉的市场价格，能够体现其应有的价值吗？其文化价值是否被低估了？

李丽华： 在南方，古玉的文化价值一直都被低估了。古玉在南方卖得比北方便宜，所以一些北方人还专门跑广州来淘宝。

但未来古玉的价格能不能补涨，这个还真不好说，还是要看消费者的喜好。如果过几年消费者意识到物以稀为贵，古玉越来越少，而古玉的爱好者越来越多，那么古玉的价格就有可能会大涨。

丘志力： 古玉市场成交价与消费者对古玉价值的认知程度、社会购买力和广告宣传等因素均有关系。总体来说，近几年拍卖市场上古玉器的拍卖价格确实不算高（个别例外，例如一些玉玺），一些明代以后或者信息模糊的古玉的价格则相对更低（和火爆的现代玉器市场相比）。古玉市场较为低迷的原因，一方面，可能和消费者喜欢投资较热门的艺术品类，对古玉的历史文化价值认识不足有关；另一方面，也可能和古玉科学鉴定技术研究程度不够高，很多伪古玉真假难辨，市场比较混乱，缺乏权威科学的鉴定。

谈鉴定 科学仪器能断古玉真伪？

主持人： 现在一说起古玉，很多人第一句话都会说"水很深"。谢老师您在这一行这么多年，有没有交过"学费"？

谢中文： 当然中过招，最大的一次是1984年在杭州买古玉，买的十几件全部都是假的。现在最厉害的造假是将破损了的古玉进行改造，一块烂玉璧可以做成几个配件。

主持人： 现在很多古玉是在沁色上作假，真假沁色难不难分辨？

李丽华： 每个朝代的玉质都是不一样的，可以通过断代来判断沁色和灰口是否合理。自然沁很自然，会比较均匀，浑然一体，人工沁始终沁得不均匀。

沁色造假古代也有，王心瑶《玉纪补》中就有记载：用质地松软的玉制成器物，然后用乌梅水煮，时间长了玉质松软处就会被乌梅水抽空，然后用提油法上色，冒充"水坑玉"，但这种玉器的沁色造作不自然。现在沁色造假更厉害，直接用上化学手段，方便又非常快。其实沁色对于古玉来说附加值有多少，还是看个人喜好，有的人喜欢沁，有的人并不喜欢。

谢中文： 在古玉中有一种俗称"鸡骨白"的玉器，有人将新玉用火烧，假冒鸡骨白，但伪造的鸡骨白的玉质和那个时代的玉质是不同的。真正的鸡骨白是从内到外都是白色的，和一些玉器表面经过腐蚀变白，里面仍是玉色是两回事。还有一些古玉表面变白，我们叫作灰口，看上去有点像白灰，薄薄一层。如果那一层白灰很厚，就有可能是造假的。

主持人： 哪个年代的古玉造假最多？

谢中文： 应该是上古玉。因为上古玉对材质的要求不高，很多玉料中还夹杂着石质，所以这类材料好找，也很便宜，造假的成本太低了。但如果是要仿造清朝的古玉，因为那时已经开始追求玉质，所以需要找羊脂白玉来造假，成本太高。但不管是上古玉还是下古玉，只要是造假的，行家通常几眼就能看得出来，并不难的。

主持人： 之前有专家提出用矿物学的方法来研究古玉的次生变化，从而确定古玉器的真伪。有些古玉用肉眼看不见明显的水浸痕迹，在实验室里用显微镜却可以看到千年的水浸、土浸。请问真能借助科学仪器判断古玉的真伪吗？

丘志力： 古玉传统的金石学鉴定，大约形成于宋，经明、清流传到现在，包括文献—实物—考证和实物—感觉—经验两种路子。但是这种依靠外在及经验的判断受到现代高科技仿造技术的严重挑战，造假的人可以借助计算机扫描技术，通过对图案及出土品的研究来模仿出和实物在造型和纹饰都几可乱真的仿品。因此，可以毫不犹豫地说，必须借助科学仪器才能真正科学地判断古玉的真伪（并不排斥经验和文献熟识对判断古玉的作用）。

第四章 工艺美术与杂项收藏

目前的鉴定大多还是以经验及专家的眼力为主，但是科学技术已经在古玉的研究和鉴定中不断渗透，并逐步成为重要的依据。科学的古玉鉴定方法包括：通过光学显微放大和扫描电镜对古玉材料结构、微痕及沁色进行高倍放大观察（可达1000倍以上），通过运用红外光谱、激光拉曼光谱技术等进行材料类型及微区特征识别，利用质子激发X射线荧光分析（PIXE）、激光烧蚀电感耦合等离子体发射光谱技术（LA-ICPMS）、激光诱导击穿光谱技术（LIBS）等进行微区成分分析甚至同位素分析（部分为微损分析），以科学发掘出土玉器为标准器，结合古玉历史学、艺术史学的系统研究成果来对古玉进行鉴定。

清乾隆白玉御制金刚杵

李丽华： 但实际操作的过程中，鉴定古玉最主要还是靠眼力，看沁色、断代、纹饰、玉质、工艺。用仪器可以看玉的产地，但是断代就要看眼力了。

白玉褐皮螭纹带饰

观点PK 古玉的最大价值在于断代？

主持人： 马未都认为，古玉的最大价值在于断代，这个观点您是否认同？古玉的价值和年代有多大关系？

李丽华： 我同意这个观点。特别是在书画领域，由于书画的保存难度非常大，明朝的书画价格比清朝的肯定会高出一大截。玉器的保存相对容易，不同朝代的玉器价格差距要小得多，但还是有差别的，前朝的肯定要贵一点。

但也有例外，清代的玉就比明代的价格高。因为清朝的工艺更精细，而且皇室贵族开始追求玉质。特别是在乾隆年间，玉的工艺好、玉质也好；而明代的"明大粗"对工艺和玉质都不太讲究，两个朝代的时间差距又不大，所以清代的玉比明代的贵。

在断代的基础上，再看纹饰，看工艺。如果玉器是官用的，市面上流通少，比较稀有，价值就更高。

谢中文： 我不同意这个观点。我觉得古玉的价值和断代没有太大的关系，这是古玉收藏的一大误区。

我们在卖古玉的时候，并没说商朝的东西就肯定比清朝的贵，反过来有些清朝的玉也很便宜。所以一块古玉的价值，我觉得应该还是以古玉的稀有度和工艺，以及当时的价值和传世量来判断。判断完这些以后，再考虑玉的断代。

买古玉，最重要的是讲依据。每一件物品都应该从依据出发，靠感觉很不靠谱。当然，古玉同样要看材质。看古玉其实很简单，就是三个字："工、色、地"。"地"除了看质地以外，还看工底。扣住这三个字来看就可以了，不难。其次，还要搞清楚这块玉是机械做的还是手工做的；最后我才会看它的皮壳、沁色和包浆等等。

2011年中国玉器拍卖成交TOP10

序号	拍品名称	尺寸	成交价	拍卖公司	拍卖日期
TOP1	清翡翠镂雕螭龙带钩（1对）	长9.7厘米	3426万港元	香港苏富比	2011-10-5
TOP2	清乾隆 御制白玉雕穿花八吉祥盘龙纹双兽活环耳盖瓶	高28厘米	3314万港元	香港佳士得	2011-11-30
TOP3	清乾隆 御制白玉茶壶	高11.8厘米	2100万英镑	索尔兹伯里	2011-5-18
TOP4	清乾隆 白玉雕升龙五蝠兆庆如意	长43.5厘米	2070万元	中国嘉德	2011-5-22
TOP5	清乾隆 白玉雕葫芦形葫芦纹洗	长23.5厘米	172.125万英镑	伦敦佳士得	2011-5-10
TOP6	清乾隆 嘉庆 白玉仿古夔龙纹螭龙耳长方盖瓶	高21厘米	265.85万美元	纽约佳士得	2011-9-15
TOP7	清乾隆 咏和田玉龙尾觥	高17厘米	196.875万欧元	巴黎苏富比	2011-6-9
TOP8	翟倚卫 和田玉籽料三顾茅庐套牌	尺寸不一	1680万元	北京博观	2011-12-18
TOP9	清乾隆 白玉雕御题诗松山访友纹山子	长50厘米	1667.5万元	北京东正	2011-6-5
TOP10	清乾隆 御题诗白玉仿汉龙尾觥	长17厘米	1437.5万元	北京保利	2011-6-5

第四章 工艺美术与杂项收藏

第八节

中国古兵器：
价格以"不要脸的"速度暴涨

特邀嘉宾

皇甫江
中国古兵器收藏第一人，拥有除北京故宫博物院外最多的清代皇室刀剑

徐兆前
广州画院资深画家、古兵器收藏家

　　书画、陶瓷、珠宝玉器，甚至小众如铜镜、榄雕、鼻烟壶，在中国都不难找到系统的收藏。但恰恰是那些负载着历史和充满阳刚色彩的古兵器，在浩瀚的收藏历史中，却难找到一个真正的藏家。

　　20年前，绝少有人把古兵器当成宝贝，因为它并不是儒家正统，所以不被文人藏家所重视。但当一把又一把的帝王刀剑屡屡拍出天价后，这一冷门收藏如今也大热起来。用中国古兵器收藏第一人皇甫江的话说："最近几年中国古兵器的价格，是以不要脸的速度在暴涨。以前二三十元就能买下的刀剑，如今乡下老农也敢开出苏富比一样的价格。"

说历史　刀剑是集大成之物

　　主持人： 兵器自古就被赋予了权力的象征，但在中国的收藏品类中，兵器收藏很冷门，很小众。中国历朝历代的收藏家，似乎都没听说过有谁系统收藏过兵器。

　　徐兆前： 中国历史上的收藏品类很多，有书画、陶瓷、玉器等等分类，但真正收藏古兵器的人非常少，没有

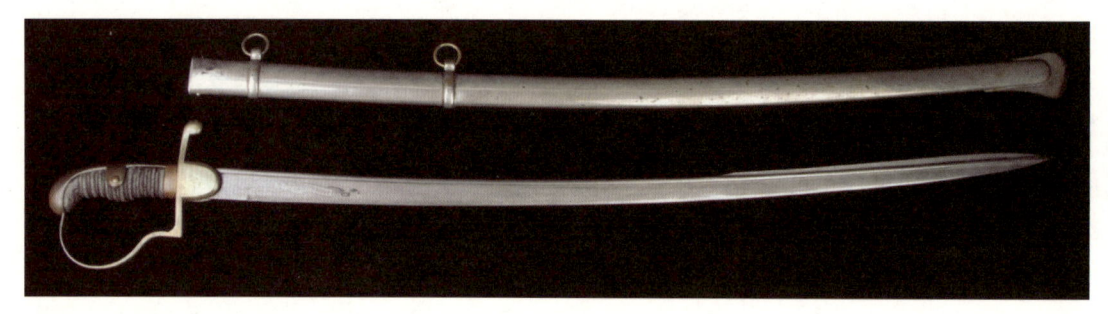

1900年德国皇家陆军军官战刀

这么一个传承有序的过程。以前的人认为，兵器并不是儒家正统，所以不被文人藏家所重视，其实这是很大的误区，刀剑在古代中国文化中有着非常重要的地位。

皇甫江： 兵器自发明的第一天起，就是用来剥夺生命和自我防卫的，在战争年代，为什么一个武士会把所有的家产拿出来换一把刀？就是因为他明白，任何财产都抵不过这把刀，这就是生死。后来人们虽然远离了战争，但是兵器却慢慢地被赋予了这种意义。试问世界上还有什么收藏品比它们更重要？

特别是刀剑，就是集大成之物，已经从杀戮的工具升华为君子之仁、义、礼、智、信的象征。从春秋战国开始，上至皇帝、文武百官，下至读书人都佩剑，而且不同的阶层佩什么剑，都有非常清晰的区分。剑对他们而言，就是一种身份的象征、一种信念的象征，代表了"士"这一阶层的文化。一个人佩剑就意味着他不是普通老百姓，需要具有一定的文化修养或过人的技能，还要有以天下为己任的责任感。这种东西只有中国人懂，并把它们反映在一把剑上。

从1998年在西雅图一个古董店里买了一把德国索林根刀算起，我收藏古董兵器已经有14年了。最巅峰的时候，我手头上的古兵器有5000多件，现在卖的卖、送的送，大概只剩下3000多件。当初我在收藏古董兵器的时候很多人经常会笑，远远看到我就说，那个傻子又来了。

徐兆前： 其实现在还是这样，我玩兵器很多人还是不了解。正因为中国以前的人不收藏兵器，所以现在要研究中国的古兵器，只能去日本的正仓院，这不能不说是一个悲哀。当时日本很穷，专门跑到中国来买刀剑，隋唐时期中国的锻造技术非常先进，兵器的工艺非常漂亮，所以他们觉得很珍贵，一定要保管好，于是就一代代地传了下来。反倒是我们现在，宋朝以前能够找到的刀剑，大部分都已经生锈了。

而且中国"文化大革命"大炼钢铁的时候，毁掉了很多刀剑。那时在我们学校里就摆着一个大熔炉，我刚好就是负责搬运的，亲眼目睹很多刀剑、盔甲都丢进去炼成了一堆废铁，非常可惜，毁掉了很多好东西。

说乐趣　收藏古代战争文化

主持人： 在中国的古代小说中出现过很多名剑，这些剑历史上是否真的存在过？现在有没有存世的？

皇甫江： 中国古代刀剑谱如《古今名剑录》上记载的刀剑，一把都没有留下来。现在被称为天下第一剑的越王勾践剑，其实并不在剑谱里面。

存世最好的中国古代兵器在哪里？在国外的，首先是法国国家军事博物馆，藏有康熙、乾隆皇帝的御用刀剑。中国的博物馆，很多对古兵器的陈设、保养都不尽如人意，但在法国军事博物馆，其他馆的藏品任人拍照，唯有进入东方馆就如同进入一个小型电影院，灯光只随脚步声亮起，还有工作人员全程跟着禁止拍照，怕闪光灯会损坏文物。

还有就是美国纽约大都会博物馆，藏有两把隋代长刀，这两把刀是目前保存最好的隋代刀剑实物；第三是大英博物馆，藏有的榼具剑，是目前已知存世的唯一一把榼具剑；第四是英国皇家军械局博物馆，他们在1991年出资10万英镑买入了一把永乐剑，现在被称为无可争议的古兵器收藏品之首。这把剑是存世的铁剑当中最好的一把，据英国专家的鉴定，是明代永乐时期制作；还有就是法国吉美博物馆，里面也有几把很不错的剑。

而在国内，古兵器大多保存在北京故宫博物院中。还有就是北京军事博物馆收藏的一把腰刀，被很多清代刀剑研究者认定为真正意义上的皇帝大阅佩刀。在刀根吞口处浮雕着有五爪金龙，刀背更横卧一条金龙，龙首、龙身、龙爪及龙鳞均为金。

主持人： 很多人喜欢古董兵器都是从武侠小说开始的，您的收藏也是这样开始的吗？

皇甫江： 收藏古兵器其实就是收藏古代的战争文化。我写《中国刀剑》就是因为看到日本、欧美对日本刀、西洋刀剑的研究相当完备，而中国刀剑尤其是汉以后的钢铁刀剑，不仅国外几乎没有人注意，国内的研究也寥寥无几。其实每件古兵器本身就是一部历史，

名家话收藏

我想让更多的人了解中国古兵器，并通过古兵器了解中国源远流长的武术精华。

现在很多中国人对古兵器的认识都是错的，因为受了几个人的毒害，一是罗贯中，二是金庸。特别是金庸，在他的笔下，总让人觉得如果有100个郭靖，南宋就不会灭亡了，但其实即使有1万个郭靖，南宋也同样会亡。

罗贯中和金庸都对战争过于美化了，从存世的古兵器我们可以看出，古代的作战方法完全不是小说中所描述的那样。

说欣赏　内有锻造工艺，外有装饰工艺

主持人： 就像两位刚才所说的，存世的古代兵器，很多现在都已经成为一块破铜烂铁了，收藏古兵器你们是如何欣赏的？

徐兆前： 欣赏古代兵器要看两种工艺，内在看锻造工艺，外在看装饰工艺。我之前在湖北博物馆看到勾践剑时就震惊了，几千年前的剑至今还闪闪发光，不会生锈，可见当时的锻造工艺真是没得说。可惜这样的工艺已经失传了。

很多老板现在也喜欢放一把刀剑在家中辟邪镇宅，他们也想找把古兵器，无奈古兵器都比较残破，老板们不会喜欢，所以用的多是现代兵器。但在我们看来，古兵器上的铁锈也是美的。

皇甫江： 古兵器的收藏，的确是会看的人看门道，不会看的人看热闹。很多人收藏首先是看品相，刀刃要锋利最好一个缺口都没有，这怎么可能？这样完美的兵器，西洋刀剑可能有，但价格肯定也非常高。而符合条件的中国

未明剑

刀剑，明代以前的想都不要想，明代的可能最多也就一两件，清代的我估计也就一千把可以达到这种要求的。

所以我买任何东西，都只看优点。比如说我买了把剑，有人说，你这东西不行，买假了。为什么呢？因为刀鞘是后来配的。谁不知道刀鞘是后配的啊！我看中的可是刀的价值。就像找老婆，长得像林志玲，她就不可能在厨房里像个佣人一样，你要挑你喜欢的那个方面，中国刀剑就很难有完美的。

这也是我们做生意的一个心得，我给你举个例子，比如我们卖古董杯，原来一套应该是有6个或者8个杯子，现在只剩下5个了。但5个杯子一套不如4个杯子一套好卖，因为买家觉得要成双成对。结果我在卖掉4个杯子后，再给那买家送了一个，他居然生气了。人的这种心理实际上是很可怕的。

主持人：说回欣赏，古画能够通过装裱恢复生机，生锈了的古兵器，又能否修复？

皇甫江：对于生锈的古兵器，在这个圈子里有两种观点，一种是包浆的观点，另一种是研磨的观点。我是站在中间的，高古的东西根本没有办法进行研磨，比如一把汉代的剑，你一磨就全没了，但是年代近一点的兵器还是可以研磨的。

研磨不是简单的去锈，而是一种很严谨的工艺，在古代，研磨就是刀剑里最高的工艺。我以前不懂研磨的时候，在日本看到一把日本刀，我说了句"这刀是电镀的"，结果旁边的人用很鄙夷的眼光看我，后来我才知道，那是手工研磨术，是500年前的研磨术。能被我认成是电镀的，你可以想象一下那种精细程度。

主持人：那你们收藏的古兵器，还会不会继续生锈？

徐兆前：锈是肯定会继续锈的，只能尽量减缓这个过程，避免潮湿。我家的收藏室，湿度就一直控制在50%左右。

皇甫江：天地万物总会有个弱点。钢铁不怕断，但是容易被锈掉；瓷器不会锈也不怕烧，但是落地就会碎。

说收藏 很多拍卖会上的，帝皇剑都是假的

主持人：2006年那把清代乾隆皇帝御制的天字十七号"宝腾"腰刀，在香港苏富比拍出4604万元后，很多人发现古兵器是块宝，现在国内收藏古兵器的圈子大了很多，大概有

名家话收藏

乾隆年款宫廷礼仪剑

多少藏家？

皇甫江： 现在说古兵器，一般指的都是清代以前的，甚至放宽一点可以说是民国以前的。这个收藏队伍，目前国内不到1万人。我说的这1万人，是以手头上收藏有三五件有价值的兵器为标准的。如果是算有几十件的人，估计不到3000人。

主持人： 现在市场上流通的古兵器有多少？当中有多少是值得收藏的？

皇甫江： 现在看得到的古董兵器，如果把品相差的也算进来，大概有1万把，我觉得都值得收藏。如果是单纯计算完整的，估计不超过1000件。不算青铜的，市场上的古兵器以刀剑居多，90%是清中、晚期的东西。所以这个市场，从收藏的角度来讲我并不是很看好，因为古兵器的存世量和流通量都太少了，玩不起来，只能是爱好者的天下。

主持人： 但这几年古董兵器的价格涨得非常厉害啊。

徐兆前： 今年的艺术品价格都在往下走，但兵器是个特例。我去年买的古兵器，今年那些卖家都愿意出多一倍的价格买回去。因为它的起点实在太低了，早几年的老剑条，在一些档口能够一筐一筐地见到，现在要找一把很难了。

皇甫江： 这几年中国古董兵器的确是以一种不要脸的速度在涨价。对此我也很矛盾，虽然这几年古兵器的价格已经是火箭式上涨，至少都涨了1000倍，但我认为现在中国古兵

清代乾隆朝嵌宝石金银装贝勒佩刀

器的价格，还远远体现不了它的价值；另一方面，我又觉得这种涨价方式很不合理。

以前我去山西农村淘宝，一个农民一抱就是一大捆锈迹斑斑的刀剑，我根本不用手去挑，随便用脚扒拉出一堆说我要了，很多也就二三十元，要不我怎么能收藏5000件东西呢？但现在再去乡下，这些农民都敢开出跟苏富比一样的价格了。

主持人：价格涨了，造假的多不多？

皇甫江：刀剑作假主要集中在青铜剑，铁剑主要仿的是帝皇剑，但做出来的包浆和真正的包浆肯定是不一样的，我们这些内行的人一眼就看得出来。现在很多拍卖会上的帝皇剑都是假的。之前有两把出现在拍卖会上的剑，很明显就是仿我的收藏，连说明都是从我书里照抄的，拍出了几百万元，但我敢说，就拿我的真家伙现在去拍卖，也值不了那个价。

收藏故事　皇甫江和大阅佩刀

在我3000件的古董兵器中，价值最高的是帝王御制刀剑——乾隆御用浮雕金龙皇帝大阅佩刀。

名家话收藏

　　1999年底，我去长沙觅刀，照例到古玩店逡巡。一通折腾，无所斩获，即将心灰意冷之时，却见一家铺面的破木桶里胡乱插着几把锈刀子，其中一件长不足三尺，没有刀鞘，刀把也不知去了何处，仅剩下护手和其他两件柄装孤零零晃在刀茎上。比较特别的，是刀背上横雕了一条完整的行龙。老板开出天价2500元，我价都懒得还就走出店铺。后来打车快出了这片古玩街时，突然感到这趟来得不值，好不容易从广州飞到长沙，就算是垃圾也至少应该拎走一片，于是掉头回去还价，1500元买了这件破铜烂铁。

　　当时的我只在意古董的光鲜和完整而不注重刀剑工艺，更谈不上去挖掘其内涵，这破铜烂铁被我随便扔在地上，5000元卖给了朋友。还好一位朋友眼毒，看了我这东西后专门去了中国人民革命军事博物馆，发现刀剑馆正中央的宝刀，跟我家里的一模一样。

　　知道这事后，我日不能安，夜不能寐，最后实在忍不住了，硬是去朋友那把东西讨了

大阅佩刀

回来。后来发现这把刀的吞口处錾刻的一条穿枝金龙，原来竟是一条五爪金龙！这柄残旧的清代古刀居然是九五之尊的御用宝刀！

后来千禧年前去法国军事博物馆参观，其中一把"乾隆皇帝御用佩刀"让我目瞪口呆，其样式竟和我家那把非常类似。

回国后，请故宫的刀剑专家在故宫馆藏资料《皇朝礼器图式》上找到了这把刀的真正定名：皇帝吉礼随侍佩刀。随后我不断地查证各类线索资料，知道乾隆年间为展示国威，在制作大阅佩刀上不惜成本，集全国工艺之大成，耗费了无数财力物力，经年累月方才铸成。2006年，一把乾隆御制天字十七号"宝腾"腰刀曾以4604万元拍卖成交。但如果同皇帝大阅佩刀的价值比较，"宝腾"根本无法与之匹敌。"宝腾"类似者存世近70把，而且刀柄为玉制，虽然名贵，但多是把玩之物。而皇帝大阅佩刀目前数量极其罕见，从设计到制造都由乾隆帝亲自监督，并以国家法典的方式确认其形制，是一国皇帝检阅三军和国家最重要庆典时佩戴之物，在三军大阅、十全武功、平定边疆叛乱、接受外国朝见的场合均可看见乾隆佩戴大阅佩刀的英武身影。

2002年，又一把乾隆御用大阅佩刀出现在香港佳士得拍卖会上，但竞争对手的出价让我望尘莫及，失之交臂，心情难过到无以言表。

2005年，这把大阅佩刀再度出现在香港苏富比的拍卖会上，我决定不惜任何代价也要将其拿下。所有见过此刀图片的圈中人都公认，这把大阅佩刀傲居现存世界的五把"大阅"之冠。拥有此刀并不意味着我的刀剑收藏生涯就此停步，但我至少可以无怨无悔。

第九节

收藏红木家具，回避"三代同堂"

特邀嘉宾

伍炳亮
中国工艺美术协会副理事长、中国家具协会、传统家具专业委员会执行主席、中国明式家具学会理事、伍氏兴隆明式家具艺术有限公司董事长

黄安妮
广州富林木材城交易市场经理、广东省古今拍卖有限公司总经理

在中国嘉德2012年的春拍中，一张"明末清初黄花梨独板大翘头案"拍出了3220万元的高价。在红木市场价格一片暴跌声中，精品家具的价值丝毫不为所动。这也引出了众多家具藏家最关心的一个问题：如何选择一件能够经得起时间和市场的考验、具有投资收藏价值的红木家具？

事实上，随着近几年中国古典家具市场的收藏持续升温，家具收藏大军骤然庞大，但当中非常多的初级藏家，却简单地认为买套红木家具就能升值。而在古典家具大师伍炳亮看来，目前很多现代红木家具的设计师缺乏对传统家具文化艺术内涵的认识和理解，设计制作出了不少"二代同堂"、"三代同堂"的家具，如一张罗汉床上现代、清代、明代三个不同时期的风格"三代同堂"，极不协调，这会令其收藏价值大打折扣。

说市场　红木家具鱼龙混杂

主持人：近几年古典家具收藏热持续升温，中国古典家居元素广受欢迎，家具已经成为了书画、珠宝、瓷器之外的另一大投资收藏领域。但我们都知道，红木市场的

伍炳亮作品

"水"太深。一套普通的硬木桌椅不过几千元，而一套小叶紫檀的红木圈椅市场价却高达20万元以上。如果是目前市场上几近罕见的海南黄花梨，那就是按斤论价，每斤贵至上万元。巨大的价格落差，让不少商家都想方设法攀上红木的高枝。比如最近市场上出现的众多黑檀、红檀、绿檀、紫黑檀，就连行家都说不清它们到底是什么木头。这样混乱的市场，家具藏家如何尽量避免上当受骗？目前最受市场认同的是什么木材？

伍炳亮：按照中国的传统，名贵的家具木材主要有印度产的小叶紫檀，海南产和越南产的黄花梨以及产自东南亚几个国家的老红酸枝，这些都是目前市场上公认的名贵木材。除此之外，目前比较高档的木材还包括产自非洲马达加斯加的卢氏黑黄檀，俗称大叶紫檀。

主持人：据我所知，目前泰国已经没有酸枝木了，老挝还有，但数量很少。市面上很多是花枝、白酸枝等纹理跟红酸枝有点类似的木材，都被称为酸枝，这样非常容易混淆消费者。

伍炳亮：目前市面上出现的一些红酸枝类的木材，有的的确不是传统家具的名贵木材。8月1日《红木家具通用技术条件》即将实施，当时在修订标准的时候，我就提了一个建议，认为征求意见稿中将红酸枝类木材扩大到21个国家和地区的条款不妥。红酸枝类的木材以前只有东南亚几个国家才出产，但在征求意见稿中，很多其他地方，如非洲、南美洲等地出产的木材，也都被纳入到了红酸枝类。因为范围太大，同样是红酸枝类的木材，有的一吨才几千元，有的一吨就要2万多元，真正产自老挝地区的老红枝市场价是小料每吨5万～8万元，中料每吨8万～15万元，大料每吨20万～30万元，有些大板材每吨超50万元。如果将其他众多地区都列入红酸枝类，会造成混乱，给不法商家提供浑水摸鱼的机

明　黄花梨簇云纹马蹄腿六柱式架子床

会，最终上当受骗的是消费者。因为一旦标准实施，商家就可以理直气壮地在家具材质一栏上标称红酸枝，但这21个国家和地区出产的木材，实际上有的价格相差10倍甚至50倍，如果商家没有主动标示木材的出产国家和地区，那绝大部分的消费者，是无法分辨出不同红酸枝的差别的。所以我认为红酸枝类木材的范围不能扩得太大，如果要扩大范围，就要对不同国家地区的木材来源和市场行情定期公布。在这里要提醒消费者注意，购买家具不要单看木材的大分类，了解木材的产地也是非常重要的。

黄安妮：不同产地的同类木材，材质的确差很远。同样是黄花梨，海南黄花梨1公斤最贵的能够卖到2万元，而非洲黄花梨1吨才4000多元。海南黄花梨是清香的，非洲黄花梨是臭的，它生长快、产量大，油性和密度都没有海南黄花梨重，只不过纹理很相似，所以价格当然差得远；另外，非洲鸡翅木的价格是缅甸鸡翅木价格的三分之一，缅甸的1吨能卖15000元，非洲的只是5000元/吨左右。非洲鸡翅木的材质也不错，只是密度比缅甸鸡翅稍低，纹理稍弱，缅甸鸡翅木产量少，材质稍优，所以卖得贵。

但我觉得，市场寻找新的替代产品这很正常，因为传统的名贵木材已经十分稀缺，价格也实在太高了。但关键有一条，商家必须明明白白告诉消费者，不应该将新开发的和

第四章 工艺美术与杂项收藏

传统的家具木材混为一谈。比如现在就有一种可以取代大红酸枝的红酸枝类木材，叫做微凹黄檀，它产自南美洲，也是红酸枝类的木材，它的形成也需要几百年的时间，在南美洲还属于二级濒危植物，现在的价格在3万元/吨左右，如果是大料价格还会高一点。这种木材材质很好，油性重，密度高，花纹也漂亮，只不过知名度还没上去，是一个"潜力股"。而且它的产量相对较大，适合做红木家具，目前一套微凹黄檀做成的两椅一几的家具，在中山的价格是3万元左右，是很有开发潜力的一个好品种。现在被列为名贵木材的小叶紫檀，在清朝的时候也一度是替代产品。在明朝末期到清朝的时候，海南黄花梨的数量就已经很少了，所以才出现酸枝和小叶紫檀这些代替品。后来人们在使用的过程中发现，酸枝原来是一种很好的木材，它的木性很好、很稳定，用来做中式的传统家具也很漂亮，所以这种木材才慢慢推广开来，逐渐被市场所接受和认可。

伍炳亮　明式黄花梨拼格背板方脚四出头官帽椅

说木材　越名贵的木材越抗跌

主持人： 从今年初开始，"红木材料市场出现冰点"、"红木家具价格暴跌、抛售"的新闻就频频出现，红木材料价格和红木家具价格真的出现了大跌吗？

黄安妮： 中国的红木市场，应该是2008年之后突然腾飞的。而这一波的市场调整，受影响比较大的都是些一般的木材，比如柳安、北美、非洲等好多地方的木材，价格都有回调。非洲黄花梨现在大概是4000多元/吨，之前最差的时候是2600元/吨，现在这个价格跟2008年相比，还是涨了近一倍，去年市场好的时候可以卖到5000～6000元/吨。

明末清初　黄花梨直后背雕鹰石图交椅

而名贵木材并不受市场调整的大影响，价格只是微调。

伍炳亮： 海南黄花梨的价格就不可能跌，现在已经是论斤卖了，非常难求，一年从海南收集起来的海南黄花梨也不过几千公斤而已。长度不超过1米、直径10厘米左右的"海黄"一斤卖8500元，直径20厘米左右的能卖9000元。如果是长一点、拆老房子的那种老料，可以卖到13000元/斤，最贵的还能卖到20000元/斤。每年只有那么几千公斤的海南黄花梨，而中国人口如此之多，所以能够拥有海南黄花梨是一种缘分和机遇。

这几年越南黄花梨的行情也一路攀升。2008年的时候，从越南进口到中国内地的越南黄花梨，差不多有200吨，但是自2009年以来，几乎都没有什么越南黄花梨进入中国了。现在我们一些企业之所以还能够有机会买到越南黄花梨，都是依赖早几年买下这些材料的企业对自己库存进行了转让。紫檀木、红酸枝等木材的价格，是呈波浪式变动的，但海南黄花梨、越南黄花梨这类名贵木材，价格一路都在平稳上升。目前，越南黄花梨可卖到500万～800万元/吨，一些很独特的材料甚至可以卖到1000万元/吨。

还有印度的小叶紫檀，是中国传统家具的名贵用材，也是宫廷家具所用材料之一。目前小叶紫檀一年的产量大概是3000～5000吨，红酸枝的产量相对较多，但是需求也大，价格也跌不了。目前1吨非洲黄花梨也就几千元，红酸枝的价格要比它贵几十倍甚至100倍，小叶紫檀要贵两三百倍。

为什么它们抗跌？这是名贵木材所具有的资源稀缺性所决定的。海南黄花梨、越南黄花梨、小叶紫檀都要几百年、上千年才能成材，都不属于短期可再生的资源。对于黄花梨这种木材，很多人有一种崇拜，而这种崇拜就造就了它的价值。这么多年的市场经验证

明末清初　黄花梨独板大翘头案

清乾隆　紫檀雕西番莲"庆寿"纹宝

明，越便宜的木材越不能够承受经济下调所带来的冲击，因为这些便宜的木材太多了，只有名贵稀缺的木材才能够经受得住"12级台风"的冲击。

说收藏　"三代同堂"收藏价值大打折扣

主持人：最近几年，越来越多的人加入到中国古典家具的收藏大军中来，但当中非常多的初级藏家都不懂红木的鉴赏和鉴别，只是冲着红木的升值潜力而来，简单地认为买套红木家具就能升值，所买的家具有的材质差，有的做工粗糙，有的款式奇怪。什么样的红木家具才具有投资收藏价值？衡量一件家具的好坏，材质和工艺哪个更重要？

名家话收藏

伍炳亮作品

伍炳亮：说到家具的投资与收藏，定位是非常重要的。不同的家具存在着巨大的款式差异、工艺差异、材质差异，我觉得评价一件家具，包括明清家具、仿古家具，一定要以"型、艺、材、韵"四点作为准则。

"型"是指一件家具的款式、形状是经典款式，还是低劣普品。现在很多采用中低档的木材并使用机械化批量生产的现代红木家具，它们的设计师缺乏对传统家具文化艺术内涵的认识和理解，只是参照一些传统家具的风格特点来设计，所以设计制作出来的一些家具不明不清、不中不西、不伦不类，出现了"二代同堂"、"三代同堂"的不和谐风格。譬如有些云龙或花鸟纹饰顶箱柜，如果只是看顶箱柜的框架结构、脚、柱、门条，呈现素身平面，这类结构是明代风格特征，但在顶箱柜的正面雕刻云龙、花鸟纹饰题材，则是清中期的风格特征，这么一来，一个顶箱柜上出现了明清风格混合的"二代同堂"；还有一些罗汉床和宝座，观其下座、三弯脚形状和裙牙雕刻纹饰，应该是清代的风格特征，但从罗汉床、宝座上三屏风素身围板的风格来看，又是明代的风格特征，而在素身三屏风围板上，竟然又浮雕出现代风格的花鸟纹饰题材，一件家具上现代、清代、明代三个不同时期的风格"三代同堂"，凑在一起就很不协调。我并不反对仿古家具在改良与创新设计上张冠李戴，但一定要在同一年份、同一地方风格的前提下充分利用、巧妙合理地去改良，才能设计制作出一件协调优美的作品。

"艺"是指一件好作品还需要能工巧匠的打造。看它是否使用传统家具的科学榫卯结构，拼板接缝是否严密牢固；而不同级别的技师，雕刻水准差别很大，有人擅长雕龙，有人擅长雕花鸟、浅浮雕、深浮雕、透雕等等；打磨也是非常重要的一环，要看打磨出来的家具平面、凹面是否光滑平整，线条弧度是否流畅合理。

"材"是看家具有没有按照款式特征、设计要求用足材料，能否达到一木一器的效果。搭配材料是非常重要的一环，特别是海南黄花梨，因为其无大料，要制作较大的家具，就要用多根材料搭配才能制作出一件家具，而每根海南黄花梨的花纹、色泽都不同，所以在制作家具时，选料是非常重要的一环。要做好一件家具，不论用什么材料，都要合理舍得用材。

"韵"是看一件家具能否产生神韵。这是在型、艺、材三者都符合标准的基础上，从工艺到艺术的升华，要经过特别的工艺处理，韵味才能产生。我觉得从投资与收藏的角度来考虑的话，选择明清家具一定要以精品为主，而购买新仿古家具要定位于设计制作皆富有艺术含金量、有神韵的家具。

黄安妮：我们拍卖行也定期举办家具拍卖专场，送拍的家具很多，但并不是所有的东西都能上拍场。我们在衡量一件家具是否达到了收藏级别的精品，起码需要满足四方面的

伍炳亮　海南黄花梨灵芝如意牡丹花新款大床加床头柜3件套

条件：一是材料，二是工艺，三是整体的造型是否协调，四是年份。曾经有一位收藏了很多海南黄花梨土家具的藏家，拿了很多东西想到我们这里拍卖，但我们看后觉得这些家具都过于粗糙，虽然材料是真的海南黄花梨，但没有太大的收藏价值。除此之外，名家的要素也是绝对要考虑的，这点跟书画市场一样，现在画家有很多，但是作品卖得贵的都是名家。家具市场也一样，名家制作的家具，升值空间更大。

知多D 红木家具

红木家具，并不是某一特定树种的家具，而是明清以来对稀有硬木家具的统称，是属于中国仅有定义范围内的内容，其材料因为不同种类而价格有所不同。

在2000年制定出台的旧红木家具国标中，红木主要分为紫檀木、花梨木、乌木、条纹乌木、红酸枝、鸡翅木、黑酸枝木、香枝木等8类木材，这些又被称为木材名称和商品名，每类名称下还会分各种树种名，一共有33个树种。

8月1日，《红木家具通用技术条件》国家标准将正式实施，这是我国继2000年制定红木国标后第一次对该标准进行修改和补充。规定以产品主要使用木材的树种名称来命名和标志红木家具，并规定在生产前木材须进行检测。新国标还明确规定，每件红木家具必须配有一张《红木家具产品质量明示卡》，作为红木家具的身份证明。生产企业须在明示卡上详细注明家具的产品执行标准、工艺分类、质量等级、适用范围、主要用材、涂饰与装饰工艺等信息。

值得一提的是，新国标提倡开发和使用新型的红木木料。专家预测，新国标实施后，像安哥拉紫檀、安氏紫檀、变色紫檀、非洲紫檀等等这些原本不属于红木类的亚花梨硬木材，很可能将进入红木市场。

第四章 工艺美术与杂项收藏

第十节

电脑雕挤压手工艺人生存空间，潮州木雕人才骤减

嘉宾

陈培臣
中国工艺美术大师、
中国非物质文化遗产
传承人

李得浓
中国工艺美术大师、
中国非物质文化遗产
传承人、中国工艺美
术学会木雕艺术专业
委员会副会长

在《辞海》中，"潮州木雕"是个专有名词，这是足以令所有潮汕人自豪的一件事；在广东省博物馆的5个常设展览中，"漆木精华——潮州木雕艺术展览"就是当中的一个；2006年，潮州木雕被正式列入中国首批非物质文化遗产名录，成为中华民族的宝贵文化财富。

以前，潮州木雕主要是用作建筑装饰的饰件，但随着人们家居装修风格的改变，潮州木雕被迫从梁上走下了厅堂，摇身一变成为了架上艺术品，突然之间身价百倍，不

木雕工场

名家话收藏

李得浓　《满载喜悦归》

　　变的是其饱满繁复、精巧细腻、玲珑剔透、金碧辉煌的艺术风格。特别是潮州独有的金漆木雕，贴金髹漆，富贵逼人，累世金粉气象扑面而至。

　　在潮州，我们走访了两位国家级木雕非遗传承人，一位是陈培臣，另一位是李得浓，他们共同的师傅，都是陈培臣的父亲陈舜羌。虽然如今的潮州木雕身价百倍，游走潮州城区随便就能偶遇一两家木雕工作室，但从艺的辛苦和粗制滥造带来的冲击，让祖孙三代心手相传的木雕世家传承人陈培臣定下主意：决意不传第四代。

特色　多层次镂空富贵逼人

　　主持人：潮州的工艺美术品类非常多，但最有特色的，肯定首推潮州木雕。目前国内公认的有四大木雕：潮州木雕、浙江东阳木雕、乐清黄杨木雕、福建龙眼木雕。其中又以潮州木雕和东阳木雕最为著名。与国内其他流派的木雕相比，潮州木雕最大的艺术特色是什么？

　　李得浓：说是中国有四大木雕，但我觉得以表现形式划分，中国木雕应该是分为三大流派。乐清黄杨木雕和福建龙眼木雕其实都是立体圆雕,只不过大小不同,表现形式不同而已;东阳木雕虽然也有层次的镂空,但主要是深浮雕、浅浮雕,不透底;潮州木雕就刚好介乎于两者之间,透底、多层次镂空,层次比较复杂,加上立体造型和不立体的造型都有,介乎于圆雕和高浮雕、浅浮雕之间,所以潮州木雕可以在全国的木雕中自成流派。

主持人: 潮州木雕区别于其他木雕还有一个很大的特色——贴金,特别的富贵逼人。

陈培臣: 因为潮州木雕以前主要是用作祠堂、庙宇的建筑装饰,贴金才能显得富丽堂皇。

李得浓: 现在潮州开元寺天王殿的梁架上,就还保存有一个"草尾"装饰的斗拱,是唐代的遗物,而悬挂铜钟的木龙则是宋代的。所以我认为潮州木雕应该是萌芽于唐宋时期。在潮州,以前只要是有木结构的建筑物,就肯定会有木雕。

潮州木雕的发展高峰应该是在明以后。明清两代,潮州木雕技艺臻于完美,至清代发展到鼎盛,但主要还是用作建筑、家居日用装饰为主,很少用作欣赏的摆件。

后来日本侵华期间,潮州木雕陷入低潮。新中国成立后开始复苏,但一直到1970年尼克松访华,才又兴起了工艺美术的热潮。1973年,潮州市成立了二轻金漆木雕厂,当时我们那批进厂的人达到了两百多人,潮州木雕终于再次辉煌,而且还有了出口贸易。那段时间,基本上整个粤东地区的每个县市都有自己的木雕厂,最多的时候有17家木雕厂,包括梅县、五华等在内的木雕厂,出口的木雕都说是潮州木雕。

陈培臣: 我应该说一说这么多年来外面的人对潮州木雕的一个误解。

1980年以前的潮汕地区,我记得一共有16家木雕厂,每一个县城、每一个镇都有自己的木雕厂。这么多木雕厂,如何体现各厂的技术力量?当时主要的舞台就是每年两届的广交会,进广交会之前,这16家木雕厂的作品都会集中到汕头广场上,谁好谁差一目了然。通过这么一轮评比,才决定出谁能获得进入广交会的名额。

但在当时计划经济的年代,在广交会上拿到的订单,却不是自己一家能吃下的。所以当时还特别成立了潮州木雕创新组,专门应付一年两届的广交会。

因为经常集中评比,论技术论风格,这16家木雕厂的作品其实都大同小异。但因为1957年我父亲陈舜羌和师公张鉴轩创作的一件《蟹篓》作品,获得了莫斯科青年联欢节艺术博览会国际铜质奖,又因为他们都是潮州人,所以后来人们一说起潮汕地区的木雕,就想起了潮州,最后变成了潮州木雕,而不是潮汕木雕。一直到现在,很多人要买潮州木

名家话收藏

李得浓　《憩息之舟立体》

雕,都直接跑到潮州来,认为这里才是最正宗的。在这件事情上,虽然我们是最大的受益者,但我还是要扪心说一句,其实这是个误解。

创新　中式装修落魄,"被迫"变成艺术品

主持人: 我也是潮汕人,我记得小时候,家里的门窗、衣柜、梳妆台上全是木雕,特别是床罩顶,整个密密麻麻地全雕着花。客厅的大门还很讲究,上半部分是镂空雕的,下半部分是浮雕的。更绝的是,门上的镂空雕正反两面的不规则图案居然是一样的。现在想起来,难怪广州美院教授陈少丰曾感叹:"村村都像木雕博物馆,户户都像雕刻陈列室。"但到了现在,只有庙宇、祠堂、园林还使用传统的木雕装饰,普通的家居和公共场合已经基本见不到木雕了。

李得浓: 哪止潮汕地区,广州几个大宾馆、大酒楼当年的装修都用到了潮州木雕。1985年前后,我从厂里出来单干,刚好遇到广州这些大宾馆、大酒楼开始装修。潮州

陈培臣　《虾蟹篓》

木雕最能讨好人，空荡荡的一个大厅，加上一条木雕的门楣，马上就显得富丽堂皇了。白天鹅、东方宾馆的翠园宫、陶陶居、莲香楼、泮溪酒家、荔湾饭店的很多木雕就都是我做的。

但1990年后，潮州木雕陷入了低谷，因为港式装修兴起，大家装修用的都是石膏线，中式装修无人问津。1985年至1990年前后，来了不少台湾人、新加坡人，他们收走了一大批木雕，主要是古家具，很多都是好东西。那时候我们还很穷，一听说家里的家具居然还可以卖钱，都很开心，那些好东西都是以非常便宜的价格卖掉了。1990年后，到潮州搜罗这些古旧木雕的，就主要是浙江人了。2000年以后，我就完全转为做木雕摆件观赏品了。

陈培臣：人们的审美观念在转变，髹漆贴金的传统现在也有人不欣赏，所有这一切都使我感受到，潮州木雕生产的时代和基础已经发生质的改变了，如果潮州木雕要继续发展下去，就必须要我们这些生活在现代又懂得传统木雕的人负起传承和革新的重任。

我的木雕功夫源自我的父亲还有师公们，其实他们就已经负起这一重任，并探索潮州木雕在现代社会的出路了。比方说虾蟹篓，这是我们潮州木雕最具特色的题材之一，也是现在主要的拳头产品，它的发展最能体现潮州木雕在新时代的转变。

最早的蟹篓是服务于当时古建筑的，只是建筑装饰构件。由于嵌在梁栽之间，它从尺寸大小到表现手法都受到许多制约，比较粗犷、简约，而且只在朝向观赏者的一面施工，是"半畔蟹篓"。

我的师公和我父亲把这活灵活现的蟹篓从梁栽间独立出来，以立体摆件的形式成为独立的木雕工艺品，这是个大跨越，也使潮州木雕从梁架上解放下来，变成独立的可以陈列的艺术品。

后来根据现代生活的需求，我师公和父亲又发展了装饰挂屏，而在传统的潮州木雕中，装饰挂屏是较为少见的。直到现在，装饰挂屏都是我们创作得最多的品种之一。所以我师公和父亲那一辈人是潮州木雕真正的开创者。

主持人：潮州木雕的题材多是历史典故、民间故事、花鸟虫鱼等等，有没有加入现代的题材？

李得浓：每一门工艺美术都是来源于生活。潮州木雕的题材内容有的借鉴舞台艺术，还有民间喜闻乐见、有寓意的故事，也有起警示作用的典故。潮州木雕在有限的木板，场面不是很大的情况下，要把故事叙述完整，于是采用了"之"字形的构图形式，我们叫做

"径路"。

陈培臣：现在的潮州木雕，大多还是按照老一辈的题材，与时俱进的题材去到市场却得不到认可。没有市场肯定没人继续做下去，所以现在还是传统题材较多。

主持人：那用材呢？还是樟木？

李得浓：潮州木雕用的主要是江西的樟木。直径90厘米的樟木，成材起码要几百上千年。现在大点的木料越来越少，越来越贵。可以代替的木材有是有，但始终还是樟木最好。因为樟木比较柔润，好下刀，如果是花梨、紫檀这些木材，做是可以做，但难得多。

传承　太辛苦，决意不传第四代

主持人：两位大师都是中国非物质文化遗产传承人，如今潮州木雕的受关注程度这么高，应该不会遇到传承无人的尴尬吧？陈老师您还是木雕世家，父亲把技艺传给了您，您又传给了儿子陈树东，有没有打算继续传给第四代？

陈培臣：做木雕太辛苦了，你看看我的手，托雕刀的手掌上有一块很大的茧，一个月就要削掉一次，像剪指甲一样；右大拇指是左大拇指的1.5倍，因为持扣锤的是右手，大拇指经常用。以前为了生活，为了家庭，我不得不日以继夜一心扑在木雕工艺上，投入了非常大的精力。

而且学做木雕也很讲究天赋，就拿我们这一代人来说，"文革"结束后的那段时间曾经有一次大规模招收艺人，那一批有200多人，现在剩下多少人还在做木雕？据我所知不到15人。现在的这些年轻人就更不用说了，很多孩子连读书都觉得辛苦，哪里能忍受学木雕这样的苦活。

只有我儿子陈树东和郑庆明的儿子郑文雄肯接过父亲的衣钵。就连以前跟着我的一些老师傅，做了几十年的木雕，很多都去广州带孙子了，不做木雕了。所以我决意不传第四代，实在太辛苦了。

主持人：那您的技艺会不会失传？

陈培臣：我收徒弟没有门槛，只要他肯学，我就肯教。但进来学一段时间之后我会进行筛选，决定去留。现在在我木雕馆学习的都是我们莲上村的孩子，所以我也一直保留着原来的收徒礼节，就是向师傅送上一条猪腿、一盘面条、一包白糖。但我从来都没跟这些

第四章 工艺美术与杂项收藏

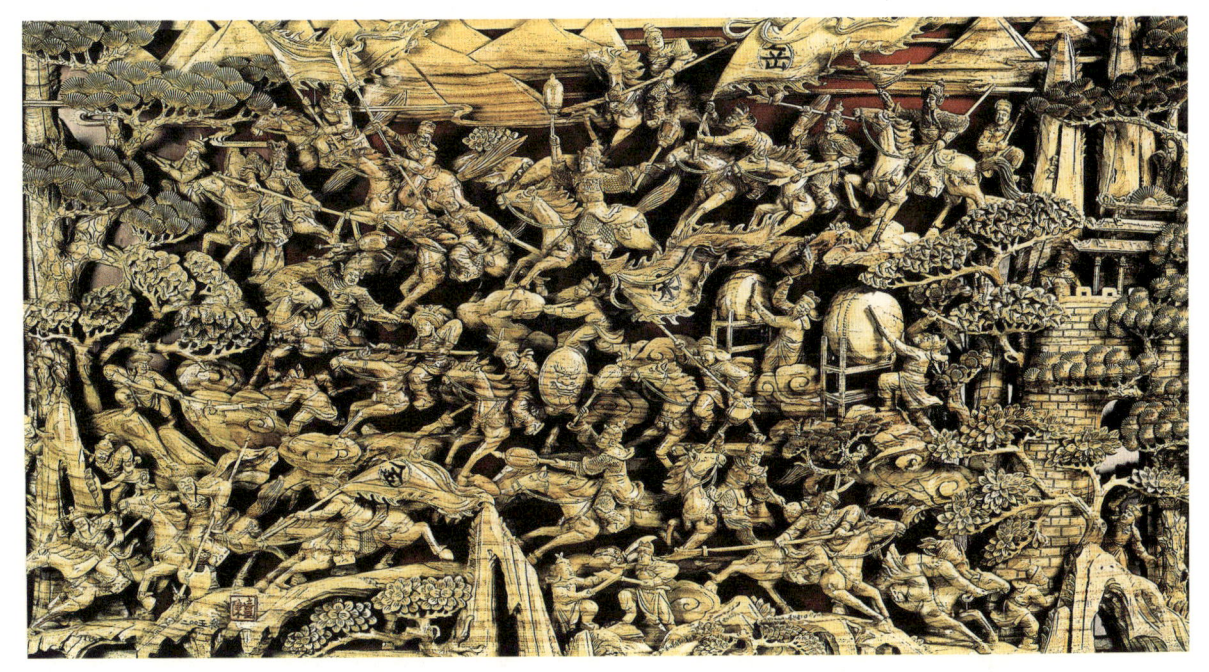

陈培臣 《八大锤大闹朱仙镇》局部

徒弟订立什么师徒合约之类的。

现在这里的学徒有十一二人，基本上只有初中文化水平，都是16岁左右，许多是因为家庭支撑不了他去读书才来学木雕的，只有农村人才能耐得住这种苦，而且也只有这些十几二十岁的人才适合学木雕，年龄大了就不行了。因为这个行业的利润是不高的，他们一旦认识社会，功利心强就无法真正坐下来学习了。

其实我现在能享清福了，但为什么还要继续做木雕，整天忙着教徒弟呢？因为我担心，面对着不同的社会需求，面对着发达的机械化生产，潮州木雕能发扬光大吗？

我举个例子，现在东阳木雕很多都是机制然后拼接的，机械化生产对东阳木雕的负面冲击很大。传统东阳木雕的特色在哪里呢？他们把透视感做得美轮美奂，特别是楼台亭阁的透视，我们潮州这边的师傅再出色也只能望其项背。但是现在很多商家片面追求利润，许多模板木雕都不是正宗的，这样一来，整个木雕水平大大下降。

我很担心潮州木雕以后也会遇到这一大挑战。工业化和机械化生产是不能避免的趋势，但要避免水平大规模的滑坡就得做好模板。首先，必须保证模板是正宗的潮州木雕。所以要做出真正的潮州木雕，关键是要有潮州木雕人才，不能出现人才断层。而现有的人才大概仅仅只有全盛时期的百分之几。所以我非常重视培养学徒，我已经加入潮州市工艺美术研究院当研究员，培养下一代是我职责内的事情，但我个人的能力有限，杯水车薪，难度很大。

大患　拼接电脑雕挤压手工艺人生存空间

主持人：就像陈老师您刚才所说的，现在有些木雕是机械化生产的，这样的木雕有没有收藏价值？

陈培臣：价值有多高我不知道，但肯定没有手工的好。现在的人太浮躁了，一看潮州木雕好卖，就直接到外面采购外地的木雕，然后就挂上潮州木雕的牌子卖开了。潮绣也存在着这种情况，说是潮绣，其实卖的是苏绣。还有一些就是机制然后拼接的，我们的蟹篓都是整一块木材雕刻出来的，他们可好，一个个雕完后用502胶粘起来。

主持人：外地也能做出蟹篓这么高难度的木雕吗？跟潮州木雕的风格区别大不大？

陈培臣：应该学会做蟹篓了，而且很多是直接拼接的，没难度。外行的人可能看不出来，但行家一看就看得出来。电脑雕刻来钱这么快，你说我们这些传统艺人还怎么做得下去？

还有一些人为了评职称，想方设法跑去拿奖项，甚至直接在外面买了苏绣就去评奖，这些行为在我看来简直侮辱了潮州的传统工艺。我认为这将成为潮州工艺美术日后发展的一个大患。为了产业的发展，得罪人我也必须说真话。

主持人：但识货的藏家肯定还是会追求纯手工的艺术品。另外，现在收藏界大师意识非常强，以前的木雕作品都没署名，我看现在您的作品都署上名字了。

陈培臣： 2000年以前都是没有署名的，从我开始潮州木雕才开始了署名。但这也不是我自己想这么做，而是藏家要求的。最早是一些台湾、香港的藏家要求我在作品上署名。

但现在市场上有我署名的，不一定就真是我的作品。有了电脑手段后，模仿签名、证书实在太容易了。辨别真假，跟书画作品一样，主要还是看作品的个人风格。

李得浓： 现在的木材那么少、那么贵，如果是大规模的机械生产，粗制滥造，我觉得是在浪费木材。一棵树要几十年、几百年才能成材，现在已经越来越难找到好的樟木了。所以潮州木雕未来升值空间很大。但从收藏的角度来看，潮州木雕现在的价格低得可怜。虽然这几年政府对工艺美术开始重视了，但没人深挖这一文化底蕴，没人炒作。

陈培臣： 其实有一个问题我以前一直想不通。一个蟹篓现在我开价6万、8万元，很多人都嫌贵，但景德镇一些大师的茶壶，一开价就十多万元还卖得出去。这是为什么？后来我想通了，宜兴紫砂壶有顾景舟这个大师，他有记载的茶壶可以卖到上百万元，有他支撑着宜兴紫砂壶这个品牌。潮州就是缺乏这样的大师。我父亲和师公他们虽然也一度到广州美院进修，但受文化程度所限，写不出论文，表达不了自己的艺术追求，所以永远只是一个民间艺人。

名家话收藏

第十一节

广州牙雕价格年均增长30%

特邀嘉宾

李定宁
中国工艺美术大师、广州市宝象工艺品有限公司董事长

洪维庆
广州工艺美术行业协会会长

罗裕忠
广州市工艺美术总公司董事长、总经理，广州市大新象牙工艺厂厂长

注：第四章第十一节至第四章第十四节书眉题字许鸿基。

　　在北京国家博物馆举行的2012年中国当代工艺美术双年展上，由广州牙雕大师李定宁雕刻的57层"鬼功球"《盛世乾坤》震惊展会。那直径不过17厘米，却硬是雕出了57层的象牙球，吸引了国内多家媒体的追访，也让很多人重新关注以镂空、透深的雕刻技法闻名于世的广州牙雕。

　　因为禁卖象牙而盛极转衰的广州牙雕业，虽然近年来已经慢慢复苏，但即使几位"国大师"，也常常面临着找不到原材料的尴尬。而现在国内收藏者多偏重于材质的价值以及工艺的繁复性，对牙雕本身的内涵和艺术价值认识不高，不知不觉中也误导了牙雕行业的走向。

　　具体到牙雕收藏，作为第一替补的猛犸牙，虽然是有着12000年历史的宝物，但为何藏界却流传着买牙雕不买猛犸牙雕的说法？造假手段越来越高明的情况下，极品"血牙"是否真的存在？去年的禁拍令又会对行业造成什么影响？这些不光是藏家，也是很多市民关注的问题。

谈收藏　"血牙"是否真的存在？

主持人： 象牙一少，这几年牙雕的价格涨得特别厉害。

第四章　工艺美术与杂项收藏

洪维庆：1990年以前，1公斤的象牙不超过1000元，现在黑市1公斤都炒到了两三万元。这20多年象牙的价格涨了二三十倍。在象牙制品市场，以象牙筷子为例，2001年一双象牙筷子不到300元，现在如果是在商场买，最便宜也要4000元，价格也涨了十多倍。去年我们还专门做过统计，牙雕价格的年增长率，每年都超过了30%。

主持人：现在牙雕的造假手法也越来越多了。目前市场上"血牙"最贵，都说它是大象还活着的时候切割下来的象牙，大象的血会渗透进象牙中，整颗象牙会呈现淡淡的棕红色。但现在很多"血牙"最后都被发现是染色的。到底有没有"血牙"这种东西？

李定宁：有"血牙"，但不是因为活象切割形成的，而是大象的血统问题，这种牙产自非洲，数量很少。非洲象牙一般分为两种，产自非洲南部的象牙颜色普遍较白，称为"白牙"；而非洲中部的象

李定宁　《献寿》

牙，牙形漂亮的很多，裂痕也少，但颜色偏黄一点，所以叫"黄皮牙"。"血牙"大部分就出在"黄皮牙"里，黄里透红，质地很漂亮。

罗裕忠：其实也就是物以稀为贵。我听以前的老行家说，他们以前一拿到"血牙"，就扔在一边，不想拿来雕刻。因为"血牙"比普通的象牙质地要脆，不好雕刻。

李定宁：现在价格一贵，就有人造假了。将象牙泡在粉红色的水里冒充"血牙"，但其实仔细看它的毛孔，还是能分辨得出来的。牙雕年代久了，表面的确会开始泛黄，但绝对不可能出现一些仿旧品的咖啡色。我有一件被陈家祠收藏的牙雕，都陈列了50多年了，颜色都没怎么变。象牙筷子如果经常使用，由于油脂的作用，会出现淡红色，但陈列的艺术品不是经常把玩，放200年颜色变化都不会太明显。

洪维庆：还有一些假象牙，完全是人工树脂合成的，上面也有纹路，但分量较轻，这一类赝品就完全没有收藏价值。

主持人：说到收藏，去年12月，中国拍卖行业协会发文紧急通知，说犀角、虎骨和象牙属于国家禁止贸易物品，一律禁拍。缺少了拍卖这个大平台，对牙雕行业的发展会不会有影响？

罗裕忠：销售象牙必须获得由国家林业局颁发的销售许可证，拍卖行就不具备这个资质。而且拍卖行很多人不懂得如何分辨象牙的年份、真假，即使分辨得出来，也搞不清楚它的来源是否合法。少了拍卖这个渠道，象牙价格上涨的冲劲可能没以前足了，但是物以稀为贵，这影响不了它未来的升值空间。

现在国内很多牙雕收藏者，多看重材质的价值和工艺的繁复性，对牙雕本身的内涵和艺术价值认识不高，不知不觉中也误导了牙雕行业的走向。其实牙雕作为一件艺术品，其艺术价值应该要高于它本身的资源稀缺性。

主持人：在广州销售象牙的企业还真不少，一些酒店、商城里面都有专柜，他们是否拿到了销售许可证？好像不同的销售渠道价格的差距还是很大的。

罗裕忠：广州市面上公开的象牙销售点，大部分都是有资质的。目前全国有资质的销售企业有150多家，其中广州占了二三十家。也有一些无证的黑市，很多卖的是走私的象牙，价格能够便宜40%~50%，但很多都是假的。

2004年，国家林业局和工商总局建立了野生动物制品特许经营和象牙收藏证制度，消费者在购买象牙制品时，必须在由国家林业局、国家工商行政管理局联合批准的象牙制品制定销售场所购买，并索取加具"中国野生动物经营利用管理专用标志"的"象牙制品收藏证"，这样才能保证手上的象牙制品以后进入市场时有合法的身份保障。

谈历史 2017年之前，中国再没有象牙可以进口

主持人：上个月我们去看中国当代工艺美术双年展，李定宁老师的作品《盛世乾坤》真是为广州牙雕出尽了风头，不断有电视台的摄像枪在展柜前面拍了又拍。我看介绍，57层的象牙球直径才17厘米，而且每一层都可以独立旋转，真不愧是牙雕界目前为止层数最多、直径最大的象牙球。这与浑厚简单的北方牙雕，以及综合南北并以木刻技法入刻的福建牙雕不同。当时观展的很多都是北方人，他们哪见过技艺这么繁复的牙雕！我现场听到很多人都在打听这个"鬼功球"到底是怎么做出来的。风格独具，历史悠久的广州牙雕始终是许多展会、拍场引人注目的杰作。

李定宁：象牙球在明代就被称为"鬼功球"，是最富特色的广州象牙雕刻品种，它最独到之处是用一块完整的象牙料巧妙地镂空成层层相套的球体。这件《盛世乾坤》，我从1981年到2010年，足足做了将近30年。

李定宁、李斌成　《盛世乾坤》

名家话收藏

罗裕忠：广州气候温暖湿润，象牙不易脆裂，所以可以制作钻镂、透雕的作品，牙片可以做到薄如纸，这是广州牙雕工艺最具特色的技艺。要说历史，广州牙雕的历史可以上溯到新石器时代，在广州附近的佛山澜石河宕村新石器晚期遗址中，就曾出土过原始象牙饰品。所以可以说，广州是中国牙雕的发源地。但以前的象牙都是用作日用品，一直到明清的时候，才开始被制作成为工艺品。再加上象牙的横切面呈莲花状，而莲花在佛教里最受尊崇，所以象牙一直都有辟邪纳福、安神镇宅等象征意义，以佛教为题材的牙雕艺术品，自然也成为神圣的辟邪吉祥物，很受欢迎。

清代的时候，广州的象牙贸易就已经很发达，大批的象牙分别从东南亚和非洲运入广州，象牙雕刻生意在国内外影响越来越大，大新街就是广州的象牙制品中心。新中国成立后，时任广东省人民政府主席兼广州市市长的叶剑英，又指示一定要把象牙雕刻组织和恢复起来，一直到20世纪六七十年代，象牙都是广州出口创汇的一大类。

洪维庆：在中国，象牙主要用来雕刻成为工艺品，但在欧美，一段时间兴起用象牙做首饰，日本想到用象牙做钢琴琴键，中东的石油富豪甚至用象牙做建材装饰豪宅。这种不经艺术加工大量消耗象牙的现象，导致国际市场上每天的象牙交易量剧增，滥捕滥杀非洲大象越演越烈。所以1989年，联合国做出禁止象牙原料及象牙制品在国际贸易中流通销售的决定，1990年开始禁卖。没有了原材料，广州的牙雕业开始衰退。直到2008年7月，中国才第一次获得象牙进口配额，和日本一起获准可以从南非、纳米比亚、博茨瓦纳、津巴布韦四国一次性购买和进口其政府库存象牙原料。当时林业部选了3家国内有象牙加工资质的企业作为代表去参加国际拍卖，广州大新象牙厂是目前国内牙雕行业唯一一家国有企业，自然被选上了，另外两家则是北京的企业。当年，中国获得一定量的合法象牙进口配额，但要分给全国26家有资质的象牙加工企业，所以每家企业最后到手的象牙也不多。而且按照规定，库存象牙买卖双方在完成一次交易后十年内，都不得再次提出申请。也就是说，到2017年之前，再没有象牙可以进口了。

李定宁：广州牙雕最近这几十年变化太大了，从一个全盛的时代突然跌到快要消亡的境地。一直到2005年以前，广州的牙雕行业都很差。2005年之后，很多企业开始慢慢复苏，但怎么也走不回上世纪八十年代时的辉煌。以前象牙雕刻的制作人员，起码都有四五百人，整个行业起码有上千人，但现在很多人都无奈转行了。行业复苏之后，很多又都是新入行的，技艺完全没得比。现在北京牙雕依靠政府投入资金，陆续在各大院校广收学徒。如果广州牙雕还不奋起直追，几十年后可能就落后了。对国家非物质文化遗产的重视不能只是口头说说，不然千年的绝技就真的要失传了。我们家从祖上做牙雕到我这里，已经是第三代了，我很热爱牙雕这门艺术，真希望它能继续发扬光大。

谈材料 猛犸象牙雕不如非洲象牙雕？

主持人： 原材料短缺，所以这十多年来，牙雕界一直在寻找其他材料作替代，比如人造牙、牛骨等，但是这些材料和传统非洲象牙相比，简直是不可同日而语。如今，西伯利亚出土的猛犸象牙，可以输入我国，成为第一替补，用它制成的牙雕也近乎完美。但目前收藏界似乎都有这种说法，就是猛犸象牙雕不如非洲象牙雕有收藏价值，是否真是这样？

李定宁： 目前可以用作牙雕的象牙主要有三种：非洲象牙、亚洲象牙和猛犸象牙。首先说亚洲象牙，亚洲象的数量本来就很少，而且只有公象有牙，我做了60多年象牙，都很少遇到亚洲象牙。亚洲象牙与非洲象牙相比小多了，材质也不如非洲象牙，硬度低，做完之后容易发黄、变色。

这三种象牙当中，非洲象牙的牙质和数量都是最有优势的。它的硬度适中，而且牙质中的蛋白质、油质都比较好，一打磨抛光就很漂亮，且块头比亚洲象牙要大得多。

猛犸象牙雕《元春省亲》及局部图

而猛犸象牙无论是硬度还是光泽度，始终不及非洲象牙，但它是稀缺材料，没得再生了，挖一只少一只，所以本身的价值也很高。

罗裕忠：其实猛犸象牙不是不好，我们为了采购，还专门跑到西伯利亚考察过。有人简单地认为猛犸象牙只不过是化石，这是错误的。其实，猛犸象牙一直是在西伯利亚这个天然的大冰箱里面冰冻着，很多猛犸象的皮肉毛都依然保存完好，甚至有的猛犸象口中含着的草都还是绿的。所以部分象牙仍然保存着原有的质地，只是表皮发生了不同程度的硅化。只要埋得够深，猛犸象牙的材质可与现代的非洲象牙媲美。只不过年代太久，能够保存完整的猛犸象牙数量很少，买一吨材料回来，可能当中完整的也就一两只。这就给牙雕造成了局限性，好像木材，锯开来这里不能用那里不能用，老是要就着材料，大大影响了创作。说猛犸象牙不好，主要是因为它不好用，但它的光泽度其实并不会比非洲象牙差。如果是同等品质的象牙，猛犸象牙肯定比非洲象牙要贵很多，因为它埋藏了1万多年，本身就是宝。

知多D
广州牙雕大师

目前广州牙雕行业获得中国工艺美术大师称号的有3位：李定宁、潘楚钜、张民辉。李定宁擅长人物雕刻，尤其是精工仕女的雕刻；潘楚钜有"船王"之称，他制作的象牙龙

潘楚钜 《双凤朝阳画舫》

凤船精美绝伦，独创一帜，精雕细镂与镶嵌糅合得非常细腻；而张民辉善于创新，善将现代美学、西洋雕塑与民族传统工艺理念融会贯通。

还有4位广东省高级工艺美术师：翁耀祥、吴荣昌、陆牛仔、谢曼华。

南派牙雕的黄埔军校——广州市大新象牙工艺厂

广州市大新象牙工艺厂始于1955年，前身是广州市第一象牙雕刻生产合作社，当时入社的社员有48人，分别代表大新路的各个象牙商铺。1958年，第一象牙雕刻生产合作社转制为全民所有制的地方国营工厂，时任广东省省长的陈郁亲自将其改名为广州市大新象牙工艺厂，厂址就在大新路，成为工艺行业中第一个全民所有制企业。

此后30多年，广州市大新象牙工艺厂稳坐广州大新路象牙街半壁江山，成为中国内地牙雕业的龙头。当时的牙雕行业作为特种工艺，员工的工资级别是轻工业系统里面最高的，一些高级技术骨干的工资，甚至远远高出当年的处级干部，甚至是局级干部。

20世纪80年代，是牙雕行业的春天，也是广州市大新象牙工艺厂最辉煌的时代。企业汇聚了众多名师巧匠，培养出一大批大师级人才。其中，3位国家级的中国工艺美术大师翁荣标、李定宁、潘楚钜，都是从这里成长起来的。

象牙球

象牙球在明代又称"鬼功球"，是最富特色的广州象牙雕刻品种，其独到之处是用一块完整的象牙料，巧妙地镂空成层层相套的球体。每层球体薄如蛋壳，镂空卓花，精巧剔透，转动灵活。

敦煌牙球

翁氏牙球　　　　　　　　　　　翁耀祥　《龙凤象牙球》

　　1915年，翁昭和梁雄制作的25层象牙球，参加在美国旧金山举办的太平洋万国巴拿马博览会荣获优秀奖。经历代广州牙雕艺人的不断创新，如今广州的象牙球可镂雕至无视多层，镂空技艺上达到了登峰造极的境界。

　　象牙船

　　象牙船是广州牙雕出类拔萃的又一代表作品。它是先按牙料大小设计并雕好船身造型，再从船身自下而上逐层进行立体设计，雕刻每层所需构件，然后把雕好的各个构件以多种拼接方法镶嵌成多层的大型牙船。这些牙船如微缩的古代豪华游船，船中亭台楼阁，雕梁画栋，门窗开合自如，人物众多，气势雄伟壮观。

第十二节

上品沉香价格半年翻倍，天然沉香才具收藏价值

特邀嘉宾

陈云君
中华诗词学会常务理事、香文化研究学者

周天明
广州市沉香协会会长

在收藏界，有两种收藏品的价格涨幅最让人咋舌，一种是翡翠，被称为"疯狂的石头"；另一种就是沉香了，被称为"木中钻石"。

虽然中国人玩香已经有两千多年的历史，但直到近几年沉香被炒作成奢侈品中的奢侈品，价格才扶摇直上。2012年底的时候，我们走访广州华林国际市场了解到，上品沉香奇楠香的价格是八九千元/克。时隔半年再买当时的奇楠香，却要多付一倍的价钱。

但是，随之而来的造假也让这个行业充满了争议。之前就爆出目前市场上90%的沉香都是假货或者劣质货，新手几乎百分百买不到真东西。

沉香市场真的如此混乱？

行情 上品沉香半年涨一倍

主持人： 在收藏界，有两种收藏品的价格涨幅最让人咋舌，一种是翡翠，另一种就是沉香了。去年以来受经济大环境的影响，艺术品市场特别是书画的价格整体下滑，沉香的价格是否也出现了波动？

名家话收藏

周天明： 沉香跟翡翠一样，都是资源稀缺性的收藏品，其价格和升值潜力与稀缺性密切相关。所以虽然经济大环境不好，但上品沉香的价格仍在涨。顶级翡翠的价格去年以来也在涨，跌的只是中低端的东西。

好的沉香气味淡雅宜人，在科技高度发达的今天，其气味也无法人工合成，因而十分珍贵。而且一般只有十年以上的沉香树才可能形成沉香，而品质较好的沉香又要经过几百年甚至上千年的时间才能结成，因此好沉香的产量是非常低的，各地优质野生沉香已经日渐枯竭，价格自然跌不下来。从去年底到现在近半年的时间，上品沉香的价格又涨了一倍。

陈云君： 现在玩香真的很热。20年前我玩香的时候，花一两万元可以买到1公斤很好的香，最近几年沉香变成了奢侈品中的奢侈品。一般可以品用的沉香1克卖到几十元到几千元不等，一件结香较好的沉香木雕件可以卖到几十万元，一串奇楠手珠更是过百万元。所谓的极品白奇楠、软丝绿奇楠据说每克的售价已经达到了1万~3万元。我还记得三年前，我本来想入手买进一批500克的奇楠香，当时1克也就3000元，现在已经涨到了过万元，升了三倍多。

主持人： 中国人玩香的历史悠久，但沉香价格暴涨是最近几年的事情吧？

周天明： 沉香自古以来就被世人追捧，在中国已经有两千多年的历史，被历代皇室和王公大臣们所喜爱。在宋代，上好的沉香就是"一两沉香一两金"。

到了现在，上好的沉香价格已经远远贵过黄金了。中国的沉香市场是从2007年开始升温的，而且价格一路上扬，高品级沉香的价格每年涨幅都保持在30%左右。收藏

沉香雕仙山楼阁嵌西洋镜座屏，2012年拍卖成交价为2070万元，打破中国沉香艺术品拍卖纪录

圈里有句行话："红木论吨卖，黄花梨论斤卖，沉香论克卖"，沉香的金贵由此可见。最近几年，沉香的拍卖价格也是一路飙升，去年6月北京保利春拍，一件"沉香雕仙山楼阁嵌西洋镜座屏"，以520万元起拍，最终以2070万元成交，打破了中国沉香艺术品的拍卖纪录。

陈云君： 以前中国大陆地区除了中药店外，是找不到沉香的专卖店的。直到20年前，由于与日本及台湾地区文化交流日渐频繁，台湾的沉香文化和日本的"香道"在大陆广泛传播，这些传统中华文化才得以复兴。在广州、福州、杭州等地一时出现了不少沉香专卖店，所售的沉香，初期价格还算公道。但后来随着"有钱而无品"的炒作，沉香价格一路飙升。

海南沉香

玩香　中国香最好

主持人： 沉香的价格在很多外行人的眼里，高得不可思议，而且看似相同的两块木头，价格可能相差十万八千里。沉香到底是怎么定价的？

周天明： 沉香的价格还是有谱的，一般是按照含油量、产区、味道、香材的大小这四大要素来制定价格的。论产区，国内产的沉香确实比其他任何国家产的都要好；论含油量，油越多，证明结香的年份越老，也就越贵；论味道，不同香味的沉香价格差别很大；最后还看香材的大小，如果是大料，可以做成工艺品，价值就更高，如果只是小料，价格自然比大料低。

当然，沉香还有其他很多的档次分类，比如香有四六之分，上品是香占六成而木质占四成，下品是木质占六成而香占四成；速香是结香只有数十年的，过早被采择，因

香港沉香摆件

此称为速香；而飞香是树已结香，但香结被大风吹折，飞落山谷中，这种香质地干枯而轻，但气味甘甜。

主持人： 我看市场上很多沉香都是按照地域分的，比如海南香、越南香、高棉香、印尼香，不同产区的沉香价格相差很远。

陈云君： 不同地域的香差别很大，如果单从地域上来讲，我觉得最好的香是海南香和香港香，可惜香港香现在已经很少了，海南香也不多了；第二档是越南香；第三档是柬埔寨香；再往下就是印尼香了，越靠北的香越好。当然，每个地域的沉香都有好坏，好的印尼香比差的海南香肯定要好。

原来中国产香最多的是香山县，也就是现在的中山市，当时所有的沉香都是集中到香港集散的，所以香港以前被称为香埠头。现在，广州取而代之，成为国内沉香原材料的贸易集散地。

除广州外，现在福州、杭州、北京也形成了沉香的圈子。由于国内很多地方的优质野生沉香已经日渐枯竭，所以现在大部分的沉香都来自东南亚。

以前说起外国香只有两种，一种是星洲香，一种是惠安香。星洲香其实就是南洋的香集中到新加坡，然后通过新加坡往外发散出来的沉香；而东南亚的沉香集中到越南惠安的，就被称为惠安香。

周天明： 其实不同国家产的沉香，味道还是很不同的。比如越南沉香最显著的特点就

老挝SUPER虫漏　　　　　　　海南黑奇楠　　　　　　　惠州熟结绿奇楠

是甜和凉，奇楠则带有药蜜香味。目前市场上最受关注的品种有富森红土、芽庄、广义和顺化沉香。但我之前去越南发现，当地商人通常弱化产地的概念，主要按味道和含油量来分级定价，当沉香的甘甜清凉达到一定程度，就将其归为芽庄、富森。

人为结香　沉香质量等级都不甚理想

主持人： 天然沉香难以满足市场的需求，近年来很多地方都在大种沉香树，这些人工种植的沉香树，能够在短期内结出沉香吗？

陈云君： 我只能说，广种沉香树，是有造福后代子孙的可能，至少也是绿化了环境。但是，一般只有树龄十年以上的沉香树才有可能形成沉香，而品质较好的沉香又要经过几百年甚至上千年的时间才能结成。

而且，并不是所有的沉香树都能结香。沉香的形成充满了偶然性，用"化腐朽为神奇"这句话来形容最贴切不过了。它是沉香树在受到外伤后，加上真菌感染，自身会分泌出树脂修补受伤部位，于是开启了疗伤修创的生物合成，再经过数十年甚至数百年，才会形成珍稀的沉香。

比如"生结"，是树木在活着的时候形成的香结。刀斧斫砍、蛇虫动物啃蚀等外力引起较深的伤口后，沉香树会渗出树脂以作自我防护，从而在伤口附近结香；而"熟结"则

名家话收藏

是树木死后，树根树干倒伏地面或沉入泥土，风吹雨淋，经年累月慢慢分解、收缩而最终留下的以油脂成分为主的凝聚物。

周天明： 所以现在人工种植的沉香树，都是人为令其结香的。有的是选择成年的大树，在距离地面约1.5米左右的树干上砍上几刀；有的是在树干四周打入一定密度的铁钉；有的是在距离地面半米左右的树干以上部位钻孔；有的火烧树干；还有的直接在树干上钻上一小孔，用输液的方法将化学物质输入树内；有的则将树干钻孔后，将混有特定菌种的泥土填满洞孔，再用塑料薄膜封堵洞口。方法有很多，但原理都一样，就是损伤主树干，刺激伤口分泌树脂。

但是，人工结香技术无论如何先进，依我这么多年所见，所结的沉香无论是在质量、等级，还是在香味和外形上，都不是很理想，无法和天然沉香媲美。大力推广沉香种植，在一定程度上可以补充沉香市场的需求，但从收藏和投资的角度，天然沉香仍是首选。

主持人： 那什么样的沉香最值得收藏？

周天明： 我认为目前有收藏和投资价值的天然沉香，一般有以下几类：第一类是上品沉香——奇楠香，第二类是沉水香，第三类是高品级实心原材，第四类是有自然成型的满油摆件。

陈云君： 其实评价一块沉香的好坏很简单，首先是闻香气，沉香的气味是最最重要的。有的人老是执着于沉香是否沉水，但我认为，只要香气好，半沉或者是不沉都无所谓。

人工造香

现在一些上品香，也埋藏在地窖里，覆盖着湿润的沙子，以增加其重量，直到售卖时才取出来。这样一来原来半沉的沉香，试水的时候也会沉底。

化学造香 赝品多，"药沉"劣质伤人

主持人：去年有报道援引藏家的话，说目前市场上90%的沉香都是假货或者劣质货，新手去买几乎100%买不到真东西。沉香市场真有这么混乱吗？

陈云君：天然沉香可以药用，日本的救心丹里面，就有沉香的成分。人为结香的沉香，最多也就品质差一点，但现在市场上很多用化学手段造出来的沉香，却是对人体健康有坏处的。

比如说"药沉"。很多是用次等沉香油，如南美橄榄科及大戟科结香所提取的劣质油，加入化学芳香剂，压入一般木材中，美其名曰"药沉"。实际上，真正的"药沉"最早出现在元代，是西藏的喇嘛们用藏药、藏香加沉香制出的"药制沉香"。现在市面上的假"药沉"，不但劣质而且伤人。

不仅如此，品香用的线香现在也有掺杂掺假的了。一些不法商人所制的香，会用一些沉香、檀香粉，但掺入了很多辅助剂，然后号称是用奇楠粉所制，价格不菲。

周天明：沉香市场赝品的确很多，还有的工匠用鸡翅木、鸡骨香及速香、云头香之类，制成素珠，在其表层涂上奇楠的膏液，撒上奇楠细末，放入锡盒里，时间久了，素珠晕染了奇楠的气味，往往能够鱼目混珠。

所以购买的时候选择诚信的商家就非常重要。这也是我们最近成立广州市沉香协会的原因，希望通过协会的作用引导商家合法诚信经营。广州是国内沉香原材料的贸易集散地，目前在华林国际，经营香材、香炉等贸易的商家就有过百家，很多香材转手卖到北方市场后，价格起码还要涨三四倍。肃清沉香市场的假冒伪劣产品，要从源头开始。

知多D
中国沉香产区

能形成沉香的树木包括樟树科、橄榄科、大戟科、瑞香科这四类树种，樟树科和橄榄

名家谈收藏

沉香

沉香珠

科的两类树木主要生长于南美洲，结的香只能用来榨油；大戟科树木生长在台湾；瑞香科树木又分三种：莞香树、蜜香树和鹰木香树三类，主要分布在中国南部和东南亚的热带雨林。在中国主要是莞香树。

除海南外，中国莞香树在广东、香港、云南、广西等地也有分布。广东沉香品质最佳的是深圳大鹏湾和惠州淡水出产的沉香，最近几年惠州、深圳产的绿奇楠更是远近驰名；具有"中国沉香之乡"美称的中山地区，出产的沉香也很好；东莞地区产的沉香也非常出色。这些地区在唐朝的时候归东莞管辖，所以产的沉香统称为莞香。其余地区如电白、阳江、徐闻、肇庆等地也有沉香出产，但是产量很少，品质也一般。

香港沉香，由于各种原因，近百年未曾开采，因此最近几年在市面上能见到的少许极为高端的香材，其结油很厚、品质很高，以大屿山所产的沉香最佳，偶然还有极品黑奇楠出现。香港沉香的香韵非常厚重张扬，行内评价很高。但由于不法采香人的大量盗伐，加上香港地域不大，因此在短短数年间，天然沉香资源几近枯竭，非常可惜。

云南沉香，大多属中、低级沉香。药味较重，香味较淡，偶然还会辛辣呛鼻，多用作提油和药用，很少为香界所接受。西双版纳的大片原始森林就是主要产区，如今可能还有一定的存量，目前勐腊出产较多。但由于靠近越南，越南人长期越境偷采，以至野生沉香资源更为珍贵。

广西沉香，香味接近广东沉香，主要分布于十万大山周围，由于过度采伐，资源也是几近枯竭。

沉香的保养

1. 沉香虽然不怕水，但是最好少碰水，特别是奇楠香。
2. 避免接触酸碱物质、化学药品、香水以及洗涤用品。
3. 沉香质软，怕摔、怕开裂，要避免硬物撞击和划伤。
4. 沉香怕热，要注意远离热源，避免强灯光和太阳暴晒。
5. 沉香最好能存放在密封玻璃瓶内，置于阴凉处，温度在20摄氏度左右为最佳。
6. 沉香及其制品不能上油、蜡和漆。
7. 沉香如被污染，视程度可用水反复清洗，或用高目数砂纸轻轻打磨一层。

沉香从何而来

与檀香不同，沉香并不是一种木材，而是沉香树在受到外伤后，加上真菌感染，自身会分泌出树脂修补受伤部位，于是开启了疗伤修创的生物合成，再经过数十年甚至数百年，才会形成珍稀的沉香。

根据结香原因的不同，沉香可以分为四类：

第一类是"熟结"：是树木死后，树根树干倒伏地面或沉入泥土，风吹雨淋，经年累月慢慢分解、收缩而最终留下的以油脂成分为主的凝聚物。

第二类是"生结"：是树木在活着的时候形成的香结。刀斧斫砍、蛇虫动物啮蚀等外力引起较深的伤口后，沉香树会渗出树脂以作自我防护，从而在伤口附近结香。

第三类是"脱落"：是枝干朽落之后结出的香。

第四类是"虫漏"：是由于树虫、细菌等对树木的蛀蚀而形成的香。

关于棋楠

棋楠并非单一树种,而是沉香树在枯死前,树身遭受蜂、蚁等昆虫的入侵筑巢,长期吸取蜂、蚁的蜜乳,并且与沉香树因病变分泌的油脂相互沁合,待沉香树枯死后,于土中经数百年或数千年的腐朽转化而再结晶,最终粹酿而成的木变精华。之前的调查就发现,在棋楠香熟头处经常会发现大量的蚂蚁筑穴群居。

棋楠质地黏软,尝之舌麻,但却不会让人产生不舒服的感觉,香气甜凉馥郁,是沉香中的上品,但香材多是小料。

近年部分沉香拍品拍卖成交纪录　　数据来源:雅昌艺术网

拍品名称	成交价	拍卖公司	拍卖日期
印度尼西亚白奇楠	HKD11500000	澳门中信	2011-11-25
沉香龙	RMB9520000	宁波富邦	2012-02-11
清代沉香木观音	RMB6800000	北京中嘉	2011-08-15
清乾隆沉香雕仙山楼阁嵌西洋镜座屏	RMB20700000	北京保利	2012-06-05
清沉香木	RMB7130000	中国嘉德	2011-11-15
清乾隆沉香木满工龙纹架墩式写字台	RMB2970000	北京中嘉	2008-10-26
江春波雕山水人物沉香杯	RMB3920000	古天一	2011-06-04
民国沉香木观音像	HKD6160000	中联国际	2011-12-31
清中期沉香群仙祝寿笔筒	RMB2070000	北京翰海	2012-12-21
清早期沉香雕"搜山图"爵杯	RMB2185000	江苏省拍	2011-12-10

第四章　工艺美术与杂项收藏

第十三节

潮绣价格年均涨50%，存绣好过存金

特邀嘉宾

孙庆先
广东省潮州市潮绣研究所所长、高级工艺美术师、中国刺绣艺术大师、国家级非物质文化遗产项目潮绣传承人

康惠芳
中国首届刺绣艺术大师、国家级非物质文化遗产项目潮绣传承人、高级工艺美术师、中国刺绣专业委员会理事

近几年明清刺绣的价格在拍卖市场上屡创新高，如去年一幅八开的清乾隆御制刺绣《耕织图》就拍出了1023.5万元的高价。直接带动四大名绣当代绣品的价格在近几年翻了几番。如有着浓郁地方特色的潮绣绣品，近十年来价格起码涨了两倍。但刺绣艺术大师们在感叹"赶上了潮绣最好的时光"的同时，也都遇到了后继无人的担忧。

说特色　潮绣工艺未趋同仍独树一帜

主持人： 我们知道中国有四大名绣——粤绣、苏绣、湘绣、蜀绣，其中粤绣又包括两大流派：潮绣和广绣。潮绣区别于其他绣品的最大特点是什么？最有价值的地方在哪里？

孙庆先： 近几年，四大名绣在工艺上有些已经很相近了。但潮绣的特色还是很明显，因为潮绣至今还保留着原来的传统工艺：垫绣，用棉花垫高了绣，很有立体感，其他地方的都是平绣。所以与其他地方的绣品不同的是，潮绣不能直接按着稿来绣，不能像平绣那样打印出素描图后，按着打印稿来填色。潮绣一垫高，原来的样式图案就

329

没有了，潮绣的难度就在这里。

康惠芳：潮绣还有一个很大的特点就是金绒混合绣，以金银线为主，绒线为辅，再加上垫高立体，看起来金碧辉煌。之前我去北京参加一个研讨会，专家会上也提到了，现在的广绣、苏绣、蜀绣、湘绣都在合为一体，特点不突出了，呼吁大家要保持原来的针法，不要互相模仿。潮绣在这点上就做得比较好，北京的家们一致表示肯定。

主持人：垫高立体绣其他地方就模仿不了？这比平绣要难多少？

孙庆先：同样一个题材的作品，垫高了绣要多用三倍的工。平绣的底布是透明的，很薄，一次性就绣过去了。潮绣要垫高，在棉花上绣，难度大多了，一个地方要绣三四次才能完工。很多人不明白潮绣怎么卖这么贵，但懂行的人都买潮绣，现在我们研究所光是做"国礼"就忙不过来，还有很多人排着队等着我们出作品。

康惠芳：所以我的作品参加全国展览，大家都说不怕被别人偷师，因为靠偷师学不来，这垫高绣的手艺，不是从小学起就很难学到。正因为有特色，潮绣未来的发展空间大家都很看好。平绣到处都是，立体绣稀有，所以贵。

说价值 钱用来买绣品好过存银行

主持人：这几年潮州市政府对工艺美术的

《金色骑楼》

《颗颗珠玑》

扶持力度非常大，办了潮绣研究所，加上评上大师的人多了，收藏的人也多了，整个行业热闹了起来。潮绣绣品这几年的价格涨了多少？

康慧芳：潮绣这几年的价格的确涨得快，比方说这幅《金牡丹》，当时的吴仪副总理是把它作为"国礼"送给俄罗斯总理的。2006年的时候才卖3000元，现在能卖8000元，涨了两倍多。那些落地的大屏风，也都能够卖到几百万元。但我们贵得有道理，除了工艺更复杂之外，我们的材料更讲究。你看这牡丹的金线，是用K金镀金线，放上20年都金灿灿的不会褪色，色彩鲜艳但又不刺眼。

孙庆先：这几年国家从上至下对工艺美术行业都很重视，设立了非物质文化遗产项目，又有政府补贴，很多人都加入了进来。再加上人民群众的生活好了，有闲钱，越来越多的人喜欢收藏工艺品。这几年很多工艺品包括潮绣、木雕、石雕、象牙的价格都在往上走，每年起码涨50%，这跟材料、人工的价格上涨，还有大家的收藏意识提升都有关系。有闲钱买工艺品，比把钱存银行好多了。

《金牡丹》

说传承 **潮绣也面临后继无人的隐忧**

主持人：康老师，听您说以前学刺绣很苦，这几年才遇上了好时光。潮绣这么多年来是一个什么样的发展历程？

康惠芳：我从15岁开始就跟着老前辈、老艺人学习潮绣了。当时潮州城里每家每户都离不开刺绣，就靠刺绣维持生活，我也一样，但当时的工资很低，每天只能挣几毛钱。32岁的时候，我考进了潮州市刺绣研究所，当时一共有16个像我这样的绣娘考进去，专门做精品。

名家话收藏

《龙腾盛世》

上世纪六七十年代，是潮绣发展的鼎盛时期，当时几乎"家家摆绣框，户户有绣娘"。1982年，潮绣《九龙屏》和《吹箫引凤》还获得了中国工艺美术品种百花奖金杯奖，这将潮绣的发展推到了顶峰。但上世纪的最后十年，大家都集中精力搞经济，刺绣不赚钱，都没人做了。当时的潮州市刺绣研究所效益不好垮掉了，我就出来单干，自己培养绣娘，自己开始市场经营，支撑得很苦。直到2006年潮绣入选《第一批国家级非物质文化遗产名录》，政府重视了，宣传也多了，潮绣才开始好了起来。特别是最近这几年，市场非常好。但我们又遇到了一个新问题——没人绣。因为之前的断层，现在会绣潮绣的人很少。

主持人： 一般培养一个绣娘需要多长时间？

康惠芳： 我自己团队里的绣娘，都是周边农村的人，从还是十几岁的小姑娘时开始跟着我，到现在40多岁了，跟了我20多年。但即使绣了20多年，在这十几位绣娘当中，真正出名的也只有两三个。绣娘很讲究天赋，即使是以前家家户户都做潮绣的时候，刺绣状元也就只有24个。但绣娘的经验很重要，比如素描稿的线条，用什么办法来体现，都需要经验积累。是垫高绣还是平绣、绣金线还是丝线，如何搭配都需要经验。所以潮绣和其他绣品不同点在于，一是白描稿的设计，二是要像导演一样读懂白描稿，并懂得用什么样的方法来表现。

主持人：绣娘不够，潮绣应该怎么传承？

康慧芳：我觉得应该办学校，让学生在学美术的同时也学刺绣。我个人的力量是有限的，无法做那么多事，所以想培养学生，先绣简单的，再从中发现人才，培养她们绣精品、绣服装。比如我这有个美院的学生，学一年就能绣一些简单的作品，天赋很好。

孙庆先：我们研究所也经常有学生来学习，有本地的，也有外省的，还有文化部派过来学习的。我觉得现在的首要任务，就是保护传统工艺不要失传。创新也很重要，创新才能有新东西，这个行业才能火。如果老是老面孔，绣品的价钱肯定卖不高。好像前几年我们将潮绣传统针法和技法相结合，成功绣制了前所未有的立体双面垫高绣精品，就是一种极大的创新。有市场，才有发展。

现在外面模仿我们的东西很多，刚开始我很生气，2008年的时候立体双面垫高绣《好运来》还去申请了国家外观设计专利。但后来我想通了，别人模仿我也是在传承我的东西，现在研究所起到的带头作用就不是为了赚钱，而是为了传承。而且我现在手头上还有两千张设计稿，你那边模仿，我这边马上有新东西出来了，将大

《好运来》

家都带动起来了。

谈借鉴 抽纱的没落是个警醒

主持人："抽纱"是刺绣的一种，以前潮州抽纱也非常出名，以手工绣、通花与平绣相结合，做工精致，非常有特色，出口很热销，但这几年怎么很少见了？

康惠芳：整个抽纱行业已经没落了。我觉得最大的原因就是市场销路的问题，抽纱比较素，不如潮绣抢眼、有视觉冲击力，慢慢地就没市场了。

孙庆先：潮州抽纱以前也是很辉煌的，是一种个性很强的工艺，家家户户都会做，手巾、台布等产品的出口量非常大，是当时潮汕地区创汇的一个重要支柱。后来电脑绣出现了，一下子冲击了整个行业，没人做抽纱了。再加上国外可能审美疲劳，现在也不要抽纱了，整个行业一下子就没落了。我们研究所里也请了一个抽纱的传承人，让她继续做抽纱，我们不是为了赚钱，而是为了把抽纱这门工艺传承下去。现在我设计的潮绣作品，有些也将抽纱的元素融汇进去。

这对潮绣的发展也是一种借鉴，我认为潮绣就不能发展机械生产。现在也有一些绣品是电脑绣，但电脑绣和手工绣出来的效果不一样，同样一幅作品，我的卖几万他卖几百。如果潮绣也机械化大发展，到头来也只能走抽纱的末路。我觉得只要潮绣能创新，把市场做好，东西贵了，从业人员的工资高了，这个行业就不愁没人做。而一件绣品的好坏，关键还是看它有没有艺术性、独特性，这将最终反过来影响产业的发展。所以要保护这个"非遗"项目，还是要靠手工绣的传承。

《五福临门》

> **延伸阅读** 潮绣为何能起死回生？

潮绣、抽纱、发绣、金漆木雕、石雕、彩瓷花瓶、人物瓷塑、瓷花摆件、通花瓷、朱泥壶、麦秆画……在一个地级市内，同时拥有40多个门类的工艺美术，除了潮州，应该数不出其他地方了，所以潮州拿下"中国工艺美术之都"的底气很足，也是中国唯一一个"工艺美术之都"。

但在5年前，要在潮州买一件大师的绣品，或是买一件金漆木雕，很多潮州人都还不知道应该上哪去买。太平路修旧如旧恢复牌坊街后，这里不但成了旅游景点，也成了潮州传统工艺美术的集中地，许多大师工作室进驻其中，生意火得不得了。

在关注藏品市场的过程中，我们接触过很多濒临失传的"非遗"项目，不少至今仍然挣扎在生存线上。潮绣和金漆木雕虽然同样也有过长达十年的历史断层，但为何能在短短几年的时间内起死回生，甚至超越过往直达历史巅峰？这吸引着我们前往潮州一探究竟。

对此潮州市委常委、组织部部长卢淳杰告诉我们，针对目前传统工艺特色产业人才青黄不接、后继乏人的实际，组织部的思路是搭建平台造就新大师，"但求所用，不求所有"，积极创造条件把市级工艺美术大师培养成省级工艺美术大师，将省级工艺美术大师培养成国家级工艺美术大师，通过大师带动产业的飞跃发展。现在潮州一个市，工艺美术行业的从业人员就有6万多人，当中具有工艺美术大师荣誉称号和工艺美术师职称的高级人才就有456人。

这一思路明显带动了各个工艺美术门类的强势发展。目前，潮州工艺美术行业年产值达到211亿元，占全市工业总产值的21%；光是工艺陶瓷，一年的产值就达110亿元。在2008年经济危机的时候，很多地方的经济都滑坡了，但潮州的经济反倒提升了，主要就是工艺美术门类附加值提升的贡献。

> **知多D** 潮绣

潮绣是中国四大名绣中粤绣的两大流派（潮绣、广绣）之一，粤绣与苏绣、湘绣、蜀绣并称中国四大名绣。

潮绣的特点是以丝线与金绒结合，构图均衡饱满，纹理清晰，色彩浓郁鲜艳，工艺十

《金色中华》

  分复杂，尤其垫高立体，金、银、绒、棉、纸等多种材料综合施艺，形成过桥、銮乾、历艮、针销、三针销、三山起等技艺。在中国四大名绣中独树一帜，具有独特浓郁的地方色彩。

  据新编《潮州市志》所载：清乾隆时，在西门天地坛、布梳街及开元寺附近，潮州绣庄约20多家，绣品出口至南洋群岛等地；至咸丰年间，潮州绣品的年出口值保持在1000万元以上。20世纪80年代，潮绣和抽纱成为潮州市主要的出口商品。全市数千家机绣厂，遍布市区乡镇，从业人员超过100万人。大街小巷都能见到群众在刺绣、钩通花，不少居民及农户靠一支绣花针便能支撑家庭的日常开支。

第十四节

几成绝艺，广绣精品越来越金贵

特邀嘉宾

陈少芳
中国工艺美术大师、国家级非物质文化遗产保护项目（广绣）代表性传承人

杨飞武
广东岭南文化艺术研究会会长、岭南工艺美术馆馆长

中国刺绣，是一门传承了4000多年的经典手工艺术。它以一颗颗慧心，一双双巧手，飞针走线，丝丝入画，化成一幅幅色彩斑斓、美轮美奂的锦绣画卷，传达出一种精致婉约的人文情怀和审美价值。

在曾经辉煌的四大名绣中，苏绣和粤绣代表着中国刺绣的最高水平。如今苏绣已经形成了完整的产业链，而粤绣，特别是当中的广绣，却面临着日渐式微、传承太难的尴尬局面。当然，这无形中也促成了几成绝艺的广绣精品越来越金贵。

广绣迎来艺术高峰

主持人： 自古以来，中国刺绣就以色彩丰富、针工细密、精致典雅及其人文内涵，成为古今中外皇家贵族、上流社会经典的收藏品和室内装饰品，并作为"国礼"及传世珍品，被国内外美术馆、博物馆及外国皇室典藏。虽然现在会刺绣的人越来越少，但技艺却越来越精湛，就像我们的现代广绣，突破了传统题材的局限，并运用国画和油画的表现手法将选材延伸到人物肖像等范畴，这是否代表

名家话收藏

陈少芳 《王者风范》

着广绣攀上了又一艺术高峰？

陈少芳：早在明清时代，广绣就已经蜚声海内外，直到在上世纪的60年代初，传统广绣依然处于鼎盛期，当时广州有多间刺绣社，如珠村就有一大批人参与刺绣的工作。以前，刺绣也不是作为日用品存在的，到了现在，我更倾向于把它归入艺术品一类。因为刺绣跟国画、油画的创作一样，都要深入生活、写生、积累素材、提炼中心、推敲构图、进行创作，个人的风格就在这一创作过程中不断形成。一些人认为刺绣只是单纯照着一幅画来绣，那就把刺绣这门艺术简单化了。

比如丝线色彩的运用，在刺绣中，丝线的色彩是最显眼的，我们现在的手法与传统的不一样，是用丝线叠加等方法构成多种色彩，借鉴的是绘画的色彩构成，包括国画的色彩、油画冷暖色的色彩，甚至最直接地运用空间混合色彩构成，用混合法和叠加法来构成色彩。例如我的作品《白孔雀》，就是运用了这种原理。用绘画的色彩刺绣，颜色都是打乱的，但想出什么色彩，就能绣出什么色彩，所以就一边绣一边画一边想，这种思维方法与传统的刺绣完全不一样。

主持人：我们对比现代广绣和传统广绣也的确可以看出，现在的广绣作品更加灵动。比如说肖像，有的肖像人物的眼睛似乎会追随着观赏者的角度，无论你站在哪个角度，都感觉绣品里的人物正在看你。

陈少芳：艺术创作不能用传统来框死现代的思维，为了提升自身的艺术境界，同时也为了适应市场的要求，现代广绣就一定要从色彩、针法、绣纹上突破。

传统广绣并不讲究绣纹在整个画面上的运用，其实如果运用得好，广绣比油画、国画和其他刺绣能够表现得更加生动。让肖像的眼睛灵动起来，其实就是旋转绣纹所起的作用，利用光的作用，眼睛里面所设的绣纹会随着光线流动，这样你就会感觉绣品里的人总是看着你。

另外，现在对针法的研究也更加深入。传统有很多种针法，四大名绣就数广绣的针法最多。因为前人的针法已经很多了，现在我们要再创作就更加难了，主要是通过解剖原有针法每一个过程所产生的艺术效果，再根据自己表达质感的需要产生新的针法。比如绣个小孩的光头，我想出来的效果是那种刮光了头，但又长出了一点头发的质感，当然不能直接绣个灰色的球体，我在处理的时候，就将头发和头绣成垂直的，或者呈一定的角度，这就有了一种透视的感觉，只是这

陈少芳　《凤冠蝶舞》

名家话收藏

广绣《晨曦》

样的话就会变成"雨状针",很规律,所以我又用一些不规则的针法来破坏它,就成了光头的"短发针"。

传承难,广绣几成绝艺

主持人: 撇开技艺不讲,目前苏绣的发展已经明显比广绣更理想,甚至已经成为当地一张响当当的城市名片。去到苏州,绝大部分人要买手信都首选苏绣,可供选择的绣品种类也很多,中高低档的苏绣都有,当地的报纸、电视媒体的宣传也很多。但在广州,别说外地人不知道去哪买广绣，就是平时我们想找一些广绣的精品都很难。

陈少芳：历史上广绣曾经有一段十分辉煌的历史，当时广州周边很多地区都形成了刺绣的群落，比如北亭、黄埔、新滘、南海、顺德等地，都有整一条村从事刺绣。但后来由于"文革"极"左"思潮的影响，当时的口号是"革命不是绘画绣花"，所以整个刺绣行业在工业的关停并转大整顿中全部改行了。

广绣在"文革"中全军覆没，但苏绣、湘绣、蜀绣却没有遭遇这种情况。当时很多从事刺绣的人都转行了，这导致后来广绣要发展，都没有了发展的基础。可以说，在"文革"这场浩劫中，没有一个行业像广绣这样遭受了毁灭性的破坏。"文革"前专做广绣的刺绣厂就有4间，从业人员大约有3000人，但1973年恢复广绣的时候，只剩下了20人。

不仅如此，现在的广绣还遭受着珠绣的冲击。做一幅珠绣很容易很快，但做一幅刺绣却需要很长的时间，好像这幅《白孔雀》，就花了我足足一年的时间，从设计到刺绣完成，千针万线，需要耗费大量的人力、时间。因此刺绣就慢慢衰落了，连刺绣服装的市场份额都萎缩了。所以现在要重振广绣，会比其他行业，比苏绣等都难得多。

杨飞武：目前从事广绣的人很少，掌握这种技艺的人就更少了。即使只是培养一个普通的绣工也很难，这些人多来自广西、云南、贵州等地，在当地工资虽然低，但1000多元/月的工作很舒服，来到广州做刺绣，3000元/月她们都未必肯做，一来实在辛苦，二来这里找工作的机会较多，随便跳到其他哪个行业，都会比做刺绣舒服。所以现在广绣很多带头人，都陷入了"招人—跳槽—招人—跳槽"的怪圈。即使留得住人，还经常出现另一种情况，一个绣工好不容易培养到她技艺较娴熟的时候，也刚好到了她的适婚年龄。广州没办法解决她们的住房、婚姻、子女教育等问题，所以最后回家结婚的特别多。

陈少芳：这就牵涉到另一个问题：国家对刺绣行业的发展有没有战略和战术的计划？从艺术的角度来讲，刺绣是独立的艺术品种，在市场管理上本应该有独立的管理系统，因为它介乎于文化和贸易之间，兼具生产性、艺术性和贸易性。现在油画和国画都有国家的保障制度支撑，专职人员不需要靠出售自己的作品来维持生存和创作。但国家对刺绣行业欠缺这种考虑和扶持，各类人才如何培养，市场如何培育，都没有一个机制进行支撑。

苏绣虽然也面临这种情况，但好在得到了当地政府的支持，把苏绣整一个产业化了，形成了完整的产业链，片区也很集中，还提供铺租补助等优惠政策，于是那里便出现了成千上万的绣娘。好几年前我还只是省工艺美术大师的时候，我们代表广绣去参加全国性的交流活动，拿出来的作品让人惊叹，但其他绣种不少技艺确实不如我们的人，却已经是国家级大师了，即使同是省级大师，很多人也非常年轻，可见广绣的不受重视。

主持人： 陈老师您作为国家级非物质文化遗产保护项目的广绣代表性传承人，您自己有没有开班授徒？

陈少芳： 我今年71岁，在刺绣这一行也做了40多年，对广绣的感情非常深，当然不希望这门手艺后继无人。但现在广绣技艺的传承，完全靠民间力量。我们也开过学习班，甚至去到少教所授课，但时间一长我们发现这耗费了我们太多的精力，又得不到经济上的回报，这让我们这种私人机构无以为继，所以我们现在只在自己的工作室里开设了一种体验班，什么时候有空过来就学上几针，没有系统的培训。我觉得真正的传承，应该是开办一所艺术学校，吸引有一定天赋、有艺术追求的人来从事这个行业，在生产、学习的过程中培养人才。

仿名家画作的绣品有没有收藏价值？

主持人： 正因为广绣的传承太难，精品数量越来越少，所以近年来广绣的价格也涨起来了，这个价格涨幅是否明显？

杨飞武： 应该说，目前刺绣精品的价位正处于上升通道，其价值正不断回归。上世纪90年代初很多精品的市场价，现在已经升值数倍乃至十几倍。好像我们十多年前收藏的一幅陈少芳老师的精品，当年的价格也就2万多元，现在恐怕100万元都买不到这样的好东西。未来我觉得这种穷工极巧、既稀且精的刺绣精品，必将还有非常可观的升值空间，潜在价值不可估量。

主持人： 除了大师精品，现在很多广绣作品很喜欢仿绣名家画作，像岭南画派当代名家陈永锵的木棉、鱼，方楚雄的小动物，都经常被绣作绣品，一幅的价格多在十万元左右，这种被称为再创作的绣品收藏价值高不高？

陈少芳： 这种作品近年来多了起来，我觉得是一种不好的市场倾向，就是拿名家的画作为自己的蓝本，严格来说，这只是克隆别人的作品，重复别人的作品，不是艺术创作，含金量相对较低。因为一幅绣品里面如果没有自己的思想，就不能成为作品。其实要把绘画语言转换成为刺绣语言，是一件非常不容易的事情。书法家几分钟写出来的一幅字，我们可能要绣上一年。花这么大力气的仿名家画有什么意义？有时间、有精力，还不如自己创作好了。只不过现在很多刺绣的人没有美术功底，自己画不了图，所以只好借鉴现成的图案。

主持人：以前的刺绣作者都是没有署名的。我发现陈老师您现在的作品，已经开始将自己的名字绣上去了。

陈少芳：我为什么要签名呢？因为通常没署名的作品，很多人怕是赝品。一旦签了名，在整幅作品的创作全过程，我就要从头跟到尾，尤其是最后的把关，是用我的人格对作品作了保证。

主持人：雕塑可以复制，但数量是有国际惯例限制的。绣品的复制数量是否也有行规？

陈少芳：这倒没有行规，但因为即使是复制，一幅绣品的创作周期也太长了，所以我们如果有精力，都会选择创作新的作品。如果藏家对我以前某幅已经售出或被收藏的绣品非常感兴趣，我们也可以复制，但价格会比原作贵，而且会跟藏家事先声明，不能限制我们交货的时间。但一幅作品我们原则上做到三五幅就不会再做了，在我们工作室有档案登记，查一查就知道已经复制的数量，限量的目的就是为了保证作品的升值空间。

广绣《硕都湖》

广绣《雨露》

主持人： 如何衡量一幅绣品艺术价值的高低？

杨飞武： 收藏绣品的第一个原则，是全手工绣品才有收藏价值。现代科技不断发展，使用机器能大量生产刺绣产品，但这些产品大多呆板无趣，很容易鉴别。同样是手工绣品，首先应该看作品本身精不精，其次首选大师作品。

这么多年来我推广广绣还留意到，因为绣品收藏相对女性化，广绣的购买人群几乎清一色都是女性，这限制了收藏人群的范围，而且几乎没有系统收藏绣品的藏家。不仅如此，南方人和北方人的购买习惯也很不一样，广东的收藏家一般是以投资为主要目的。之前我办了两次刺绣展，有一位北方人和一位台湾人分别看中了当中几幅精品，也不讲价，马上掏钱买下。而广东人在出手前首先考虑的是值不值，转手能卖多少钱，与房地产和其他金融产品相比，这种投资合不合算。正因为广东人太过务实，所以经常会错失买到精品的机会。

知多D 广绣

粤绣由广绣（广州地区）和潮绣（潮汕地区）两大流派共同构成。与湖南的湘绣、江苏的苏绣、四川的蜀绣并称中国四大名绣。在清代，英国女王伊丽莎白一世在英国创建了英国刺绣同业会，英王查理也倡导英伦三岛传播粤绣艺术，一时间粤绣被誉为"中国给西方的礼物"，英、法、德、美各国博物馆均藏有粤绣。在18世纪，粤绣风靡了英国皇家及整个上流社会。

其中的广绣专指传统广府地区的刺绣工艺，包括刺绣字画、刺绣戏服、珠绣等。据文献记载，广绣早在唐代已出现，宋代广泛应用于民间日常生活，明代中后期已扬名海外。2006年广绣成功入选首批国家级非物质文化遗产代表作名录。

第四章 工艺美术与杂项收藏

第十五节

什么样的普洱茶才有收藏价值？

特邀嘉宾

李文华
普洱茶国家标准制定人、首席拼配师、大益茶多款经典茶品发明人

黄波
广州茶文化促进会常务副会长兼秘书长

吴伟
普洱茶藏家

注：第四章第十五节至第五章第一节书眉题字刘佑局。

"微博的更新速度还跟不上普洱茶价格的变动速度。"从2012年7月份开始，沉寂了4年的普洱茶市场突然发力，一线品牌普洱茶的价格疯狂暴涨。众多茶人忙着在微博上互相知会茶叶的最新报价，原先几个月都不变的茶叶价格，突然间变成了一天几个价，疯狂程度直逼2007年的价格巅峰。

广州芳村的茶叶批发市场是国内最大的茶叶交易中心，2013年5月份的时候，我们走访市场了解到，被喻为普洱茶价格风向标的"大益7542"，小件（42片、15公斤）的价格涨到了8000多元，而在去年，其到货价仅4000多元，一年的时间价格翻倍；"大益龙印青饼"的价格涨得更厉害，2012年10月份的时候一件也就11500元，到5月份已经涨到了33500元；价格同样大涨的还有古树茶，在云南勐海，普洱茶原料的批发价3年涨了5倍。

进入6月份，我们再度走访市场却发现，高歌猛进将近一年的普洱茶市场又突然刹住了车，很多明星单品价格甚至开始回调。"大益龙印青饼"的价格最明显，市场曾报价26300元，短短一个月价格跌去7200元。

这让人不禁联系起2007年普洱茶市场的暴涨暴跌。很

名家话收藏

大益茶

多茶商至今还记得2007年4月20日这一天，普洱茶价格被炒到了历史最高点，市场重要的价格风向标——"大益7542"生饼被炒到了每件（30公斤）2.3万元，而就在这一天，它又狂跌至1.7万元。之后，各品牌普洱茶价格几乎全面下跌，业内人士估算，当时普洱茶市场凭空蒸发数百亿元。

不少茶商表示担忧，"持续近一年的涨势个人感觉要落幕了"。很多人关心，这一波的普洱茶行情是否将会重蹈2007年的覆辙？什么样的普洱茶才有收藏价值？

99易昌号篆体正品

88青饼

普洱茶价格今年的涨幅比2007年还狠

主持人： 从2012年底开始，很多普洱茶的一线品牌价格涨幅非常明显。你们怎么看待这一波普洱茶涨价潮？跟2007年的时候相比又怎样？

黄波： 我刚好也见证了普洱茶上一轮的升值。1999年，台湾普洱茶市场回落低潮后，港台茶商转战内地，当时普洱茶在内地还没什么人知道，到了2001年前后，广州芳村茶叶市场开始陆续有投资者进入到普洱茶这个行业，但当时主要的资讯来源还是港台茶商。到了2006年，大家发现了普洱茶的价值，很多资金一窝蜂拥入，当时甚至有"存钱不如存普洱，炒股不如炒普洱"的说法，普洱茶的价格扶摇直上，但泡沫最终在2007年破灭。

吴伟： 2007年普洱茶那一波行情，可以用四个字来概括：群魔乱舞。那时候只要是普洱茶，不分好坏，价格就能天天涨。

主持人： 我知道当年整个芳村茶叶批发市场的人，包括搬运工都在炒普洱茶。最疯狂的时候，抢到茶就等于抢到钱，今天买明天卖，转手就能赚上一笔。

黄波： 其实普洱茶价格今年的涨幅，比起2007年那会儿还猛烈。只不过2007年的时候，是普洱茶全线涨价，而今年这一波行情，却只是一线品牌价格在暴涨，相对来讲市场

名家话收藏

2001年勐库原野香

4种"味最酽"生饼：400克、200克；熟饼：400克、200克

理性了很多。

2007年的时候，中国普洱茶行业刚刚建立，当时还没有任何普洱茶体系建设、文化建设，茶企业也没准备好，突然暴涨暴跌，整个行业都被妖魔化了。再加上后来两年的经济大环境也不乐观，2007年崩盘后到2009年这3年时间，是普洱茶一个很痛苦的时期。

到现在普洱茶的行情又大爆发，我觉得有几个综合性的原因：一方面是普洱茶的饮用人群在加速扩大，原先聚集在华南地区的品饮人群，已经扩大到北方和江浙市场，普洱茶日益普及，特别是高端普洱茶需求量逐年增大。另一方面，普洱茶本身具有的投资属性，如今股市震荡、楼市受限，很多资金急于寻找出路，普洱茶就是一个很好的投资渠道。

而且现在回头看以前普洱茶的价格，的确是被低估了的。从云南茶山采摘加工，卖到广州集散到全国，很多产品一饼也就几十元，这个价格的确很低。最早的时候，"88青饼"一饼才200元。大益"大白菜"系列（勐海茶厂2000年启用班章毛茶制作的普洱茶）刚上市的时候，一饼也才二三十元，现在涨到了过万元。

东莞是中国普洱茶最大的仓库。之前当地产业转型升级的时候，很多人发现喝茶可以结交朋友，可以赚钱，所以很多企业主、工业园的所有者都建设了千吨级别的仓储仓库。他们在低位的时候囤了很多好东西，现在价格都涨起来了。所以普洱茶这一波升值，受益最大的还是收藏家。

游资介入，炒普洱茶就像炒股

主持人：但是任何一个暴涨暴跌的市场，都是不长久的。很多跟风入场的人，都在2007年的时候被深度套牢，至今还没有解套。还有一些人在资金需要周转的时候低价转手,亏得一塌糊涂。普洱茶这一次的价格暴涨,就有很多人担心再度出现2007年的悲剧。而且进入6月份以后,部分普洱茶的价格的确开始回落。你们认为现在的普洱茶市场泡沫大不大?

黄波: 我发现普洱茶市场还真有"七年之痒"这么一个循环。从2000年市场起步到2007年崩盘是一个7年,从2007年到今年又将近一个7年。所以我觉得今年应该是市场的一个节点,现在的游资炒作已经扰乱了正常的市场秩序,如果没有妥善引导购买和收藏,市场极有可能恶性发展。

目前普洱茶的市场交易是以大益茶为价格标杆的,大益茶的价格每天都在变。而且现在资本市场"建仓"、"补仓"等等专业术语都可以用在普洱茶市场了。原本应该是食品属性的普洱茶,已经脱离品饮,特别是"大益"新上市的品牌产品,都被炒成了风险极大的期货。游资如果突然抽资,受伤的总是那些跟风入场的人。

吴伟: 其实炒作的一个好处就是资讯的透明度在不断增加,适度的炒作有利于普洱茶产业的发展,但过度的炒作会伤害普洱茶消费者的信心。

造成如今普洱茶市场的这种乱象,从源头上找原因,正是少了云南当地政府的引导这一关键环节。在云南想办一个茶厂是件很容易的事情,没有技术门槛,没有资金门槛,没有管理门槛。

目前,很多茶叶都是"茶农、茶厂、一级经销商、二级经销商、零售商、消费者"的营销模式。茶农、茶厂、经销商建立稳定的合作关系,既维持了市场的稳定,也让茶农的收入有了保障。而投资商用高于茶厂的价格直接到产地大量收购茶叶,茶农自然愿意将茶叶卖给能获得更多

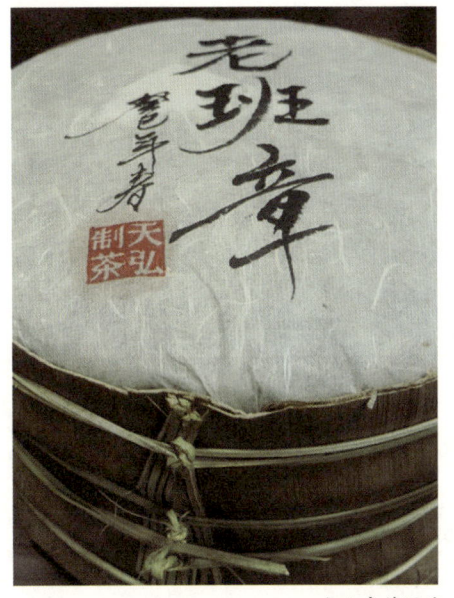

老班章普洱茶

茶仓一角

利润的收茶商人。

而投资商形成垄断后控制市场供给，制造出货源稀缺的假象，趁机抬高价格后悄然入市，在其他散户跟风入市后，早已赚得盆盈钵满全身而退，风险就全部转嫁到了跟风者身上。

李文华：现在的确有很多资金进到原料产地，进到云南的茶山，对此我们不是很鼓励。因为新进来的人对行业并不是很懂，而原料跟成品是不等同的，好的原料要变成好的成品，精制加工很重要。工艺、拼配对质量安全、品质稳定、内含丰富的普洱茶来说是重中之重。但很多人以为手里只要掌握了原料就可以了，这其实只是体现了普洱茶的生态价值，根本没法保证成品的健康价值，普洱茶的时间价值更是没有得到体现。这些初入行的资金，切入到原料领域其实过于冲动。

主持人：今年价格暴涨的还有古树茶，涨幅普遍在50%以上。有人说因为前段时间的过度采摘，古树茶的产量正大量减少，这是否也是炒高茶叶价格的一个噱头？

李文华：古树茶的产量是减少了，但并不是过度采摘的结果。一来云南连续4年干旱；二来近年来云南开始注重生态茶园的建设，有些茶园以前是施肥的，现在不施肥了，以前会修剪，现在是放养型的，产量自然会减少；而且现在的采摘更加精细，产量自然就减少了，但品质却提高了，并不存在过度采摘的情况。

主持人：进入6月份，一些普洱茶的价格已经有所回调，你们如何看待普洱茶的后市？

李文华：能够形成市场热点的普洱茶，品质和品牌是最关键的。如果品质和品牌都没保证，单纯是被炒出来的普洱茶，后市就比较尴尬。

黄波：我觉得今年应该是市场的一个节点。普洱茶市场现在比较混乱，价格接下来可能会出现震荡，行业可能面临洗牌。目前有些不诚信的普洱茶商家，盲目追求利益，只会影响市场的有序发展。要想这个行业可持续发展，商家应该引导规范市场，倡导正确的收藏理念，将这个行业做得有趣吸引人，而不是单纯鼓动参与。

什么样的普洱茶才有收藏价值？

主持人：普洱茶的藏家越来越多，普洱茶的收藏乐趣是什么？

吴伟：做茶要耐得住寂寞，喝茶也要耐得住寂寞，收藏也是。收藏普洱茶就好比抚养一个孩子，可以每天看着它在变化，可能三五年的时间里还看不出什么大变化，但再过几年之后，可能会给你一个惊艳的感觉。我对普洱茶的理解就是，时间的复利价值可以在普洱茶身上得到充分体现。

比如"88青饼"，我记得2004年1月份的时候是800元一片，我买了两片。此茶有"味最酽"的感觉。到了2005年6月份，这个茶已经涨到了4000元一片，我就卖掉了一片。但我很奇怪这个茶的价格怎么涨得那么快，于是开了一片茶饼自己喝，觉得是不错，但还是有点涩。后来我又找香港茶艺乐园的陈国义买了一些散茶，明显感觉到这茶在慢慢地变得好喝。而它的价格也随着它的品质变化一直在上涨，2008年的时候一片涨到了9000元，后来是1.2万元、1.5万元、2万元。我喝"88青饼"的频率，也从以前的一月一泡，减少到一个季度一泡，再到现在的半年一泡，喝一泡少一泡啊。现在的"88青饼"，汤色已经是红酒的颜色，有一种沉韵的味道。

黄波：现在的普洱茶收藏，一种就是吴先生这样的品饮性收藏；另外一种就是投资性收藏，从目前的市场看，普洱茶收藏市场中最大的一部分还是投资性收藏。

以前的投资性收藏是放眼长期，不像现在很多投资商都是只盯住眼前利益，这种行为是最扰乱行业的投资行为。

李文华：普洱茶之道，也是道法自然的，换句话说，好的普洱茶就只是普洱茶而已，不要被山头、名气、概念等诸多的浮云遮盖。让普洱茶恢复本真吧，茶就是茶！简单概

名家话收藏

括，茶品内含物丰富，符合普洱茶标准，加工制造合格的茶才有收藏价值，同时，流通中的茶还需注意收藏品相。

吴伟：现在很多贵价茶叶，是商业包装的结果。我觉得买普洱茶，就买你自己喝得下口、买得下手、身体能负担的就可以，不要太在意宣传。我们应该倡导一种理念，喝茶要因人而异，因四季而异，因心情而异。

如果遇到好茶，我建议藏家可以双数购买，比如买两件或是4件。如果市场稳步发展，五年、八年的时间价格就会翻倍了，到时卖掉一半，或是跟商家跟朋友置换其他的好茶，剩下的另一半就是白赚的了。

主持人：我们知道买普洱茶也要看品牌看编号，但这些信息就在薄薄一层棉纸上，是否很容易造假？

吴伟：现在普洱茶假货太多了。所以我买茶不会在芳村市场瞎逛，我都是固定几个品牌的专营店，买得贵好过买到假。如果带着捡漏的心态去买普洱茶，很容易中招。就像"老班章"普洱茶，实际一年的产量也就十多吨，但你看现在市场上的"老班章"满天飞。

宝和祥 易武秋兰

第四章　工艺美术与杂项收藏

第十六节

名表拍卖逆市增长

特邀嘉宾

许鸿飞
广州雕塑院院长、名表收藏爱好者

李晓白
中央文史馆书画院研究员、名表收藏爱好者

廖伟彪
广州市美术家协会常务理事、名表收藏爱好者

　　瑞士因特拉肯的表店老板们，这两年都在为门面狭小而发愁，因为店里经常被中国旅游购物团挤得水泄不通。购买手表，就是很多中国游客到瑞士旅游的目的之一。瑞士钟表工业联合会的统计也显示，中国游客是2011年在瑞士购买力最强的外国游客，人均日消费额达350瑞士法郎，而欧洲游客人均日消费额仅在120~240瑞士法郎之间。中国内地已经成为瑞士钟表的第三大出口目的地，2011年瑞士对中国内地出口额达16.36亿瑞士法郎，较前年增幅高达48.7%。

　　名表对于男人，就像珠宝对于女人，有着天生的吸引力。早前财富品质研究院发布的中国第一份针对高端腕表市场的专业报告《中国高端腕表报告》显示，目前最受中国消费者欢迎的奢侈品前三类就是：名表（34%）、珠宝（19%）和艺术品（17%）。

　　在二级市场，名表收藏同样火爆。作为世界名表拍卖风向标的苏富比和佳士得，近年来在香港的拍卖市场上屡有打破世界成交纪录的惊人之举。特别是在今年艺术品市场总体下滑的大背景下，名表成为极少数逆市增长的板块之一。10月8日，香港苏富比名表秋拍成交逾1.2亿港元，

名家话收藏

其中一只具备12项复杂功能的百达翡丽铂金双表盘腕表，以1052万港元成交；11月28日，香港佳士得名表专场再创新高，总成交1.86亿港元，创下香港佳士得成立以来总成交额最高的名表拍卖专场，其中一款百达翡丽怀表最终以2530万港元成交，创下亚洲名表拍卖新纪录。

现代表收藏　是奢侈品也是艺术品

主持人： 名表的收藏和拍卖在欧洲、北美以及东南亚地区拥有悠久的历史，在中国内地却是近年才兴起，但发展势头极其惊人。目前的名表收藏主要分为两个群体，一个是古董表的收藏，一个是现代表的收藏。大多数的收藏家还是以古董表的收藏为主，但这几年随着新富阶层的踊跃参与，现代表的收藏迅速升温。在选择现代表的时候，你们主要是看重功能还是款式？

许鸿飞： 我经常去世界各地，每到一个地方，除了去当地的美术馆，就是去名店看手表。我喜欢手表主要看重的是它们的设计，买的主要还是经典的款式。有一次在国外，看到江诗丹顿一个新款的，就买了，去到另一家店，看到一款百达翡丽，那款式我没有，又买了，后来又看到一款肖邦，结果一共买了4只表，搞到过关的时候，同行几个人每人要帮我带一个。

其实现在的名表，已经越来越像一件艺术品了，每一个品牌都有自己的历史，在设计中融入了很多艺术符号。像LV、爱马仕、万宝龙这些品牌，都聘请了很多知名的设计师，每年推出了很多时尚的新表。前段时间我在国外一个美术馆的商店里，还看到一块带有明显克里姆特符号的手表。这就是把艺术元素引入奢侈品，通过增加奢侈品品牌的美感和情感，增加产品和品牌的价值，同时也通过奢侈品带动艺术的潮流。

廖伟彪： 的确，现在的手表，指时功能已经很次要了，男人戴个手表，很多时候都是为了装饰，也是身份、品位的象征。

主持人： 这让我想起一些非常奢华的金表，本身已经金光闪闪，还镶了很多钻石。我就看过一个老人家，戴了一块金光闪闪的手表，结果左望右望，就是看不到时间。

话说回来，作为最保值的实用品之一，很多人购买名表还是看中它的保值、升值功能，很多品牌也顺势推出限量版手表，这是不是名表收藏的一个方向？

第四章 工艺美术与杂项收藏

现代表收藏

许鸿飞： 任何一个收藏领域，肯定都是物以稀为贵。现在很多品牌的名表都是全球限量，其实也就是一个心理暗示，告诉你全球就是这么多，让你去抢。我们只是单纯的收藏，买表很少会买重复的款式，一款表也不会重复买上好几个，追求的肯定是款式的丰富。所以我除了买男装表，看到设计特别的女装表也会买。

廖伟彪： 如果是名表收藏，品牌肯定是最重要的，像百达翡丽，就是手表中一个永恒的品牌。在百达翡丽的客户名单中，有100名国王、54名王后，另外还有爱因斯坦、居里夫人、夏洛蒂·勃朗特、柴可夫斯基等各界名人，为百达翡丽奠定了贵族化的地位。越是一线的品牌，收藏价值越高。一款具有保值与升值潜力的品牌，就决定了这只表的价值，但追求品牌不能陷入误区，对品牌的诉求不在价格高低，重点是专业。

古董表收藏　享受淘宝的乐趣

主持人： 许院长对时尚敏感，所以喜欢现代表。那喜欢古董表又是出于什么样的感情？

廖伟彪： 玩古董表就要淘，这个过程要花很多时间，但很有乐趣。现在在广州玩古董

名家话收藏

表的也有一个圈子，几个志同道合的人，每星期都一起去淘表。那些卖表的行家都知道我们，有好东西到了就打电话通知我们，大家都过去看，不一定要买，看一看，聊一聊，都感觉很舒服。

许鸿飞：这就跟欣赏名画是一样的感觉，名画你不可能全部都有，但关键是你能看到莫奈、凡·高的画。

廖伟彪：玩古董表真的会上瘾，很多时候都要赌一把。好像之前我遇到一只古董表，到底是什么牌子，我和卖家都说不上来，要知道，只能开盖看机芯。但那只表的表盘是塑料的，开盖有风险，很容易就会开坏。我想着也就2000块，赌一赌。结果买回去一开，大惊喜啊，原来是"古柏灵"的表。古柏灵是瑞士最大的珠宝商，许多早期高级名表如百达翡丽、爱彼等常受古柏灵委托制表，并同时挂上自己的商标，所以古柏灵被认为是高级珠宝与精致制表的代表，是一种特级表、贵族表，但早就已经停产了。

李晓白：但收藏这个东西还是很讲究缘分的。2008年的时候我去逛北京的古董市场，看到了一只昆仑金币表。这种表早在20世纪初便已出现，当年许多造表匠为显示自己技艺超群，挖空心思将超薄机芯嵌入金币中，制成怀表，供上流社会收藏。昆仑金币腕表就分为二十美元币值的双鹰金币和十美元币值的自由女神头像金币两种款式。因为用的是当时美国流通中的金币，刚开始美国法律是不允许的，后来不知道什么原因又通过了。以后每一任美国总统上台，"昆仑"就推出一款金币表，很漂亮、很薄，虽然不是限量表，但是很特别。

我当时刚入行，不知道是好东西。那个表开价1.4万元，这个价格都可以买一个劳力士表了，所以我没下手。

百达翡丽

瑞士古董表

第四章 工艺美术与杂项收藏

百达翡丽配掐丝珐琅表盘

百达翡丽型号Celestial天文腕表5102 J

后来跑去请教朋友，才知道原来这是种特级表，比劳力士的档次还要高，而且很多任美国总统都戴金币表。所以第二天赶紧跑去买，但已经被人买走了。

到了2009年，竟然又遇到了一块金币表，这次赶紧下手。这种表很好玩，在金币的侧边暗藏有弹簧机关，轻轻一按，金币就弹开了，里面的表面可以翘起来。

主持人：有多少年份的手表，才能称得上古董表？

李晓白：一般有四五十年历史的，都能称得上古董表。

主持人：很多品牌的现代表越来越贵，达到收藏级别的，很多动辄几十万元，古董表的收藏门槛又有多高？

廖伟彪：这几年玩表的人多了，古董表的价格自然也涨起来了。但与现代表相比，古董表还是相对便宜一点的。玩古董表没有所谓的门槛，有贵的也有便宜的，一般的欧米茄古董表，品相比较好、纯钢的，大概就四五千元吧，金表就过万元。我买过最贵的一只古董表，是一只全新的肖邦表，没有戴过，出世纸什么的都齐全，也要几万元。

收藏的乐趣就是用不多的钱买到好东西,这才过瘾,买古董表需要淘,需要眼光。

主持人: 现代表的功能越来越复杂,你们收藏古董表也看重功能吗?

廖伟彪: 功能越多越容易坏,现在品相很完美的、没怎么翻新过的古董表已经不多了,很多已经走不动,有很多问题了。很多人偏向于收藏金表,因为金表最保值。其实收藏手表跟收藏其他任何的艺术品一样,不怕买贵,只怕买错。

主持人: 那古董表造假的多不多?收藏古董表有什么需要注意的?

廖伟彪: 古董表造假相对书画等其他艺术品少,收藏的时候要小心买到"改装表",比如将18K金的表壳换成14K金的,或者用原来的表壳,装上同厂不同款的机芯。

至于说注意事项,我觉得玩古董表的人心理承受能力一定要强,"修"是很正常的事情,不要怕麻烦。如果买回来一只表坏了,心情就很沮丧,我劝你还是不要玩古董表了。如果你明知道这只表是坏的,明知道要修我都要买,有这种胆量,你就可以玩古董表了。

好像我之前买的一块芝柏表,指针都走不动了,老板告诉我这表轴承太旧了,需要修,但很精细很难修,一般人没这种技术,所以按照行规,很便宜1200元卖给了我。如果修好了,肯定就不止这个价了。这只表很独特,日历是打竖的,我很喜欢。后来一直等了5年,终于找到了一个老师傅,把表修好了。这种淘宝的乐趣是买现代表没有的。

昆仑金币表

古董表收藏

保养　催生职业"溜表师"

主持人： 中国内地的名表收藏起步比较晚，香港的名表收藏似乎就很成气候。

许鸿飞： 香港的苏富比和佳士得每年的拍卖会，都会有名表专场，拍得也特别好。因为香港有很多人收藏名表，而且成系统，有研究，他们说起手表，话都停不下来。好像梅强年先生，他就是一位国际有名的古董表收藏

名家话收藏

家和鉴赏家,他在上海新天地还开设了一间古董艺术钟表珍藏馆,不收门票,也无商业性收入,旨在将古董艺术钟表传播光大。

喜欢手表的人,光是听那滴答滴答的声音就已经很舒服了。我认识香港几个收藏了很多名表的人,他们晚上有时睡不着觉,就躲在一个房间里,听手表的滴答声。就像那种玩古董相机的人,就很喜欢听快门那种咔哒的声音,喜欢的就是那种感觉。

主持人: 虽说手表是最保值的实用品之一,但手表的维护费用也很高,一些名表普通的开盖抹油都要几千元。

廖伟彪: 那是他们找不对人。现在不少开个柜台修表的人,其实并不是自己修,而是转手拿给老师傅。老师傅的收费也就几百块,他们转头就收几千块。我们懂行的,都直接找老师傅。

许鸿飞: 有些手表如果长时间不戴,是会停下来不走的,香港那些收藏家手表买得太多了,搞到要雇溜表师帮他们溜表。那些溜表师满手戴满了手表,就像水客一样,很好玩。不过现在也有一种自动溜表的装置,手表放上去就自己转去。但职业的溜表师还知道手表的维护和保养,他会提醒你什么时候该做什么样的保养,肯定不是帮你戴戴手表那么简单。

世界十大名表品牌排行榜

1. 百达翡丽 Patek Philippe　(1839年瑞士)
2. 爱彼 Audemars Piguet　(1875年瑞士)
3. 伯爵 Piaget　(1874年瑞士)
4. 积家 Jaeger-Le Coulter　(1833年瑞士)
5. 江诗丹顿 Vacheron Constantin　(1755年瑞士日内瓦)
6. 劳力士 Rolex　(1908年瑞士)
7. 卡地亚 Cartier　(1847年法国巴黎)
8. 万国 IWC　(1868年瑞士)
9. 芝柏 GIRARD-PERREGAUX　(1791年瑞士日内瓦)
10. 欧米茄 OMEGA　(1848年瑞士)

第四章 工艺美术与杂项收藏

昆仑金币表

部分名表拍卖成交纪录（数据来源：雅昌艺术网）

拍品名称	成交价	拍卖公司	拍卖日期
百达翡丽Star Caliber 2000 怀表	2530万港元	香港佳士得	2012-11-28
百达翡丽Sky Moon Tourbillon铂金双表盘腕表	1051.6万港元	香港苏富比	2012-10-08
百达翡丽三问镂空万年历腕表	494万港元	香港苏富比	2012-10-08
爱彼三问腕表	182万港元	香港苏富比	2012-10-08
江诗丹顿高级珠宝定制女装表	207万元人民币	北京艺融	2012-11-19
江诗丹顿Vacheron Constantin钻石链带腕表	207万元人民币	中国嘉德	2012-05-13

第十七节

榄雕生于广东而冷于广东

特邀嘉宾

伍鸿章
榄雕艺术家

蔡祖恩
榄雕艺术家

明有奇巧人曰王叔远，能以径寸之木，为宫室、器皿、人物，以至鸟兽、木石，罔不因势象形，各具情态。尝贻余核舟一，盖大苏泛赤壁云。"这是初中语文课本上《核舟记》一文描绘的微雕艺术。但很多老广都不知道，其实榄雕生于广东，发源于增城新塘镇，至今已有数百年的历史。

虽然榄雕历来都被认为是雕虫小技，但每个发展时期总有艺人因其鬼斧神工般的技艺，被世人牢牢记住。雕刻精细入微，形态小巧玲珑的榄雕艺术，保存了传统工艺的美术技法，蕴涵了岭南风物的古老神韵，是文化广东不可缺失的精彩部分，入选了国家级非物质文化遗产名录。

但在广东，如今行内公认能做榄雕的不超过10人，已经属于濒临失传的优秀民间工艺。而在苏州光福镇，榄雕却已成为当地的特色名片，如今的榄雕作坊大大小小有上百家，从艺人员数千人。这让广东不得不面对榄雕生于广东，而冷于广东的尴尬。

第四章 工艺美术与杂项收藏

说历史 "木匠皇帝"推动榄雕发展

主持人： 中国的核雕艺术历史悠久，因核雕的独创性、精巧构思和极高的工艺水平，风靡朝野和民间，上至皇家贵族，下至平民百姓，都对这一民间工艺十分喜爱。核雕是以橄榄、核桃、桃子等果核为材料雕刻而成的，当中橄榄核雕刻就是最难的一种。因为榄核坚硬异常，表面凹凸不平，形状两头尖中间空，只能因形施艺。雕刻时还要就着榄核的大小、色泽、纹理进行构图、布局，非常考人。现在在广东，能做榄雕的人还多不多？

蔡祖恩： 全省范围内，如今行内公认能做榄雕的不超过10个人。但其实榄雕在增城新塘镇已经流传了300多年，在清代还是贡品。应该说，榄雕就是发源于新塘，早在明代就已经盛行了。因为当时的明熹宗朱由校就是一个"木匠皇帝"，他的爱好推动明代家具达到了巅峰，民间手工艺也得到了空间的发展，榄雕在明朝盛行正因为他。

榄雕历史上出了多位大师。如明代的王叔远，《核舟记》写的就是他的作品，这篇文章影响了整个核雕界，至今做核雕的人，谁都会雕上这么一艘船。还有明代的夏白眼，清代的封锡禄、陈祖章、沈君玉、杜士元等人。

当中最著名的是陈祖章，他就是广州人，他的榄雕技法让人叹为观止，作品《陈祖章雕橄榄核舟》现藏于台北故宫博物院，这艘核舟长3.4厘米，高1.6厘米，但船舱中有桌椅，摆着杯盘菜肴，窗户镂空，开闭自如，船上8人，有掌舵的、煮茶的，神态还很生动。

主持人： 现在南北都有人在做榄雕，南北风格最大的特点是什么？

蔡祖恩： 广东的榄雕，大概是在清中期的时候流传到

蔡祖恩 《慈母观音》

名家话收藏

伍鸿章　《五羊献穗》

了北方。现在的榄雕分南派和北派两个流派，南工精细，北工粗犷。

伍鸿章： 北派多以雕钻为工具进行雕刻，手法比较粗犷，产量较高，比较喜欢简单雅致的风格。所以他们的榄雕主要是突出人物，重在人物的表情、动感以及意境。

而南派广东这边喜欢满工，整个榄核都雕得满满的，技法以浮雕、圆雕、镂空雕为主，雕刻精细入微，形态小巧玲珑。比如清代的新塘艺人湛谷生，他的工艺就十分精巧。现在保存在增城文化馆的一件作品《苏东坡夜游赤壁舫》，所雕的人物情态各异，栩栩如生。船舫中置有一桌、三人围案而坐，旁边蹲着一个书童在煮茶，船后还有船娘在把舵。船舱的两旁有8扇通花窗，皆可开合，船头的小链条也以榄核雕成，环环相扣。不仅如此，船底还刻有苏东城的《前赤壁赋》，全文一共537个字。

说现状　为何生于广东而冷于广东

主持人： 像您刚才所说的，目前广东行内公认能做榄雕的不超过10人，已经属于濒临失传的优秀民间工艺。但我在苏州闻名遐迩的玉器雕刻一条街看到，那里的榄雕到处都是，虽然很多只是流水线生产的普通工艺品，但他们把榄雕做成了一个产业。苏州的光福镇现在就被称为雕刻之乡，那里的榄雕作坊大大小小有上百家，从艺人员数千人。为什么榄雕在广东发展不起来？

蔡祖恩：榄雕在广东卖不到好价钱，因为榄雕的原料乌榄就出在广东，乌榄广东人都认得，觉得它价格低贱，以致人们都认为榄雕不值钱。如果真靠榄雕吃饭，早就饿死了。所以我们这些做榄雕的，大部分人还做木雕、牙雕。

伍鸿章：相比其他工艺美术品，榄雕的个头太小，摆着不起眼，所以藏家也相对较少。现在玩榄雕的，主要是北京、上海、浙江一带的人，广东的榄雕并不是他们喜欢的风格。喜欢广东榄雕的多是台湾人，但藏家数量跟他们没得比。所以现在我们都很少卖榄雕，一个榄雕从构思到完工，需要一年左右的时间，一年也只能做出几个作品，如果出价不合适，我们根本不舍得卖。

当代的榄雕名家，浙江邹丽青（秋人）的作品卖得最好、价位最高，一个榄雕低则5万元，高则十多万元。

主持人：广东榄雕有没有可能像苏州一样产业化运作，既有流水线生产的工艺品，也有精雕细刻的艺术品？

蔡祖恩：广东这边就业机会多，很难请到帮工。但要不要这样做，关键还是看个人的定位，看你是想做工艺品呢，还是想做艺术品。

主持人：广东的雕工精，作品的价格肯定贵，买的人少，从业的人于是越来越少了。但我觉得关键还是你们都不止一技傍身，榄雕不好卖，你们可以做牙雕、玉雕赚钱，反正饿不死，所以大家都不屑将榄雕做滥了。

伍鸿章：所以广东榄雕的发展，还要靠政府的扶持和推动，单靠我们个人的努力很有限。榄雕代表着岭南工艺美术的重要特色，理应受到大家的重视。

说收藏　作品和工艺品一定要分清

主持人：这种鬼斧神工的民间艺术，肯定会受到藏家的关注。收藏要注意什么？

蔡祖恩：现在苏州很多榄雕都是流水线生产，比如一串十八罗汉的手串，每个工人负责雕一面，熟能生巧，雕得也很不错，但卖得很便宜。现在增城很多乌榄树，都已经被苏州人包了下来，他们的出货量很大。

所以收藏的话，首先要分清作品和工艺品。作品是有内涵、有灵魂的，是作者将源于生活的一些东西提炼后，赋予榄雕的，只有包含着作者思想的东西才能称之为作品。现在很多微雕老是强调工艺有多好，往往忽略了人文的东西。老是强调工艺性，忽视了艺术性。我觉得榄雕要想再上一个台阶，必须加强人文思想的东西。作者要加强这方面的修养，不然永远只是个工匠，好的作品一定要能打动读者的心。

我的作品《我家老黄》里面就有一个故事。在我小时候，我在乡下农村跟着父母亲下地种田、打稻谷，还要拉车。老黄是一头牛，那天应该是夏收的时候，我们一家人去收稻谷，突然下起了大雨，老黄拉着一车的稻谷往回赶。上坡的时候，稻谷实在太重了，我们几个人在旁边用力帮着推，还是没法把牛车推上坡。后来老黄跪了下来，硬是把车拉了上去。第二天早上，它就死了。这件事在我心里产生了极大的伤痛，我一直没法抹平那种人和牛之间

蔡祖恩 《我家老黄》

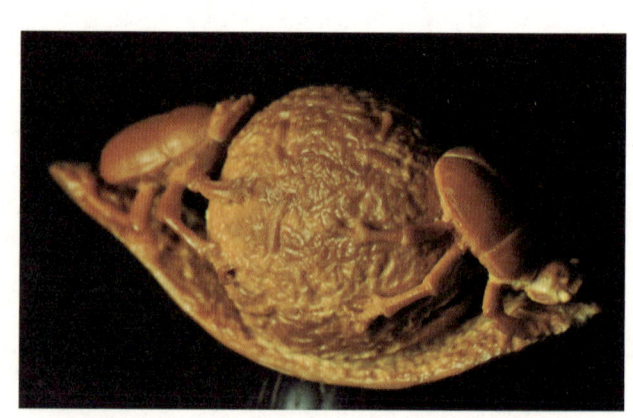

蔡祖恩 《路在何方》

的关系。所以我做了《我家老黄》，它就是我家的一员，也借着这个作品表达上世纪80年代中国农民生活的状态。

主持人： 现在有很多榄雕其实是电脑雕，单纯看作品能够分辨出来吗？

蔡祖恩： 现在的榄雕主要有两种，一种是手玩件，一种是观赏件。苏州做的主要就是手玩件，这一类的市场需求大。电脑雕出来的造型相对简单，所以一般只有手玩件才可能用上电脑雕，像十八罗汉、祈福这类的题材。但要分辨电脑雕也不是很容易，如果将电脑雕的东西再用刀刮一下，我都分辨不出来。

我的收藏建议是，首先，榄雕的工艺要达到一定的水平，工艺要精细；第二，物以稀为贵，每个构图最好只有一两件作品，最多不要超过10件；第三，作品除了工艺性，还要有艺术性。

说保养　树上摘下的榄核至少要放5年

主持人： 榄雕用的材料榄核有什么讲究吗？

蔡祖恩： 榄雕用的主要是乌榄核，分油核和糠核两种，都是增城的榄核最好。那里的榄核个头比较大，壁比较厚，含油量较高。苏州那边用的榄核，也是来广东收购的，现在增城很多乌榄树，都被苏州人整棵整棵包下来了。

榄核

橄雕工具

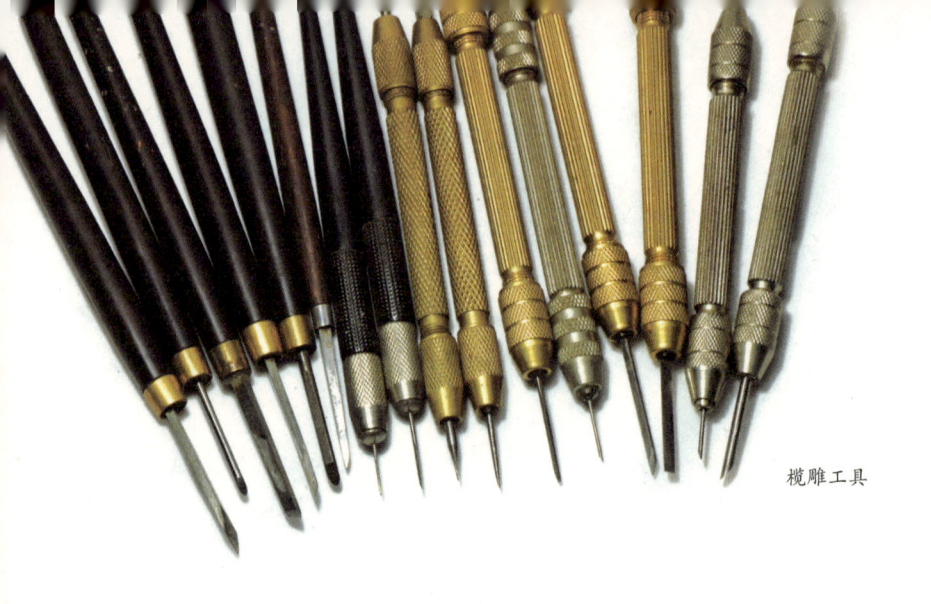

伍鸿章： 最重要的是，树上摘下来的橄核，起码要放上5年以后，才可以用以橄雕。我自己用的橄核，有一些我已经放了二三十年了，因为要等橄核里面的水分干掉。这个过程一定是要阴干，不能晒干，否则就会爆裂。

蔡祖恩： 橄核的价格最近几年也涨起来了，以前不值钱的时候，都是论斤卖的，苏州的橄核生意做起来后，收购的人多了，橄核的价格也涨起来了。现在大一点的橄核，一颗就能卖到两三百元。我买过最贵的一个橄核要2000元，6厘米长，最大直径2.4厘米。当然，小小的橄核几元也能买得到，关键是看大小。

主持人： 收藏的橄雕，平时需要怎么保养？

伍鸿章： 一般新的橄雕是浅黄色的，经人把玩后，由于汗水、油脂的作用，橄雕表面的色泽会慢慢发生变化。经常盘摸把玩可以使橄核的表面颜色均衡地变成深红色，而且越玩越有光泽，逐渐变成琥珀色，有种半透明的效果，这样的橄雕身价将倍增。

橄雕最怕的是开裂，如果橄核没有放上足够的时间，水分干得不彻底，就容易开裂。所以藏家要会把玩，要注意环境的干湿度，这种橄雕可以上一点点油。橄雕最怕风吹，风吹是导致开裂的重要原因之一，特别是北方地区，短时间的风吹都容易将橄核吹裂。在家则注意不能对着空调吹，不把玩的时候要用密封袋装好。如果橄核放足了5年才用以橄雕，一般裂的比较少。

另外，采用镂空雕的橄雕基本不会开裂。因为橄核开裂的原因是内外温湿度不平衡。比如这头橄核吸水膨胀，而另一头没有吸水，就有可能会开裂。如果施以镂空雕，改变了橄核里面的结构，应力消失，就不会开裂了。

> **知多D** 广东榄雕

广东榄雕工艺秉承了岭南文化的风格特征，造型秀丽、雅致、线条流畅、动静结合、细腻精微，其总体艺术特色可以概括为：雕刻精细入微，形态小巧玲珑。其技法以浮雕、圆雕、镂空雕为主，花色品种也越来越多，包括多层花舫、通雕蟹笼、撒网渔船、吊链宫灯、花塔、古鼎、国际象棋等。按形式分，则有座件、挂件、珠串、核舟等。

榄雕所采用的乌榄盛产于广东省普宁市、增城市、广州番禺区、中山市等地，普宁梅林镇、增城新塘镇的榄核，核大仁小，是最佳的榄雕材料，适于雕刻榄核船。明、清期间，曾有寺院僧人以榄雕船售给香客，以示普度之意。

抗战前，国外客商到处找寻榄雕工艺品，当时广州榄雕从业者9人，其中以陈忠最出名。1955年，广州市工艺美术联社及出口公司组织动员艺人复业。区麟、区琦兄弟最先恢复创作，1959年，区麟用两个特大榄核拼嵌，雕出新作《十二门花窗船》，船上雕刻人物达40多个，神态各异。窗花、锚链、尾舵极为精致玲珑，木座上刻有大闹天宫图案。之后，刻有历史人物、仕女、神仙道佛的产品不断被创作出来。

1958年，广州市榄核雕刻组成立，后并入大新象牙工艺厂，此时，榄雕的花色品种增加到50多种。后由于产值低等原因，在职人员越来越少，20世纪80年代末榄核雕刻组停产。

第十八节

古董钟收藏刚起步，国人最爱法国钟

特邀嘉宾

魏广文
中国钟表协会收藏研究委员会副主任、古董钟鉴藏家

陈玲玲
天籁钟表历史文化研究所名誉所长

黄庆昌
钟表文化资深研究员

经常逛拍卖会预展的人会发现，近年来在传统收藏门类之外，渐渐多了一个收藏"新品种"——古董钟。在中国内地，古董钟的收藏市场其实早已有之，但长期处于"文火慢炖"状态。古董钟走上拍卖市场，也是近几年的事情。端庄的英国钟、美轮美奂的法国钟、精准的德国钟，甫一露面马上网罗了一大批新玩家。

而清朝时期西方为迎合中国审美心理而生产的中国市场钟表，以及清代中国自己制造的钟表也引起了收藏界的特别关注。目前最贵的一座"广钟"——清乾隆御制"铜鎏金转花转水法大吉葫芦钟"，2011年在北京保利一举拍得7820万元。

除了御制古董钟，目前国内市场上绝大部分的古董钟的收藏门槛其实并不是那么高。拍卖市场上古董钟成交价一般在10万元以下。

欧洲古董钟各有千秋

主持人：现在人们习惯于把第二次世界大战以前的各式时钟称作"古董钟"。在中国，古董钟的收藏市场早已

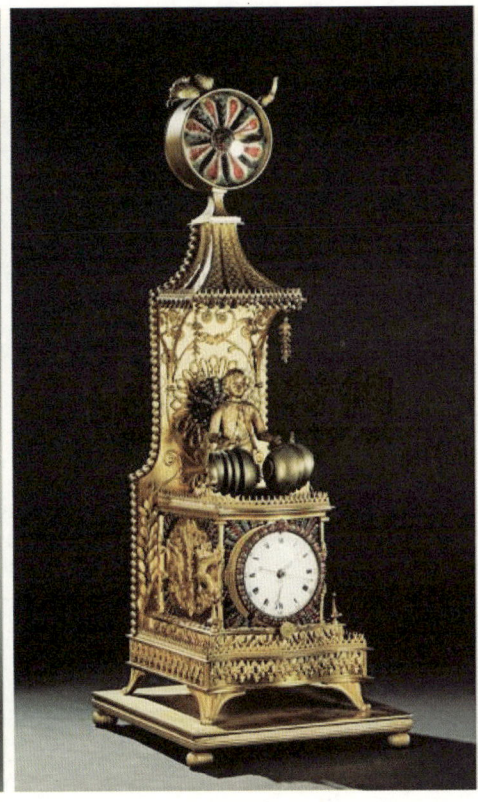

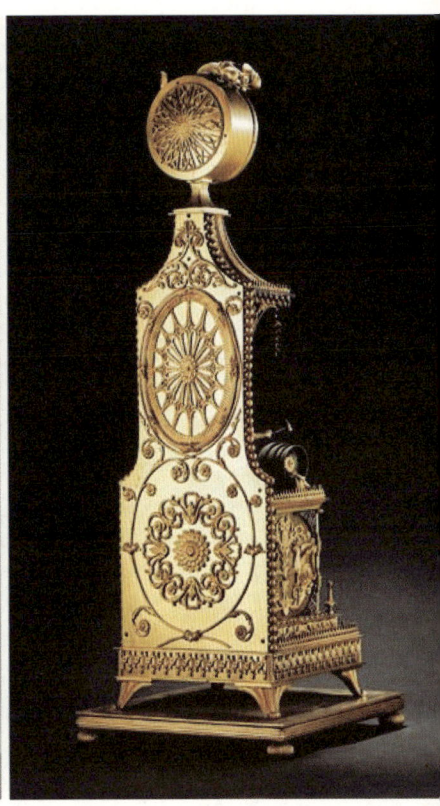

清乾隆铜鎏金转花西洋童子打乐钟：乾隆时期，钟表的观赏性能大为强化，钟表开始集走时、报时、音乐、活动景观等多种功能于一体，外国进献的钟表也要迎合乾隆的口味。在这么一座微缩的庄严建筑之上，逢正点时，屋顶转花自转的同时会围绕中心翡翠转动，颜色频频转换，意趣盎然。同时敲钟儿童依次敲击钟碗，产生不同的音阶，儿童也随着音乐摇头晃脑，煞是可爱

有之，长期处于"文火慢炖"状态。而古董钟的拍卖市场应该是最近几年才慢慢红火起来的。古董钟的收藏价值似乎越来越得到藏家的公认。

陈玲玲： 古董钟承载着丰富的历史文化，集多种独特的工艺于一身，有很高的艺术价值。早几年古董钟也在拍卖市场上零散出现过，但都只是归在杂项专场，不成体系。直到2010年，天籁钟行和当时的广州嘉德合作，在中国内地拍卖会上首次推出"欧洲古董钟专场"，之后古董钟便慢慢进入越来越多藏家的视野，专场拍卖也越来越多，有一些新藏家还到世界各地去搜罗古董钟。

在欧洲古董钟当中，目前最多人喜欢的是法国钟。因

名家话收藏

为很多法国钟的造型融入了名画、名雕塑的元素,外观赏心悦目,容易跟家居搭配,所以很多人在拍卖会上买下来自用。而英国钟的文化底蕴相对比较深厚,要求藏玩家具备一定的认知能力,因而目前在流通市场上反倒不如法国钟。

魏广文:欧洲几个国家的古董钟,都有很明显的风格特点。法国钟最大的特点是艺术性很强。很多钟盘都是画家手绘上去的,上面有画家的签名。外面的装饰铸件,很多也是雕塑家完成的。所以绝大部分的法国钟都是多人共同创作的结果,我就见过一台法国钟上有四个人的签名。法国当时也有著名的钟匠,机芯做得特别精准,法国钟的机芯一般都是圆形的、体积较小。

黄庆昌:法国钟的装饰艺术和当时的社会背景有很大关联。路易十四的时候,法国经济实力非常雄厚,到了路易十五的时候,人们生活无忧,因而非常强调装饰艺术,当时很多名画、名雕塑都被运用到装饰领域,所以法国钟的装饰艺术是一流的。而且法国钟的用料特别好,鎏金技艺很高。法国钟造型上还有火车头、轮船等工业革命的符号。

英国也是最早制钟的国家之一,英国钟的造型也非常漂亮,科技含量很高。当年英女王派使者到中国来,就强调一定要带上高科技含量的钟送给中国皇帝。目前世界上保存有英国钟最多的地方,就是北京故宫。北京故宫现在的藏钟量大概有1700多座,其中数量最多的就是英国钟,其次是广钟。当年英国和中国的贸易往来中,英国钟是最大的一项。

魏广文:从造型上讲,英国钟显得比较简洁、端庄,跟劳斯莱斯汽车一样给人感觉有贵气。在机芯的制作方面,英国钟的用料、精准度都是最顶级、最上乘的。本初子午线就在英国的格林威治,那里是世界计算时间和地理经度的起点,可见当时英国在测算时间技术上的领先。

德国钟现在的名声很大,人们都说"瑞士表、德国钟",因为德国最早期的钟匠,都是一些贫苦的穷人。他们聚居在德国黑森林地区,冬天一下大雪,农夫和猎人们就没事干了,便在家里做钟,仿制的多是英国钟。他们做出来的钟,价格低廉,薄利多销。历史上,黑森林地区有个灵魂性人物叫罗伯特,他在该地区开办了钟的学校,把整个地区的经济发展带动起来。直到今天,德国仍是全世界机械钟的核心基地。

如果从古董钟的钟匠角度去比较,法国钟的钟匠中最多艺术家;英国钟的钟匠中多是科学家、天文学家、物理学家,甚至还有哲学家;而德国古董钟的钟匠多是猎人和农夫。

陈玲玲:但现在国内藏家对古董钟的认识还处于刚刚起步的初级阶段,在国际市场上，同个等级的古董钟，英国钟要比法国钟贵，法国钟要比德国钟贵。但在国内，造型漂亮的法国钟最受欢迎。目前拍卖市场上古董钟的成交价位多在10万元以下，价格一过30万元，成交率就降了下来。

广钟曾拍出7800万元

主持人：很多人以为古董钟都是舶来品，其实广州当年打造的"广钟"也是很"威水"的。前段时间，一件故宫文物被游客损坏引起了社会的广泛关注，这件受损的"清代铜镀金转花水法人打钟"就是"广钟"。拍卖市场上，最贵一座广钟也曾拍出7800万元的高价。当年"广钟"有着一段什么样的辉煌历史？

黄庆昌：钟表是在16世纪初由欧洲传入中国的，大规模引进是在乾隆时期。当时广州是唯一的对外口岸，所有的进出口商品都要经过广州，当中就包括很多来自欧洲的钟，这给广州的钟匠提供了非常多的学习样本。广州的钟匠非常聪明，他们刚开始是学习、仿制，然后是和国外的钟匠合作，最后自己创新造钟。

当时的粤海关除了置办钟表，还有一个任务，就是负责为宫廷输送钟匠，除了来自英国、法国、瑞士等国的钟匠，还有就是广州本地的钟匠。

清朝年间，中国有三个地方的钟做得最好，一是宫廷造办处的做钟处；二是广钟；三是苏钟。这三种钟各有各的风格。宫廷造办处做的钟是专供皇室使用的，大多高大、庄重，很有气势，以显示皇帝的威严；广钟的造型多仿建筑，如亭、台、楼、阁、塔等，色彩鲜艳，光泽明亮，也有一部分钟采用铜镀金，金碧辉煌，具有鲜明的地

英国钟

名家话收藏

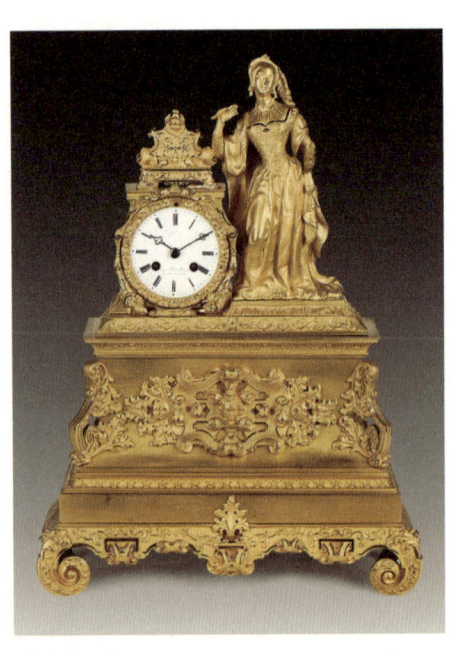

法国钟

方特色和时代特色，是东西方文化的结晶；苏钟是苏州、上海、南京等地造的，外壳造型仿造中国传统的插屏模样，小巧玲珑，形式比较单一。

魏广文： 广钟以奇巧奢华著称，很多广钟也是拿来进贡给皇帝的。清朝前期的国力是非常强盛的，这些历史文化通过古董钟都能解读到。

古董钟现代钟如何收藏？

主持人： 魏先生您是国内著名的钟表收藏家，收藏古董钟带给您最大的乐趣和收获是什么？

魏广文： 古董钟收藏带给我的乐趣很多。首先能给我美的享受，以前的钟盘都是手工绘画的，很精美、很精致。看着精美的机芯，听着机芯的传动，我就感觉非常舒服。收藏古董钟更大的乐趣在于它背后承载的文化和历史，可以说古董钟就是一部人类社会的艺术史、科技史、文明史，它本身的发展史里面有太多有趣的故事等着我们去挖掘。

主持人： 现在市场上的古董钟也很多，我们如何选择一座值得收藏的古董钟？

魏广文： 古董钟的收藏有几个标准。第一，看年代，年代越久远的钟越珍稀；第二，看钟匠的签名，这与书画收藏一样，每个年代都有一两个大家，如果一座钟是出自著名钟匠的作品，那价格肯定要高很多；第三，看一座古董钟是否有收藏价值，还要凭经验和判断，比如看它的设计、功能等等。北京故宫藏有一座古董钟，整点的时候，钟里会出来一个小人儿写汉字；还有一种魔术钟，有个小人儿会在机械带动下变魔术，像这些钟就是非常珍稀，非常昂贵的。还有一些钟能显示整个宇宙、日月星辰的运行，这一类的钟也是复杂程度较高的，非常值得收藏。

主持人：那现代钟有没有收藏价值？

魏广文：现代钟里面，英国钟最好，产量最大的是德国钟，目前世界机械钟的主要产地，基本集中在德国黑森林地区，还有日本的精工钟做得也不错。在选择现代钟的时候，首先看的应该是品牌的历史。如果是有历史沉淀、有传承的，特别是皇室采用过的，那是首选；其次要看生产的工艺，是做大众化平民化的产品，还是做贵族、富豪层的藏品；最后就是看产量，看是限量还是不限量的。但也有一些钟厂它的钟是不限量的，但实际上它的产量比限量的还要少，因为它是坚持手工制作的，这样的品牌是最值得收藏的。

主持人：古董钟需要保养吗？应该怎么保养？

魏广文：古董钟是一定要保养的。钟如果想保养好，就要定期让它运转，而且要找专业的人士，该上油的时候上油，该除尘的时候除尘。很多人一看古董钟，就问它还能不能走，我觉得这个观念很不对，这相当于你买了一部老爷车，你会开着这部老爷车去上下班吗？

古董钟的使用功能跟它的价值其实是脱钩的，我们不应该过多地去关注它的使用功能。这就跟我们不可能要求老爷车能开出180公里的时速，不可能要求每天开着它上下班还不会死火一样。古董钟偶尔走一下可以，但是不能要求它走得准不准，能连续走多长时间。

清乾隆御制铜鎏金转花转水法大吉葫芦钟：钟盘上面布景箱用油漆彩画出房舍庭院、老树花藤，其间有蛮人献宝运动装置。内层横置转动的玻璃柱做成流水形态，与漆画画面相映衬，一动一静，相映成趣。中部中间部分由紧密直立的玻璃柱组成水法景观，玻璃柱转动，如一帘瀑布飞泻而下。上部的大吉葫芦腹部中间为一朵大转花，周围围绕着十朵小转花，宛如一个个转动的彩色皮球，令人眼花缭乱

名家话收藏

西方对古董钟有这样一个价值判断：在欧洲的拍卖行，如果一台钟整个都烂掉了，碎了，他会把里面的机芯拿出来照样拍卖。英国格林威治博物馆最顶层的钟楼里，只剩下4个光秃秃的钟盘，什么都没有。但是我们的市场，我们的钟表爱好者，包括拍卖行，都要求品相很好、完整的古董钟，不要说残件，只要有点破碎的都认为价值不高。我觉得这是中西方对古董钟的价值判断的不同。欧洲人更关注的是古董钟的文化传承和历史痕迹，我们更在乎的是它的装饰作用。一个看重内在价值，一个看重使用价值。

延伸阅读 藏钟VS藏表

魏广文： 俗话说："穷买金，富玩表，贵藏钟。"穷、富、贵三个不同的等级，对应着买、玩、藏三个不同的行为。很多人刚有点钱是很喜欢买黄金的，变现快，又可以保值。富了以后就玩表，表是种个人用品，跟服装、箱包、鞋一样，体现的是个人的品位，但这还是在玩这个层面。到了"贵"这个阶层，很多人反倒内敛，好东西是藏起来自己把玩的。从这个角度去看，钟和表是有不同的。

另一方面，从市场来看，表有很大的品牌宣传效应，藏表的群体是很庞大的。藏钟的群体相对要少得多。据我了解，藏表和藏钟的收藏群体重叠并不多，藏钟的人可能还藏有古董家具。而藏表的人更多的是跟玩车、玩游艇的人群靠拢。

钟表打开中国大门

明清期间蔚为壮观的中西文化交流大潮，是以宗教文

德国钟

化为先导，由耶稣会传教士的科技传教的策略促成的。但实际上，早期如何打开中国的大门，却令传教士们大伤脑筋。

钟表就是作为传教士礼品中最重要的品种，逐步走进中国人视野的，早期传教士为了能够进入中国而利用钟表打通关节，甚至可以用"钟表外交"来概括。

钟表这种当时远东各国见所未见的东西，其奇思巧制对人们的吸引力是巨大的。1600年5月，利玛窦给万历帝进贡了两座自鸣钟。从那个时候起，把玩自鸣钟表就成为了中国帝王的一种新时尚。

自从利玛窦用钟表打开中国皇宫紧闭的宫门后，300年间，中国宫廷对钟表收藏的热情就一直没有衰退过。此种情形下，大量精美的钟表源源不断地进到皇宫中，皇帝成为拥有钟表最多的收藏者。

每到重大节日或帝后的寿辰，各地官员都要进表纳贡以示祝贺，清代宫中的钟表有许多就是通过这种途径获得的。清代向皇帝进贡钟表者主要是广东、福建各省官员，这两省均为清代重要的对外贸易窗口。

购买钟表的人多了，引起了西方钟表商人的注意，于是他们有的便在广州开设工厂和店铺，经营钟表贸易，其中最著名的就是英国伦敦的詹姆斯·考克斯父子。他们18世纪后期在广州的打簧货贸易做得十分出色，许多精品都被皇宫收藏。这些都深深地影响了广州地区的钟表制作，使其成为中国钟表制作水平最高的地区之一。

广州是中国最早接触自鸣钟的地方。广州是当时中西方贸易的中心，由外国进口的西洋钟大量在广州集散。受这些因素的影响，广州开始出现钟表制造业，乾隆时期成为我国生产自鸣钟的重要基地。在清代，广钟一直是广东地方官员向皇帝进贡的物品之一。

由于广州钟表大多是为皇宫生产的进贡品，从创意到设计都必须新颖、奇特，又要符合帝王们的心理，故而在制作时可谓精益求精，件件都是难得的精品。从清宫现存的广钟藏品来看，广州钟表具有非常浓郁的民族和地方特色。其整体外形多为房屋、亭、台、楼、阁等建筑造型，或者做成葫芦、盆、瓶等具有吉祥含义的器物形状。内部机械结构除了走时、报时、奏乐系统外，还有各种变幻多样的玩意装置。这些玩意或以文字对联形式表达祝愿，或以特定的景物搭配。广州钟表还有一个最突出的特点，即表面多是色彩鲜艳的各色珐琅，层层叠烧，很有规律，是其他地方的钟表所不具备的。

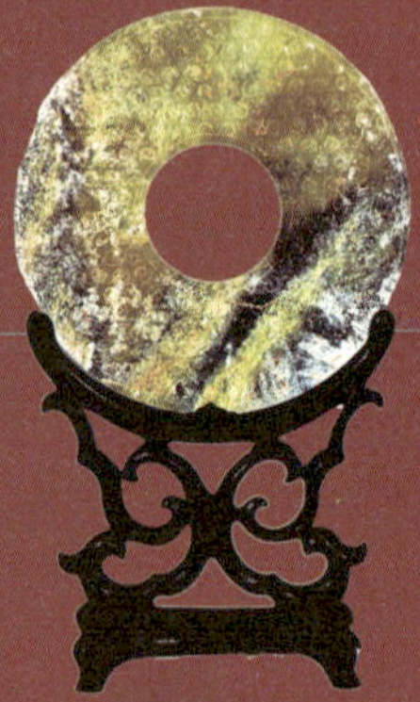

第五章

收藏弦外之音

第一节

赝品泛滥，
杨之光无奈自己注册商标

特邀嘉宾

杨之光
中国国家画院院士、广州美术学院教授、广东省美术家协会顾问

许钦松
中国美术家协会副主席、广东画院院长、广东省美术家协会主席

"中国已经超越美国成为世界最大的艺术品和古董市场，结束了美国数十年来在该领域的领导地位。"一份由TEFAF欧洲艺术基金会发布的年度报告《2011年国际艺术市场：艺术品交易25年之观察》披露了这一历史性的拐点。

然而，伴随着一个个"天价神话"的，是各式各样的"天大笑话"。一件"金缕玉衣"引发的诈骗案轰动一时，拍出2.2亿元的"汉代玉凳"，又被查出原是邳州作坊制造的……由此引发人们对"卖假不退"、"拍卖不保真"、"古玩不打假"等行规的质疑。

不仅如此，文物艺术品鉴定界也成为众矢之的，单是一件"金缕玉衣"案，就使玉器行业权威牛福忠、中国收藏家协会前秘书长王文祥、故宫博物院前副院长杨伯达、北京大学宝石鉴定中心前主任杨富绪、国家文物鉴定委员会前副主任委员史树青纷纷受到牵连。

中国的艺术品市场，正面临空前的诚信危机。一大批艺术品的潜在投资收藏者，进退两难地纠结着。艺术品的真伪，有没有权威的机构或专家能够说了算？画家子女的鉴定是否可靠？艺术"打假"什么时候才能从民间走向官

第五章 收藏弦外之音

方？这些问题，都考验着中国的艺术品市场能否从"小众"走向"大众"。

市场混乱，赝品混入真品画集

主持人：艺术品市场最近这几年受到社会的广泛关注，除了因为它本身正逐渐成为普通市民的一大投资理财渠道外，更因为"天价"和"造假"的轰动新闻时不时见诸报端。特别是金缕玉衣案、汉代玉凳案、徐悲鸿作品遭联名打假等事件，让很多人以为中国的艺术品市场赝品泛滥，一大批有兴趣投资收藏艺术品的人不敢购买，不敢收藏。

杨之光：我常见拍卖会上出现本人的假画，一些唯利者用各种手段，或仿绘或冒充本人的作品投放市场，但其中最恶劣的，当数将赝品混进经过我本人认证为真品的画册中，以欺骗买家进行拍卖交易。前几年有一位

杨之光 《万方乐奏有于阗》

名家话收藏

杨之光　《山水中的女人体》

藏家翁镇熙先生，要将自己收藏的我的作品出版成画集，希望我为这本画集写序言及题写书名。出于对翁先生的信任与尊重，我对他要入编画集的作品进行审查，选出了可入编的真品，并为画集写了序言、题写书名，以此作为对该画集作品为真品的认证。但没想到画册正式出版后，我却发现画册里被塞进两幅我审查时已否定的赝品，我当即向翁先生提出交涉，他也表示会在画册对外发行时，将所有赝品页撕去。但后来我还是发现，在去年一场拍卖会上，其中一幅《天鹅舞》被送拍，而且在拍卖图录中依然注明该画入编了该画册。为避免因该画册曾由本人写序言及题书名对作品作了认证，使赝品有可能被误为真品，我不得已发表了公开声明。

今年年初，我又发现正式上架销售的"岭南画派技法范本"画册（上海人民美术出版社出版）就是一本假书，该书封面印着"广州美术学院杨之光等编著"，封底印上广州美术学院资深教授陈金章、梁世雄等作为参与编著者，而我及这批教授们对此书出版毫不知情，从未参与编著此书，也未授权在此书刊登我们的作品，这是典型的冒名、侵权行为。而且书中刊登的所谓"范本"，都是从其他出版物翻版，东拼西凑而来的，书中编写的所谓"岭南画派技法"缺少学术含金量，冠名我们编著是对广州美术学院教授水平的贬损，同时也是对读者的糊弄和欺骗。更严重的是，书中刊登的所谓"范本"，有些竟是假画，其中关山月的两幅作品，据其女婿、同时也被该书冠名为编著作者之一的陈章绩教授鉴定为假画，将这些假画塞进冠名"广州美术学院一批资深教授编著"的画册中，会造成"以假乱真"、"以黑洗白"的不良后果。不得已，我又再次发表了公开声明。

主持人： 近年的艺术品拍卖市场的确出现了很多赝品，但是"拍卖不保真"也真的是个国际惯例。

杨之光： "拍卖不保真"是国际惯例没错，但国际成熟的大拍卖行，如果成交后发现是赝品，他们是包退的，而且欧美国家有成熟的信用体系，他们对送拍艺术品的审查也更加严格。如果拍品被发现有假，对拍卖行的品牌影响很大。

画家打假，杨之光自己注册商标

主持人： 现在的法律在艺术品领域的多个方面都是欠缺的，比如说藏家如果买到赝品，真不知道该如何维权。画家看到自己的作品被仿冒，也不知道该怎么打假。

杨之光： 所以我注册了自己的"杨之光"商标及著作权，我现在在艺术品、印刷、教育等领域都注册了，任何人未经我同意在这些领域使用"杨之光"三个字都是侵犯了我的商标权和著作权，我都可以依照法律程序，提请工商部门进行查处。不管作品是临摹的还是复制的，只要是不经我同意却署上了我的名字，一概可作侵权处理。这是目前画家自己打假维权一个不得已而又有效的办法，可供其他艺术家借鉴。可笑的是，在我注册之前，"杨之光"三个字已经被抢注，后来我向国家商标总局提出异议，才拿回了自己的商标权。

主持人： 这的确是个好办法。我知道周彦生老师给自己所有的作品，包括赠送、出售的作品都拍了照，建立自己的数据库。

杨之光： 建立数据库的事情，前段时间一些拍卖行、艺术品网站也跟我联系过，要对目前市场上流通的杨之光作品做个整理，委托我将真品和赝品进行归类，建立数据库。这个工程所耗精力太大，而这个只看照片判断真伪的做法也只能打假，不能保真，保真还是要看真迹。所以我计划将我的传世之作都整理成集，分集出版，只要是我鉴定过的我的作品就可以入编，不分时期不分水平高低。这是一件功德无量的事情，所以我的家人都很支持，以后大量的工作需要由他们来承担。我无法去一一顾及市场上所有有我署名的作品的真伪，只能说在我这本画集中出现的作品，肯定是真的。

名家话收藏

杨之光 《西班牙双人舞》

画家子女鉴定是否可靠？

主持人： 画家能够自己鉴定当然最好，现在有一些人，为了将赝品"洗白"，就花钱请一些所谓的专家出具鉴定书，然后送到拍卖行上拍。去年这样的新闻很多，一件"金缕玉衣"案，就使多位鉴定界的权威专家受到了牵连。

许钦松： 现在文物艺术品鉴定的所谓专家太多了，很多人自己刻个章，就自封专家，成立一个鉴定委员会，收了钱就出具一份鉴定报告。因为我国至今还没有一个行业权威或官方承认的鉴定机构，市场需求又这么巨大，所以鉴定证书满天飞。但实际上，我国缺少一支高素质的鉴定专业队伍。原因有二：首先是设立鉴定专业的大专院校很少，要培养一个合格的鉴定家，除了自身学识外，还要大量接触研究文物原件，非常不容易；其次，鉴定师没有像律师那样的资质考核、评定，因此很多自称为鉴定家的"专家"水平如何，外行很难判定。个别鉴定家为利益所驱动，做出违背道德操守的伪鉴定，进一步加重了混乱现状。

主持人： 去年拍出7280万元的"徐悲鸿油画"《人体蒋碧薇女士》有徐悲鸿长子徐伯阳的鉴定，还有他与这幅画的合影，但随后中央美院1982级的10名学生联名称，该幅作品实为同学们1983年的习作。这让很多人争论，画家子女的鉴定是否可靠？

杨之光： 要鉴定一幅书画作品的真伪，不是任何鉴定家都可以做到的，要看你熟不熟悉这个人。比如我的画，我女儿和我的一些学生最熟悉，这是很正常的。徐悲鸿那件作品鉴定出错，是因为徐伯阳在鉴定那会儿，其实已经老年痴呆了，不具备鉴定能力，他是在模糊状态下签字的。但如果就此说子女鉴定不准确，学生鉴定不准确，那不认识画家的鉴定家就能看准确吗？关键是，鉴定者要负上法律责任，一旦你签名确认作品为真了，以后若被发现是赝品，鉴定者也要负上赔付的责任。

艺术品打假何时能从民间走向官方？

主持人： 实际上，艺术品造假历朝历代都有，只不过近年来登峰造极。但中国艺术品市场在发展过程中所积累的这些问题，不是一天两天、一个画家一人之力就能解决的，这个市场应该如何规范？

许钦松： 2009年在中国艺术品市场开始复苏的时候，我就提出过建立国家级的"艺术品鉴定专业委员会"和"艺术品评估专业委员会"两个全国性权威专业机构。这两个机构出具的证书，一件一证，像房产证一样，随着艺术品进入市场流通，在网上可以查得到证书编号对应的艺术品，艺术品转让的时候，证书也要跟着过户。为保证权威性和公正性，两个机构必须在相互独立的专业技术平台和管理平台上运作。这样，得出的鉴定结论既真实又具有法律效力，当然可信度最高。

现在的艺术品价格越来越高，普通人介入艺术品市场的门槛也越来越高，所以文交所的成立很好，将艺术品份额化，能让老百姓也玩得起艺术品。只不过目前的文交所缺少监管，存在很多的弊病。所以在今年刚刚结束的全国两会上，我又提交了一份议案《关于我国文化艺术品资本市场的几点建议》，建议由中央宣传部、商务部、文化部、国家广电总局、新闻出版总署共同牵头参与，成立"文监会"，与证监会负责对证券期货行业进行监管类似，由文监会对文化艺术品资本市场的参与机构和交易过程进行统一监管。

但我建议文交所的交易方式应从份额化交易过渡到产权式的交易，采取类似艺术品基金或信托等方式，限制过于活跃的炒作性交易，凸显文化项目和艺术品的长期投资价值。同时丰富交易所内可供投资者投资的精品文化项目或艺术品，除了通过多元化让投资者降低投资风险外，也可以防止资本对某个上市文化项目或艺术品的集中炒作，使得市场真正发挥作用。

杨之光：我则认为，市场造假泛滥的根源在于教育的缺失。我们的应试教育是"求同"，从这种体制出来的人不掌握"求异"的方法，在艺术创作上，就表现为没有创新，只能模仿、抄袭。所以我创办杨之光美术中心，就是要以艺术为手段，将创新这个观念灌输给孩子。我们的教育，不完全是为了追求艺术，更多的是传授一种学习的态度和创新的方法，引导孩子拥有自己独立的思维能力。如果这种创新的思想能够得到认同及巩固，那么对一切山寨、模仿、抄袭的东西，都会引以为耻，这才能从根源上杜绝造假。

主持人：倡导一种自主创新的思想，形成崇尚艺术独创精神的风气，很大程度上能起到让人们不愿意去模仿和假造的作用。但人类惰性、抄袭现成与趋利、图利的劣根性却难以杜绝，所以更需要有检查、鉴定、监督等机构的到位，以及配套可行的操作方法与实施细则，这样才能让造假者不能做，一做就容易被发现。而且还要有严厉的惩罚机制，让造假、侵害他人利益的人从法律制裁到道德谴责上都付出很大的代价，从而不敢造假。这些机构、细则与机制是政府与行业应该提上议事日程的事。

第二节

收藏偏信捡漏反倒可能吃大亏

特邀嘉宾

李遇春
广东省文物鉴定站研究员、国家文物鉴定委员会委员

单晓英
广东省文物鉴定站研究员

朱万章
中国国家博物馆研究馆员、广东省文物鉴定委员会委员

注：第五章第二节至第五章第五节书眉题字李卓祺。

随着近几年古代书画不断以天价刷新拍卖纪录，艺术品市场上仿佛一夜之间冒出了大量的古代书画，有些书画的包装上甚至写有"故宫博物院"的字样，看似来头很大，专门瞄准的就是人们希望一夜暴富的捡漏心理。

如今的艺术品市场还有没有漏可捡？《名家话收藏》对话广东文物鉴定界三位著名专家，他们都在多年的书画鉴定中练就一双火眼金睛，也看遍了各种造假手法。三位专家的忠告是：收藏如果偏信捡漏可能反倒吃大亏，在如今这么一个信息社会，要在市场上捡漏基本不可能。收藏者能捡的，应该是时间的漏、知识的漏、渠道的漏。

到古玩市场捡漏不太可能

主持人：一直以来，很多人都把收藏理解成捡漏，迷信捡漏。这跟近几年一些电视台的寻宝节目的错误引导也有关系，收藏节目娱乐化，给人的感觉好像随便哪个村姑拿出来的一个腌菜的罐子，很有可能就是几百年前的文物。特别是很多藏品一夜之间升值几百倍的故事，吸引了很多外行的人都想往收藏这个圈子里钻。但实际上收藏是一门很严肃的经验学科，在目前的艺术品市场，我们还能捡到漏吗？

李遇春：我觉得任何一种投资，只有当"利润可计算"的时候，才能吸引更多的人参与进来。

如果大家都相信捡漏，而不是相信利润可计算的话，那就会让很多投资者却步。如果要想艺术品市场能够健康地运作，我觉得艺术品的价值应该更加透明。

大家都知道直接跟画家买画，肯定比到市场上买画要贵，但为什么还有那么多的人一定要直接从画家手里买画？就是因为现在的艺术品市场不够健康，赝品充斥，人们只有通过这个渠道买到的画才能保真。直接找画家购画要多花些钱，但作品以后会逐年升值，投资的利润可以计算。而如果经验不足，只想着到市场上去捡漏，很有可能一不小心看走眼，钱就全打了水漂。所以，若想投资艺术品，首先要选择好的投资渠道。

能在市场上捡到大漏，那是极少数人的本事，不带有普遍性，不适宜大肆渲染，偏信捡漏可能反倒吃大亏。

主持人：我玩了这么多年的古玩，也感觉到去古玩市场捡漏是不可能的事情。因为古玩的卖家即使不是专家，但玩了那么多年，他肯定比你看的东西多，比你接触的机会多，不可能他看走眼的东西反倒被你发现了。而且按照我以前在龙津古玩街的经历，很多经营者其实是没有档口的，他们每天就在周边游荡，寻找机会跟你套近乎，介绍一两件"好东西"，你要从这些人手上捡漏，几率和中大奖估计差不多。经常以为捡到了漏，最后才发现买了个假东西，反倒吃了亏。

朱万章：在现在这么一个信息社会，无论是专业人员还是非专业人员，或者是市场经营者，大家了解信息的渠道都非常广，在一幅字画面前，任何人获得的信息差不多都是一样的。所以现在要在市场上捡漏，那基本上是不可能的事情。一个人看不准的情况经常有，但十个人、一百个人都看不准，唯独就你一个人看得准的情况，基本上是不可能出现的，除非这件好东西真出在山沟沟里没人知道。

这几年由于古画热潮掀起，市场上也出现不少古画赝品，我时常遇到的是假宋代李公麟和明代仇英、文徵明的画，大多数物主都说这些古画是祖上传下来的，有的包装上还有"故宫博物院"的字样。所以说在现在这么一个信息社会，收藏者不要偏信捡漏，就不会被其表象所迷惑，还是要从作品本身综合鉴定其真假。

第五章 收藏弦外之音

鉴瓷

捡时间、知识、渠道的漏

单晓英： 刚才我们说到的不要偏信捡漏，我觉得是不是可以换句话，叫做正确地理解捡漏。因为随着我国经济的不断发展，艺术品普遍看涨，但还有一些门类，或者一些没有引起市场人士重视的名家，他们的作品价格目前仍然是处于价值洼地的。如果你看好买入的话，说不定价格明年就涨起来了。

好像我一个朋友，前几年在广州的艺术品拍卖会上看中一幅黄君璧的作品，是上世纪40年代的画，他挺喜欢的，2万元买了下来。没想到第二年黄君璧的东西就涨起来了，那幅作品起码涨到了十几万元。我觉得这样的例子也可以称为捡漏。

又比如说，广东现在二三线画家的作品，和北京、上海的画家相比，价格还比较低。我觉得随着广东藏家队伍的日渐壮大，未来广东人肯定会捧红自己本土的画家，其实现在已经有这么一个趋势了,广东画家的作品现在普遍已经有了升值的趋势。如果能看到这一点的话,现在买一些潜力股,我觉得这也能算是一种捡漏。

朱万章: 的确是这样。古代名人书画屡创高价,因为这些作品年代久远、存世稀少、艺术水平高。不过,这些作品的天价也不是一般人所能接受的,所以建议收藏者可以遵循艺术价值原则,发掘一些与这些大名家同时代,或时代接近但未被绘画史所重视的画家的作品。比如在拍卖会上时而可见一些无署名或署名难在史料上查到的画家,如果其作品水准不低,也值得收藏,这往往是一些行家捡漏的机会。

岭南名家中就有不少挖掘机会,如苏仁山、苏六朋,他们都是岭南人物画的代表,无论学术还是收藏价值都很高;另外,国画研究会中的邓芬、李凤公、温其球等秉持传统者,也经常被市场所忽略。

单晓英: 此外,同一幅作品在不同的地域还存在着价格差,如果能够把握到这种价格差的话,我觉得也算是一种捡漏。

主持人: 我在这么多年的收藏中,也一直强调要捡时间的漏、知识的漏。刚听单老师您这么一讲,我觉得可以补充一点,捡渠道的漏。

李遇春: 但我觉得还是不应该提倡捡漏,捡漏始终是小圈子里面的事情,大众收藏不应该迷信捡漏。即使是捡时间、知识、渠道的漏,也是内行的人才做得来。

海外回流的东西也有假

主持人: 我听说现在北京的一些古玩城,开店的古玩商们早已"淘"遍了地球,今天去日本,明天去英国、意大利……但当中有一些不地道的人,将在中国收购到的东西,甚至是新作的赝品,打上日本旧藏的幌子,然后印刷成图录在国内散发,出口转内销,哄骗国人上钩。所以收藏的时候千万不能一味迷信海外回流。

李遇春: 改革开放初期,有一些人开始做古玩生意,他们当时的确挣了很多钱。那是因为当时国内经济还相对封闭,老百姓手里没钱,没人玩收藏,没把古玩当宝,如果家里的字画能换点钱,大家巴不得赶紧卖掉。那时古玩值多少钱,都是古玩商人说了算,他们以非常低的价格收购了很多好东西,然后以十倍甚至几百倍的价格转手卖出去。但现在看来,他们当时赚的都是"小钱",1元买回来,卖一千倍也只是1000元,随着人们收入水平提高，以及不断上扬的物价指数，这点钱也就完全缩水了。这些人总感叹当时卖亏了，多留存下来，利润会更高。

到了上世纪90年代，艺术品拍卖的模式出现了，古玩的价格越来越透明，这些古玩商人再没法像计划经济时代那样，向外行的老百姓无限索取了，所以这一批人很快便沉寂了。

在广东，出现一批代替他们的后来者，起初这个群体并不懂得古玩，但是他们有涉外方面的知识，有资本，有经营方面的经验。他们利用广东毗邻港澳的地缘优势，把触点放到港澳地区，通过向港澳行家进货，或代理其销售古玩业务，既做生意，又学习古玩知识。经过一段时间，他们发现港澳行家的进货渠道无非两种，一是购自国内的外销品，另一种则是来自欧美市场。于是他们不再依赖港澳行家，直接从海外进货，买回来很多明清时期的外销瓷器进行销售，形成了中国人第一波海外淘宝的浪潮。

那时候，外国人很讲诚信，这件东西是什么年代的，他们都有根据，比如什么时候运到欧洲，哪里曾经坏过，修过了什么，他们都能够如实地告诉你。这样一来，古玩商人不必像在国内做生意时要顾及自己不擅长真伪辨别的问题，只要计算利润就可以了。所以，去海外淘宝利润是可以计算的：这件东西买了多少钱，算上来回程的花费，回来可以净赚多少钱，都是可以计算出来的，并不是去捡漏。当时第一批到海外淘宝的人也都赚到了钱，直至现在，你去西关古玩城看看，里面十有八九都陈设有外销古玩。中国人这第一波海外淘宝的浪潮，买回来的绝大多数是以前中国外销海外的瓷器。

后来，中国艺术品市场繁荣起来，但经过20多年的发展，尤其是在艺术品拍卖市场的刺激下，民间的旧藏特别是可供流转的好的收藏品资源已现贫乏。而且由于内地市场的火爆，导致中外的市场价格出现了落差，国外的市场价格要比国内的相对便宜，使得行家有利可图，于是大家蜂拥至海外淘宝，出现了第二波海外淘宝的浪潮。但这一次，大家采购回来的并不是为迎合外国人的审美而特别订制的制品，而是早期外国人购藏"中国风"的东西，其中官窑瓷器最受欢迎。在利润的驱使下，老外的诚信也开始动摇，明明是修整过的，也装作不知道。还有就是国内一些人也借助海外的平台进行以假乱真的勾当，把艺术市场中的"中国特色"发展为"国际性"行为，投资风险骤增。对于一般人而言，更无漏可捡。

收藏时不要轻信故事

朱万章：我还有一个忠告：收藏的时候千万不能轻易相信故事。

我在广东省博物馆工作的时候，经常有人拿东西来让我鉴定。有一次，一个自称来自某寺庙的僧人托人找到我，说是手里有一件重要的文物，是上世纪40年代，一个国民党军官在押送从北京来的一批文物时，开小差拿了一件逃到了广东。建国后，这位军官一家去了香港，临走之前，他把这件东西放在了该寺庙的神坛里，告诫僧人不要轻易拆封，只有等到寺里遇到急用的时候，才能拿出来救急。所以一代代方丈这样传下来，谁也不知道里面是什么宝贝。现在寺庙需要扩建，于是他们就想到了这件文物。

为了见证文物开封这一重要历史时刻，这些僧人甚至带来了摄像团队。这个故事实在太逼真，以致我都差点相信了。但包装一拆开，还没打开盒子，我就说"够了，不用看了"，那盒子的纸张一看就是做旧的，用的是上世纪八九十年代的纸张。而且盒子上的字一看就不对，上面写着"国立故宫博物院"，但在他们故事讲的40年代，根本就没有"国立"这个叫法，"国立"是台湾才有的。后来打开一看也证实了，里面所谓的珍贵文物，其实就是假得不能再假，在街边一二十元就能买到的低仿品。

李遇春：是的，这样的骗局太多了，还有人说急着抵押贷款什么的，拿了一堆一看就知道是新做的，却硬说是"祖传"的东西来让你表态，着实令人啼笑皆非。

第五章 收藏弦外之音

第三节

收藏界最后的赢家永远是藏家

特邀嘉宾

谢志峰
收藏家、一代名楼"节香楼"主人、学者、作家、1989年以来历任广东省中国文物鉴藏家协会会长

邝根明
广州资深书画行家、原广州市集雅斋有限公司总经理

据说,中国当代有上亿人的收藏大军,有的热爱金银宝石、红木沉香,这些造物的宠儿;有的偏爱玩古证史、甲骨钟鼎,这些凝聚着历史信息的文物。

可供收藏的门类越来越多,收藏的理念也越来越多元化。《名家话收藏》对话广东收藏界的大藏家和老行尊,我们想知道,如今那些过亿元的拍品当初是怎么收藏到的?这个时代我们还能怎样玩收藏?

收藏故事 1.05亿元八大山人山水长卷28年前40元购得

主持人: 按照广州艺术品行业商会会长石金柱的概括,广东在文博市场及收藏雅玩方面经历了三大历史高峰:第一阶段在清末民初,以"十三行"潘仕成为代表人物的"海山仙馆",孔广陶的"岳雪楼"及吴荣光等,至今粤港澳各大博物馆仍珍藏了他们的珍贵藏品;第二个阶段是以陶铸、朱光、吴南生、欧初等政要为群体,推动形成了新中国广东收藏的鼎盛局面;第三个阶段则是从改革开放后,1992年深圳率先敲响国内拍卖艺术品

名家話收藏

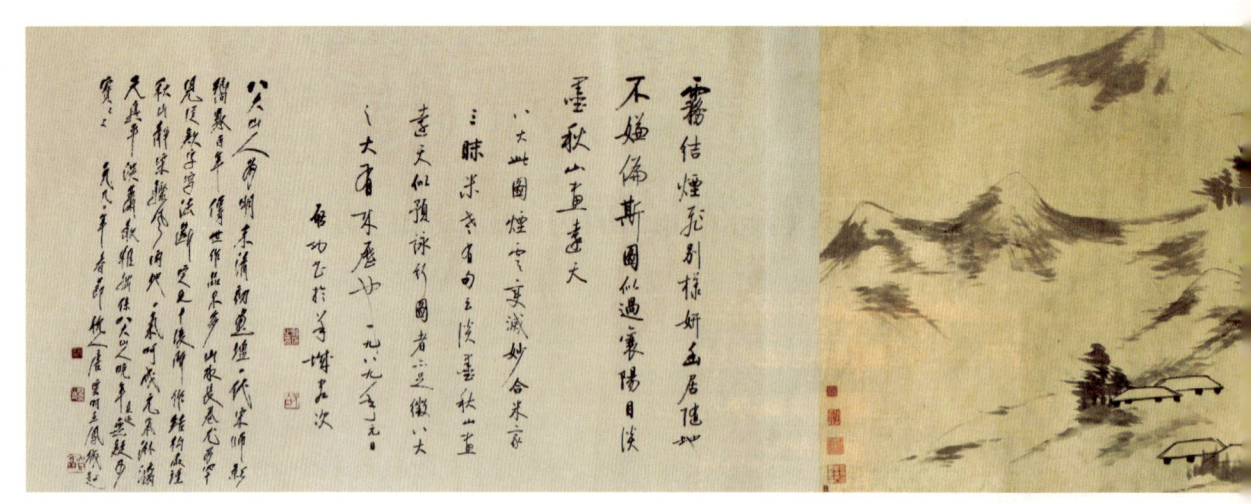

八大山人《山水卷》

第一槌开始的。

　　谢老师您的藏品之丰、系列之全，应该也是少有人可以媲美的。您是什么时候开始玩收藏的？

　　谢志峰：我玩收藏，一是因为家传；二是因为我遇到了两位好老师。

　　我出身于广东省梅县丙村一个书香门第，父亲是南洋归侨，是从当时国内一流学府燕京大学返乡定居的教授。他留下的一些藏品，在"文革"时被抄家了，"文革"后又归还了我们。这些家传旧物带领我迈进收藏的大门。

　　但真正引领我在收藏这条道路上走得更远的，是两位老师容庚和商承祚。1962年，我认识了当时中山大学这两位名教授。容庚是中国古文字学家、金文专家，精于青铜器鉴别；商承祚则是古文字学家、金石篆刻家、书法家。跟他们一接触，才知道原来他们两位都认识我父亲，而且都称我父亲为"老师"。他们两位都很喜欢我，称我为世侄，收我做入室弟子，从此我走上了古文物收藏与研究的道路。

　　主持人：2012年您一幅藏品《八大山人山水长卷》拍出了1.05亿元的天价，破了广东省艺术品拍卖的纪录。这幅作品您是怎么收藏到的？

　　谢志峰：但1.05亿元没达到合同最低的起拍价要求，所以后来终止成交了，这幅画第

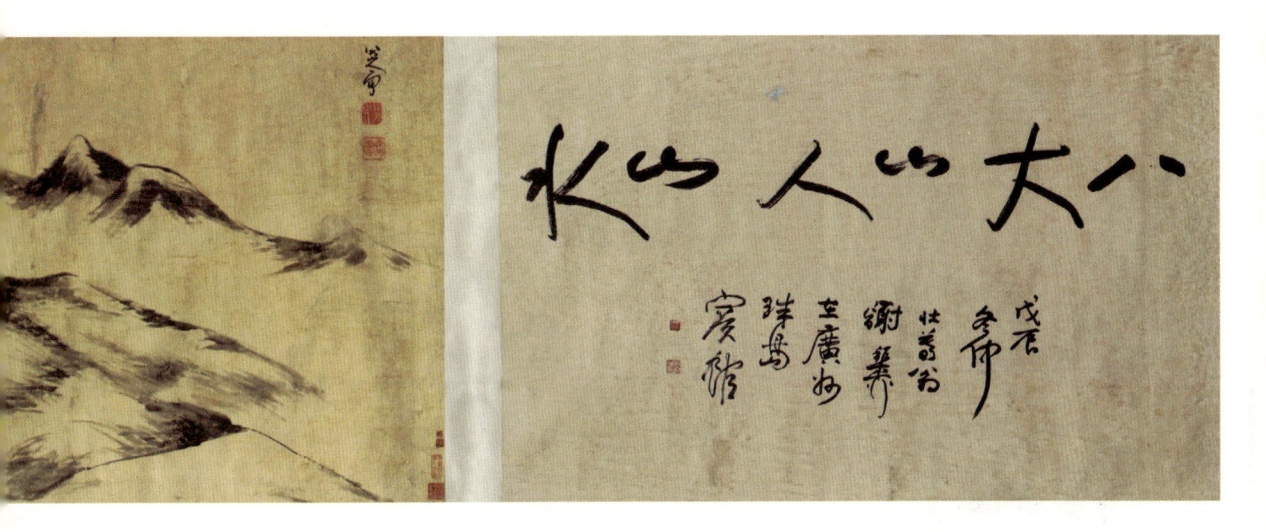

二天就回到了我手上。那是1985年的时候，我在天津买到的，花了我40元。当时我一个月的工资是75元。不过，当时不是有钱就能买到这些四旧物品的。

粉碎"四人帮"后，中央发了一份文件，要求将"文革"期间抄家没收的四旧物品发回给物主，没法发回的就内销。但抄家没收一百件，能够找到物主的最多也就一两件，95%以上的四旧物品于是进入了内销渠道。当时内销的对象也有限制，一是专家学者；二是当地的党政领导干部。为此还专门发放了一张"内销购买证"，持证才能在文物商店的内销部购买四旧物品。那时候广州有这个证的一共才7个人，在干部之列的有吴南生、欧初和我，中大的教授则有容庚、商承祚、冼玉清，华南师范大学是吴三立教授。

那时的四旧物品真是便宜得不得了，我买的官窑瓷器，最贵的也就100多元，书画更便宜。齐白石的画15元一幅，扇面无论大小名家，统统1元一幅，我之所以能够收藏有那么多的扇面，全部都是当时那么便宜买回来的。即使这个月钱花光了也没关系，看好的东西，写张纸条"谢志峰留"，下个月有钱了再去买。

我之所以能买得起那么多东西，因为我还有稿费收入。1977年的时候，香港《文汇报》的总编找到容庚老师，想让他推荐一位能写又懂行的人开专栏。容庚老师向他们推荐了我。于是我在《文汇报》"中国书画专栏"一直写了110期左右，介绍了中国110位名

名家话收藏

西汉 谷纹白玉璧和田白玉

家。《文汇报》一期一个版的稿费1000～1500港元，折合成人民币大概每个月能拿到300元。

而且1982年我的第一本专著《青铜兵器史》出版，稿费12万港元，折合成人民币大概是5万元，有了这一笔钱，什么都能买得到了。但关键还是得益于两位老师容庚和商承祚，如果没有他们两位的指点和掌眼，我也没办法买到那么多好东西。

虽然老师也有"内销证"，但他们在"文革"期间被抄家抄怕了，一件古玩都不买，所以我到四旧仓库买东西，见得最多就是吴南生和欧初两个人。据说吴南生当时一个月最多拿40元买东西，我平均每个月花300元，所以我买的东西肯定比他们多。

除此之外，我收藏的当代书画，很多都是画家主动寄来给我的，希望我能在"中国书画专栏"上介绍一下他们。现在单是我收藏的当代名家书画就有2000多幅，包括李可染、吴作人、黄胄、徐邦达、启功、谢稚柳、唐云、刘海粟、林散之、王个簃、钱君匋、程十发、容庚、商承祚、胡根天、关山月、黎雄才、赖少其、杨之光等人的作品。所以有人说"谢志峰收藏这么多东西很厉害"，我都说"不是，这是历史给我的东西，是时代的产物。"

收藏理念　系列收藏有助于研究和保护

主持人：广东现在要数出几个真正的收藏家很难，数来数去也就是吴南生、欧初、谢志峰那一代的几位，很多人现在玩收藏都是趋利的，是以投资为目的的。当初收藏的理念跟现在是不是有很大的不同？

谢志峰：我们当时玩收藏，根本就没有经济概念，根本没想过这件东西将来能值多少钱，收藏完全就是为了研究和保护而已。所以1962年我刚入门的时候，容庚老师就告诉我，一定要走系列收藏的路子。系列收藏才能搞研究，写专著。所以我的收藏很完整，9大系统18个系列。比如青铜器，我就只盯着兵器这么一项。又比如收藏名石，不是以奇为收藏点，我看重的是石文化，后来出版了《华夏石文化》一书。启功老师来我家看过我的收藏后也说，我的收藏区别于其他人最大的特点，就是将文物收藏变成了文化收藏，然后著书立说，传承中华民族的文化。

邝根明： 广州还有一位痴迷收藏的收藏家，叫高峰。他是邮局的一名普通职工，但很热爱收藏，经常到古玩城、文物商店去淘宝。他收藏一个很大的特点，就是坚持自己的眼光，只要是他看好的、喜欢的，不论别人说真说假，他都一定买下来。就是凭着这个执著的信念，他还真的买到了不少好东西，特别是他收藏的图章很全。

收藏家群体比较成熟的是在香港，如"敏求精舍"，就是一群醉心于中国文物艺术品收藏的香港藏家组成的收藏家团体。敏求精舍的会员每月例行聚会两次，会员会带来个人收藏与大家一起讨论交流。对于收藏家来说，这种观摩与切磋，实在大有裨益。

台湾的收藏历史不超过30年，早些年台湾人的收藏知识很粗浅，只要是大尺幅的书画他们就买，根本不理什么古画"小而精"的品位。后来台湾也出了几位大藏家，如林百里。经过几十年的培育，现在台湾人的收藏品位普遍比我们要高出很多。

广东的艺术品市场曾经很辉煌，但后来被一些人做烂了。上世纪90年代，一些人在广州注册拍卖公司，经常到顺德、南海等地搞巡回拍卖，转卖赝品，做坏了广东市场。

谢志峰： 现在很多人玩收藏的确带有很大的功利性。我认为收藏应该是为了保护、研究、开放、展示。所以后来我提出了"藏宝于民、国宝归国"的收藏理念。从1985年开始，我将藏品大批捐献给国家，28年来，我已经捐赠了12批藏品给国家。

其实关山月、黎雄才、赖少其他们愿意为我写大长卷，谢稚柳、启功他们愿意给我写手卷，也是因为他们觉得东西在我手里留得住。

邝根明： 在这一行这么多年我也看明白了，收藏界最后的赢家永远都是藏家。我们做买卖的人，有时卖出一张很贵的画很开心，但经过时间的沉淀，我们到手的钱都成了一堆垃圾，只有留在藏家手里的仍然是件宝。

名家话收藏

寻宝故事 国家一级文物用图钉钉在民房里

主持人：邝老师您也是广东文博界的老行家，您又是怎么进入文博这个圈子的？

邝根明：我是1973年开始接触文物这个行当的，当时刚破完四旧，也没多少文物，一开始接触是从木板水印、画册、剪纸开始的。那时我还在新华书店工作，每年的交易会期间，都要从新华书店抽调一些人去卖艺术品，但主要都是些"毛选"，印刷的故宫藏画等等，原作画一开始是没有的。

直到1975年，社会上才开始有一些艺术品出现。那时广州是中国对外的窗口，北方一些艺术家都将作品带到广州来卖。我记得很清楚，1978年的时候，刘炳森以及齐白石的女儿齐良芷到广州卖画。刘炳森的画当时是两元一张，广东省博物馆的苏庚春带着集雅斋、文物商店的人去看画，买了一二十张。那时我们一个月的工资是40元，两元的书画也不是一般人买得起的。

后来我又到了古籍书店工作。当时古籍书店还专门设有外宾室，因为文物按照规定都是不能内销的，必须外销赚外汇券。那时光是外销海外的文物，一年就能卖出一二十万元。

那时任伯年、石鲁的画卖得最贵了，我卖过一张石鲁的大画，1万元，当时觉得卖出了个好价钱，现在想想其实还是被老外捡了大便宜。就是石鲁那张画，1990年前后在香港上拍，成交100多万港元，如果这张画现在重出江湖，起码可以拍个上千万元。我还记得当时香港和记电器集团的老板，也从我手里买了三张石鲁的画，也是1万元一张。

主持人：听说广东省博物馆几件国宝级的藏品，就是您征集回来的？当年书画征集主要是通过什么渠道？

邝根明：以前收画的主要渠道是到民间去找，请当地的文物商店、古籍书店帮忙推荐。我跑市场这么多年，在古籍书店买的东西是最多的。

我记得1980年的时候，我们几个人专门跑到西安去寻找于右任的作品。那时于右任的一副对联也就一两百元，我们买了很多，而且在当地一位画家家里，找到了尺幅很大的精品，花300元买了下来。后来我们又跑到开封，这是我这辈子收获最大的一次，当时征集到的两件书画，现在都藏在广东省博物馆里，都被定为国家一级文物，其中一件就是边文进的《雪梅双鹤图》。当时在一个人家里看到这画的时候，第一感觉就是这画很好，够老，给了400元，将这画从他们家墙上拿了下来。当天下午，又有人带我们去了另一个人家里，结果买到了戴进的《和合二仙》，花了200元。

但集雅斋也有规定，从业人员自己是不能购买艺术品的，所以我自己一直没有收藏，直到退休了才开始买点东西。

收藏建议 当代收藏不妨从本地开始

主持人：谢老师您的藏品已经这么丰富，近些年您还有没有继续买东西？

谢志峰：我一直都还在买东西，只不过近年的收藏以陶瓷和杂项居多。其中玉石买得最多，主要是古玉，但古玉不能随便买，渠道一定要清晰。

两位老师去世以后，没了他们掌眼，我也中过几次招。但好在我在这行的信誉好，我看中的东西，很多都可以先不付钱，拿回家找人一起研究，觉得对路了才付款。

特别是我收藏的佛像系列，造假的手段太高超了，很多看不透。而且因为我收藏讲究系列，如果系列中刚好缺的那一个，比如我没有的北魏佛像在市场上出现了，就很容易头脑发热，一不小心就看走眼了。上次一件北魏佛像我拿回家仔细研究后，发现了机器雕刻的痕迹，这一次的中招算是我交过的最大一笔"学费"了。

所以没交过学费的藏家不是真正的藏家，交过学费也没关系，坦坦荡荡跟朋友分享。但我肯定不会让赝品再流入市场，而且我捐给国家的，也都是千真万确的东西。

主持人：玩收藏水很深，要玩出层次玩出名头并不容易，两位老师这么多年的阅历中有哪些建议可以与我们分

清雍正　红釉胆瓶

享呢？

谢志峰： 玉雕也好，石刻也好，老师教我的办法都是——远看其形、近看质地、细看工艺。这三关如果都过了，东西应该就没问题了。所以我收藏玉石是从学习了解每个时代玉雕的工具开始的，研究各个朝代玉器的形制，还有各地的玉质区别，特别是细看工艺这一点很重要，玉器的时代特点就是从工艺上来区分的。

书画收藏最高的境界则是手卷收藏。历代名家的手卷作品都不是很多，而且手卷向来都是历代名家的代表作，最难收得到。除此之外，我收藏的书画还有其他几个系列：册页、挂轴、扇面、对联、区域名家以及女画家系列。陶瓷收藏我也有几个大系列，从唐宋到晚清的官窑我都有。

所以系列收藏我强调6个字：帅、大、全、真、精、新。"帅"就是系列里面必须有一件重量级的藏品可以起统帅作用的；"大"指的是藏品里面必须有大名家的作品；"全"就像我送给肇庆的端砚系列，从唐代到当代的名家作品全齐了；"真、精"就不用说了，还有一个"新"字，意思是藏品要讲究品相，尽收些破破烂烂的东西也没什么意思。

邝根明： 我觉得现在介入收藏，可以从当地名家的作品入手，这样的收藏风险不会太高，等到自己的眼光提升了，就可以开始入手大名家的作品了。但收藏最终玩的一定是"大名头"的东西，"大名头"代表的才是中国艺术的最高水平。现在有些人一入手就买齐白石、张大千的作品，很容易就被人骗去了全副身家。

谢志峰： 收藏还要耐得住贫，如果买一件，卖一件，好像猴子摘玉米，摘一个掉一个，回过头来看什么东西都留不住。但也是要弃粗取精、不断积累的。而且收藏不能随便听信故事，这些故事的背后往往就是造假。收藏一定要选择流传有序的作品，这样的作品才靠得住。

第五章 收藏弦外之音

第四节

当艺术品和暴利挂钩，专家一句话就可能断了他人的财路

特邀嘉宾

李遇春
广东省文物鉴定站研究员、国家文物鉴定委员会委员

单晓英
广东省文物鉴定站研究员

朱万章
广东省博物馆研究馆员、广东省文物鉴定委员会委员

中国艺术品市场近几年爆发性繁荣，带动文物鉴定也成为一个炙手可热的领域。但由于公众对这一领域不了解，又多有争议性的事件发生，使得文物鉴定慢慢成了一个神秘的行业。

就在2012年年底，国内文物市场掀起了一场风波。郑州朱氏兄弟家传的乾隆御笔《嵩阳汉柏图》，2009年被鉴宝专家刘岩鉴定成赝品，并撮合以17万元价格卖出。时隔一年，这幅作品竟拍卖出了8736万元的天价。近500多倍的落差，让朱氏兄弟觉得钻进了鉴宝专家刘岩的圈套，遂将对方推上被告席。整个交易过程，是原告认为的"专家和买家演双簧"，还是被告辩称的"绝对公平交易"？至今没有明朗的说法。

撇开这个案件不说，现在的确有一些所谓的专家，背着权威的身份，在看不准的时候直接就说东西是假的，这很可能给一些真正的珍品带来毁灭性的后果。

文物鉴定家自己如何看待这一行业？专家是否也常有看不透的时候？如今的书画造假已经有多高科技？

带着这些问题，《名家话收藏》对话广东文物鉴定界三位著名专家。他们笑称，文物鉴定如今已经成为一个高

危行业。几位专家同时呼吁，不要把艺术市场鉴定人员的责任无限放大。

以前的文物鉴定专家一锤定音

主持人： 不久前在广州召开的"纪念苏庚春先生学术座谈会"，让我们再度缅怀起广东这位全国著名的书画鉴定家。提起苏老的名字，广东文博界无人不知。苏老那个年代的收藏比较朴实，当时的经济没那么发达，大家看一件藏品，也没往经济方面想那么多，当时看一件东西的心态和现在有什么不一样？

朱万章： 我是1992年毕业分配到广东省博物馆的，由于我对书画有着浓厚的兴趣，进入了当时正好缺人的书画库从事书画金石保管、整理工作，有幸跟随苏老学习书画鉴定近十年，获益良多，终身受用。

当时苏老就曾经跟我说过，"作为一个博物馆的书画从业人员，必须要遵循两个基本的职业道德：一是从事书画保管或征集者，自己不能收藏书画；二是从事书画鉴定一定要洁身自好，不要在利益面前丧失基本的职业道德。"

李遇春： 首先，我想谈谈先师苏先生，苏先生上世纪60年代初离开北京他所熟悉的文物经营单位，来到广州承担文物出境管理业务，后来又进入省博物馆从事书画征集和保管工作，一干就是一辈子。我是1978年开始正式师从先生的，那时候，正是先生进入对过去经验总结的阶段，开始编纂中国古代书画家传记和广东书画家小传，在文物杂志上首度公开发表了介绍南宋墨龙图的文章，等等。遗憾的是，1982年，鉴定小组与博物馆分家，他老人家重新承担文物出境鉴定业务，不再有充裕的时间进行写作，要不然先生在学术上将会硕果累累。不过，在与市场密切接触的过程中，他利用自己的专长全身心地向大众普及文物知识，"苏老师"的称谓已不限于文物系统，而是来自社会对他的尊重。他做到自觉践行一个文物工作者的社会义务，是值得我们尊敬、爱戴、学习的典范。

苏先生他们那个年代，文物（艺术品）的经营是很小的一块，除了文物商店，几乎没有艺术市场的概念。所谓行内，仅限于博物馆、考古研究所、文物商店等专业部门。所以文物（艺术品）价格只有行内人说了算，而且权威人士在鉴定意见上往往起到一锤定音的作用，因为建国后民间能看到的古代作品不多，只有依靠老专家的经验。比如说苏先生，他有丰富的实践经验，阅画无数，他的经验是可信的，当苏老认为某幅画是真迹，那么人们依据苏老的意见，确认这幅画是真迹。同样的，如果徐邦达或是启功、刘九庵、谢稚柳他们说是真的，那便是真的。那个年代大致如是。其实，苏先生与徐先生、启先生、刘先生、谢先生他们一直是讲求严谨考证的，但民间仅看重其鉴定结果，忽略其考证过程。

现在市场开放了，书画已经走入寻常百姓家。每一个人都可以根据自己的研究成果对书画的真伪作出判断。而且，过去认为博物馆、考古研究所、文物商店等文物口的专家才是行内专家的认识被打破了，许多拍卖行、画廊的经营者，以及职业炒家、收藏家等的出现，早已使"行"的概念延伸了。事实上后者接触的作品远多于前者，以偏重实践经验的鉴定行当而言，不存在小圈子的优势。在这种情况下，就不能单纯以某个专家的鉴定意见作为判断依据了，而是重在论证与鉴定依据上。

主持人： 现在文物鉴定这个领域经常有很多争议，甚至分出学院派和经验派两个阵营来，学院派的认为经验派光有体会，研究不深；经验派的又认为学院派没有经过市场洗礼，纸上谈兵。您如何看待这种争议？

李遇春： 鉴定是比较的结果，所以也就不存在什么学院派、经验派的区分。在一幅字画面前，大家都是平等的，没有什么专业、非专业的区别，因为资料全部是公开的，不是局限在某个范围里面。比如说在上海博物馆办展览，大家都到现场去看，我们和普通观众掌握的信息是一样的，没有可以搞特殊的，没有说可以在展出之前或展出之后上手来看。

对于一幅作品的真伪，可能大家的观点会有不同，如果把这种观点的不同说成"你不服我、我不服你"，把这种不服看成一种对立，我觉得就不对了。关键是在对待某件作品时你的判断、你提出的依据。在作品面前，大家都是平等的。你掌握的材料是否正确，引用的材料是否客观，通过验证来说服对方，这才是最重要的。

单晓英： 李遇春说的，在一幅字画面前，任何人获得的信息都是一样的，我也赞成。但学院派、经验派可能看东西的着眼点会有差异。学院派可能对理论方面的研究比较深入，对某些画家、某个个案研究比较深入。但是学院派往往因为出身，比如说他是画画出身，他往往在鉴定的时候更加侧重画的水平、技法的高下，而不是他的真假。那么，如果一幅作品的笔墨、技法很到位，学院派的人可能就会觉得这件作品是真的；经验派的着眼点就不一样了，他们会更侧重于判断作品是否符合作者的风格，包括绘画、落款，等等。所以双方的差别还是客观存在的。当然这也是各有所长、各有所短，如果能把这两方面结合起来就更理想了。

专家也有看不透的时候

主持人： 这几年收藏风起，很多电视台都增加了鉴宝节目。但我留意到一个现象，极少有人说自己看不透，我看一些所谓的专家也不是很懂，但一件文物上手，没几眼就说是假的。我猜他们是不敢说看不透，一说不懂就没了威信，说真的又怕自己看走眼，于是说假的最保险。万一以后这件东西被认定为真的，说自己比较严谨就完事了。但这么一来很多好东西就流失了，而且有些老板买了书画后，会请专家来鉴定，专家一说是假的，万一老板火起把它们烧了，到时候再说真的已经没得后悔了。

朱万章： 这就涉及一个鉴定家个人内在修为的问题。每个人都有自己的知识盲点，有的人擅长看宋元的，有的人擅长看明清的，有的人擅长看某个流派的，有的人干脆只善于看某一个画家的。遇到不是自己擅长的领域，其实可以谦虚地说这不是我的强项，你可以请谁谁谁来鉴定，这是一种比较科学的态度。

单晓英： 这让我想起苏老有一个很有名的观点——"鉴伪易，鉴真难"，我不止一次听他说过："如果你把假画看真了，那就说明假的水平高；如果你把真画看假了，就说明你根本还没掌握这个画家笔墨的特点。"

苏老在鉴定中，比较注意对时代风格的把握，这就是他经常说的"到不到代"。我觉得"到不到代"这一点，对早期书画的鉴定很重要，也反过来验证了他的"鉴真"重于"鉴伪"。如果"到代"的有些东西我们一时看得不是很准，那么我们就把它留下来慢慢研究，就不会把一些好东西放走了，与之失之交臂。另外，对于一些孤品，没见过的东西，你并不掌握他的风格特点，我们不妨把它留下来，不要轻易地去否定。

李遇春： 但我觉得，鉴定实际上是一个逻辑判断，有比较才有鉴别。和欣赏艺术品不一样，我们所从事的这项工作如果没有一个很清晰的逻辑判断那是不行的。苏老"鉴伪易，鉴真难"这句话，我的理解是，鉴定确实存在"存疑"，但不是说这件东西不确定就宁可看成真的，不是这样的。在依据不够充分的情况下，我们可以暂且把它搁置起来，待到掌握充分的依据时，再行对作品鉴定，在此之前，对这类作品不能粗暴地作出真伪判断。当然，善鉴者"待考"、"存疑"的结论是极少数的。

朱万章： 苏老还把书画鉴定分为两个层次。第一个层次就是对于很多东西都持怀疑态度，怀疑一切。第二个层次就是在很多人都不看好的东西里面发现真迹。这第二个层次才是书画鉴定中的最高层次。

我想说的就是，在书画鉴定中，怀疑一切当然是可以的，但一定要有足够的证据。如果不能肯定的话，那要深入研究。如果我们自己不能得出结论的，那就留给后人来研究。不要轻易地否定也不要轻易地肯定。

对于这件事，媒体可以做一些工作，宣传一下这样的观点，实事求是，不是说非真必假，也不是每个人都可以一眼看得那么准，观众接受"存疑"，专家们也好做。

李遇春： 现在想想我们文物鉴定这一行真是个高危行业（笑），分分钟一句话就断了别人的财路。当艺术品与暴利挂钩，真伪判断就不仅仅是一个技术上、学术上的问题，而是关乎诚信与法律的问题。我觉得如要很好地解决这个问题，应该从道德教育以及法律层面来解决。这是我一直呼吁的。

鉴定书画不能仅相信你的眼睛

主持人： 现在文物造假太厉害了，有些还运用到了高科技手段。书画这一块，古代书画的赝品多，还是现当代书画的多？

朱万章： 赝品还是现当代书画的多，现在最难鉴定的是印刷品。这种印刷品可不同于传统的印刷品，它是电脑扫描后直接喷墨，墨很有层次感。印刷完装在镜框里，一般人根本看不出真假。

李遇春： 这种印刷品，还是可以用显微镜看出来的。分辨真假，首先我们要懂得造假的原理。这种印刷品的宣纸本身是特制的，要有感光的材料，才能扫描图像上去。在电子显微镜下，不管有没有颜色，不管是着墨的部位还是留白的部位，都会有光斑，而且光斑是一样的，这就和正常的画不同。所以我们分辨是否印刷品的时候，不要忽视作品的所有部位。

造假者扫描的精度越来越高，现在必须要用一百倍的显微镜才能看得比较清晰。造假者和鉴定者之间就像矛与盾的关系，他发明了矛，你就要有盾来防御。

现在的技术，有些甚至已经发展到连光斑都看不到了。上次我在一家拍卖行就看到一件印刷品，连光斑都看不到，但后来为什么会被我发现是赝品呢？因为原画有一个"虫眼",印刷的时候也印出了一个虫眼,但我用显微镜一看,虫眼附近的纤维居然还是连着的,如果真是被虫蛀过,宣纸的纤维不可能那么完整,这就是一个很清晰的证据。

所以现在鉴定书画,不能单纯相信你的眼睛。造假者用科技手段去造假,你也必须用科技手段去破解它。

单晓英: 书画造假历朝历代都有,但民国以前的造假都具有地区性,而且手段也相对简单。现在造假的手段太多了。北京某国家收藏机构还买过假的陶俑呢,他们更加不缺专家,无奈造假实在造得太逼真了。而且像现在很多书画家,他们的学生仿他们的作品可以仿到惟妙惟肖,所以我觉得掌握造假的信息是非常重要的。

朱万章: 广东另一位书画鉴定名家邓涛先生说过,假画最怕挂,挂在家里看三天,就看出不对劲的地方了。只要看得多,总会看出破绽。

收藏故事　30元截下即将出口的国宝

提起苏庚春(1924—2001)的名字,广东文博界无人不知。他是华南地区首屈一指的文物鉴定家,尤其在古书画鉴定方面,目前尚无出其右者。他上个世纪60年代初应邀到广东工作,40多年来,为广东的博物馆、美术馆征集到了数以万计的书画文物,并为广东培养了一批书画鉴定人才。

苏庚春一生鉴定的书画无数,最为人称颂的就是他为国家所抢救的两件国宝级书画——明代陈录《推蓬春意图》和边景昭《雪梅双鹤图》。

1973年的广交会上,苏庚春对出口的古旧字画进行例行鉴定。按照当时政策,一些工艺品公司可以将不能进博物馆、美术馆收藏的古旧书画出口,以此为国家换取外汇。这类书画,一般多为高仿品或是价值不高的作品。但为了慎重起见,大多由苏庚春做最后的把关,确信无误后才给予放行。在这一年,苏庚春对天津送来的一件署款为"陈录"的《梅花图卷》产生了浓厚的兴趣。凭借多年经验,他断定,这件品相完好、画幅巨大(纵29厘米、横902.5厘米)、被当地文物鉴定部门定为仿品的《梅花图卷》极有可能是一条漏网的"大鱼"。于是,他以30元的价格为广东省博物馆买下来,带回馆里进一步研究。

陈录是明早期著名画家,工诗擅画,尤以墨梅的造诣最为精湛,与王谦齐名。他的传世作品不多。苏庚春将此画与其他已有定论的陈录作品进一步比较,发现果真是真迹。

第五章 收藏弦外之音

该画引首有徐世昌和周右的鉴定名章，还有程南云题写篆书"推蓬春意"，拖尾则有明清两代鉴藏家题跋，分别是明代刘昌钦、张泰和清代陈鸿寿、徐楙、卢昌祚、姚元之、杨殿邦、夏塸、林则徐等人，这些题跋也是真迹，更加印证了苏庚春的判断。后来，中国古代书画鉴定小组的专家们来鉴定后，也都认为是陈录精品，被定为一级文物。在80年代，文物出版社还专门为此画出版了单行本册页，流传甚广。

　　抢救国宝《雪梅双鹤图》之事，颇具传奇色彩。1982年，广州的某书店从北方征集一批古旧书籍和字画，邀请苏庚春去鉴定。当苏庚春对每件书画和古籍逐一鉴定完后，没有发现多少可圈可点的宝贝。在临走时，突然对放在箱子底层的一张并不起眼、颜色黯淡、发黄的旧绢产生了浓厚兴趣，觉得应该是一幅非常古老的旧绢。后来他将此绢带

苏庚春征集到的明代边景昭《雪梅双鹤图》

407

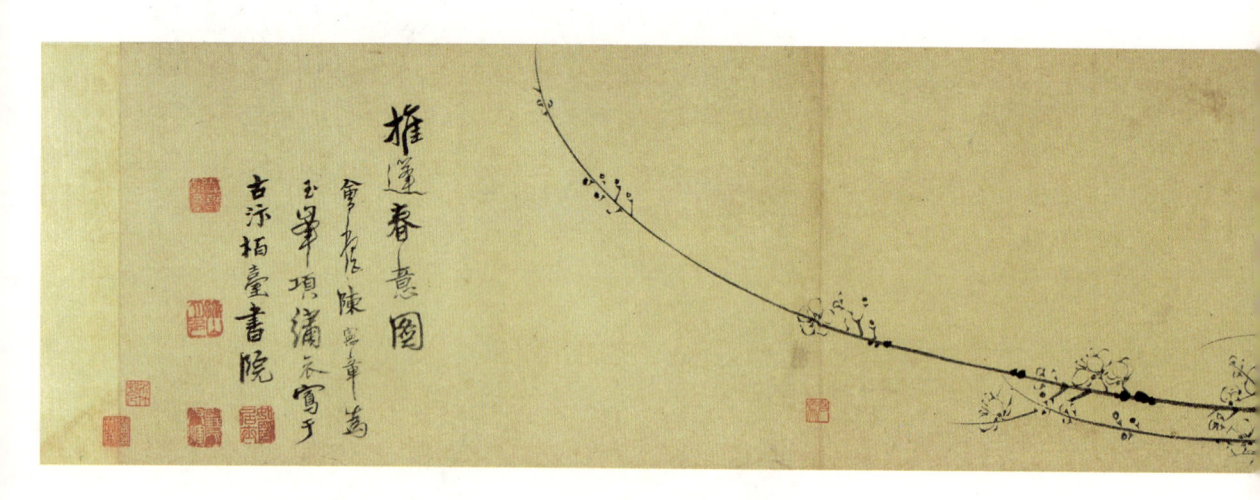

回博物馆，将绢上尘封的污迹小心翼翼地拭去，发现是一幅画有白鹤与梅花的古画，近而再用放大镜审视，发现画的右上角有一炷香题识："待昭边景昭写雪梅双鹤图"。苏庚春异常兴奋，因为画的风格与明代边景昭完全一致，而且又有边景昭自己的题识，应为边景昭真品无疑。苏庚春以1500元的价格从书店为博物馆购得此画，并送往北京的古画装裱师修复，后来在题款下又发现了"边氏文进"和"移情动植"两方印，更进一步肯定了他的判断。

20世纪80年代后期，启功、徐邦达、刘九庵、谢稚柳、杨仁恺等中国古代书画鉴定小组的专家们巡回鉴定到广东

第五章 收藏弦外之音

苏庚春征集到的明代陈录的《推蓬春意图》

省博物馆,看了边景昭的这幅《雪梅双鹤图》后,均允称精品,并将其定为国家一级文物。据鉴定小组编辑的《中国古代书画图目》记载,边景昭传世的画作极为少见,仅有故宫博物院收藏的《双鹤图》、《竹鹤双清图》(合作)两件,上海博物馆收藏的《杏竹春禽图》、《花竹聚禽图》和《秋塘鹡鸰图》三件和广东省博物馆收藏的这件作品,共计六件。广东省博物馆所藏的此件作品纵156厘米、横91厘米,堪称鸿篇巨制,乃其传世画迹中之珍品。

这类例子还有很多,比如他还在北京琉璃厂的大甩卖中,只花了3元钱便为广东省博物馆收购到明末清初广东著名水墨花鸟画家赵焞夫的《花卉册页》。在广东省博物馆,凡是经他征集的作品大多背后有一段动人的故事,记录着独具慧眼的苏老的传奇经历。

第五节

画家自己收藏什么画？

特邀嘉宾

方土
广州画院院长、中国美术家协会理事、广东省美术家协会副主席

罗渊
中国美术家协会会员、广东省文物鉴藏家协会理事

画家一般不买画，尤其是买同辈甚至是未成名的画家的作品。但也有例外，如方土、罗渊。他们买画的目的或为鼓励年轻画家的创作，或为长线投资配置"潜力股"，或真遇到了令人震撼的好作品。无论出于何种目的，画家玩书画有着行外人无法比拟的优势。

收藏中青年艺术家的作品

主持人：画家一般不买画，尤其是买同辈甚至是未成名画家的作品，方土老师您是为数较少自己掏钱买画的画家，而且买的很多都是中青年艺术家的作品，您是从什么时候开始收藏的？

方土：其实我并没有什么系统性的收藏，我买中青年艺术家的作品，更多的是出于一种鼓励。因为我自己也是这么一路走过来的，知道艺术这个行当其实很苦，苦就苦在耕耘的季节很长，收获来得很晚。这就导致很多人为了顾及生计，才华无法得到发挥，很多画家还未成名的时候，都是一边创作一边搞装修、搞设计的。我就知道很多例子，很多绘画天才后来没有在艺术的道路上坚持下去，

黄德华 《夏河的树IV》

很可惜。这些年轻人刚走进社会的时候，要是在绘画上没有自信，得不到鼓励的话，很容易就会放弃了。

画画其实就像骑自行车一样，学会了，这一辈子都忘不了，虽然多年没有骑车，但再给你一部自行车还是会骑得很溜。我们在年轻人刚入行的时候扶他一把，帮助他们在艺术的道路上走得更远一点，即使后来艺术被荒废了，但重拾画笔，他们仍然不会忘记应该怎么画。

主持人：这让人一下子就想起了张大千买关山月的画这个典故。

方土：对，这个故事已经传为佳话了。1945年的时候，关山月还没什么名气，他到成都举办画展，画展还未结束，却已经被逼收展场租金。帮关山月渡过难关的就是张大千。当时张大千已是一代名家，他看过画展后，现款买下了当中最贵的一张峨眉山写生画，价钱已足够关山月数月的开支。而且张大千的红纸订条就挂在了画作上面。很快，许多不懂画的买主也纷纷进场，抢购关山月的作品。张大千通过这个办法来鼓励、帮助年轻画家，影响了后代很多人。

这种对年轻人的帮助，我在林墉老师身上也亲身体会到了。他不一定是自己掏钱买

名家話收藏

黄德华 《谭公直街——明爱幼儿园》

画,但他会知会一些喜欢收藏的企业家,告诉他们"我看好某某年轻画家,这个人以后大有前途"。我就不止一次听过他对青年画家说:"有需要的话跟我说一声,你好好画你的画。"

坦白说,在我广州画院院长这个位子上,如果我真开口,青年画家肯定都会将画白送我,但我都是自己掏钱买,纯粹就是一种鼓励。

说到这里,我倒想起我最早买的一幅画了,那是15年前的事了。那时我去肇庆师专,看到他们饭堂里挂了两幅油画,画得很好。我很奇怪,这么好的画怎么就随便挂在饭堂油污这么重的地方?一问才知道,这是一个刚到肇庆师专教书的年轻人画的,刚从美院毕业,穷得一塌糊涂,这两幅画就是他的毕业创作。当时我就觉得,画得这么好,如果为生活折腰那就不好了,于是就想把画买下来。一问对方开价5000元,15年前5000元是一笔不小的数字，我咬咬牙买了其中的一幅，至今这幅画还挂在我的家里。

主持人： 罗渊老师您的收藏也很多，听说对一些中青年艺术家的帮助也很大？

罗渊： 我的收藏主要是价值投资，但有的收藏初衷是为了帮助画家。当时我在行内收画已经比较出名了，武汉一位画家就找了我好几次，希望我买他的画。他一个南漂的画家，没有根，没有背景，上午在番禺上一堂课，教小孩画画，下午又要跑到从化再上一堂课，生活过得很拮据。但一看他的作品我大吃一惊，广州那么多画家，很少有人能画出那么富有激情的画。我跟他聊了半个小时后，就告诉他回去把工辞了，按照当时公务员的工资水平，我给他发十年的工资，这十年的时间里你就好好地画画，十年后如果在广州还待不下去，你再转行干其他的。最后他大概领了我5年的工资，现在在珠三角发展得挺不错的了。

还有一位安徽的画家孙景隆，1977年出生的，我收藏他的作品已经有五六年了，但中间只通过一次电话，至今没见过面。2008年汶川地震后，我搞了一场赈灾义卖活动，当时他在网上看到这个消息，就主动给我寄了五六幅作品过来，而且都是精品。我当时就觉得，这人很有爱心，后来通了电话才知道，原来他是公务员。我告诉他，千万不要为了几个钱走偏了，现阶段不用考虑生活，我来给他发工资，保证高过县委书记。他自己要做的只有两件事，一是订一本《美术》杂志，潜心创作，所有中国美协主办的展览都去投稿，攒够入会资格，争取八年或十年时间内成为中国美术家协会的会员，这是在这一行立足的一个资本。他听了我的建议，这几年有七八幅作品

黄德华　《回到兰州》

入选了全国性美展。另一件事当然就是把作品寄给我,我出钱收藏了。

方土: 去年年底广州画院与中国国家画院、广州美术学院协同实施"青苗画家战略计划",共同创办了"广州(国家)青苗画家培育基地",为的就是开拓发展新路径,引起社会的关注,更好地培育及挖掘新生美术人才。

罗寒蕾 《大的小的》

自古英雄出少年

主持人： 两位都是画家，收藏中青年艺术家的作品，对你们自身的艺术创作有没有帮助？

方土： 如果说到帮助，应该是收藏老一辈艺术家作品，对我的帮助会更大一些。就像你刚才所说的，画家一般不买画，所以邵增虎老师现在还会时不时念起，"方土真金白银买过我一幅画"。那已经是12年前的事情了，我被邵增虎老师的一幅画感动到了，画得很好、很厚实，而且对我很有启发，我就掏1万元买下来了。没想到邵增虎老师很激动，他说冲着我这个行为，他给我一个优惠，以后无论我看上他任何一幅作品，都可以拿这幅画来换，哈哈。当然，这幅画现在还挂在我的家里。

但你千万别小看了青年艺术家，自古英雄出少年。广东油画第一个辉煌阶段出现在"文革"时期，如汤小铭的《永不休战》，陈衍宁的《渔港新医》、《毛主席视察广东农村》，潘嘉俊的《我是海燕》等，这些作品当时在国内都产生了非常大的影响，被封为美术界的典范。"文革"以后，广东油画也涌现出一大批重要的艺术家，他们来源于广州美术学院1977年、1978年的学生，代表作如司徒绵的《红土》、涂志伟的《霸王别姬》等，具有非常突出的广东风格。特别是带有伤痕文学色彩的邵增虎作品《农机专家之死》，在当时的中国产生了非常大的影响。

追溯这些名家的成名作你会发现，很多传世佳作都是画家很年轻的时候创作出来的，如汤小铭创作《永不休战》时才33岁。唐代李思训开创"金碧山水"，开宗立派的时候也才21岁。

我真正佩服关山月也是因为看了一批他年轻时期的作品，就好像一栋高楼大厦，你看到了它的基础设施，看到它到底打了几根桩。

主持人： 那你们又是凭什么认定一个青年画家有成为名家的潜力？

方土： 任何事情在最初的时候总会有一些迹象表现出来的。就像那些体育明星，他们从小就被教练发现，结果后来还真的就能拿到冠军。其实教练物色苗子的时候，绝对不会凭空、凭感觉来选人，最重要还是看灵性、看悟性。绘画也是一样的道理，有些美院老师看好的学生，本科的时候根本没有崭露头角，但现在还真的很有出息。

名家话收藏

收藏永远都有机会

主持人： 但与十年前相比，如今的艺术品特别是书画的价格都已经很高了，现在介入收藏还有什么机会？

罗渊： 这个问题我曾经想了整整一年。2003年以前，我经常介绍一些朋友买画。眼看着林墉老师的作品价格，从每平方尺（1平方尺=0.11平方米）两三千元，涨到了两三万元。我就在想，两三千元的时候我没出手，两三万元的时候我才买傻不傻？后来我想通了，投资艺术品看的应该是以后的价值空间。于是2003年10月2日，我借了30万元，开始投资买书画。

因为是借贷，我很注重投资效应，第一笔钱买了一批作品后，马上就张罗着转手卖掉，没几个月就还清了借贷。刚开始的两三年，我的确是在"炒"，手上的东西有点钱赚我就卖掉了，200万元的资金一年可以周转两三次。从2003年到现在将近十年的时间，我经手的画起码上万张，现在我买画进入了另外一种境界，真正是在玩收藏了。最近四五年我很少卖画，手头上现在大概还有四五千张画，而且我还在不停地买进。像刘济荣教授的作品，我曾拥有几百张，从2003年1平方尺一两千元，一直到今年4月份，1平方尺涨到了2万多元，已经增值了20倍，但可惜我早期卖掉了一些，所以这两年我又在买进，看中的还是他以后的价值空间，所以我说收藏永远都有机会。

主持人： 画家玩收藏肯定会多很多便利条件，你觉得最大的好处是什么？

罗渊： 我们自己懂得看画，一个人画得怎么样，我一秒钟就可以判断出来了。而且我都是直接从熟悉的画家手中收藏作品，百分之百保真，把假画风险降为零。

方土： 其实若是说到真正的收藏，我觉得艺术本身应该是让人仰望的。我就经常说，我的收藏家现在还在读幼儿园，意思是我的收藏季节还没来。现在的收藏很多是俯视的和平视的，就像跑马一样，一开闸就跑得很快，很多人看好他，但他后面的人生还有很多圈要跑。我们经常说我们的房子值多少钱，但是就这一套，没有卖，钱还是赚不到，但是你就会肯定你的这种感觉。其实收藏也是在肯定自己的一种感觉，玩过收藏的人，就会理解老婆衣柜里面的衣服为什么那么多，实际上她买的也是自己的感觉。

但画家玩收藏的确有行外人没有的便利条件，因为我们了解其他画家的创作过程。就像我们画院的年轻画家黄德华，我曾经有很长一段时间经过她的办公室，天天看到她对着一幅画在看，我说你怎么不画新画，她说这画还没完成。后来画院展览的时候再看到那幅画，已经完全不同了。我很感动，终于理解她为什么要将一幅画放那么久了，她是在寻找一种感觉。

主持人： 那你们收藏是看人还是看作品？

方土： 当然是看作品了，作品是会说话的。我收藏的时候除了看画家获奖的作品，还要看他的速写，看他对艺术的品位等等。

罗渊： 我选画的首要标准是要专业，在专业画家中再挑优秀的。画家要在美术界有所影响，在专业圈子里比较活跃，最重要的是，作品能够形成自己的个人风格。符合这个标准的大画家有不少，但"地王"大家都知道日后肯定会升值，郊区盘才考验眼力。所以大名家就让房地产老板去追吧，我想的是如何用最便宜的价格买到好东西。

这么多年下来，我摸索出来的经验就是要批量收藏，一来打包购买，可以拉低购买的成本；二来日后推广，手头上的藏品越多，推广的成本就越低。如果一个画家你只拥有他一二十张作品，那还怎么推广？只能坐等他日后出名了。

主持人： 您收藏一些画家的作品，都是几百张几百张地收，有要求他们作品中精品的比例吗？

罗渊： 一个画家的作品，不可能全都是精品，有20%是精品，80%或60%是较好的作品，保持这个比例就可以了。

主持人： 还有什么收藏建议？

罗渊： 一般人玩收藏最好还是用闲钱。如果不是闲钱，一旦遇到急需用钱的时候，就会低价抛售手中的藏品，这样是会亏本的。而如果用的是闲钱，买的书画能在手中放个三五年、七八年，增值的幅度是很大的。这又要说到我批量收藏的观点了，尽量不要卖画，如果不急用，留着书画比留着现金好多了。如果一定要出手，也不要一次性卖光，可以分批出手，不然以后肯定会后悔的。

早期部分油画家成名时间

画家	代表作	代表作完成或获奖时间年龄（出生年份）
邵增虎	油画《农机专家之死》	42岁（1937年生）
汤小铭	油画《永不休战》（鲁迅肖像）	33岁（1939年生）
刘春华	油画《毛主席去安源》	23岁（1944年生）
陈衍宁	油画《毛主席视察广东农村》	27岁（1945年生）
陈衍宁	油画《渔港新医》	29岁（1945年生）
陈逸飞	油画《黄河颂》	26岁（1946年生）
潘嘉俊	油画《我是海燕》	24岁（1947年生）

钱道周刊

A12 柜员机取现不用卡

A13 下周多头剑指2500点

A14 选号泄露了你的秘密

名家话收藏

2012年3月3日/星期六/经济新闻部主编/责编 张琳
美编 周燕萍/校对 黎松青/E-mail:ycwbcj@vip.qq.com

广东国画研究会
辉煌→湮没→崛起

其最具号召力的画家作品价格在拍卖市场上节节攀升，受到藏家追捧

本版文/图 羊城晚报记者 许悦
实习生 陈莲周 张歌斐

一提到广东画坛，很多人总是一下子就想到岭南画派，在北方更是如此。直到最近几年，黄君璧的作品价格在全国各地拍卖行一次一次地被抬高，加上第三代传人区广安的山水画展开始在各地展出，人们这才惊觉，岭南画派之外，原来广东画坛还有另一条巨流——广东国画研究会。

事实上，在近代岭南美术史上，一直就存在着两种主流画风，一是折衷中西，融合东洋绘画为主要艺术取向的"新国画"，即后来的"岭南画派"，其代表人物为高剑父、高奇峰、陈树人等；另一脉是以**弘扬古风、保存国粹**为目标的传统一路，即活跃于上世纪二三十年代的"广东国画研究会"，以赵浩公、卢子枢、潘达微等为代表，一度还是广东地区人数最多、影响最大的一个绘画组织，就连国画大师黄宾虹也，是广东国画研究会的成员。两大流派一古一新、一中一洋、一守真一融合，互相包容的竞争让广东画坛傲然崛起，得以与京津画派、海上画派形成三足鼎立之势。

但是，在经历半个多世纪的变迁之后，与日益发展壮大的岭南画派相比，曾经辉煌的广东国画研究会却越来越沉默，影响力日渐式微。一度被湮没的广东国画研究会，为何在**近几年再度崛起**？还有多少被遗忘的艺术大家有待被重新发现？势单力薄的第三代传人，又将如何肩负起广东国画研究会的再发展？这些都是近现代中国绘画发展中耐人寻味的话题。

特邀嘉宾

卢延光（曾任广州文史研究馆副馆长，第四届广州市美术家协会主席。现为广州市政协常委、广东省美协副主席、国家一级美术师、广东画院特聘画家、中国美术家协会会员，享受国务院的专家津贴。他是以连环画创作中走出的画家。1988年，被评为建国40年来中国连环画十家之一，卢延光的山水画，波澜诡谲、苍莽山风雄厚，擅写亭台楼榭，人画面新文人画的其些风格特点，同时又吸取了魏晋、北宋青绿山水画和宋元院体画的表现手法，形成了匪夷所思的新古典主义风格。）

区广安（广州大学艺术硕士研究生导师，中国美术家协会会员，广东省美术家协会理事，广东美术家协会岩彩画学委员会委员，广州市青年美术家协会副主席。他以传承家学，坚守传统山水画风，走出一条重拾传统的山水画路径。其作品彩墨兼施、造境深厚、气魄宏大，多以岭南的真山真水上至二十世纪三十年代画中雅景，他是广东国画研究会的第三代传人。）

朱万章（广东省博物馆研究员，广东省美术理论委员会委员，美术史论家和书画鉴定家。著有《书画鉴考与美术史研究》、《岭南近代画史丛稿》等）

嘉宾主持

赵利平
（收藏家、资深艺术评论人）

说历史：
国画研究会曾占据广东画坛半壁江山

赵利平：在近代中国美术史上，一直就存在着两种主流画风，岭南画派为了融合东洋绘画的影响，国画研究会的地位开始逐渐被弱下来。直到90年代以后，传统文化受到重视，黄君璧、卢子枢这些广东国画研究会的画家都已经过世了，才让我们重新认识到广东国画研究会的价值，他们的作品也开始受到追捧。

广东国画研究会究竟什么时候之所以，当时一部分广东画家不满岭南一代洋一代的画风，就是广东国画研究会影响力的最大的时候。两大流派一古一新、一中一洋、一守真一融合，互相包容的竞争让广东画坛傲然崛起，得以与京津画派、海上画派形成三足鼎立之势，这是历史的决定。

卢延光：四溢过之后，岭南画派迅速占据岭南，而广东国画研究会的作品就慢慢被人遗忘了。

朱万章：广东国画研究会是20世纪上半叶岭南乃至国内画坛一个重要的绘画团体，影响力不容忽视。尤其是在1950年以前，它在广东画坛的影响很大，可以说岭南画坛半壁江山。

很多人关心的是，更重要的是，两个派别的竞争，是怎样促成的。双方在竞争中自我反省、自我完善，起到了将互促进的积极作用。比如说岭南画派的设计，比如说50年代的岭南名家黎雄才、关山月，他们的作品中就有些传统一些成分，这种表现手法、这种竞争，甚至是一些人，如卢子枢，不仅继续有影响力，还是出了新的一些作品，这是历史的选择。

区广安：但到了后来，岭南画派迅速发展，而广东国画研究会的画家名气就慢慢被人遗忘了，有两方面的原因：一方面，因为战乱以及岭南其他画家的影响力，广东国画研究会的成员大多遭受不幸，画金庭有关作人本式微。

谈发展：
两大画派同样面临成长的烦恼

赵利平：这几年，一直被遗忘的广东国画研究会，人们对这个画会的事情又重新开始关注，艺术市场也是功不可没的。因为广东国画研究会的重要性被重新发现。

朱万章：黄君璧现在已经由区域性的名家上升为全国性的名家，这对整个国画研究会的发展起到了促进作用。卢子枢也是广东国画研究会的另一个主将。这几年的价格他的作品也翻了好多倍。现在广东国画研究会作品的市场，一个在广东、一个在香港，追捧程度非常高，在北京、上海、杭州、台北等地都受到不同收藏家的追捧。来看个市场的势头似乎还是很旺的了，我相信以后作品还会更高，还有很多的名家，很多的作品是有待发掘。

区广安：我现在越来越坚持，坚守传统，就是恒忠我的真体。现在我特别感到困惑点，这个原则是"高古"，就是人要从源头出发，从源头上学习经过漫长的承袭的东西，经过历史的沉淀，中国的文人画所追求的这些东西，都是好的，他们保留出了的生命力，引起坚守传统，唯弄花明一路。

朱万章：广东国画研究会是传承古法、坚守传统的，他们守望着一种传统的文化精神，坚守中国绘画传统的纯粹性。这几年的绘画市场，竹竹的文化含量、价值体现出来后，大家都会去抢一份。我相信大家只想去参观一个展览，价格就会一年高过一年。

区广安：从2008年开始，就在做的事情是，黄伟强、卢秀桑、广安的防地四人展，后来我们在北京、杭州我继续做。作品就是古代绘画为主，我们已经开了两次学术研讨会。拍卖行再次过国画研究会，我相信他们已经会有指会建立广东国画研究会纪念馆的设想。我们现在做的，应该有一个分家来帮你把它完成。

赵利平：广东国画研究会一流派中心家们一直都不同的风格，其他之一，一定要有自己的个人风格。这是国画研究会的要表的，很多的东西必不可少的。现在广东国画研究会的东西慢慢被挖掘、重视，对国画研究会的艺术、对年轻人是一种激励。

看市场：
被遗忘的国画大师"浮"出水面

朱万章：就像卢延光老师所说的，一个流派的号召就此影响很大。现在广东国画研究会作品在拍卖市场上是有号召力的，黄君璧不同，就是要看名头，比如像他的精品，2000年市价1万元/平尺，到了2010年，大概7万元/平尺，仅仅过了十年。2011年，在香港一下子就成到90万港元/平尺，在河南也就受到很多收藏家的追捧。来看个市场的势头似乎还是很旺的了，我相信以后作品还会更高，还有很多的名家，很多的作品是有待发掘。

知多D
广东国画研究会

成立于1925年，前身为1923年成立的癸亥合作社，1937年停止，前后活动时间15年左右，其中展了岭南画坛重大最大影响，与岭南画派是当时岭南地区两大重要艺术社团。画会成员以广东地区画家居多，后由其国画研究会成员发展。他的一批特色画家，大多数在中国画坛上地位重要的画家。主要成员有：赵浩公、卢子枢、黄君璧、黄般若、潘达微、卢振寰、邓芬、李凤公、李瑶屏、赵次斗、李居端、吴凯声、黄君壁、黄少强、邓献廷、卢子枢等等、黄少强、邓芬、黄君璧、客仿生、陈融、李瑶屏、黄君璧等人。

广东国画研究会部分成员拍卖最高纪录（数据来源：雅昌艺术网）

艺术家	作品名称	成交价(RMB)	拍卖公司	拍卖日期
黄君璧	壬辰(1952年)作 山川卧游卷 手卷	52900000	中国嘉德	2011-11-13
黄般若	万壑松风图	7952000	北京匡时	2010-12-06
卢子枢	壬子(1852年)作 山水屏(四幅)立轴	745407	香港淳浩	2011-07-29
卢振寰	七星岩 镜框	1568000	华艺国际	2010-06-16
赵浩公	1939年作 花卉图 手卷	2562240	香港佳士得	2011-11-29
温其球	壬寅(1902年)作 山水 手卷	515200	广州艺拍	2010-06-15

419

财富周刊

羊城晚报 双喜·珍藏 特约 **名家话收藏** 总第10期 A11
2012年4月14日/星期六/经济新闻部主编/黄維 张琳
美编 廖晓红／校对 张苑／E-mail:wbjjb@ycwb.com

A12 菜价猛涨两成，物价重现轮涨？

A13 该跌不跌，翻身将上攻2412点

A14 祝福太时髦 中奖惹纠纷

特邀嘉宾

佘宝常（广东省珠宝玉石首饰行业协会会长、中国珠宝玉石首饰行业协会副会长）

侯舜瑜（广地珠宝董事长、总经理，国家注册珠宝鉴定师）

藏宾主持

赵利平（收藏家、资深艺术评论人）

近年来国内投资市场上涨价幅度最大的品种是什么？股票、房产、黄金，还是大宗商品？都不是！这些投资品的价格上涨，比起一块块疯狂的石头，都只能说是小巫见大巫。在翡翠的带领下，近十年间，很多玉石的价格以十倍、百倍甚至千倍的数量级上涨，而黄金不过涨了近5倍，白银最高涨了9倍，铂金涨了不到3倍，钯金涨甚至还低于2000年。

疯狂石头的价值神话，几乎发展到了"沾石必涨"的地步。最突出的例子是，近年玉石收藏市场上，黄龙玉和岫玉这类本不入流、在几年前只能称得上是杂石的品种，也成为收藏投资界的新宠，身价翻身直上，上演着"石头变玉"的神话。不仅如此，一众金丝玉、台山玉、蓝田玉、昆仑玉、独山玉打着"新玉种"的旗号，价格也成倍飙涨。

黄龙玉、昆仑玉、金丝玉、台山玉、蓝田玉到底有没有收藏投资价值？它们的价格神话，是价值的回归，还是炒家的推动？在玉石普涨的情况下，还有什么潜力股可挖？最重要的是，玩玉的方向到底在哪里？

黄龙玉跑水跑色
真的藏家都不收

七八年来，和田玉和翡翠的涨价潮至少富了十万人

本版文/图 羊城晚报记者 许悦 实习生 陈莲周

图：和田玉"玉洗" 和田玉手把件

知多D

中国四大名玉

中国四大名玉，是指新疆产的"和田玉"、河南南阳的"独山玉"、辽宁岫岩的"岫玉"和陕西蓝田的"蓝田玉"。

"和田玉"主要分布于新疆莎车至塔什库尔干、和田至且末，其东昆仑山脉北坡，包括有9个产地，总分布不透明，抛光后呈脂状光泽，硬度在5.5度至6.5度之间。和田玉发生在海拔3500米至5000米高的山岩中，经长期风化后，崩落到河中后，被冲至河床。上再经雨水冲刷流入河水中，常年季节不干涸。在河流中采集的玉也被称为子玉，在河边采集的玉也被称为山流水等。

根据颜色可分为5个品种：白玉、黄玉、青玉、青玉、墨玉五大品种。另有花玉、糖玉等。和田玉的经济价值在于1995年，东部、宋代初清代陆续时期，都是其主要早期白玉。

"绿松石"的工艺名称叫松石，是一种具有独特蓝色的水化铁铝磷酸盐矿物的名称，英文名为"turquoise"，是土耳其石"的意思，十七世纪末不列颠松石，是一种介于次或再和原石之间的软科石，具其它是，产自美国、俄罗斯、伊朗、智利等，而我国的云南省、陕西省、湖北省、安徽省、青海省及新疆等地区均有分布。

"岫玉"是一种软玉，因主要产地辽宁岫岩而得名，属蛇纹石，它是由古代海底火山喷发形成的，形状更硬度较低、色彩多样、黄、绿、红、白各种色彩77色彩丰富等。是一种早采料。其中以蓝玉多，通米均为，稀色为主，另有墨、黄、白、红等五色。1959年在岫岩县产出了土耳其石色岩状的宝石，这是"岫玉的红宝石"，以后称这为产出500多年的，是民间较代以玉玉，玉也独特工的"岫玉。"

"独山玉"是一种软玉，因主要产地在南阳市北的独山而得名，属绿柱石类，它是由古代海底火山喷发形成的，形状硬度较低、色彩多样、红、绿、白各种色彩颜色组成的，另加有纯的黄色、纯色的丰富的种类，最上又因其"色彩之多，绚丽多姿"而成为我国独特独有的玉种。其主要成分是含有钙、钠、铝、镁、绿柱石矿物的集合体，它硬度介于软玉与硬玉之间，通常硬度为6至6.5度。

真正的藏家
谁都不收黄龙玉

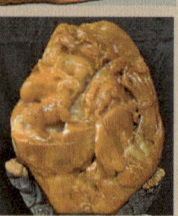

赵利平：从2000年开始，翡翠就价格一路飙升，最近两年更是一年翻就了两倍。连我觉得的"国玉"和田玉、最近几年来也是玉跟着涨。就连以前只是杂石的黄龙玉，也翻滚了上万元。实在令人担忧，但如果加上去收藏黄龙玉、蓝田玉这些新玉种的步伐。十年之间，很多新玉种从以前的杂石一变价格变成百倍、千倍地翻升。但面对这种种天翻地覆的变化。与其再扎根在历史悠久、文化内涵丰富、家喻户晓的传统四大名玉，还是要逐步追赶玉种呢？

侯舜瑜：七八年来，和田玉和翡翠的涨价潮至少富了十万人。我们要讲一种玉石没有收藏价值，重要它有以下几个硬指标：一是资源稀缺，二是质地美丽，三是价格不高不低，四是要有一定的历史。和田玉、翡翠符合这几点，也就是现在人们说的"黄龙玉"。

赵利平：对于黄龙玉甚至是水石、之前一直是我玩石头的，但从2004年以后，突然价格以"身价倍涨，蓝田玉、昆仑玉"，在2004年以后，就改名为"黄龙玉"。在这个时机当中，谁是主角，什么是推手，就不言而喻了。

侯舜瑜：所以说黄龙玉毫无人脉，是最早要收入们看过的玉就不便宜一块上万。其实黄龙玉，我觉得什么是不露真正黄龙玉的价钱，我们真正的藏家都不收黄龙玉。最早接触我们这一代人，从事珠宝玉石一段时间，不管是玉石界，他们都不会接触黄龙玉。

赵利平：叶子先生甚至是水石、之前一直是收藏中国宝石的，从到2011年底才由国家主管部门认定的《珠宝玉石 名称》国家标准（GB/T16552-2010）正式确认的名字。通过认证，就意味着，只要是一块石头，只要它达到国家标准，就成为有一定文化了。

佘宝常：就翡翠玉次波浪性收藏文化，选择一种收藏。最近最受热宠的文化内涵和文化底色，进行一次规范变化的收藏价格已经达一个历史的高点，仿的赝品越来越多。中国2000多年的玉文化。由此可想，中国玉文化历史，无疑是迷的少艺。关心灭的多，民间藏品虽不多，况且那么龙种子还较多，更多的是由于各有一人一个一种收藏之乱的原因，逐渐无其东西独成后一物的，玉文化近于尘封。

吴震蒙先生，看究竟什么了，说不出什么了。

不可能随便就冒出一个新玉种

赵利平：其实不仅仅是黄龙玉，最近几年市场上冒出了很多新玉种，像昆仑玉、金丝玉、台山玉、蓝田玉等等，价格也都涨得厉害。

佘宝常：和田玉和翡翠已经连得这么厉害，而且资源也稀缺，肯定会有替代品出现，这很正常，大家去追捧，也是无可厚非的。但是以收藏的角度看，还是没有一种玉石，可以挑战或者撼动和田玉和翡翠的地位。

侯舜瑜：中国的四大名玉，矿物都是经过几亿年的时间才形成的，不可能随便便就冒出一个新玉种。昆仑玉、金丝玉、台山玉、蓝田玉等等，新鉴定的玉，一开始的定价，都是受到市场炒作推动的，但不知道这不出好价格，所以各地在宣传时，都要上一个颁奖的名义，产自北京的被称为汉白玉、产自云南大理的叫大理玉、产自阿富汗的叫阿富汗玉、产自陕西蓝田的叫蓝田玉。

但也有一种情况，某种矿物品就发现，只是一直没有发现其石品。比如说在2007年由玉就要找，但是1967年的时候，才在非洲的坦桑尼亚被发现了宝石级的，这是世界上坦桑石唯一的产地，为了纪念坦桑尼亚和非洲国家的成立，才把这种宝石级的矿物命名为坦桑石。

赵利平：我们可以这样理解：黄龙玉、金丝玉等所谓的玉石品种，没有历史文化的积淀，而且未经历几次的市场考量。虽然它们得不到我们这玩石头这一辈子来的重视，但是如果某以投资的角度来讲，确有必要关注么一个黄龙玉？

侯舜瑜：从资源稀缺性来看，我比较看绿松石和孔雀石。产自湖北竹山县，一个产口为"和田春雪地"，绿松石有着独特的玉质色感，而石有石的硬度和非常度量。再比如它的色度很硬的绿松石，特别是翡翠色，它的颜色有绝佳伊斯兰教、藏传佛教的宗教色，可以作为雕摆件和摆件。

和田玉追赶翡翠的步伐从未停过

赵利平：玩玉不是以现代才开始的，上等的玉石古代就有了，比如和田玉、翡翠等，都是古时的玉。"皇玉"，颇其间。这是玉石中最通灵的"皇玉"。颇其昂贵价格差远未过时的？

佘宝常：和田玉是中国传统的名玉，翡翠也早已是后起之秀。之前大力人较早是对和田玉的青睐，南方人到上多了翡翠的熟悉，和田玉在南方几乎是寻不到的，所以，近几年和田玉在南方的市场越越来越大，但仍有的是，翡翠仍占优居在南方市场占主导地位。不过，和田玉近几年在北方的市场却也，翡翠还有一定的差距。

佘宝常：另外，和田玉与翡翠同，首饰和翡翠首饰，而且。工也要有差别，翡翠有一些佛像雕、对他和田玉田的做法，也很为适合从山上。对和田玉的审美角度来看，有它特殊以用来雕件，就有它的适用性。

赵利平：和田玉一般个人不能收藏，一个人不敢说藏？

侯舜瑜：如此来看，还需要和田玉比较翡翠多的，不过，翡翠它比金高的理由。但它的色品级丰富它是世界上仅有的一次。华人、国家的独特。

和田玉品种多样，但它涨价很疯，仅是玉石中一份。田玉是做中国新疆和内地的玉石，不过是按照国家统一的玉石的质量就是不错的，而且由于现代人的审美角度变化，它的软玉质感和雕刻技术的发展，价格也呈上升趋势。近几年，来很多玉石的价格已经超过翡翠。

即将飞泊礼 2008年奥运会主席的和田玉，当时昆仑玉被定为北京奥运会的奖牌用石，其实是已经上涨了一倍多。我们当时一个十几、几十年越四五百倍就几十万不等的天价了。

和田玉价格的真正启动

侯舜瑜：2002年的时候，我们第一家和田玉开到广州市场，当时排行榜的和田玉几斤下到山上，他们也不不算玩法。但是是我们的广州市场时的。当时机和田玉的价格的真实反应。但定的人仍然很少。我记得当时一个小玉把，可以卖300元，现在起码要12个几、十年翻几百倍的价格涨到四五十年后，这里面既有历史的原因，也价值面两里500到700多年。已经达，"克隆玉挖"，"价值连城"等等，时间的多的久，况且那么些不好玩，更多的是由于各有一种收藏之乱的原因，逐渐无其东西独成后一物的，玉文化近于尘封。

和田玉价格一

佘宝常：好像台湾北松省的那个山区，当时因宝玉北京奥运会的奖牌用石，其实是已经上涨了一倍多。我们当时一个十几、几十年越四五百倍就几十万不等的天价了。当然，这里面既有历史的原因，也价值面两里500到700多年。已经达，"克隆玉挖"，"价值连城"等等，时间的多的久，况且那么些不好玩，更多的是由于各有一种收藏之乱的原因，水平的度，所以一直到现在，和田玉的价格一。

侯舜瑜：跟桃北玩，和田玉也一样，不同产地的料，质量肯定不一样，不然价格不会相差那么多。但是，在新疆出产的和田玉料价格越来越多，青海料5倍，青海料的10倍以上。韩国料的15倍以上，在我们专业人士的眼里，新疆和田玉地区是最高级的玉石料产地一部分是，但是按照技术上和田玉下分辨出来，就是按照技术上和田玉下分辨出来，但是按照技术上和田玉下分辨出来，但是按照技术上和田玉下分辨出来，但是按照技术上和田玉下分辨出来，钻石也不分产地只看4C。

然后，有新疆、青海等等的和田玉品质都是有上等的白玉，但是在新疆和田玉品质水平上，新疆和田玉的物质、油润程度、白度肯定会超过其他玉料。

广东中烟工业有限责任公司 特别呈献

财富周刊

双喜·珍藏 特约 **名家话收藏**

总第14期 A11

2012年5月12日/星期六/经济新闻部主编/责编 张琳
报题题字 杨之光/美编 杜丹/校对 黄小翠/E-mail:wbjjb@ycwb.com

上周三，挪威画家蒙克的画作《呐喊》，在苏富比拍出了1.199亿美元的高价，这是迄今为止单件艺术作品在拍卖会上拍出的最高价格。如果单以拍卖纪录排名，屈居第二的是毕加索为其情妇创作的肖像《裸体、绿叶和半身像》，两年前拍出了1.065亿美元；而排名第三的，则是瑞士雕塑大师1960年创作的青铜雕塑《行走的人》，2010年拍出了1.043亿美元。

作为历史最久远、最永恒、甚至是层次最高的艺术门类，架上雕塑在国外一直是艺术收藏的一大门类，甚至成为了身份的象征。但在国内，在绘画作品一统天下的收藏格局中，架上雕塑似乎一直都是陪衬。也因为架上雕塑未形成绘画作品那样有可操作性的成熟市场价格和参考行情，流通渠道一直不如书画畅顺，市场被严重低估。

不过，近几年来随着中国藏家队伍的不断成熟，一些机构和私人开始对架上雕塑表现出浓厚的兴趣，趁价值大量收购，名家作品在拍卖会上的成交价格不断被刷新，架上雕塑的收藏市场正在迅速开启。

本版文/图 羊城晚报记者 许悦 实习生 陈莲周

架上雕塑估价低
国人不识"最艺术"

A12 投资美国房地产现在是好时机？

A13 短期强弱仍看2412点

A14 一张彩票升值4000倍

特邀嘉宾

许鸿飞（广州雕塑院院长、广东省文史研究馆馆员、中国美术家协会会员、《中国雕塑年鉴》副主编、国家一级美术师、广州市政协委员）

宋伟光（《雕塑》杂志执行主编、《中国雕塑年鉴》副主编、美术评论人、策展人）

嘉宾主持

赵利平（收藏家、资深艺术评论人）

谈认知：架上雕塑国外受宠国内遇冷

赵利平：目前在国内的艺术品市场，雕塑艺术被大众接受的程度远远不及绘画，但实际上，雕塑是"历史最久、最永恒、甚至是层次最高"的艺术门类，具有艺术品市场不可替代的地位，我们应该如何正确认识架上雕塑的地位？

宋伟光：收藏说，雕塑是一门艺术方，这从雕塑的专业设置上就可以看出来。纯艺术有国画、油画、版画、雕塑四大专业，纯艺术之外，雕塑设计、设计把生活与艺术连接得更紧密，而艺术纯粹就是为了审美、欣赏，脱离了实用，是精神方面的追求。

赵利平：我们知道，在欧美市场上，近年来雷曼作品的拍卖价上为历史上的单上雕塑作品排名之列，一点不输于绘画作品。这几年绘画艺术的一大代内飞推出《肥女人》系列雕塑作品，拍卖会上整拿他由6位数拿我的艺术品市场的行情？

宋伟光：在国人心目中，目前雕塑艺术还没完全被接受，是因为文化习惯使然，二方面活字运用有限也有关。很多中国人觉得把雕塑为立体艺术，他会让他们产生距离感。很多中国人都错误地把工艺美术品视为雕塑，认为佛像雕刻也是雕塑。

许鸿飞：中国人可能会觉得，装点空间只要有一件东西作为摆设就行了，不会想到这是雕塑打造艺术空间，而在国外，即便是房屋设计或是内部装修的时候，一些就会和雕塑作品预留空间。这与雕塑艺术的大众接受程度息息相关。在中国，实到改革开放之后，人们才不断认识到架上雕塑原来可以成为一种收藏品。在此之前的雕塑收藏是断层的，人们手里如果有铜，大概都会拿去当金属买，很多时候，雕塑都倾习惯地当作纪念碑、教育性的城市建筑，架上雕塑比较少见，但在欧美国家，雕塑作为一门艺术是极其受欢迎，古代的欧洲贵族很多都喜欢雕塑，像世界雕塑巨匠米开朗琪罗，他的作品很多都是为贵族雕塑而作的收藏设立。欧洲国家一直有收藏架上雕塑的传统，而我们现在开始从思想上进一步认识到这点。任何市场都需要培养，现在架上雕塑正式雕塑敲示的时代。

赵利平：雕塑之所以没有进入中国人的收藏视之中，另一个原因出于文化认同，很多人觉得雕塑很能起一个精神境出来，那就只能供下庙堂之上，家里不是也能欣赏？这在西方完全不同，中世纪之前的雕塑，主要为宗教服务，但从白兔，雕塑进入了普通人的日常，家里到了也有雕塑的规矩，不再是福尔人请人供奉你的东西，而中国人总人是，偶尔不能摆在家中，只能供于庙堂之上。

宋伟光：雕塑是所以小众，它主要是中国没有市场，就像油画过去也没有市场一样，架上雕塑现在小众，是因为没市场。尽管如此，架上雕塑的市场与中国的市场是远距离大，国外架上雕塑是人们的日常生活和艺术需求之一，家里买上一套，这非常流行，现在中国的雕塑作品都很少，作为爱好者，很多人一般都喜欢大型的工艺美术品，比如五羊雕塑。而国内架上雕塑最好的市场在北京，其次是江苏，广东排名第三。

知多D 什么是架上雕塑？

一般来说，城市雕塑、纪念性雕塑这些大型雕塑应于公共，广场等场地，而可以放上书桌上把玩的小型雕塑，便是我们所说的"架上雕塑"，它体现了创作者的艺术特点，新中国成立之后，我国的架上雕塑创作有了长足发展，上世纪70年代以后，石、青铜等雕塑材料都得以广泛应用，其风格也呈现出多样化形式，涌现了一大批的优秀架上雕塑作品。著名架上雕塑的作品有潘鹤的《艰苦岁月》、吴为山的《觉醒》等。

谈收藏：拍卖成交价不断被刷新

赵利平：虽然架上雕塑在国内一直不温不火，但是这些几年，一些机构和私人开始对架上雕塑表现出浓厚的兴趣，名家作品在拍卖会上的成交价格不断被刷新。好像去年小飞作的作品拍卖会上，一件许鸿飞多年前创作的2万元左右的作品，最终以23万元成交。将许鸿飞创作的"肥女人"系列十几年来作品在市场上不断升值。我知道有一位藏家，从1999年至现在，收藏了超过200件许鸿飞的雕塑，现在一般固定时收藏爱好者多？

赵利平：按照国际惯例，每套架上雕塑的数量都限在10件以内，这使其具有唯一性和不可复制性。艺术家每次创作架上雕塑只限于自己内心所最想的，不一定每件作品都会得到大家认可。

宋伟光：首先雕塑作品是否具备创造性、创造性是一个艺术家创作的价值体现，其次要看艺术水平是否有发展空间。我们现在收藏"肥女人"的时候，很多人说这不是主流，也没地位；但现在主流现在主流都需要，所以我建议艺术家们，艺术和和证书。还有一点是，尽可能直接与艺术家接洽，免得产生混淆。

谈创作：材料也是创新的一大突破

赵利平：收藏了很多中国书法雕塑的同时，我发现一个的共同点是他们在艺术追求的突破性是一个方向，例如许鸿飞以"肥女人"过重建了"丰人"，引起了很大的反响。

许鸿飞：我国的现代雕塑诞生百年来，在相当长的时期内，大师、国画等都是师父带徒弟的传统师承关系，体形成的专一性的教学，根本就没有架上雕塑大家都在技术的氛围中生活，更不要说独创和个性了。这一现象至今还非常普遍，一味地模仿和追随的就是所谓的现代雕塑艺术的发展。其实我们顾及的青铜器、秦始皇兵马俑、汉代陶俑、霍去陵墓、四大石窟的雕像……这些雕塑作品都是中华民族的，但是—直以来，我们口才敢把以"肥女人"过度的"丰人"，引起了很大的反响。

赵利平：所以现在一些雕塑家，除了在躯上下功夫之外在艺术思上寻找突破有有突破，也得以最好的是一个方向，例如许鸿飞以"肥女人"过重建了"丰人"，引起了很大的反响。

许鸿飞：是因为人们对传统、现实等，雕塑创作的材料十分重要，不同材料有不同的语言方式，以材料出主题，某种程度上赋予了作品不一样的意义，所以，要打破思想。肯定是从材料上下手。说，瓷、陶瓷、纸质等我把以"肥女人"过重建了"丰人"，引起了很大的反响。

但铜塑中对材料的突破，许鸿飞别是第一个人因为以所用铜，雕塑中最红的了，雕塑创作并不多，竟可以所能是的时候，都是因为很对内开始尝试这种的材料。

宋伟光：而且这年的雕塑艺术的技术从最基本的传统工艺造型中得不同的提升，进行全新的当代性雕塑创作的时候，一些最新的当代性雕塑创作的时候，一些以至少一个雕塑的——这也需要艺术家收藏和消费者共同。

住不同的作品。

许鸿飞：翡翠本属于工艺美术范畴所说同的材料，可为工艺美术，的材料太弱，比如玉雕，大量工艺美术手的材料都集中了工艺品的创作空间，但我我觉得雕翡翠很了工艺品的创作空间，但我我觉得雕翡翠很有多。之前用翡翠制的大多都是佛像摆件。肯定大雕塑。用翡翠雕塑，比较只然，颜色比较丰富，我有不同的效果。我有了一步的效果，这件作品现在以作品一工艺。可能会有你不同的效果我还是相价作品起来着突破。

赵利平：俄罗斯人，这一突破对我来看才的了艺术，同时，翡翠本身的技术从最基本的传统工艺造型中得不同的提升，进行全新的当代性雕塑创作的时候，一些以至少一个雕塑的——这也需要艺术家收藏和消费者共同。

部分架上雕塑作品拍卖纪录

名称	成交价（RMB）	拍卖公司	拍卖日期
展望（2007-2010年作）《假山石》（NO.131）	5486800	香港佳士得	2010-11-27
王克平（1993年作）《女人》	784000	中国嘉德	2007-11-15
潘鹤（1976年作）《扭曲铁路索》	896000	中国嘉德	2009-05-29
潘鹤（1986年作）《母佳生活》	134400	华艺国际	2010-12-08
唐大禧《群山欢笑》（4/8）	548800	上海泓盛	2009-06-24
展望（1972年作）《征代》	481600	中国嘉德	2010-05-15
许鸿飞（2008年作）《飞翔》	896000	北京保利	2008-12-14
展望（2008年作）	224000	中国嘉德	2010-12-08
朱成（1985年作）《千俑一梦》（6/7件）	198000	新湖国际	2006-08-19
李向群《西藏少女》	257600	北京保利	2008-05-29

广东中烟工业有限责任公司 特别呈献

财富周刊 双喜·珍藏 特约 名家话收藏

A16

2012年10月13日/星期六/经济新闻部主编/责编 张琳
报眉题字 许鸿基/美编 肖莎/校对 黄文波/E-mail wbjjb@ycwb.com

石湾公仔产业规模化 影响收藏者信心？

文/图 羊城晚报记者 许悦 戴曼曼

乘着苏富比秋拍的东风，上周香港大大小小的艺术品拍卖会让人应接不暇。书画作品自然是拍卖会上的绝对主角，但羊城晚报记者发现，多家香港拍卖代的瓷杂专场中，石湾公仔的身影屡现出现。反观近日广州多场本土拍卖会，虽然也能见到石湾公仔的大师作品，但一两件孤零零地并没引起藏家多大的关注。

这再次印证了石湾公仔"灯笼照远不照近"的俗谚。虽然石湾公仔的大师作品价格多年来一直保持稳步上涨，但与近年来价格突然几级跳的景德镇瓷器、宜兴紫砂壶、龙泉青瓷相比，石湾公仔的差距似乎越来越大。这是给藏家留下了充裕的升值空间？还是产业的规模化正让石湾公仔遭遇成长的烦恼？

特邀嘉宾

梅文鼎
（中国工艺美术大师，高级工艺美术师，石湾陶艺现代流派创始人，广东省石湾陶瓷技艺非物质文化遗产传承人）

陈月华
（广东省工艺美术协会副会长，佛山市陶艺行业协会艺术陶瓷专业委员会会长，佛山市石湾陶艺美术家协会副秘书长，佛山市石湾多未陶艺厂有限公司董事长）

封伟民（中国陶瓷艺术大师）

嘉宾主持

赵利平（收藏家、鉴赏艺术评论人）

石湾公仔的生产工艺流程

设计构思 / 制坯 / 施釉成形 / 烧制

石湾公仔为什么卖不过景德镇瓷器？

赵利平：石湾公仔是广东土生土长的传统民艺美表现形式，是广东的传统文化名片之一。这些年来，随着艺术品市场的繁荣之一，这些年来，随着艺术品市场的繁荣，广东石湾大师的作品价格也跟着水涨船高。不过，与拍卖市场屡创天价新纪录的相比，应该说中国工艺美术大师梅文鼎、刘泽棉、刘炳等人创作作品还没有卖到他们应有的价位。2010年在深圳某拍卖会出的336万元的高价，但整体上加说石湾的陶瓷艺术在国内还比较低调。明明石湾陶艺家的作品也非常好，这是市场价格还没有大艺比他艺这就是一定的差距吧？为什么会出现这种情况？

梅文鼎：这个问题很多人都同过我，我觉得，现在石湾公仔的价格比不上景德镇瓷器，是有历史原因的。石湾陶陶虽然可以追溯到新石器时代，但石湾的艺术陶瓷，后来石湾公仔的形成时期并不长。而且以前的民间艺人，缺少文人参与，作品没有文化提升，现在也没有太多的文化提升，所以认为石湾陶瓷的价位不够高，缺少文化是它档次上不去的主要原因。

石湾公仔起源于为鹅的传统，是在清末民初，随着黄炳、陈渭岩、潘玉书等名家在鹅的影响力扩大，石湾公仔的社会关注度被抬起来。但在清中期以前，石湾早期民间艺人的生活得不到改善。以后几百年的大部分时期，都是一直处的大部分的生存经营模式。所以，石湾公仔的工艺性较高，思想有一定文化性，但艺也比较好。工艺也比较粗糙，从这些条件来看，工艺已有了明显的提高。石湾公仔的创作仍然是以民间的、乡土的、群众喜闻乐见的人物为主，这是石湾公仔的根本所在。

老石湾陶艺面临新审美挑战

赵利平：传统的石湾公仔以古朴厚重面目出现，石湾公仔的风格又是泥土的自然色，石湾公仔的制作以真人为模，给人以现代审美特别鲜明，而现代人的审美取向变迁很快。

梅文鼎：石湾也有很多创新的作品，但不只是传统化不同的东西形式，数量很难上去。石湾公仔它的是泥土的那种韵味，好像这边的东西没有这个，缺乏新鲜感。

现代就是需要它与传统有所不同，传统艺术家一个鲜明新定义，都是由于他的性格而产生出来。要符合时代感，作品必须要符合现代人的审美取向要有新的东西才行。

封伟民：石湾公仔买一直都存在创新、走在艺术的前沿。其实也是看那些以前比较留作品的，即便如此也有推陈出新，所以说我们收藏的大方向。

我自己的感觉，我的创作到现在已经历了三个阶段。第一个阶段，我做的就是传统的题材，以这种方式，罗汉等比三个阶段是现代风格做起，加上景德镇做成，对方是现代、比较抽象的色彩，慢慢地就有人仿我了。现在三阶段中，就是现我在大多数时间花在创作新作，所以到现在为止还没有看到中国大型的，能够创作出我这种程度的。但是相反美感，我现在做的题材，我觉得这也对我以后的创作会有一个推动。

产业规模化令行情难以走高？

赵利平：与其他陶瓷不同，同样是石湾公仔艺术的精品，一小件家，普通石湾大师，特别是精品种价差越大。明明了石湾陶艺的大师，可是看不走出一批批精品。复制品量少，分工明细，小样大规模作量少，但这影响的石湾公仔的升值吗？

梅文鼎：你说的这个问题，恰好是石湾公仔实际经营的表现在，并不是缺点。在其他一些陶瓷作品中，每一个陶瓷都有匠气，一个匠家的整的成感。是原作。石湾公仔绝不会匠气，我们给你价钱。是原作。

这里要说明，石湾公仔只分为两种：一种是原作，另一种是制制品。原作只有一件，一件作者一年能创作出来的也没几件，价格特别也高。为了满足欣赏的需求，我们又有了一批复制品。复制品是分出来的产品，有人做他的一批，有人烧一些大家分做，留给你，做好做不好的反而还有一种价格的。这样有句俗话，辣手打麻将，这不用说，说的就是石湾公仔在国外很出名，在国内知名度反而不高，这就是它们不外销的结果。

赵利平：对石湾公仔未来的发展你有何建议？

梅文鼎：有建议就跟开了，我认为还是要精选多客户开发开放。为什么清末民初石湾公仔名扬东南亚？就是因为当时有很多家人的品牌，当时也不见得有很多家人的创造性发展。这也是过去石湾公仔来的经验能力。要推陈出新并不是简单的传统复制，就是要精传的精神，一种独创的精神。

在腹有诗书中国瓷器史上，做得最高的还是石湾的陶艺人。石湾公仔最出名的就是人物，但做人物的难度最高，的以，创作的过程和艺术的心底都最大。要继续的，往往是陶艺家当时的人族像瓷人，这是石湾的陶艺师需要做，也是这面对大家的陶艺师现在的。

赵利平：现在不少藏家，都从冲着"大师"的名衔去收藏，所以同艺家们都开始追求头衔和地位，同样一件作品，工艺美术大师的作品跟非大师的大师级学的作品，价格相差甚远。所以艺家们对"大师"头衔的追求格外热切。

封伟民：我评上中国陶瓷艺术大师后，作品的价格越高了十倍。

陈月华：现在到处都是大师，但是级别最高的是中国工艺美术大师，以前我叫国家工艺美术。陶瓷是新加的。之后中国工业陶瓷协会又评出了中国陶瓷协会艺术大师，也是国

家级的。还有一个中国设计大师，由建筑陶瓷行业协会评出的。省级乃至，有广东省工艺美术大师，广东省陶瓷协会也评出了广东省陶瓷艺术大师。到了市级，可能还会评出仁山市工艺美术大师。但要给人职称认定的，最有名的是最高级工艺美术师，然后是中级工艺美术师，助理工艺美术师。

现在的确有一些收藏家只重要表面的职称头衔，忽视作品本身的艺术价值，价值更加重要，职称甚至其中的一个方面。

封伟民：名气与职头衔是一种保障，但不见得有保障的东西都能够好。这个名气头衔只是让你能设别出的一定水准的一批人哦，在这个范围内，购选的作品，这样的没有保障。

另一方面更难选择的是作品，选择者如要件我就要选择。更好的作者亡作有势力。有势力的，有没有的大师，职称不见得可要再差。因为有势力的人职利不会差劳，一直是往上走，你的藏品升值空间当然就越高。

陈月华：现在能收藏到大师作品，作品好的应成的这应应该是不错的选择。但以钱比较，代性和独特性。多好的艺术作品，有限的选题好东西最多，是作品特别出色才有收藏价值。这些门都入门之前，就可以从他们作品的工艺性、艺术性等方面去判断了。

陈月华：目前我藏的石湾公仔的藏家可以分为几类，一种是只为了作品，大师的作品，还有我们工业美术大师的作品，这部分有，梅文鼎、刘泽棉这样一留，甚至品做几十个都到没。另一种是专业化的收藏家这么一下子，那些别作品，这类收藏家是这么一下，那些别的，可是这些作品表面看能看得出仿作性的成态的多为，有些文物是有所不同，第三类的人是专门收藏有投资增值效果的，这一类的东西少有收藏家，他可是也是家里认心特别买留，这些是他们的一个发展，"大师"的加持之下才值得收藏，未来的升值空间有限。

知多D

石湾公仔

石湾公仔是属广地区人们对广东佛山石湾的生产的陶塑制品的俗称。它以生动、逼真，富含朴拙俗称的生活气息而闻名。其艺术特点是以形象传神见长，形神兼备，釉色浑厚朴实，造型生动各异。同时由于石湾公仔源自民间，造材源广泛生活，风格独特，历来深受许多阶层的喜爱，从清初有着民间独特艺术。石湾公仔制造历史从其早可上溯到先民以新石器时代的白陶碎片计，至迟可上溯至5000年前的石器时代。如果以有可考其起始于唐代。

清代晚期至民国初期，涌现出大批的陶塑名师，如黄炳、陈渭岩、潘玉书、陈赐、陈奇、刘佐朝、潘铁逢、冯禄林、刘传、区乾、尤其以黄炳、陈渭岩、潘玉书最为著名。

石湾公仔的题材种类在杰出人物、鱼虫鸟兽以至公仔盘景、各种彩釉等，都是石湾公仔中的常见、最著名、产量最大的品种。

索 引
（按姓氏拼音排序）

蔡秋权	中国陶瓷艺术大师	197
蔡照波	西泠印社社员	226
蔡祖恩	榄雕艺术家	362
陈　迹	广东画院美术馆馆长	248
陈建中	著名画家	81
陈俊明	广州市银通拍卖行有限公司总经理	74
陈玲玲	天籁钟表历史文化研究所名誉所长	370
陈培臣	中国工艺美术大师	301
陈少芳	中国工艺美术大师	337
陈少湘	广东省收藏家协会主席	189
陈永康	国家一级美术师	240
陈永锵	岭南画派纪念馆馆长	9、54
陈月华	广东省工艺美术协会副会长	180
陈云君	中华诗词学会常务理事	319
陈志平	暨南大学书法研究所副所长	47
程　敏	广州宣文堂堂主	240
戴文辉	广东百藏馆运营总监	163
单晓英	广东省文物鉴定站研究员	387、401
邓　婷	中国首届高级茶艺师	214
方楚雄	广州美术学院中国画学院教授	54
方　土	广州画院院长	410
方　向	中国艺术研究院一级美术师	30
封伟民	中国陶瓷艺术大师	180
郭润文	广州美术学院油画系教授	124、130
洪维庆	广州工艺美术行业协会会长	310
侯舜瑜	广地珠宝董事长	267
胡忠胜	景德镇美术馆馆长	163
皇甫江	中国古兵器收藏第一人	283
黄安妮	广东省古今拍卖有限公司总经理	292
黄　波	广州茶文化促进会常务副会长兼秘书长	214、345
黄　晨	加拿大温哥华华人艺术家协会副会长	116
黄春和	首都博物馆研究员	259
黄庆昌	钟表文化资深研究员	370
黄唯理	广东画院一级美术师	95、248
康惠芳	中国首届刺绣艺术大师	329
邝根明	广州资深书画行家	393
李　斌	广州自乐堂艺术陶瓷创办人	214
李得浓	中国工艺美术大师	301
李定宁	中国工艺美术大师	310
李丽华	广州市文物总店玉器、杂项主管	275
李文华	普洱茶国家标准制定人	345
李晓白	中央文史馆书画院研究员	353
李遇春	广东省文物鉴定站研究员	387、401
梁　江	中国美术馆副馆长	22、146
梁庆强	采堂画廊负责人	104
梁晓庄	广东省文史馆书法院副院长	226
廖伟彪	广州市美术家协会常务理事	353
林　蓝	广州美术学院教授	63、95
林永康	广东画院副院长	130
卢延光	广东省美术家协会副主席	16
罗寒蕾	广东画院一级美术师	63
罗一平	广东美术馆馆长	9
罗裕忠	广州市工艺美术总公司董事长	310

罗　渊	著名画家	410
马文甲	中国工艺美术学会雕塑专业委员会副秘书长	146
梅文鼎	中国工艺美术大师	180
聂来阳	广州市古玩行业商会副会长	189
丘志力	中山大学宝玉石研究（评估）中心主任	275
区广安	广东国画研究会第三代传人	16
佘定常	广东省珠宝玉石首饰行业协会会长	267
宋伟光	《雕塑》杂志执行主编	138
孙庆先	广东省潮州市潮绣研究所所长	329
谭　天	广州美术学院教授	89
汪培坤	中国文房四宝协会副会长	248
王贵忱	中国著名古文献版本学家	74
王璜生	中央美院美术馆馆长	30
王世国	广东省书法评论家协会主席	47
王野夫	广州华艺国际拍卖行副总裁	124
魏广文	中国钟表协会收藏研究委员会副主任	370
吴锦华	中国工艺美术大师	163、171
吴为明	中国陶瓷艺术大师	197
吴　伟	普洱茶藏家	345
伍炳亮	中国家具协会、传统家具专业委员会执行主席	292
伍鸿章	榄雕艺术家	362
谢楚余	广州美术学院油画系副教授	104
谢　华	中国工艺美术大师	206
谢志峰	收藏家	393
谢中文	广州文津古玩城文宝斋主人	275
徐兆前	广州画院资深画家	283
许固令	著名画家	81
许鸿飞	广州雕塑院院长	138、146、353
许鸿基	广东省书法家协会副主席	39
许钦松	中国美术家协会副主席	2、22、380
许习文	广东崇正拍卖行总经理	39
许晓彬	广州美术学院中国画学院教师	95
杨飞武	广东岭南文化艺术研究会会长	337
杨小彦	著名艺术批评家	116
杨　尧	广州美术学院教授	104
杨之光	中国国家画院院士	380
叶光华	广州东涞艺术中心创办人	104
一西平措	中国少数民族文物保护协会副会长	259
曾波强	国内知名陶瓷研究专家	154
张春雷	广东省工艺美术大师	171、233
张桂光	广东省书法家协会主席	47
张海文	中国陶瓷艺术与科学研究中心主任	154、171
张庆明	中国工艺美术大师	233
张思燕	广州美术学院岭南画派纪念馆画家	63
张铁林	广州暨南大学艺术学院院长	74
章燕城	高级工艺美术师	206
郑华星	佛像收藏家	259
钟耕略	著名画家	89
周国城	广州市美术家协会主席	39、226
周天明	广州市沉香协会会长	319
朱万章	中国国家博物馆研究馆员	2、16、89、387、401

后 记

这些年，全民收藏持续升温，艺术品拍卖行情节节走高，媒体关注"收藏热"亦全面爆发。在这样的大背景下，《羊城晚报·名家话收藏》系列专栏应运而生，于2012年初正式推出。

如何在众多报刊中突围，创办有自己特色的艺术收藏版？《羊城晚报》在创办《名家话收藏》之初就将其定位于"高举低打"：即由高端权威人士解读、但适合大众阅读的收藏类栏目，既普及知识，又答疑解惑，更贴近收藏者的需求，而且不偏离藏品的价值（不仅仅是市场价值，还包括历史价值、文化艺术价值）。

此外，在形式上做了新的尝试，特设嘉宾主持，由收藏家、资深艺术评论人赵利平担纲，每期请两到四位特邀嘉宾，就当今收藏领域的林林总总发表看法。《羊城晚报》艺术收藏记者许悦采访整理后归纳成文，每周刊出一期。而资深编辑张琳则专门负责这一专栏，文斟句酌，力求成为精品。

《名家话收藏》版推出后受到了艺术界收藏界人士的广泛好评，同时还有大量的读者粉丝追捧。今天，《名家话收藏》终于出版首个文集，在此，我们特别感谢广东中烟工业有限责任公司的鼎力支持，感谢作为特邀嘉宾的专家、学者、艺术家们，还要特别感谢热心的读者们，谢谢你们的支持。

主持人　赵利平

著名收藏家和资深艺术评论人。自幼喜爱文化艺术，上世纪90年代初开始有缘与岭南艺术大家关山月、黎雄才、赖少其、廖冰兄、林墉及书法名家陈景舒、陈永正等人学习与探讨书画艺术，并开始涉足艺术收藏，与当今国内众多艺术名家交流甚笃，不断奔波于艺术品市场、古玩里弄及艺术雅居之间，并将艺术感悟与心得形诸文字。经常在《人民日报》、《南方日报》、《羊城晚报》、《广州日报》等权威主流媒体发表艺术与收藏评论文章，并先后在《羊城晚报》、《广州日报》、《新快报》及一些时尚艺术杂志等重要刊物开设专栏。近两年被《羊城晚报·名家话收藏》栏目聘为特约嘉宾主持，也是国内多个收藏团体及工艺艺术品协会的顾问，出版有《集藏斋话——艺术收藏与鉴赏》一书。

撰稿人　许　悦

《羊城晚报》艺术收藏记者、经济新闻部采访室副主任。毕业后在《羊城晚报》工作至今，先后从事经济、社会新闻的采访报道，作品多次获得中国晚报界最高奖——赵超构新闻奖、广东新闻奖等国家级、省级新闻奖。

随着国内收藏热的兴起，近年来关注重点转移到艺术品、工艺美术等收藏领域。从2012年开始，作为《羊城晚报·财富周刊·名家话收藏》栏目的主创人员，重点负责栏目的采写工作。对话名家、紧跟热点、提供资讯、引导收藏，短短两年时间，《名家话收藏》深受国内收藏界、媒体界的好评，成为国内收藏界备受推崇的金牌栏目。